Frida Kahlo

프리다 칼로

스스로가 뮤즈였던 영원한 예술의 아이콘

Frida Kahlo

프리다 칼로

스스로가 뮤즈였던 영원한 예술의 아이콘

수잔 바르브자 지음 **박성진** 옮김

BOOKERS

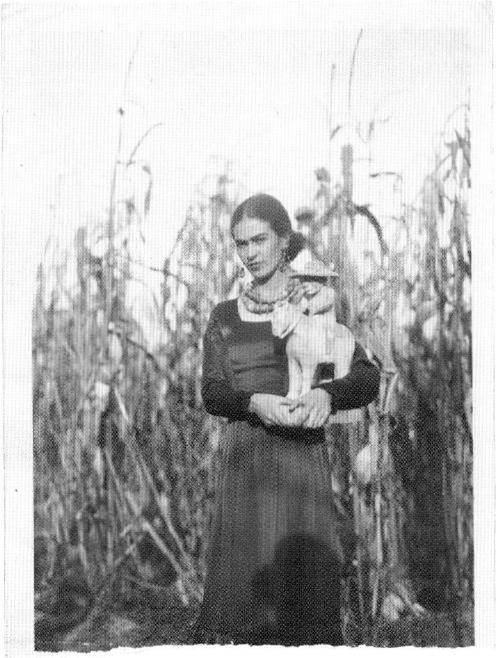

Contents

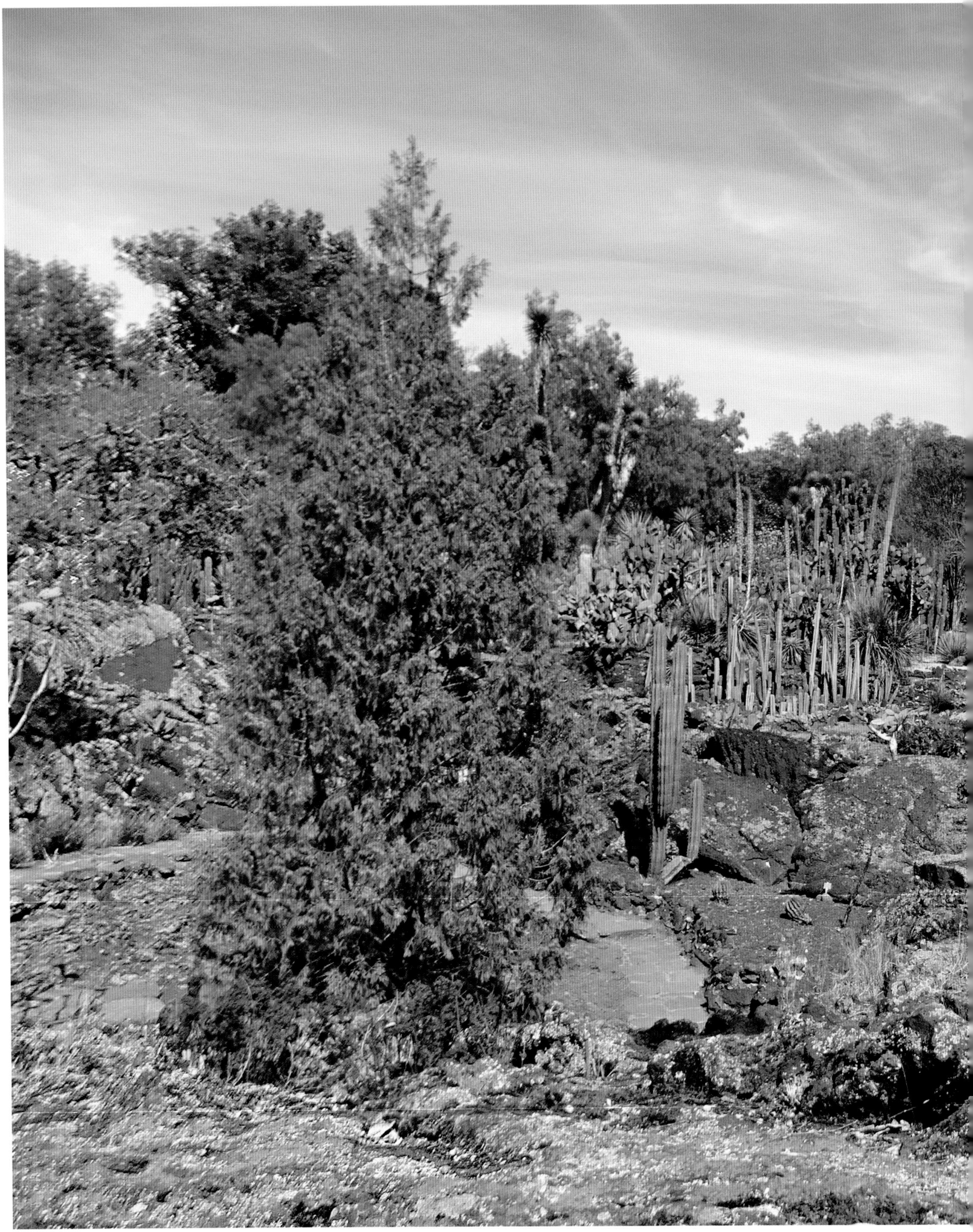

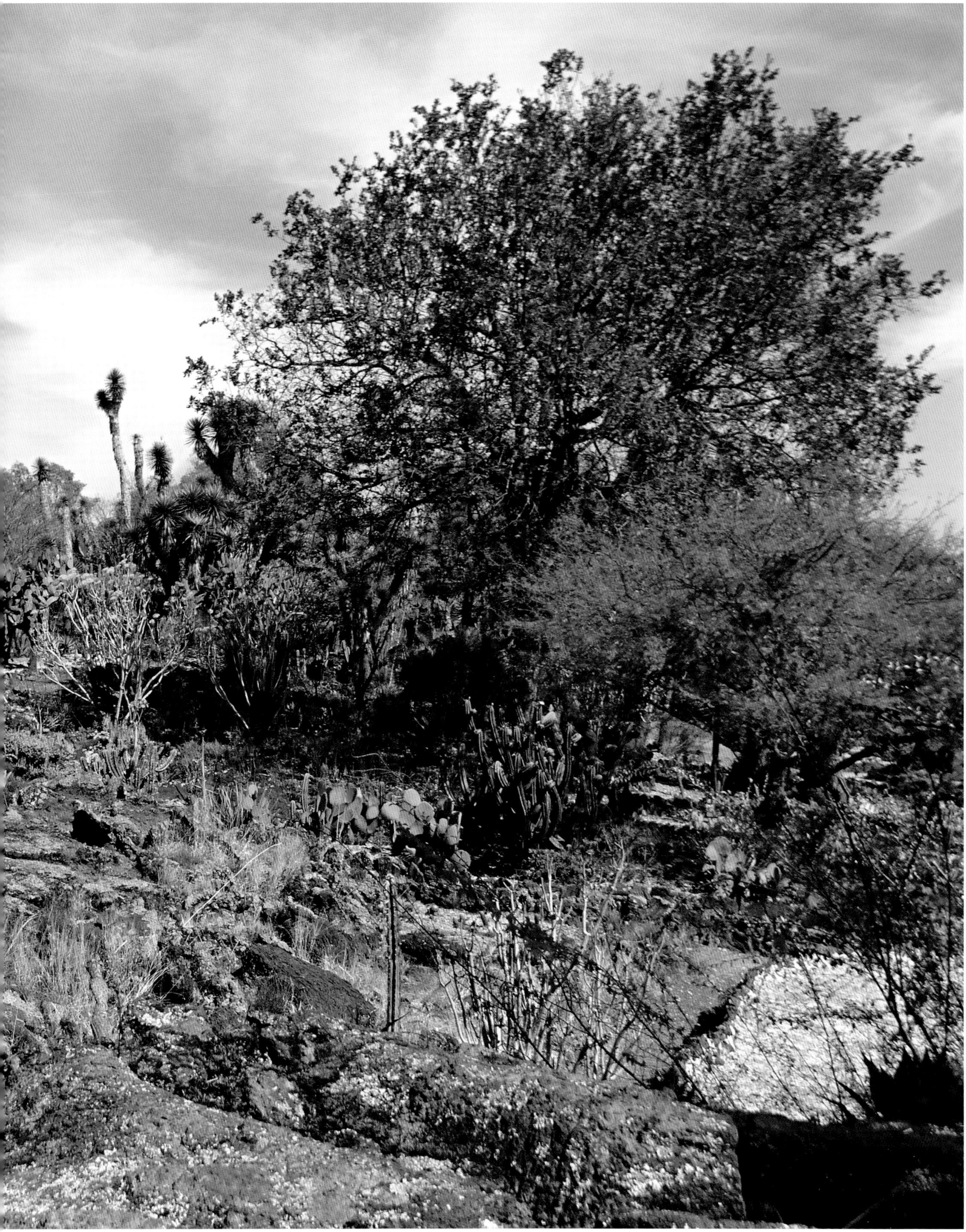

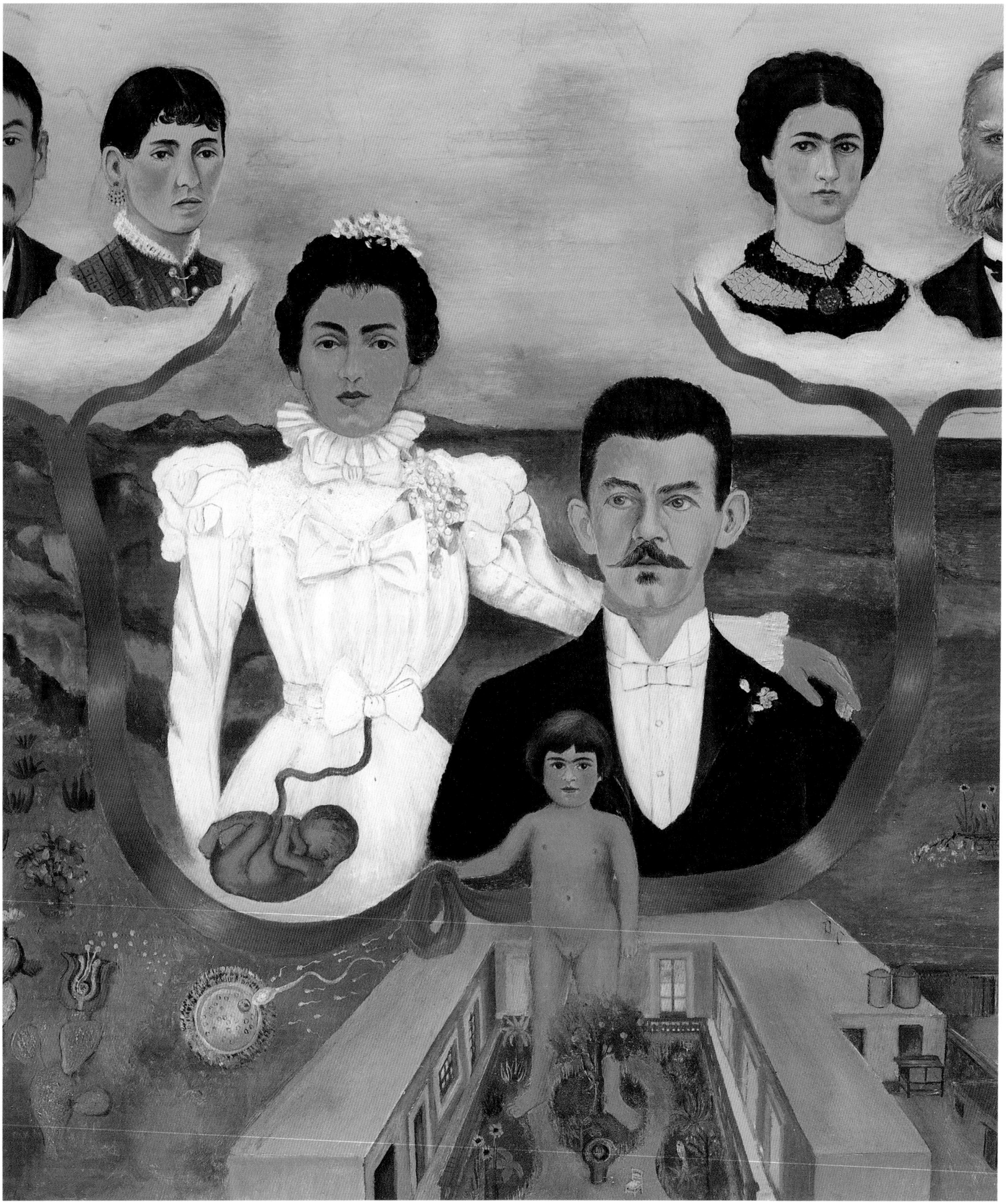

프리다 칼로의 시작, 코요아칸

(왼쪽) 프리다 칼로, 〈나의 조부모, 나의 부모, 그리고 나 (패밀리 트리)〉 부분 확대, 1936.

(이전 페이지) 엘 페드레갈의 화산지대.

멕시코시티 외곽의 주거 지역인 코요아칸은 편안하고 소박한 분위기를 풍기는 동네이다. 이곳의 아옌데 거리와 런드레스 거리의 모퉁이에는 코발트블루로 칠해진 푸른 주택이 있다. 코발트블루라는 튀는 색상과 현관문 위에 붙은 간판을 제외하면 외관상으로는 이웃한 집들과 별다를 것이 없어 보인다. 그럼에도 이 건물 앞에는 매일같이 입장을 기다리는 사람들의 줄이 한 블록을 넘도록 서 있다. 우리가 알고 있는 프리다 칼로(정식 이름은 'Magdalena Carmen Frida Kahlo y Calderón' 즉 '막달레나 카르멘 프리다 칼로 이 칼데론'이다)는 바로 이 집에서 태어났다. 1907년 7월 6일의 일이다.

아버지인 기예르모 칼로(Guillermo Kahlo)는 독일 출신의 이민자로, 당대 멕시코의 저명한 사진작가였다. 어머니인 마틸다 칼데론(Matilde Calderón)은 스페인과 멕시칸 원주민의 혼혈이다. 기예르모는 마틸다와 재혼하였고, 프리다 칼로는 이들의 셋째 딸로 태어났다. 코발트블루의 푸른 저택은 프리다 칼로가 태어나기 3년 전에 완공되었다. 칼로 부부는 당시 급부상한 코요아칸 지역의 토지를 매입하고 집을 지었다.

프리다 칼로는 오랫동안 자신이 1910년에 태어났다고 주장했는데, 이는 1910년의 멕시코 혁명과 자신의 출생년도를 일치시키려는 의도에서 비롯되었다. 이러한 주장은 프리다가 자신의 삶에 진실을 수놓는 방식 중 하나로, 그가 바라는 형태로 자신의 정체성을 형성하려는 목적을 담고 있다. 그러나 분명하게 밝혀진 사실은 프리다 칼로는 포르피리오 디아스(Porfirio Diaz) 대통령의 임기가 끝나기 몇 년 전, 즉 멕시코 혁명 이전에 태어났다는 것이다. 포르피리오 디아스 정권의 멕시코는 사회적으로는 엄청난 불평등의 시기였지만 동시에 정치적으로는 안정되고 경제 성장과 기술의 발전이 이루어진 시기였다.

프리다 칼로의 아버지인 기예르모 칼로가 유럽에서 멕시코로 이주한 것은 1890년의 일이었다. 당시 스무 살도 채 되지 않았던 기예르모는 날씬한 체격에 우아한 매너를 갖춘 청년이었다. 유럽에서 온 숱 많은 갈색 머리의 청년은 청회색의 눈동자로 상대방을 꿰뚫을 듯이 쳐다보곤 했다. 처음에는 깔끔하게 면도를 하고 다니던 기예르모는 이내 콧수염을 기르기 시작했고, 평생 동안 단정한 콧수염을 유지했다. 그는 가끔씩 간질 발작을 일으켰다고 전해지는데, 아마도 그가 어린 시절 겪었던 사고에서 비롯되었을 것으로 여겨진다. 멕시코에 온 기예르모는 독일인이 운영하는 상점에서 점원으로 일했다. 그는 철물점에서 보석상에 이르기까지 다양한 일터를 거쳤고 이 중에는 현재까지도 영업 중인 철물점 카사 보커(Casa Boker)도 있다. 기예르모가 독일에서 멕시코로 이주했을 당시 멕시코시티 내 독일인 커뮤니티는 약 500명 정도의 규모였다. 대부분의 독일인들은 상업에 종사했으며 멕시코 현지 사회와는 교류가 거의 없었다. 그저 외국인으로서 경제적인 이득을 취하는 일에만 급급했던 것인데, 이는 당시 멕시코 대통령이었던 포르피리오 디아스 정부의 정책과도 연관이 있다. 포리피리오 디아스 정부는 외국 기업에 대해 세금을 면제하고 그 외 여러 인센티브를 제공하며 외국인 투자를 적극적으로 장려했던 것이다.

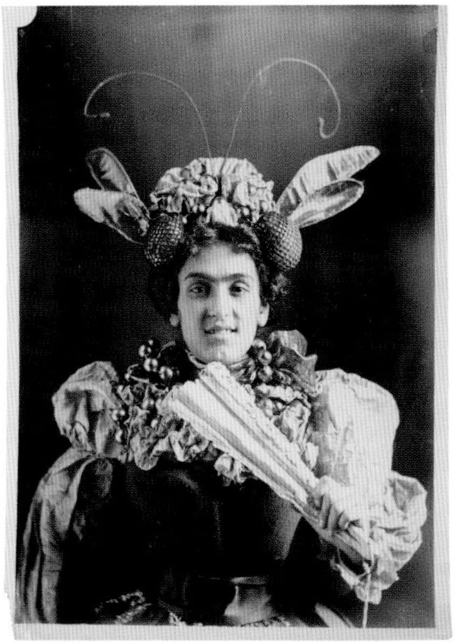

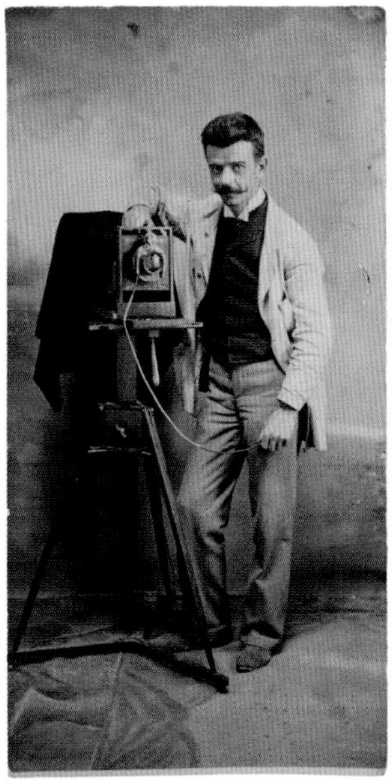

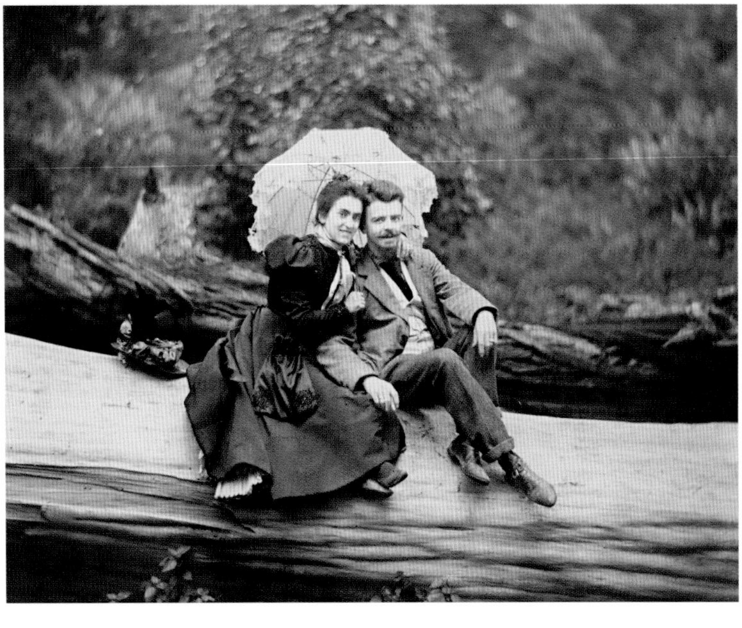

(왼쪽) 프리다 칼로의 어머니, 마틸다 칼데론.

(오른쪽) 프리다 칼로의 아버지, 기예르모 칼로.

(아래) 결혼식 직후 촬영한 칼로 부부, 1898.

포르피리오 디아스 대통령이 권력을 잡기 시작한 것은 1876년부터였다. 그의 자문단인 소위 '과학당'(los Cientificos)은 질서와 이성이라는 실증주의 원칙을 내세웠고, 사회적 계층질서의 강화와 유지를 추구했다. 사회 안정을 유지한다는 목표 아래 디아스 대통령은 사회 질서를 흔드는 모든 움직임에 대해 신속하고도 강력하게 대응했다. 그의 재임 기간 동안 멕시코에서는 고속도로, 철도, 통신, 그리고 유전 개발에 이르기까지 활발한 건설 붐이 일었고 광업과 섬유 산업에서도 괄목할 만한 발전이 일어났다. 당시 멕시코의 상류층은 예술, 건축, 패션 등에서 유럽 스타일을 선호했고, 유럽에서 수입한 사치품을 적극적으로 구매했다. 디아스 대통령은 멕시코 원주민과 유럽 이주민의 혼혈이었음에도 자신의 원주민 혈통을 평가절하하고 유럽의 문화와 문명을 숭상했다. 혹자에 따르면 디아스 대통령은 유럽에 대한 동경이 지나친 나머지, 자신의 얼굴이 보다 유럽인처럼 보이도록 화장을 하기도 했다고 한다.

이러한 시대적 배경 속에서, 멕시코에 이주한 대부분의 독일인들과는 달리 기예르모 칼로는 멕시코를 자신의 새로운 고향으로 삼고 정착하려는 의도를 분명히 했다. 멕시코로 이주한 지 얼마 지나지 않아서 그는 자신의 이름을 독일식 이름인 '빌헬름'에서 멕시코식 이름인 '기예르모'로 바꾸었고 멕시코 시민권을 획득했으며 멕시코 여성과 결혼했다. 기예르모의 첫 번째 결혼 상대는 마리아 칼데나(Maria Cardeña)였다. 기예르모와 마리아 칼데나는 세 명의 자녀를 출산했지만 그중 둘째 아이는 신생아일 때 일찍 사망하고 말았다. 그리고 셋째 아이를 출산하는 과정에서 마리아는 숨지고 말았다. 스물일곱 살이 된 기예르모는 어린 두 딸과 함께 남겨졌다.

얼마 지나지 않아 그는 당시 일하던 '라 펄라' 보석상의 동료 마틸다 칼데론에게 청혼했다. 마틸다는 보조개가 인상적인 스물한 살의 아가씨로, 마틸다의 아버지인 안토니오 칼데론(Antonio Calderón)은 멕시코 모렐리아 지역 출신의 사진작가였으며 어머니인 이사벨 곤잘레스(Isabel Gonzalez)는 멕시코 오아하카 출신으로 수녀원에서 교육을 받은 여성이었다. 마틸다의 외할아버지이자 이사벨 곤잘레스의 아버지는 스페인군의 장군 출신이기도 했다. 곤잘레스 부부는 자녀가 열두 명이었는데, 마틸다는 그중에서 첫째 딸이었다. 마틸다는 독실한 가톨릭 신자였으며, 정규 교육을 받지 못했음에도 불구하고 영민하고 숫자에 밝았다.

1898년 2월 21일, 마틸다와 기예르모는 가톨릭 예식에 따라 결혼식을 올렸다. 이 자리에는 마틸다의 어머니 이사벨만이 참석했는데, 아버지 안토니오는 이미 세상을 떠났기 때문이었다.[1)]

결혼식을 마친 기예르모는 세상을 떠난 장인의 카메라를 물려받았다. 그는 정식으로 사진 교육을 받은 적은 없었지만 독학을 통해 자신만의 섬세한 테크닉을 터득해 갔고, 그의 사진에는 점차 그만의 독특한 구성과 관점이 담긴 예리한 시각이 발현되었다. 기예르모는 보석상을 그만두고 전업 사진작가로서 활동을 시작했다. 그는 건축, 기계장치, 풍경 사진에서 특히 두각을 나타냈다. 비록 인물 사진에 대해서는 "신께서 못생기게 만든 것을 억지로 아름답게 찍고 싶지 않다"며 시니컬하게 말했지만[2)] 그럼에도 가끔은 인물 촬영을 했다. 클라이언트, 자신의 가족들, 그리고 자신을 촬영한 자화상 필름이 전해지고 있다.

전업 사진작가로서 기예르모의 주목할 만한 첫 작업은 한때 그가 점원으로 일하기도 했던 독일계 철물점 카사 보커의 건축 과정 아카이브이다. 본점 건물을 새롭게 건축하게 된 카사 보커는 그에게 신축의 전 과정을 기록해줄 것을 의뢰했다. 신축된 카사 보커 본점은 당시 멕시코에서 최초로 미국산 철강을 사용하는 등 그 시대의 모더니티를 상징했다.[3] 기예르모는 총 16개월이 소요된 카사 보커 본점 신축 기간의 모든 과정을 기록했다. 맨땅을 파내는 순간부터 호화롭고 요란한 준공식까지 모든 장면을 빠짐없이 카메라에 담았다. 기예르모의 작업은 근대화되고 있는 멕시코의 '지금 여기'를 기록하는 것이기도 했다. 그가 촬영한 빌딩, 공장, 기계들은 종종 멕시코의 신문과 잡지에 실리며 자국의 기술과 공업 발전을 보여주는 사례로써 사용되었다. 그의 사진은 그 시대 멕시코의 건설 열풍과 경제적 성장을 한눈에 볼 수 있는 시대의 초상화와도 같았고, 그것이야말로 멕시코 정부가 세계를 향해 전달하고 싶은 메시지였다.

마침내 기예르모는 1904년 멕시코 독립 100주년 기념사업이라는 중요한 정부 프로젝트의 계약을 따냈다. 멕시코 정부가 주도했던 이 기념사업은 멕시코의 건축 유산을 사진으로 담은 도록 시리즈를 발행하는 것이었고, 출간일은 독립 100주년 기념일에 맞추어져 있었다. 그리고 멕시코의 건축 유산을 촬영하던 그해 기예르모는 독일에서 보내온 유산도 물려받게 되었다. 기예르모의 아버지가 세상을 떠난 것이다.

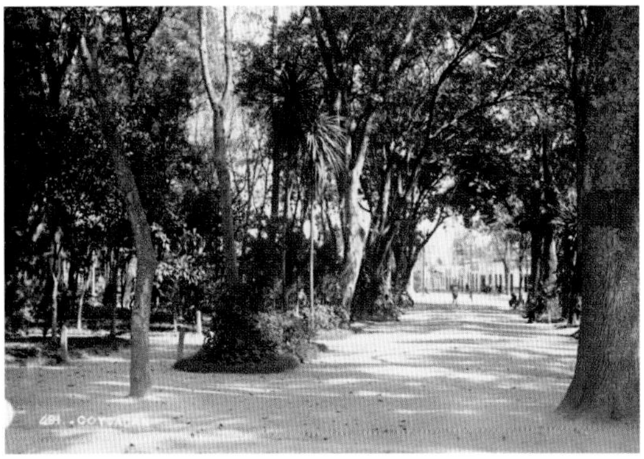

어느 정도 여유로운 자금이 마련되면서 기예르모와 마틸다는 늘어난 식구들이 함께 살 수 있는 집을 짓기 위해 토지를 구매했다. 기예르모는 첫 번째 결혼에서 이미 두 딸을 얻었는데, 마틸다와 재혼하고 얼마 지나지 않아서 또다시 딸이 태어났다. 기예르모와 마틸다가 결혼한 바로 다음 해인 1899년에 첫딸 마틸다가, 1902년에 둘째딸 아드리아나가 태어난 것이다.

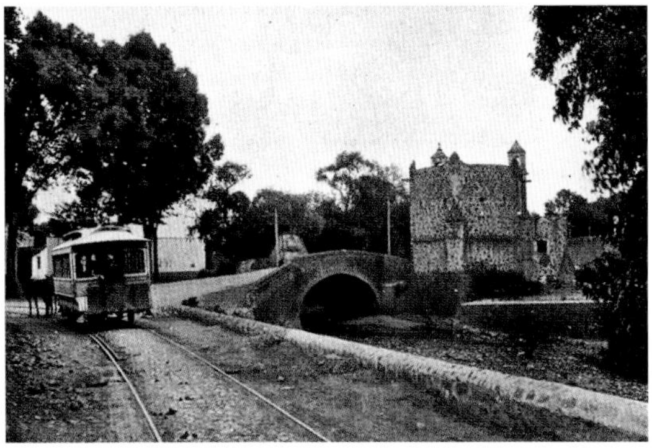

여섯 식구가 된 칼로 부부는 멕시코시티 외곽 지역을 살폈다. 멕시코시티 시내로부터 약 8km 떨어진 코요아칸은 조용하면서도 고대로부터 내려오는 역사가 담긴 곳이다. 코요아칸이라는 지명은 아즈텍 원주민의 언어인 나와틀어로서 '코요테들의 땅'이라는 의미를 담고 있다. 마을의 중앙 광장에서는 주민들의 교류가 활발하게 일어나고, 광장에서 조금 떨어진 곳에는 16세기에 지어진 산후안 바티스타 성당이 자리 잡고 있었다. 마을 주변은 주로 농작지로 이용되었으며 과수원, 개울, 산이 어우러진 시골의 정취가 가득했다. 이후 대중교통이 들어오면서 멕시코시티에서 코요아칸으로의 접근성은 한층 편리해졌고, 멕시코시티 거주민들이 여가를 즐기는 교외로서의 가치가 높아졌다. 멕시

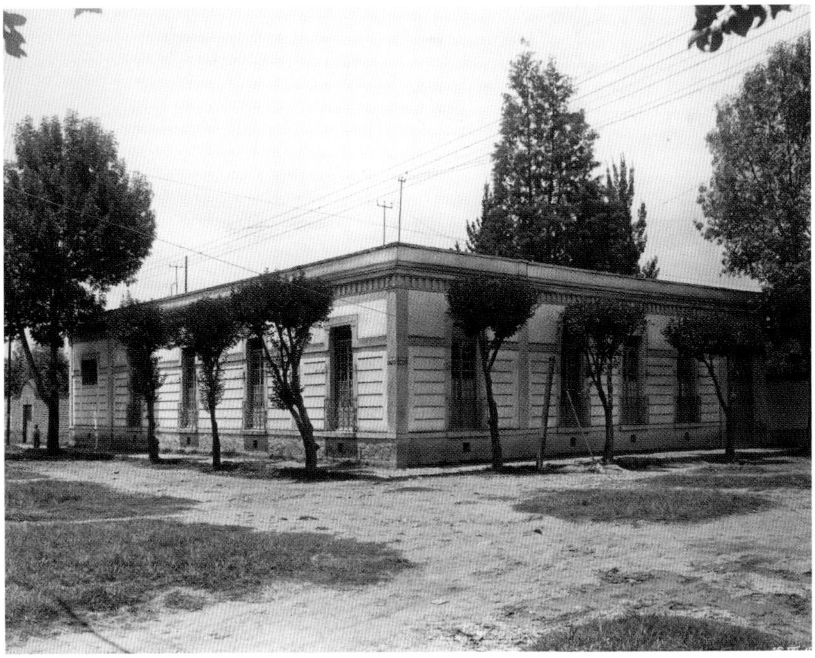

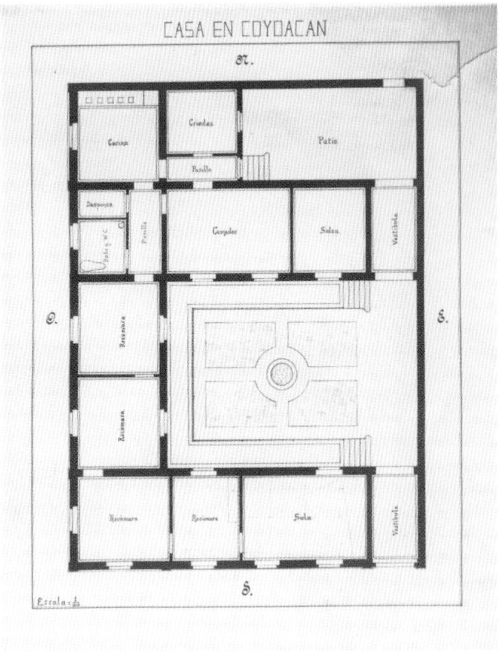

(왼쪽) 기예르모 칼로가 촬영한 코요아칸의 하르딘 센티나리오와 마을들을 멕시코시티로 연결하는 신설 트램.

(위 왼쪽) 칼로 가족들이 코요아칸에 마련한 새로운 보금자리.

(위 오른쪽) 단층 주택의 평면도.

(다음 페이지) 코요아칸의 중심 광장에서 조금 떨어진 곳에 위치한 산후안 바티스타 성당의 현재 모습.

코시티의 중산층 가정은 주말에는 답답한 도시를 탈출하여 상대적으로 고요한 코요아칸의 자연환경 속에서 시간을 보냈다. 그들 중 일부는 아예 이곳에 집을 마련하여 휴가철을 보내거나 혹은 길게 일 년씩 거주하기도 했다.[4)]

마침내 1890년, 새로운 도시 개발안에 따라 코요아칸 안에서도 '하시엔다 산 페드로 이 산 파블로'에 속한 구역은 '콜로니아 델 카르멘'이라는 새로운 이름의 고급 주거 지역으로 전환되었다. 거리명도 유럽의 도시명이나 멕시코 독립운동 지도자들의 이름으로 새롭게 바뀌었다. 대부분의 부지에는 표식과 함께 번호가 매겨졌으며, 이렇게 표시된 부지는 기관 매매를 통해 멕시코시티의 부유한 거주민들의 소유가 되었다. 콜로니아 델 카르멘 구역의 개관을 선언한 것은 포르피리오 디아스 대통령으로, 이 구역의 이름부터가 영부인인 카르멘 로메로 루비오(Carmen Romero Rubio)의 이름에서 따온 것이었다. 그로부터 10년 후 디아스 대통령은 이 구역에 프랑스 양식으로 지어진 키오스크를 기증하는데, 이는 코요아칸의 중앙 광장에서 가장 눈에 띄는 볼거리가 되었다. 1900년 들어서 도입된 전차는 코요아칸에서 멕시코시티 중심부까지의 통근시간을 한 시간으로 단축시켰다. 코요아칸은 대도시의 근로자들이나 학생들이 당일치기 여행으로 다녀오기에 충분히 가까우면서도 동시에 적당히 거리감도 있어서 고요함과 자연을 만끽할 수 있는 장소였다. 1960년대까지도 콜로니아 델 카르멘 구역의 도로 대부분은 비포장 상태로 남아있었다.[5)]

기예르모와 마틸다는 콜로니아 델 카르멘 구역, 코요아칸 중앙 광장에서 몇 블록 떨어지지 않은 위치에 있는 1,200m^2의 토지를 구매했다. 건축가의 이름은 알려지지 않았지만, 평소 건축에 대한 기예르모의 깊은 관심으로 미루어보아 저택 디자인에도 분명 기예르모의 의견이 반영됐을 것으로 추측된다.

저택의 평면도를 살펴보면 말굽 모양의 중앙정원을 여러 개의 방이 둘러싸고 있는 전통적인 멕시코 양식을 볼 수 있다. 동쪽의 높다란 벽은 집과 이웃 사이에 차단막이 되어주었다. 비록 단층집이기는 하지만 창문이 높고 집의 외벽을 따라서 쥐똥나무 덤불이 자라나 있는 덕분에 충분히 중후한 느낌을 자아냈다. 지상에서 4m 높

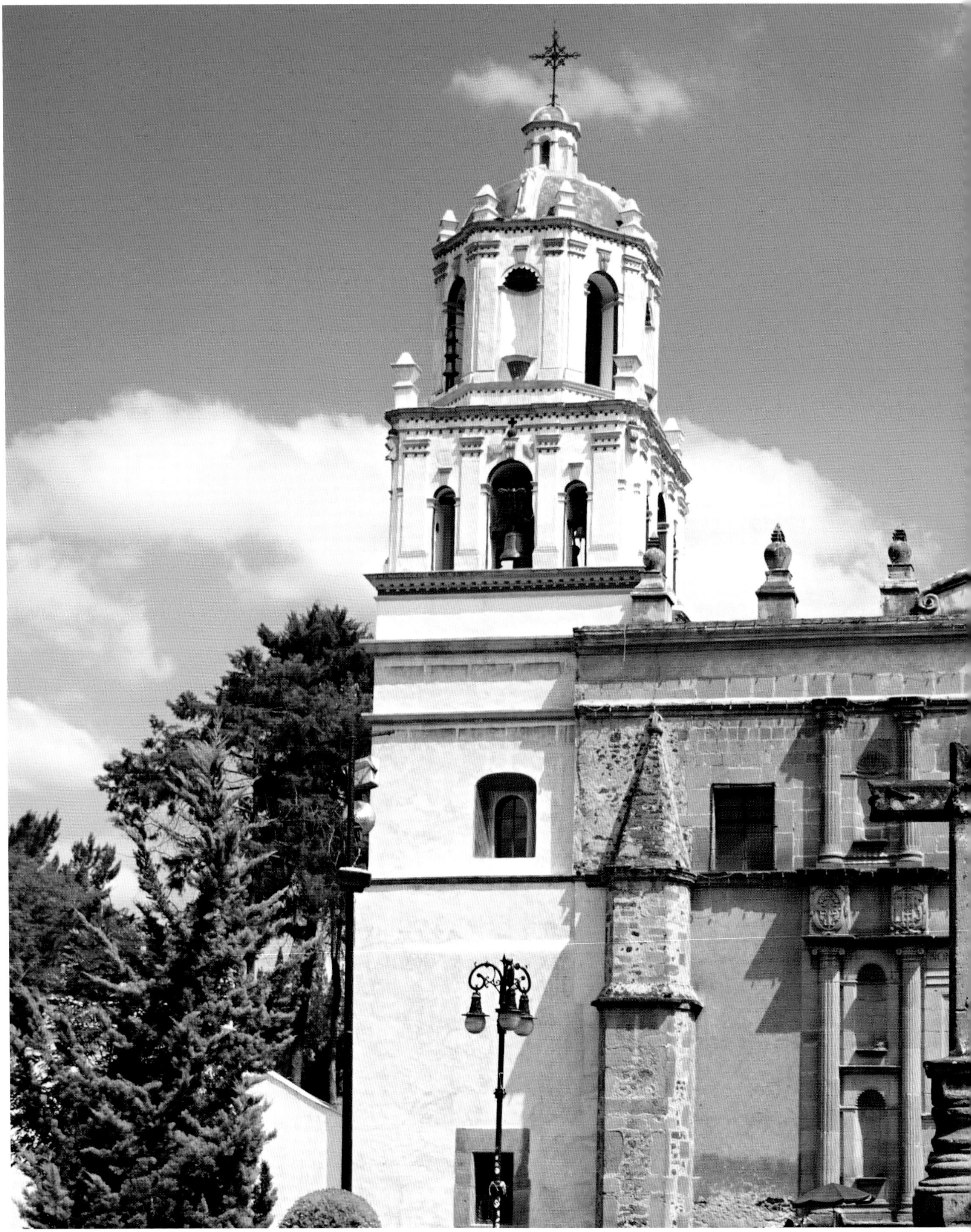

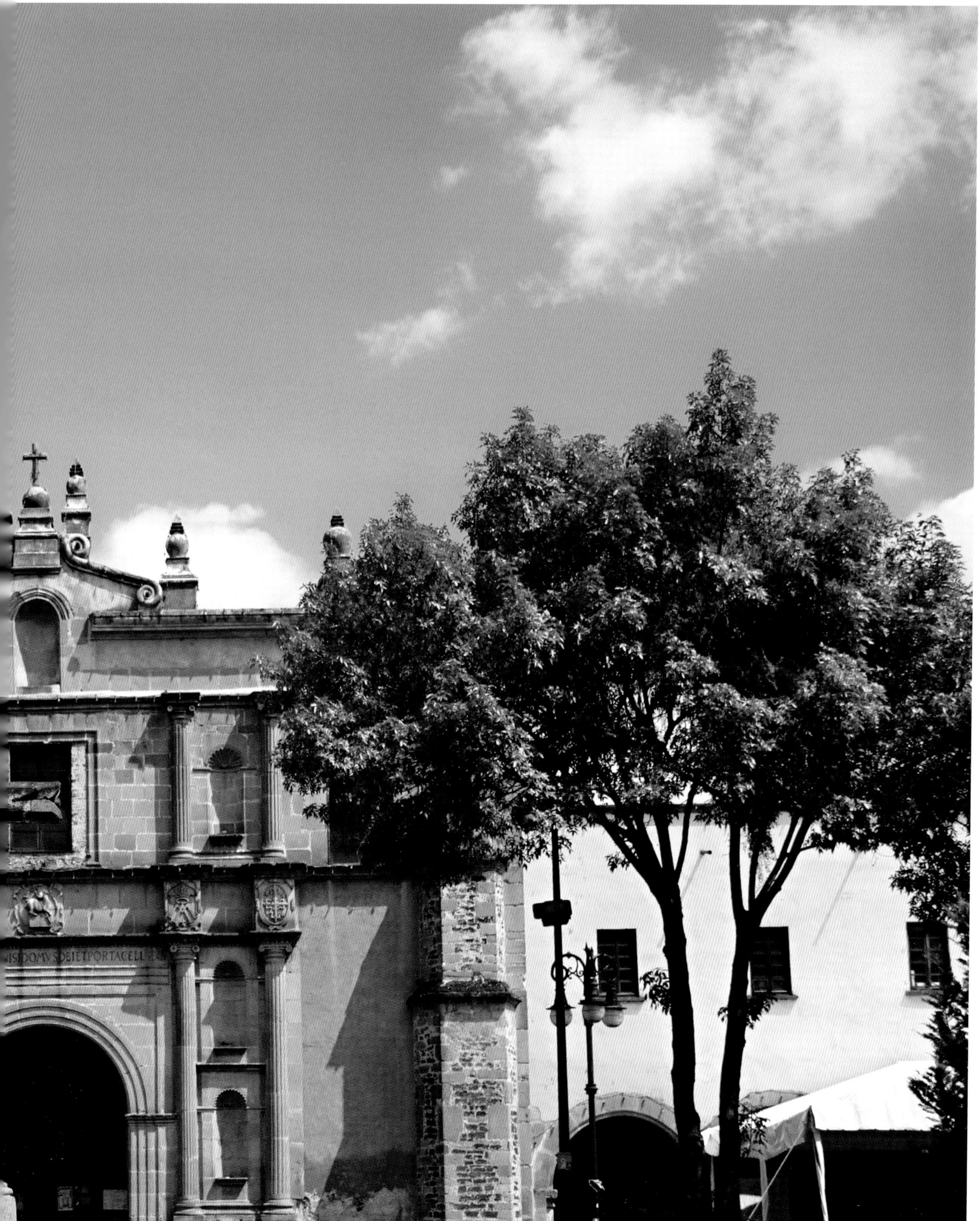
ISDOMVSDEIETPORTACELI

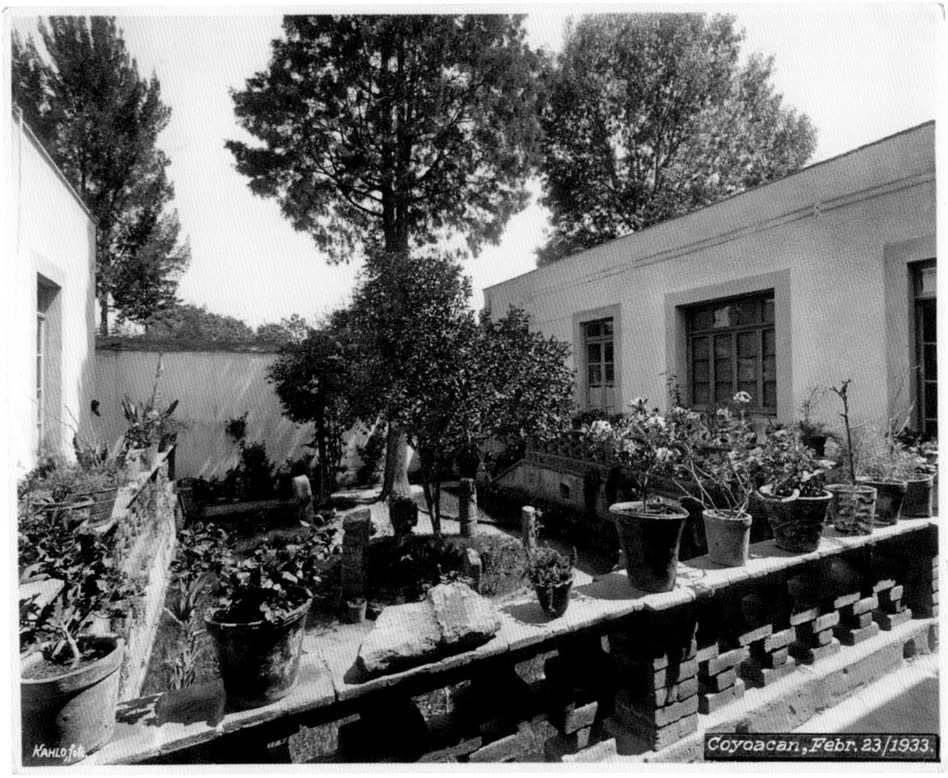

이로 준공되었던 벽은 이후 화산암이 더해져 0.5m가 더 높아졌다. 벽면은 격자나 처마 형태로 회반죽 장식을 더했다. 창문에는 프렌치도어와 주철 발코니를 추가하여 우아한 분위기를 연출했다. 집의 외벽은 흰색 혹은 밝은 파스텔 컬러로 칠했고 외벽의 테두리는 그보다 어두운 톤이었다. 오늘날 이 저택을 대표하는 코발트블루 색상은 꽤 오랜 시간이 지난 후에 등장한다.[6)]

런드레스 거리로 향해 있는 저택의 정문을 통과하면 커다란 현관이 나오는데, 이는 중앙정원으로 연결된다. 중앙정원을 제외한 저택은 침실 4개를 포함해 거실, 식당과 부엌으로 이루어져 있으며, 부엌 옆쪽이자 저택의 뒤편으로는 사용인들의 공간과 작은 정원이 자리 잡고 있었다. 중앙정원 주변의 좁은 복도는 벽돌로 쌓은 낮은 격자벽으로 둘러싸여 있다. 중앙정원의 한가운데에는 둥근 화단이 있는데, 화단 가운데 심어진 오렌지나무 한 그루가 시선을 사로잡는다. 중앙정원에는 식물을 많이 심었지만 저택을 완공하고 가족들이 이사를 온 직후에는 대부분의 식물들이 아직 키가 작았기 때문에 무성하게 자라서 충분한 그늘을 드리우기까지는 시간이 제법 필요했다. 정원의 벽에는 새장들이 내어 걸렸고 여러 마리의 개들도 길렀다. 중앙정원은 가족과 친구들이 모이는 장소로 활용되었으며 기예르모는 종종 카메라로 그 순간들을 포착했다. 저택의 내부는 당시 유행하는 프랑스식 가구로 채워져 있었고, 피아노 연주가 특기였던 기예르모는 독일제 피아노도 한 대 가져다 놓았다. 독일 철학자 쇼펜하우어를 즐겨 읽었던 그는 방대한 양의 장서도 소장했다.

기예르모와 마틸다의 신혼 첫해는 행복과 안락함으로 가득한 시간이었다. 결혼 생활 초기에 촬영된 이들 부부의 사진들을 보면 하나같이 미소를 머금은 채로 상대방을 애정 어린 시선으로 바라보고 있다. 몇몇 사진들 속에서 마틸다는 아이들과 함께 꾸미지 않은 자연스러운 모습을 보여준다. 그러나 1905년, 코요아칸의 새 집

(왼쪽) 코요아칸 저택의 중앙정원 테라스. 이곳에 가족과 친구들이 주로 모였다.

(아래) 책이 가득한 서재에서 기예르모.

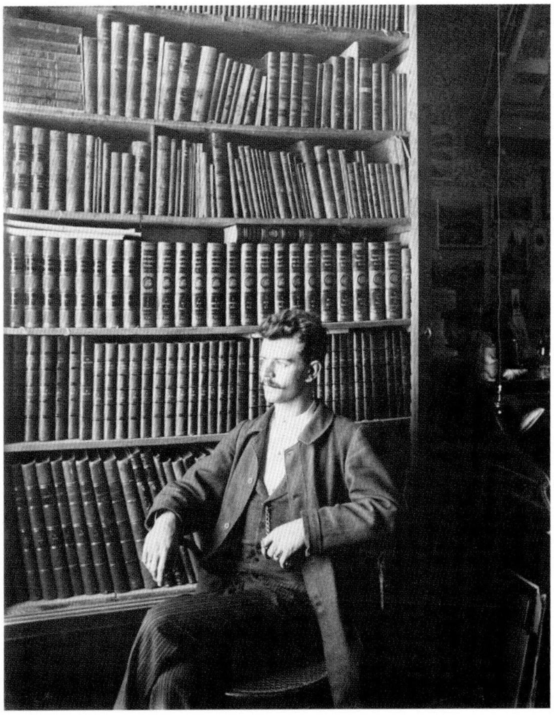

으로 이사하고 얼마 지나지 않아 슬픔이 닥쳤다. 마틸다는 세 번째 출산에서 아들을 낳았는데, 몇 달 지나지 않아 그 아이가 사망하고 말았던 것이다.

그로부터 2년 후에 프리다가 태어났다. 하지만 프리다가 태어난 지 얼마 되지 않아 마틸다가 다시 임신하면서 프리다는 어머니의 젖을 먹지 못했다. 대신 멕시코 원주민 출신의 유모가 고용되어 프리다에게 젖을 먹였다. 첫 번째 유모는 알코올중독자였는데, 그 사실을 알게 된 프리다의 부모는 이내 새로운 유모를 찾아냈다. 두 번째 유모의 이름은 힐라리아였다. 힐라리아와 그의 아들이자 프리다의 젖형제였던 추초(Chucho)는 수년 동안 프리다의 집에서 함께 살았다.[7] 칼로 집안의 막내인 크리스티나(Cristina)는 프리다와 11개월 차이로 태어났다. 기예르모의 첫 번째 결혼에서 태어난 두 딸 마리아 루이사(Maria Luisa)와 마가리타(Margarita)는 이제 집을 떠나 수녀원에서 교육을 받는 나이가 되었지만 그럼에도 명절이면 꼬박꼬박 집으로 돌아오는 등 이복 자매들과도 끈끈한 결속을 유지했다.

1910년 9월은 멕시코가 스페인으로부터 독립한 100주년이자 디아스 대통령의 여든 번째 생일이기도 했다. 30년이 넘는 시간 동안 권력을 잡아 온 디아스 대통령은 1910년을 기념하는 여러 가지 행사를 계획했다. 쇼와 퍼레이드는 물론 40m 높이의 기둥에 올라간 황금빛 조각상인 '독립의 천사' 같은 새로운 기념물을 건립하고 이를 도시의 상징으로 삼는다는 야심 찬 계획들이었다. 축하 행사에는 해외 여러 나라의 고위 인사들이 참석하여 멕시코가 얼마나 현대적이고 진보적인 국가인지를 직접 확인하고, 멕시코시티가 유럽의 여타 도시와 다를 바 없음에 감탄했다.

이처럼 대통령의 관심이 100주년 기념행사에 쏠려있는 사이에 멕시코 곳곳에서는 소요가 일어났다. 사실 이러한 투쟁이 갑자기 시작된 것은 아니다. 이미 1906년에 소노라 카나네아에서 광부들이 대규모 파업을 일으킨 바 있었다. 파업의 주요 이슈는 멕시코 노동자와 외국인 노동자 사이의 임금 격차였다. 그로부터 몇 달 후 푸에블라와 베라크루즈의 섬유 노동자들도 열악한 노동 조건에 항의하며 파업에 돌입했다. 멕시코 정부 당국은 노동자들의 이러한 움직임을 강력하게 진압했고 이 과정에서 많은 노동자들이 사망에 이르렀다. 한편 농촌 지역에서는 토착 원주민들이 개인 경작지를 잃고 기업형 거대 농장의 노동자로 전락했다. 이들은 형편없이 낮은 임금을 받아야 했고, 농장주가 직영하는 매장에서 물건을 비싼 가격에 외상으로 구매하게 되는 악순환에 직면했다. 농민들은 자연히 거대 농장주에게 빚을 지게 되었고, 일을 하면 할수록 점점 빈곤해졌다.

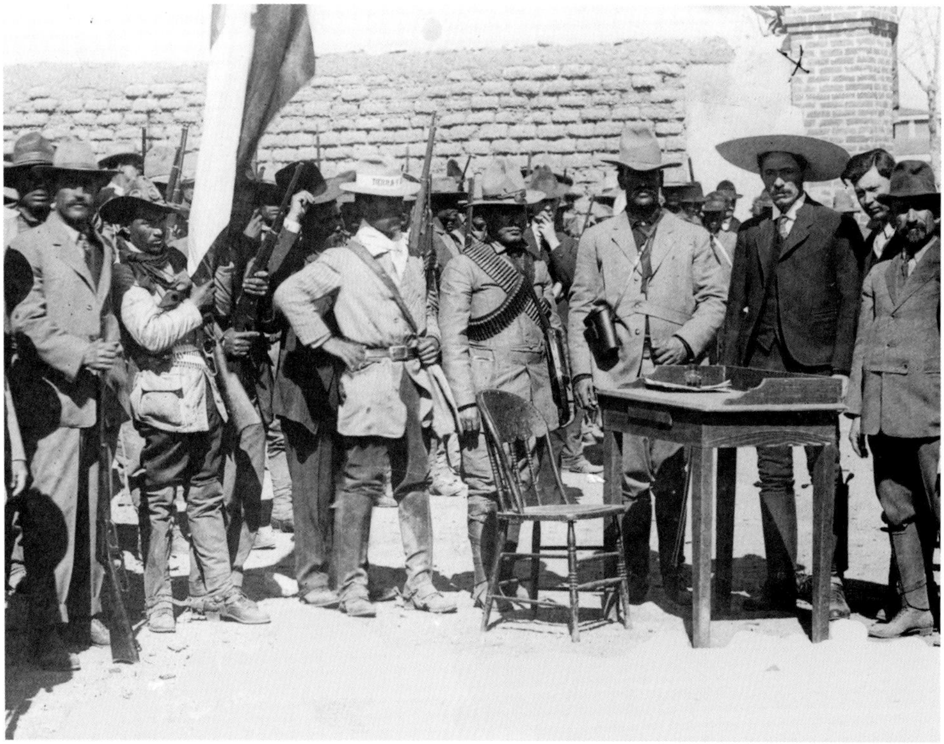

프란시스코 이그나시오 마데로(Francisco Ignacio Madero)는 북부 멕시코의 부유한 가정 출신이었다. 하지만 그는 민주적인 절차를 통해 자신의 조국을 새롭게 정비하고자 하는 이상적인 꿈을 가졌다. 1910년 초, 마데로는 디아스 대통령과 선거를 통해 맞붙고자 했다. 하지만 디아스 대통령은 그를 감옥으로 보내며 본인의 최종 승리를 선언했다. 선거가 끝난 뒤 감옥에서 석방된 마데로는 이제 정부를 전복하려는 계획을 세웠다. 계획에 따르면 개시일은 1910년 11월 20일로, 이 날을 멕시코 혁명의 시작이라고 부를 수 있다. 멕시코 각지에서는 마데로를 지원하는 민병대가 일어났다. 멕시코 북부에서는 판초 빌라(Pancho Villa)와 파스쿠알 오로스코(Pascual Orozco)가, 멕시코 남부에서는 에밀리아노 사파타(Emiliano Zapata)가 마데로를 지원하는 민병대를 이끌었다. 1911년 5월, 결국 디아스는 대통령직을 사임하고 프랑스로 망명했고, 다시는 멕시코로 돌아오지 못하고 프랑스에서 여생을 마쳤다.

마침내 마데로가 멕시코의 새로운 대통령으로 취임했다. 새로운 대통령은 디아스 정부 시절의 기득권층에게는 존재 자체만으로도 혐오의 대상이었다. 그렇다고 해서 혁명 지지자들이 기대하는 만큼의 신속한 토지 재분배나 사회 개혁을 당장 실행할 수도 없었기에 이 또한 불만을 야기했다. 그래서 혁명이 끝나고 마데로 대통령이 취임했음에도 멕시코 사회 곳곳에서 무력 충돌이 이어졌다.

멕시코 혁명이 시작되면서 기예르모가 진행하던 디아스 정부 사업의 비용 지급이 중단되었고, 혁명이 진행됨에 따라 다른 수입원도 점차 고갈되었다. 시간이 지남에 따라 칼로 가족의 경제 상황은 갈수록 악화되었다. 결국 그들은 저택을 저당 잡혔고 우아한 프랑스산 가구와 도자기를 내다 팔아야 했으며 하숙생도 받아들였다. 한때 풍족했던 시절을 기억하게 하는 것은 여전히 자리를 지키는 피아노뿐이었다.

프리다의 유년 시절 기억에는 혁명의 풍경들도 포함되어 있다. 그는 1913년 2월에 일어난 '비극의 열

(왼쪽) 1910년 멕시코 혁명군의 지도자들. 프란시스코 이그나시오 마데로, 로돌포 피에로, 파스쿠알 오로스코 장군, 아브라함 곤잘레스가 보인다.

(아래) 호세 과달루페 포사다가 그린 혁명군 지도자 에밀리아노 사파타의 모습.

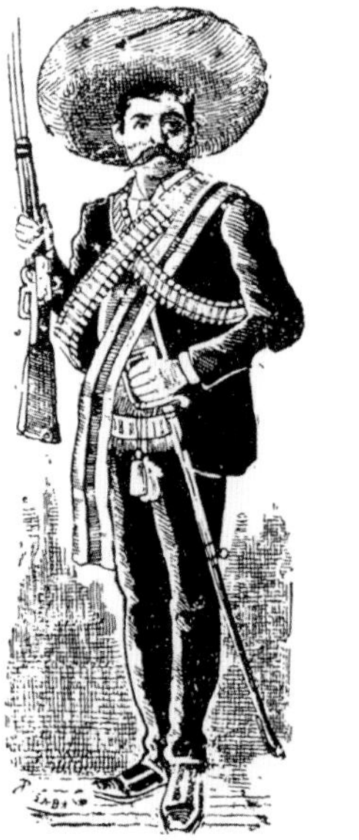

흘'(Decena Trágica)을 기억했다. 피비린내 나던 열흘은 결국 프란시스코 마데로 대통령의 암살을 불러왔다. 프리다가 살던 코요아칸에서는 멕시코 혁명의 수뇌부인 에밀리아노 사파타와 베누수티아노 카란사(Venustiano Carranza), 양측을 지지하는 무리들의 갈등이 팽팽했다. 프리다의 어린 시절 일기장에서도 당시의 분위기를 엿볼 수 있는데, 일기에 따르면 "어머니는 아옌데 거리로 난 발코니 창문을 여셨다. 굶주리고 다친 사파티스타(Zapatistas, 사파타의 지지자)들이 발코니를 뛰어넘어 응접실로 들어왔다. 어머니는 그들의 상처를 치료하고 옥수수 고르디타를 내주셨다. 고르디타는 당시 코요아칸에서 우리가 구할 수 있는 유일한 음식이었다"고 했다.[8] 그 무렵, 코요아칸의 금요 마켓에서는 호세 과달루페 포사다(José Guadalupe Posada)의 일러스트가 들어간 혁명가 인쇄물을 1센타보에 팔았다. 프리다는 부모님이 지켜보는 가운데 한 살 아래의 여동생 크리스티나와 함께 옷장에 들어가서 혁명가를 불렀던 것도 기억한다. 그때 옷장에서 풍겨왔던 호두나무 냄새도 그의 기억에 남아있었다.[9]

여동생 크리스티나는 프리다의 가장 가까운 친구이자 칼로 자매들 중 가장 전통적인 미인이었다. 반면에 프리다는 파격적이고 남다른 개성의 아름다움을 가졌다. 그의 짙은 눈썹은 이마 가운데에서 뚜렷한 존재감을 드러냈고, 아버지 기예르모의 청년 시절 사진에서 볼 수 있는 강렬한 눈빛 또한 물려받았다.

프리다는 타고난 리더 타입으로 혈기왕성하고 변덕스러운 성격이었다. 상대적으로 유순하고 덜 영민한 크리스티나는 언니(프리다)를 잘 따랐다. 그러나 후일 프리다는 크리스티나를 부러워했다고 밝혔다. "나는 너무 못생겨서 나보다 예쁜 크리스티나를 볼 때면 부러웠다"는 고백을 남긴 것이다.[10] 수녀원에서 공부한 이복언니들과 달리 프리다와 크리스티나 자매는 인근의 학교를 다녔고 동네 아이들과 우정을 쌓았다. 프리다는 유쾌한 장난꾸러기였지만 동시에 내성적인 면도 가지고 있었다.

여섯 살이 되던 해에 프리다는 소아마비에 걸렸다. 시작은 다리에서 느껴지는 날카로운 통증이었다. 부모님은 호두를 달인 물에 그의 다리를 담그고 온찜질을 하며 간호했다. 수개월 동안 침대에 누워서 생활해야 했던 프리다는 점점 더 내성적이 되었고, 상상 속에서 놀이 친구들을 만들어냈다. 프리다는 상상 속 친구들에게 모든 걱정과 고민을 털어놓았고 그들은 춤을 추고 웃으며 걱정을 날려 주었다. 상상 속 친구들을 만나고 나면 무겁던 마음이 한결 가벼워졌다. 소아마비에서 회복된 프리다의 오른쪽 다리는 왼쪽보다 짧고 가늘어졌고, 이 후유증은 평생 그를 괴롭혔다.[11] 기형이 된 오른쪽 다리를 숨

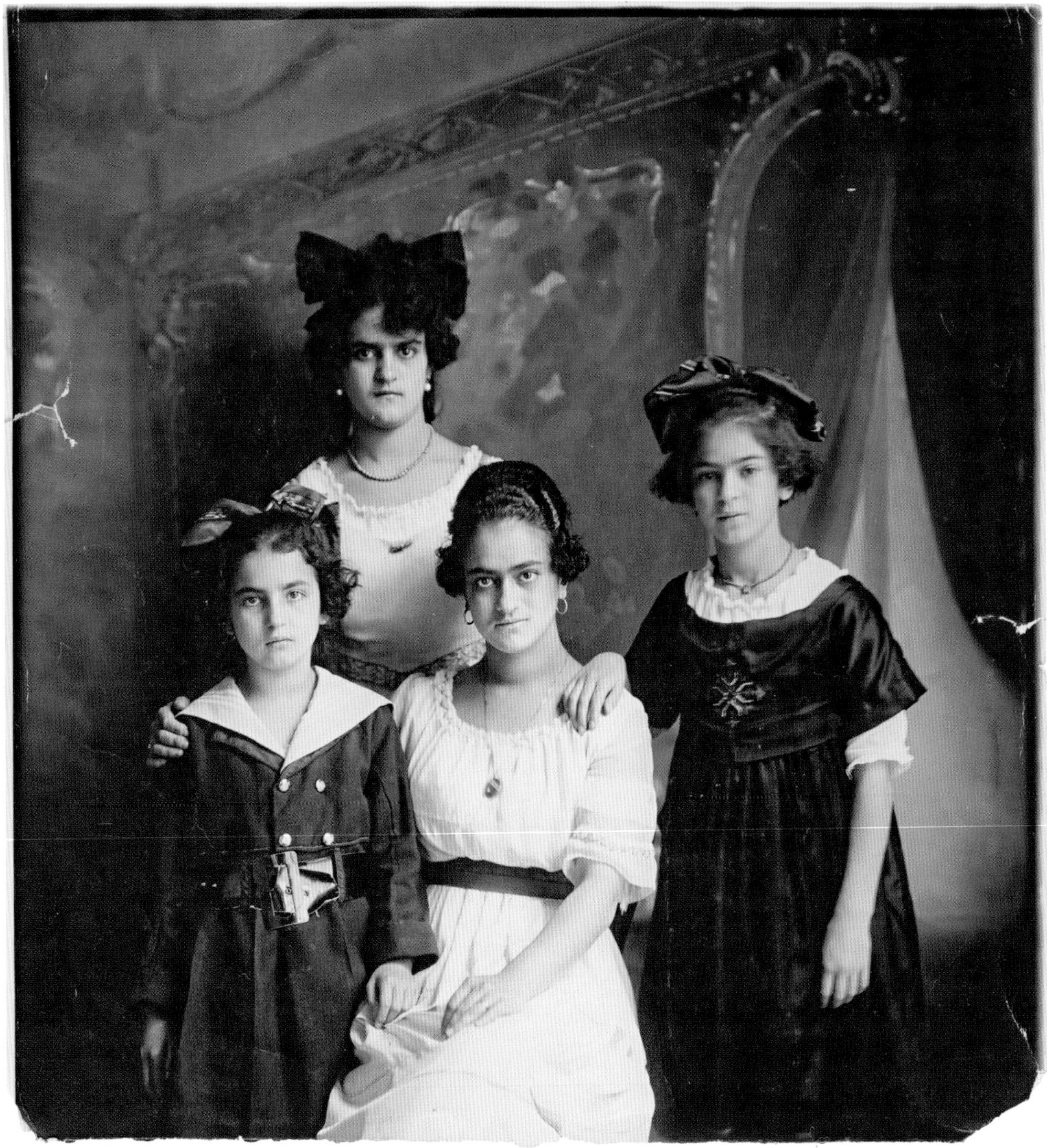

(왼쪽) 프리다 칼로의 동복 자매들: 크리스티나, 아드리아나, 마틸다, 그리고 당시 열 살의 프리다.

(오른쪽 위) 다섯 살의 프리다.

(오른쪽 아래) 첫 영성체를 위해 차려입은 프리다.

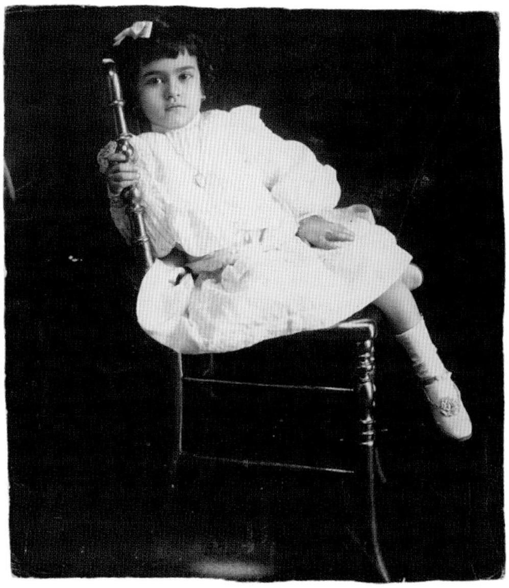

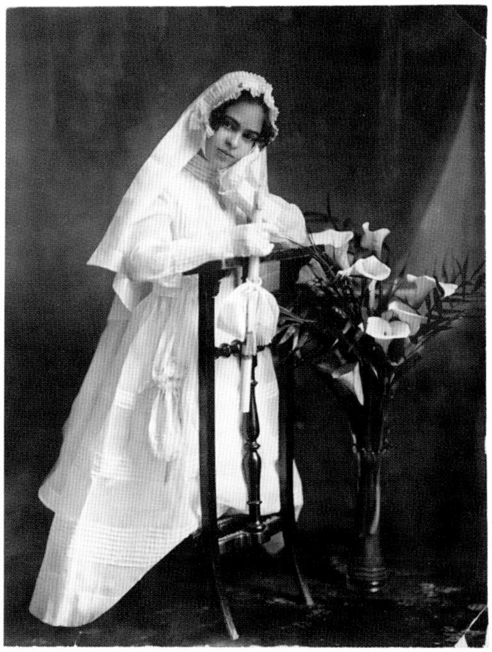

기기 위해 어린 시절의 프리다는 양말을 여러 개 겹쳐서 신었다.

의사는 프리다가 빠르게 회복하려면 신체 활동을 많이 해야 한다고 권유했다. 이에 아버지는 프리다가 운동을 하도록 적극적으로 격려했고 소위 말하는 여자아이답지 않은 운동일지라도 상관하지 않았다. 동네 아이들은 '의족 신은 프리다'라고 놀려댔지만 프리다는 그러한 조롱에 상처 받은 반응을 보이기보다는 한층 더 대담하고 모험적으로 행동했다. 나무나 울타리에 기어오르고 자전거나 스케이트를 타면서 곡예를 펼치는 등 신체적 한계에도 불구하고 스스로가 얼마나 대단한 일들을 해낼 수 있는지를 증명해냈다. 날씬하고 민첩하며 두려움이 없는 소녀 프리다는 나중에는 동네 아이들이 자신을 비웃기 위해 불렀던 별명조차도 아무렇지도 않게 사용했다. 친구에게 보내는 메시지에 "코요테의 땅인 코요아칸, 그곳의 의족 신은 프리다"라고 남긴 기록이 전해진다.[12)]

프리다가 일곱 살이 되던 해에 동복 큰언니 마틸다가 열다섯 살의 나이로 남자친구와 함께 가출하는 사건이 발생했다. 프리다는 창문으로 집을 나간 언니의 흔적을 발견하고 조용히 창문을 닫아줌으로써 언니의 가출을 지지했다. 무려 4년 동안 자취를 감춘 마틸다 때문에 프리다의 부모는 황망한 시간을 보내야 했다. 그들은 겉으로는 아무렇지도 않은 척 사라진 큰딸에 대해 철저히 입을 다물었다. 하지만 프리다와 함께 전차를 타고 외출한 어느 날 기예르모는 프리다에게 '다시는 그 애를 찾지 못할 것'이라며 아버지로서의 슬픔을 털어놓은 적도 있었다. 몇 년 후에 그들은 결국 마틸다를 찾아냈는데, 마틸다는 집에서 멀지 않은 곳에 있었다. 그는 가출할 당시의 남자친구와 함께 동거 중이었으며 이후 결혼식까지 올렸다. 하지만 어머니가 큰딸의 불명예스러운 행동을 용서하는 데에는 몇 년의 시간이 더 필요했다. 그동안 두 사람 사이에는 어떠한 대화도 없었고, 마틸다가 친정집에 방문하는 것도 허락되지 않았다.

프리다의 어머니는 딸들과 함께 정기적으로 예배에 참석하고 싶어했다. 프리다는 어머니를 무척 사랑했지만 어머니의 신앙심이 도가 지나칠 정도라고 생각했다. "어머니는 내게 있어 최고의 벗이지만, 우리가 더 가까워질 수 없었던 것은 어머니의 신앙심 때문이었다. 어머니의 신앙심은 가끔은 병적인 히스테리에 도달하곤 했다"라고 적기도 했다.[13)] 가족이 모여 앉아 식전 기도를 올릴 때면 프리다와 크리스티나는 다른 사람들이 경건하게 고개를 수그리고 있는 동안 웃음을 터뜨리지 않기 위해 서로를 마주보며 인상을 찌푸렸다. 첫 영성체를 앞둔 프리다와 크리스티나는 교리문답반에도 등록했지만 자주 교실을 빠져나와 근처의 과수원으로 숨어들었다. 두 자매는 교리문답 수업이 끝날

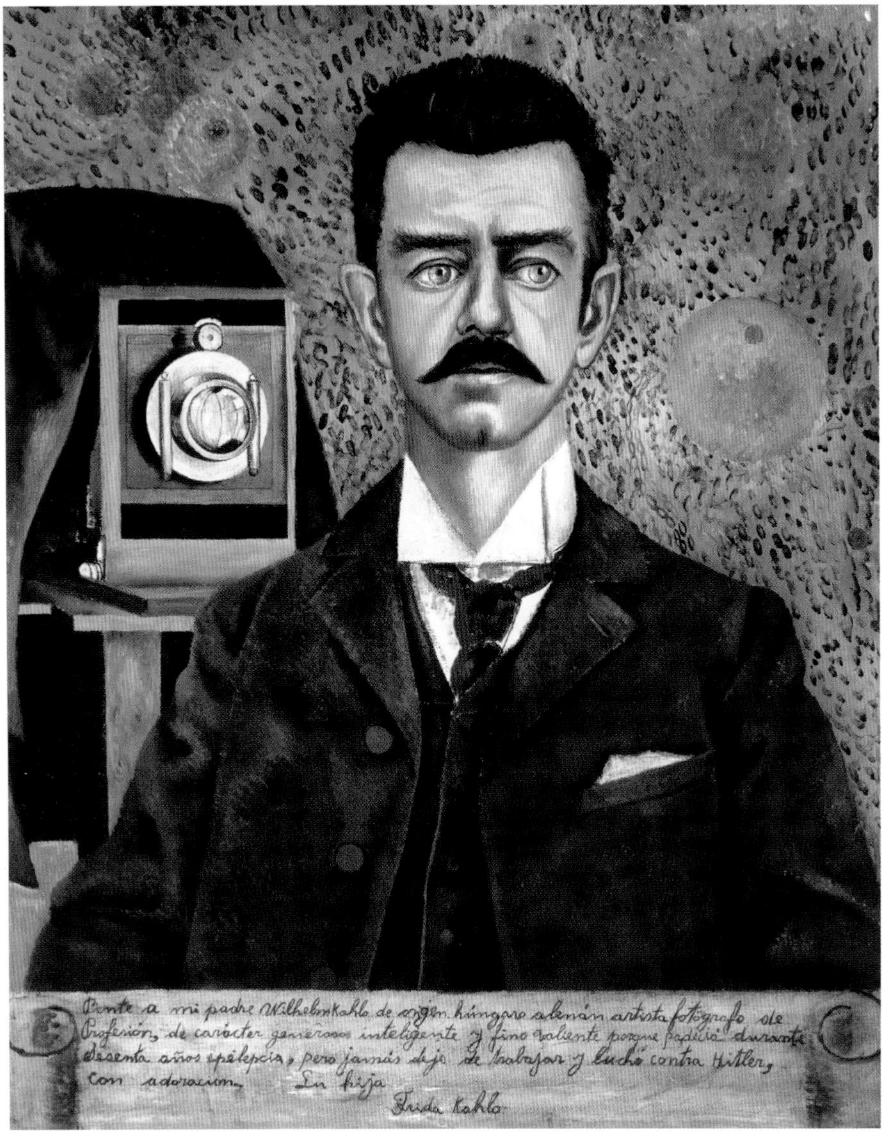

때까지 나무에 오르고 과일을 따먹으며 시간을 때웠고 아무에게도 들키지 않은 채 무사히 집으로 돌아갔다.

프리다는 아버지와 사이가 아주 좋았다. 아버지 기예르모는 프리다가 자신을 아주 많이 닮았음을 알고 있었다. 기예르모는 엄격할 때는 엄격했지만 보통은 엉뚱한 유머감각을 발휘했으며, 특히 자신이 가장 애지중지하는 프리다를 대할 때면 누구보다 상냥한 아버지였다. 프리다는 아버지의 사진 촬영 현장에 동행했으며 스튜디오와 암실에서 아버지를 거들었다. 기예르모는 조그만 붓으로 사진을 리터칭하는 방법까지 직접 시연해가며 프리다에게 사진을 가르쳤다. 프리다는 간질을 앓고 있는 아버지가 발작을 일으킬 것에 대비해서 언제나 곁을 지켰다. 혹여 기예르모가 간질 발작을 일으키면 프리다는 서둘러 스튜디오로 뛰어들어 아버지의 상태를 확인하고 그가 깨어날 때까지 값비싼 장비들을 지키며 시간을 보냈다.

아버지가 세상을 떠나고 10년이 지난 해인 1951년, 프리다는 아버지의 초상화를 그렸다. 〈내 아버지의 초상〉

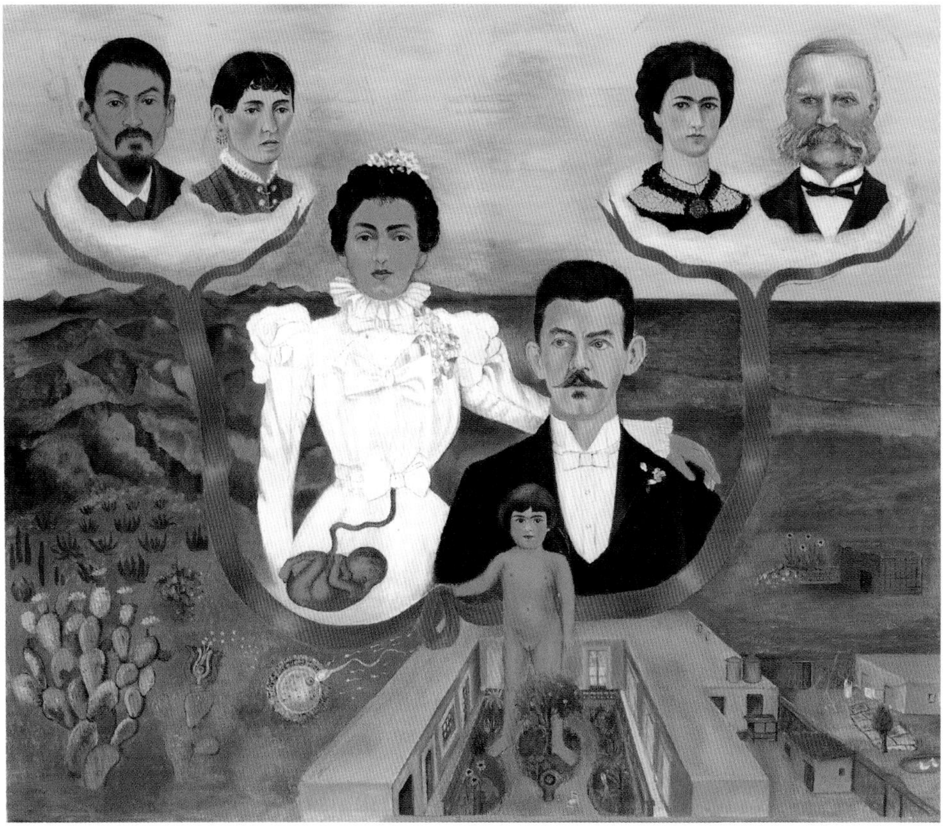

(왼쪽) 프리다 칼로, 〈내 아버지의 초상〉, 1951, 나무판에 유채, 60.5×46.5cm, 프리다 칼로 박물관, 멕시코시티.

(위) 프리다 칼로, 〈나의 조부모, 나의 부모, 그리고 나 (패밀리 트리)〉, 1936, 금속판에 유채와 템페라, 30.7×34.5cm, 뉴욕현대미술관, 뉴욕.

(*Portrait of My Father*)은 기예르모가 직접 찍은 두 장의 자화상 사진을 편집하여 제작되었다. 그림 속에서 기예르모는 자신의 카메라와 나란히 서서 한쪽을 바라보고 있다. 뒤쪽 벽에 있는 둥그런 형태들은 마치 현미경을 통해 볼 수 있는 세포나 정자를 연상시키는데, 이는 아마도 프리다의 탄생에서 기예르모가 가진 생물학적 역할 혹은 그가 아버지로부터 예술적 재능을 물려받았음을 암시하는 듯하다. 화면 아래쪽에는 두루마리가 하나 그려져 있는데 프리다는 여기에 헌사를 적었다. 그 내용은 다음과 같다. "이 그림은 내가 직접 그린 나의 아버지 빌헬름 칼로의 모습이다. 그는 헝가리계 독일인이고, 전문적인 예술사진작가였으며, 관대하고 지혜롭고 또한 예의 바른 인물이었다. 그는 60년의 세월 동안 간질로 고통 받았지만 용감히 맞서 싸웠으며, 단 한 순간도 작업을 멈추지 않았다. 또한 히틀러의 압제에 저항하기도 했다. 사랑을 담아, 아버지의 딸 프리다."

이 헌사의 일부 내용은 사실이 아니다. 프리다는 아버지에 대한 몇 가지 신화를 만들어냈는데, 사실 그의 부계가 헝가리 계통이라고 볼 수 있는 근거가 없다. 기예르모의 집안은 대대로 독일 바덴바덴과 포르츠하임에 거주했다. 한편 프리다는 아버지가 유대계라고 주장하기도 했는데, 실제로 기예르모는 포르츠하임에 있는 장로교 교회에서 유아세례를 받았다.[14] 사실이 아닌 부분은 또 있다. 기예르모가 정치적으로든 혹은 그 외의 어떤 방식을 통해서든 히틀러에 맞섰다는 기록은 전해지지 않는다.[15] 아마도 이러한 서술들은 프리다가 자신의 부계 혈통을 독일 나치 정권과 분리하는 데 지나치게 신경 쓰다 보니 만들어진 오류일 것으로 추측된다.

프리다가 지어낸 기예르모에 대한 또 다른 신화로는 그가 무신론자라는 것이다. 물론 기예르모는 아내인 마틸다만큼 광적인 신자는 아니었지만, 그가 프리다에게 보낸 편지 중에는 이러한 구절이 등장한다. "하느님에 대한 믿음보다 중요한 것은 없단다. 그분은 모든 것을 지배하는 전능하신 분이지. (비록 그렇게 말하지 않는 사람들도 많지만) ……"[16]

작가인 아버지를 보고 배우며 프리다는 예술적 감성을 형성해나갔다. 기예르모는 직업 작가로서의 사진 작업 외에도 개인적으로는 실험적인 작업들을 심심치 않게 해왔다. 여기에는 자화상 작업도 포함되는데, 대부분의 사진 속에서 그는 단호한 시선으로 카메라를 응시하고 있다. 이는 프리다가 자신의 수많은 자화상에서 보여주는 강렬한 시선과도 연결되는 듯하다. 또한 기예르모는 아마추어 화가이기도 했는데, 수채화로 풍경을 그렸고 작업실(사진 스튜디오)의 배경 또한 직접 그렸을 것으로 여겨진다.[17] 프리다는 종종 아버지의 사진 모델로서 포즈를 취했고, 덕분에 어린 나이부터 카메라를 향해 스스로를 표현하는 방법을 자연스레 익혔다. 아버지는 프리다의 지적 호기심을 자극했고 그의 예술적 노력을 항상 격려했다.

자신의 고향집과 혈통에 대한 프리다의 묘사는 1936년 작품 〈나의 조부모, 나의 부모, 그리고 나 (패밀리 트리)〉(*My Grandparents, My Parents and I (Family Tree)*)에서 잘 확인할 수 있다. 이 그림에서 프리다는 자신을 서너 살 정도의 어린아이로 묘사했는데, 아이가 있는 정원은 실제 가족이 살던 집을 축소시켜놓은 것이다. 정원 속 어린아이의 머리 위로 프리다의 부모와 조부모가 둥둥 떠내려가고 있다. 환상적인 그림이지만 자세히 살펴보면 그림 속에 표현된 집은 지극히 사실적이다. 연한 푸른빛의 외벽, 중정에 있는 오렌지나무까지 충실히 그려져 있다. 그림 속의 어린이(프리다 자신)는 벌거벗은 채로 서 있는데, 아이의 맨발은 저택의 중앙정원 가운데에 뿌리를 내리고 있다. 저택을 둘러싼 마을이라는 실제의 풍경을 묘사하는 대신에 프리다는 황폐한, 그러나 멕시코임을 분명히 느낄 수 있는 배경을 그려 넣었다. 이 배경에서 멕시코의 토종 식물을 발견할 수 있다. 꽃이 만개한 노팔 선인장, 저 멀리 보이는 용설란이 바로 그것이다. 한편, 저택의 한쪽으로는 난자가 그려져 있다. 한 무리의 정자가 난자를 향해 돌진하고 있으며, 그중 가장 큰 정자는 난자에 닿기 직전인 모습이다.

이 그림에서 가장 크게 그려진 인물은 프리다의 부모이다. 결혼식 사진처럼 두 인물은 구도의 중심에 놓여 있다. 어머니 마틸다가 입고 있는 순백의 웨딩드레스 허리 부분에는 리본처럼 연결된 탯줄이 있고 그 끝에는 태아가 있다. 프리다의 조부모들은 구름을 두른 채로 그들의 자손 위에 떠 있다. 프리다의 친조부모는 기예르모의 위쪽이자 캔버스 오른쪽 상단 모서리에 떠 있는데 그들 아래로는 먼 바다가 보인다. 프리다의 외조부모는 마틸다의 위에 있으며 그 아래로는 멕시코의 산악 풍경이 있다.

이 그림 속에서 프리다는 자신의 탄생과 성장에 있어서 중요한 세 가지 순간을 담았다. 바로 임신의 순간, 어머니 자궁 속의 태아, 어린아이의 순간이다. 또 하나 의미심장한 것은 프리다가 묘사한 코요아칸의 아치인데, 이는 1930년대에 기예르모가 촬영한 멕시코 지형 작업에서 영감을 얻은 것이다. 이 그림 속에서 프리다는 그의 유전자에 기여한 모든 이들에게 둘러싸여 있고, 모든 이들은 그의 혈통을 상징하는 리본으로 연결되어 있다. 어린 프리다는 오른손에 그 리본을 들고 있다.

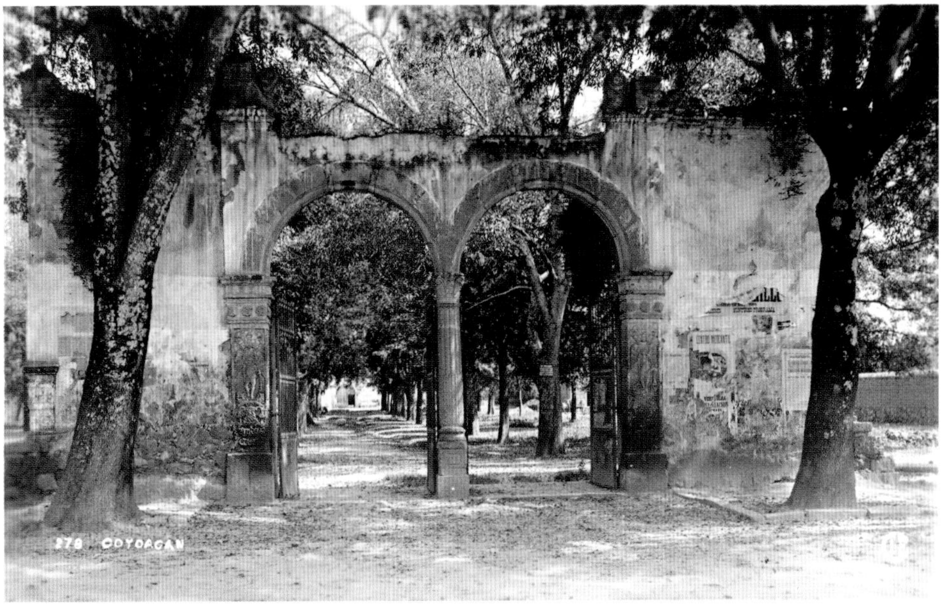

코요아칸의 아치. 기예르모 칼로 촬영. 1930년대.

이 작품을 비롯해 프리다의 수많은 작품들은 표면적으로 볼 때 하나같이 그의 자전적 이야기로 읽힌다. 그러나 프리다가 미술사적 지식이 풍부했고 당대의 유명 예술가와 지식인 서클에서 활동했기에 동시대 작가들의 관심사와 창작 활동의 핵심을 파악하고 있었다는 것을 상기하면 작품에 대한 더 심도 깊은 해석이 가능하다. 프리다의 작업은 1차적으로는 개인사를 소재로 하고 있지만, 면밀히 살필수록 이를 통해 그가 젠더, 다산성, 잡종성, 삶의 순환, 민족주의 등 폭넓은 주제를 탐구하고 있음을 발견할 수 있다. 독일의 나치가 우생학을 증명하기 위해서 혈통의 계보를 사용하던 시절, 프리다는 자신의 가계도를 묘사하며 이를 통해 자신의 혼혈성을 기꺼이 드러내어 잡종성이 가진 부정적인 이미지에 반박하는 동시에 스스로의 본질을 멕시코인으로 정의했다. 프리다의 정체성에 있어서 중요한 부분을 형성하게 해준 자신의 생가 안에 마치 뿌리를 내린 것처럼 단단히 서 있는 것이다. 비록 그가 다른 곳에 머무를지라도 프리다의 마음 속 진정한 집은 언제나 코요아칸의 푸른 집이었다.

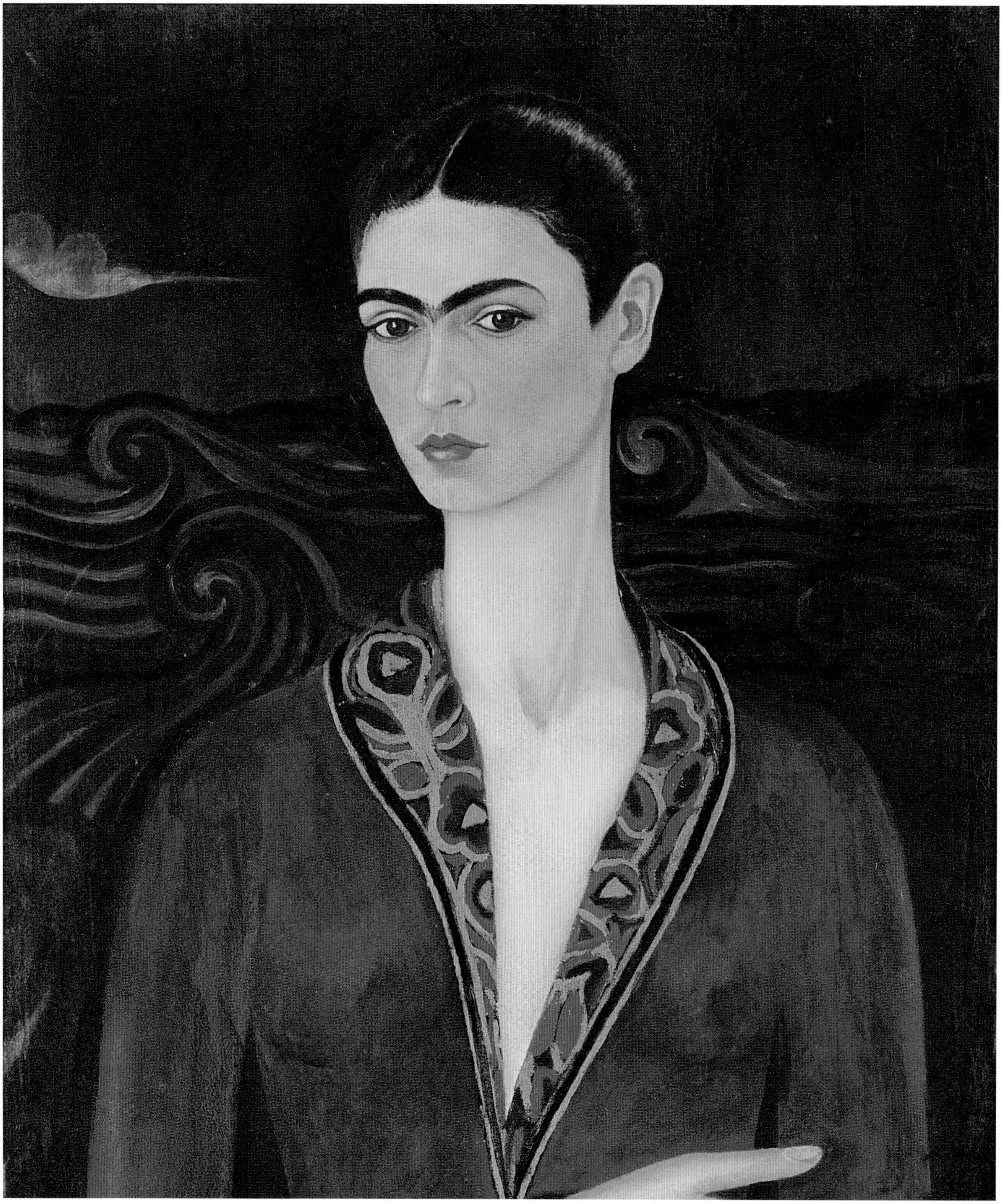

학창시절을 보낸 멕시코시티

프리다 칼로, 〈붉은 벨벳 드레스를 입은 자화상〉 부분 확대, 1926.

열다섯 살이 된 프리다에게 새로운 세계가 열렸다. 국립예비학교에 입학했고 의대 진학을 위한 5년의 예비과정을 시작했다. 집, 가족과의 유대가 언제나 최우선이었던 프리다였지만 국립예비학교에 다니면서부터 점차 그와 자매들의 진로가 달라지기 시작했다. 프리다는 이제 고요한 코요아칸을 벗어나 아버지처럼 평일 아침마다 전차를 타고 농부들의 밭을 지나 대도시로 통학하게 되었다.

프리다가 다니는 국립예비학교는 멕시코시티 중심부에 위치한 바로크 양식의 18세기 건물이었다. 멕시코시티의 거대한 중앙광장인 소칼로 광장에서 겨우 두 블록 떨어진 위치였다. 두터운 벽과 넓은 안뜰이라는 견고한 구조를 가진 이 건물은 원래 예수회의 기숙학교였다. 건물에 들어서면 붉고 구멍이 많은 화산암으로 덮인 외벽이 제일 먼저 시선을 사로잡는다. 붉은 외벽과 대조를 이루는, 회색빛 채석장석으로 만들어진 화려한 정문과 벽기둥, 상인방(문틀 · 창틀의 일부로 문 · 창문을 가로지르게 되어 있는 가로대)이 장식적인 효과를 주었다. 학교 내부에는 다양한 크기의 안뜰이 있었으며, 아치형 통로가 그것을 둘러싸고 있다. 프리다와 동기들이 모이는 학생회실은 화려하게 조각된 17세기 마호가니 가구들, 생 어거스틴 수녀원에서 가져온 삼나무 합창 의자로 가득했다. 학생회실의 벽은 수많은 유화로 장식되어 있었는데, 이 그림들은 학교의 역사에서 중요한 역할을 한 사람들(모두 남자들)의 초상화였다. 20세기 초에는 건물 남쪽에 두 개의 작은 안뜰과 극장이 증축되었다. 새롭게 증축된 건물의 전면부는 건물의 북쪽 전면부를 복제한 모양이었다.

1867년에 설립된 국립예비학교는 고등학교 수준의 교육을 제공하는 학교로, 당시에는 흔치 않게 종교색을 띠지 않는 교육기관이었다. 이 학교는 멕시코의 위대한 사상가와 지도자들을 배출한 교육기관으로서 명성이 높았다. 설립 초기에 학교의 커리큘럼은 실증주의 철학자 오귀스트 콩트의 철학을 기반으로 하였고 모든 지식은 현상의 관찰로부터 나온다고 보았다. 당시 멕시코의 교육은 전반적으로 종교에 뿌리를 두고 있었기에 이러한 실증주의적 관점은 독보적인 변화였다. 시간이 흘러 프리다가 입학할 즈음에는 또다시 변화의 흐름이 찾아와서, 실증주의적 관점보다는 인본주의적 접근을 주장하는 목소리가 높아졌다. 실증주의와 인본주의 사이의 논쟁은 프리다가 학교를 다니는 내내 매우 뜨거웠다.

1882년은 최초의 여학생이 국립예비학교에 입학한 해였다. 그로부터 40년이 지났지만 프리다가 입학한 해에도 전교생 2,000명 중 여학생은 35명에 불과했다. 입학을 앞두고 프리다는 제멋대로 곱슬거리는 검은 머리를 짧은 보브컷으로 잘랐다. 교복은 따로 없었지만 프리다는 스스로 흰색 블라우스와 남색 주름치마, 리본을 두른 밀짚모자라는 전통적인 여학생의 복장으로 다녔다. 그러나 단정한 옷차림과는 달리 프리다는 규칙에 순종하는 학생은 아니었다. 규칙에 따르면 여학생들은 수업이 없을 때 위층에 모여 있어야만 했다. 하지만 프리다는 이에 따르지 않았고, 여학생 반장은 프리다의 돌출 행동으로 골치를 앓았다. 반장은 프리다의 부모님에게 연락을 할 정도로 프리다의 행동에 불만이 많았다. 프리다는 여학생들의 공간에서 자주 벗어나서 근처의 길모퉁이를 배회했고 누가 보아도 모범생이 아닌 학생들과 자주 어울렸다. 반장의 기록에 따르면, 프리다는 반장이 자신의 행동을 지적할 때면 항상 순순히 고개를 끄덕였지만 정작 지적받은 행동을 바꾼 적은 없었다고 한다.[1)]

밀짚모자를 쓰고 다니던 프리다는 '로스 카추사'(Los Cachuchas, '모자'를 의미)로 알려진 그룹에 가입하면서 밀짚모자 대신 니트로 된 비니 혹은 짧은 챙의 모자로 바꾸어 썼다. 모든 사람이 격식 있는 모자를 쓰던 그 시절에 비니 같은 짧은 모자를 쓰는 것은 기존의 규범에 대한 반항을 상징했다. 실제로 로스 카추사는 책을 많이 읽고 정치에 관심이 많은 반항적인 십대들로 이루어진 그룹이었다. 그들은 교사를 비롯한 기성세대의 권위에 대항하고 장난치는 것을 즐겼다. 로스 카추사에는 총 7명의 소년과 2명의 소녀가 있었는데, 프리다는 스스로를 '카추사 #9'으로 불렀다. 학교 근처에 있는 이베로-아메리칸 도서관은 이들이 즐겨 모이던 장소 중 하나로, 이들은 정치나 사상만이 아니라 문학에도 깊은 관심을 가지고 읽고 토론했다.

로스 카추사에서 프리다는 그룹의 리더였던 알레한드로 고메스 아리아스(Alejandro Gomez Arias)와 우정 이상의 낭만적인 관계를 쌓았다. 알레한드로는 언변이 뛰어나고 카리스마가 넘치는 매력적인 인물이었다. 그들은 떨어져 있을 때면 서로에게 편지를 썼는데, 대부분은 회의 시간과 장소를 정하기 위한 짧은 메모였다. 하지만 오랫동안 떨어져 있을 때면 그들의 편지에는 함께 있고 싶은 강렬한 욕구와 서로에 대한 갈망이 담겼다. 알레한드로와 편지를 주고받으며 프리다는 편지 쓰는 습관을 들이기 시작했고, 이후 평생에 걸쳐 편지 쓰기를 즐겼다.

이 시기의 멕시코는 새로운 변화로 가득한 격동의 시간이었다. 멕시코 혁명은 막대한 파괴와 인명의 손실을 불러왔지만, 그럼에도 혁명이 끝날 즈음에는 혁명에서 추구했던 많은 이상적 가치를 담은 새로운 멕시코 헌법을 세울 수 있었다. 새로운 헌법에서는 고위 공직자의 재선을 금지했고, 노동자의 권리를 확립했으며, 천연자원을 국유화했다. 또한 천주교의 권력을 제한하고 농지개혁의 토대도 마련했다. 1920년 알바로 오브레곤(Álvaro Obregón)이 대통령에 당선되었고 마침내 멕시코는 지난 10년간의 혁명 이후로 오랜만에 평화와 안정의 시기를 맞이하게 되었다. 오브레곤 대통령은 사회 질서의 유지와 경제 부양이라는 목표를 위해 노력했고, 노동권 및 노조의 결성을 지원했다.

(왼쪽) 알레한드로 고메스 아리아스.

(오른쪽) 열다섯 살이 된 프리다는 멕시코시티에 있는 국립예비학교의 학생이 되었다.

(아래) 대성당과 왕궁. 멕시코시티. 1926.

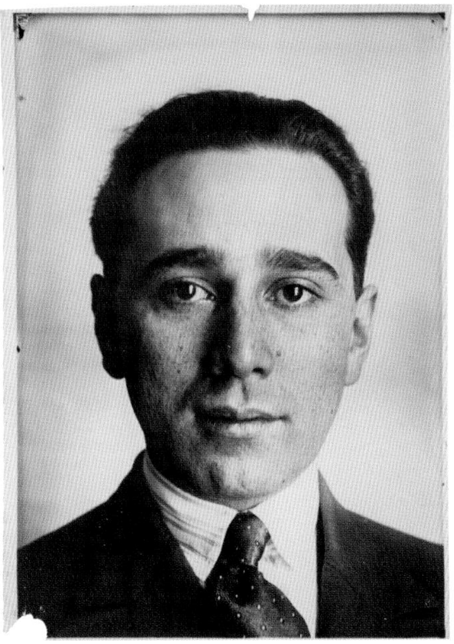

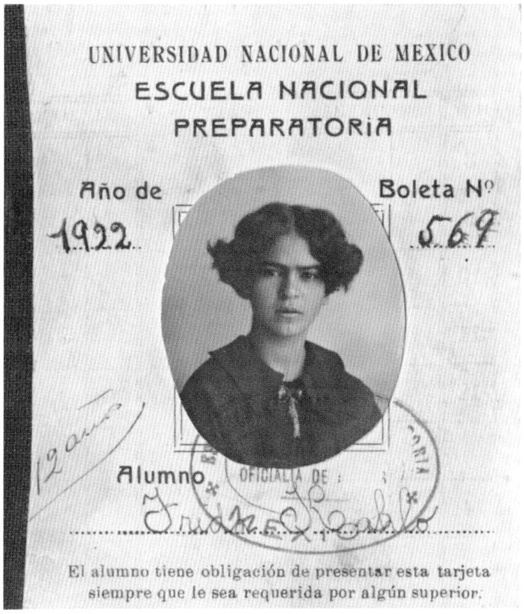

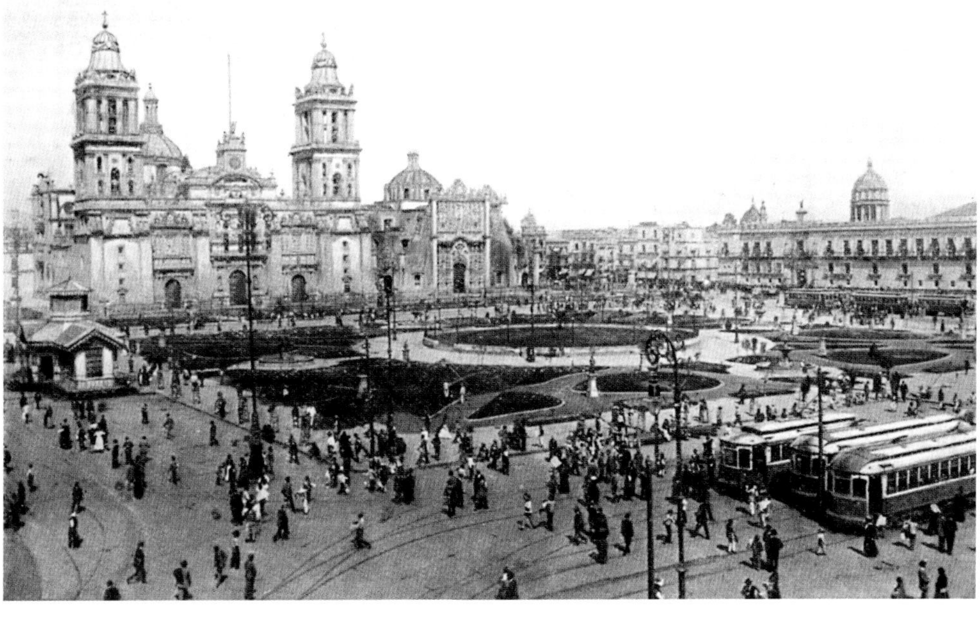

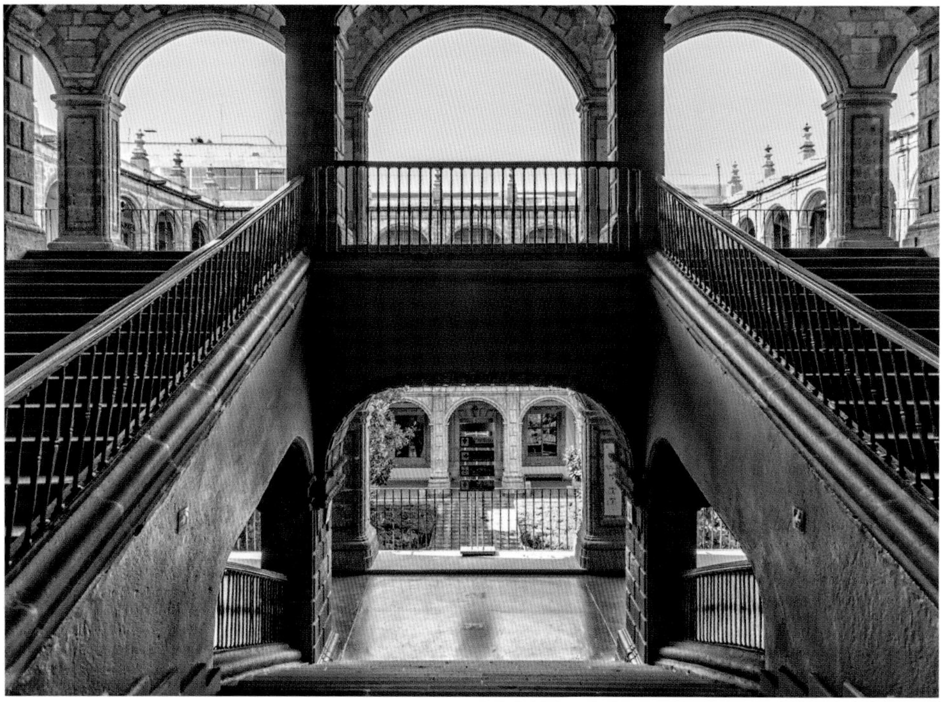

1867년부터 1978년까지 국립예비학교로 사용되었던 산 일데폰소 대학 건물.

멕시코 혁명 이후로 새로운 국가 정체성을 세우고 국가적 자부심을 일구는 것은 실로 엄청난 작업이었다. 오브레곤 대통령은 교육부를 새롭게 설립하고 당대의 위대한 사상가 호세 바스콘셀로스(José Vasconcelos)를 교육부장관으로 임명하였다. 바스콘셀로스 장관은 모든 멕시코인이 문맹을 벗어나는 것을 목표로 삼았고, 예술과 문화의 장벽을 허물고자 했다. 또한 멕시코의 정체성이 전통으로부터 물려받은 유산과 유럽의 영향이라는 서로 다른 측면을 통해 얻어진 성취라는 것을 알리고, 이를 통해 멕시코인으로서의 자부심을 키우고자 했다. 바스콘셀로스 장관은 멕시코의 회복을 위한 길은 예술이라고 믿었다. 그래서 고전문학 작품을 인쇄하여 배포했고, 대중이 이해하기 쉬운 예술적 표현을 장려했다. 그는 벽화 작가들을 고용하여 공공건물의 외벽에 멕시코의 자부심을 담은 메시지를 담아 그리도록 하였다. 바스콘셀로스 장관이 후원한 벽화 작업들은 멕시코의 역사를 재구성하여 멕시코라는 국가의 정체성을 활력 넘치게 그려냈다.

국립예비학교는 바스콘셀로스 장관이 후원하는 벽화 프로젝트의 실험장이 되었다. 프리다가 입학한 해부터 몇몇 화가들이 학교 내부에 벽화를 그리기 시작했다. 국립예비학교 학생들은 정치적 입장이 뚜렷했고, 그래서 벽화에 대한 반응도 엇갈렸다. 그러나 대부분의 학생들은 예술을 통해 대중을 교육시키려는 바스콘셀로스 장관의 계획에 반발했다. 학생들은 자신들의 학교가 이러한 정부 계획의 시발점이 되었다는 사실을 모욕으로 받아들였다. 벽화 작업에 참여하는 화가들은 학생들로부터 괴롭힘을 당했고 벽화는 훼손되었다. 화가들은 신변의 안전을 걱정하기도 했으며 그들 중 일부는 권총을 소지하고 다니기도 했다.

디에고 리베라 또한 바스콘셀로스 장관이 계획한 국립예비학교 벽화 프로젝트에 참여했다. 그는 신축 별관에 있는 극장의 벽화를 맡았다. 지난 14년의 대부분을 유럽에서 보냈던 디에고는 이제 막 멕시코로 돌아온 참이었다. '14년의 대부분'이라고 표현하는 이유는 그가 1910년에 잠시 고향을 방문하여 멕시코 혁명의 발발을 목격했지만 다시 유럽으로 떠났기 때문이다. 디에고는 1921년에 멕시코로 돌아왔다. 당시 서른여섯 살이 된 화가 디에고 리베라는 곰 같은 덩치의 남자로 짙은 곱슬머리에 배가 좀 나왔고 부리부리한 눈매를 가졌다. 그는 상냥한 성격에 매력적인 이야기꾼이었으며, 무엇보다도 청중을 사로잡는 법을 잘 알았다. 프리다는 즉시 디에고에게 매료되었다. 사실 디에고의 매력에 빠진 것은 프리다만이 아니었다. 일반적으로 여자들에게 인기 있을 법한 외모는 전혀 아니었음에도 디에고는 뭇 여성들로부터 사랑을 받았다. 심지어 결혼 생활을 유지하고 있는 동안에도 수많은 연애사를 기록했다. 당시 디에고는 아직 정치적 입장이 확고하지 않았지만, 귀국하고 얼마 지나지 않아 멕시코 공산당에 입당했고 가장 열성적으로 목소리를 높이는 당원이 되었다.

국립예비학교 시절 프리다는 예술 분야의 활동에는 큰 관심을 기울이지 않았다. 그의 장래희망은 의사였다. 그러나 프리다가 가진 무한한 창의성은 다양한 방식으로 나타났다. 그는 공책에 낙서를 하고 그림을 그렸으며, 알레한드로를 비롯해 친구들에게 보내는 편지를 직접 그린 일러스트로 장식했다. 또한 양귀비 정물화를 그린 쟁반을 이모에게 선물하기도 했다. 프리다는 시도 썼는데, 심지어 시 한 편은 『유니버설 일러스트라도』(*Universal Ilustrado*)지에 실리기까지 했다. 그리고 그는, 디에고 리베라에게 빠져들었다.

디에고에 대한 프리다의 감정은 그의 예술, 정치관, 그리고 그가 가진 남자로서의 매력이라는 세 가지 요소에서 비롯되었다. 때마침 프리다는 언제든지 디에고를 만날 수 있는 상황이었다. 이 시기에 기록된 날짜 미상의 쪽지 두 장을 통해 프리다의 심정을 엿볼 수 있다. 프리다는 동급생 아델리나 젠데하스(Adelina Zendejas)에게 보내는 쪽지에 '배불뚝이 천재'가 자신의 작업을 설명하고 벽화의 모델에 대해서 들려주기로 했으니 함께 보러 가자고 적었다.[2] 또 다른 쪽지는 프리다가 어머니 마틸다에게 보낸 것으로, 디에고 리베라가 주관하는 학회 때문에 학교에 늦게까지 남겠다는 내용을 담고 있다. 주목할 부분은 프리다가 학회에 무척 참여하고 싶다는 의사를 전하기 위해서 이렇게 덧붙였다는 것이다. "디에고 리베라는 러시아에서 온 것 같아요. 저는 러시아에 대해서 알고 싶거든요."[3] 그러나 사실 디에고는 그때까지 러시아를 방문한 적이 없었다(1927년에 처음으로

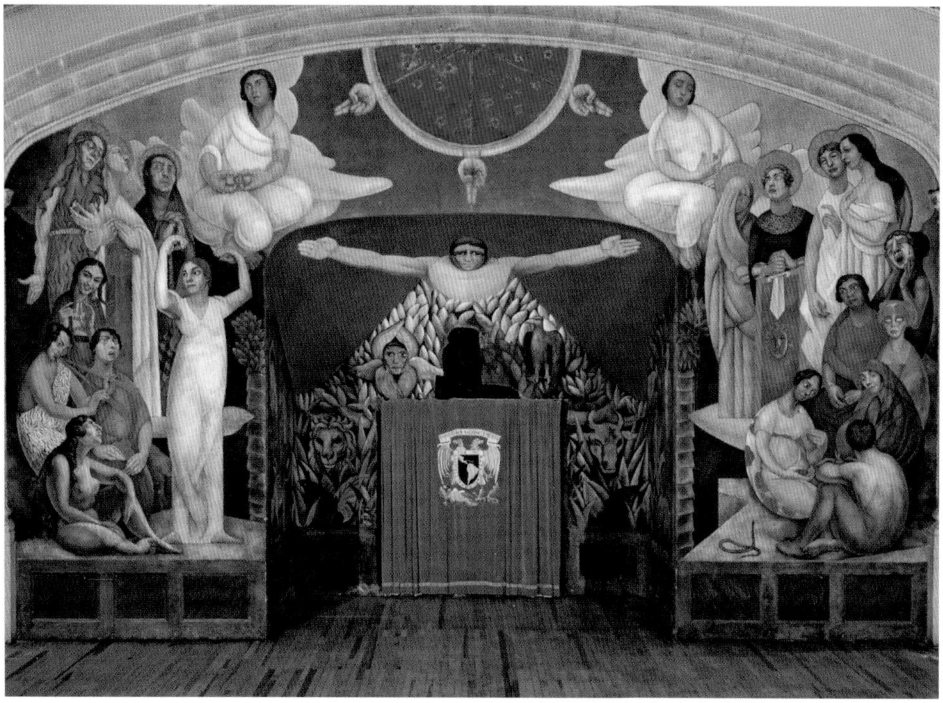

러시아를 방문했다). 다만 그는 러시아 여성과 10년 동안 결혼 생활을 유지했고 러시아어를 약간 할 줄 알았다.[4] 디에고는 러시아 혁명의 시기에 유럽에 머물며 그림 작업에 몰두하거나 여기저기 돌아다니며 생활했지만, 그의 과장된 태도를 보다 보면 마치 그가 러시아 혁명에 참여했던 것처럼 느껴졌다. 어머니에게 전하는 메모에서 프리다는 이런 설명도 적어두었다. "학회에서는 디에고에 관한 이야기가 많을 거예요. 러시아에서 온 작가니까 러시아 연극과 예술에 대해서 강연을 할 거고요. 저는 그 사람의 강연을 들을 거예요."[5]

디에고의 첫 번째 벽화는 국립예비학교 예술극장의 벽화로, 그는 이 작품에 〈천지창조〉(*Creation*)라는 이름을 붙였다. 벽화는 무대의 뒤쪽 배경을 가득 채운다. 무대의 뒤쪽 벽은 아치 모양으로 되어 있고, 무대 중앙에는 딱 맞는 위치에 극장의 대표적인 오르간이 놓여 있었다. 〈천지창조〉 벽화의 구성과 스타일에는 디에고가 유럽에서 지내며 받은 영향이 뚜렷하게 드러난다. 또한 기독교적 상징과 함께 바스콘셀로스가 전하고 싶었던 메시

(왼쪽) 디에고 리베라, 〈천지창조〉, 1922~1923, 금박과 엔코스틱(encaustic, 납화법)을 사용한 프레스코화, 708×1219cm, 산 일데폰소 국립예비학교 예술극장, 멕시코시티.

(아래) 디에고 리베라, 1929.

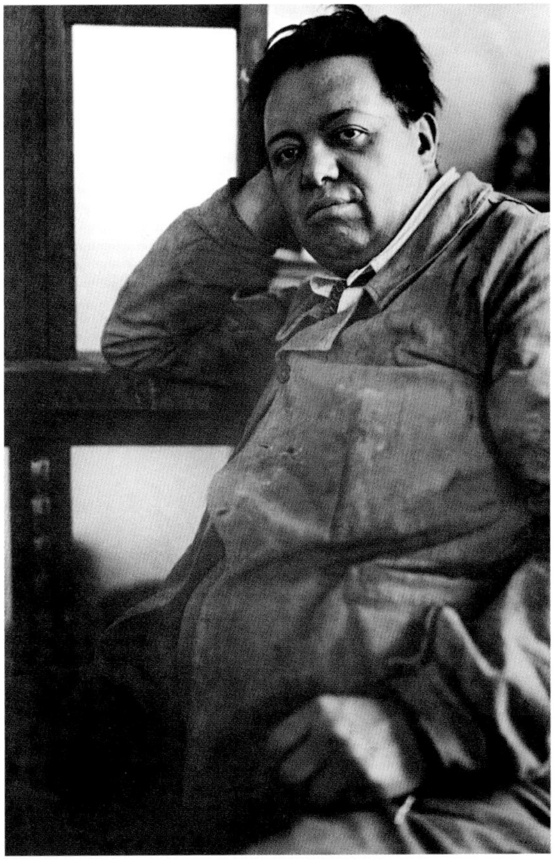

지도 담겨 있는데, 바로 인간의 본성이 문화와 예술을 통해 향상된다는 것이다. 하지만 디에고는 이 벽화에 그다지 만족해하지 않았다. 디에고 특유의 멕시코적인 스타일은 이 시기에는 아직 구축되지 않았던 것이다.

다른 벽화 작가들과는 달리 디에고는 벽화 속의 모델이 누구인지 알아볼 수 있게끔 묘사했다. 그는 다분히 의도적으로 유럽인과 멕시코 원주민의 후손을 대표하는 모델들을 벽화에 그려 넣었다. 이 벽화 속에서 디에고의 아내 루페 마린(Lupe Marín)은 나체의 이브를 포함해 3명의 서로 다른 인물로 등장하며 포즈를 취하고 있다. 디에고의 이상적인 여성미를 대표하는 루페는 빛나는 녹색 눈동자를 지닌 키가 크고 강인한 여성으로서 불꽃같은 기질의 소유자이기도 했다.[6] 두 사람은 디에고가 이 벽화를 시작하기 직전인 1922년 6월 성당에서 결혼식을 올렸는데, 이는 디에고 입장에서는 두 번째로 맺는 장기적인 결합이었다. 그들은 이후 두 딸을 낳았다. 루페와 만나기 이전에 디에고는 유럽에서 머물렀던 10년 동안 러시아 예술가 안젤리나 벨로프(Angelina Beloff)와 사실혼 관계로 지냈다.

벽화에 반대하는 국립예비학교 학생들의 분위기 속에서 프리다와 친구들은 벽화 작업을 하는 예술가들을 골탕 먹이기를 즐겼다. 비계(임시 발판)를 꽉 채운 커다란 덩치의 디에고는 특히나 매력적인 타깃이었다. 그들은 디에고가 넘어지기를 기대하며 계단에 비누칠을 했지만 느릿느릿 여유롭게 걷는 디에고는 결코 넘어지는 모습을 보이지 않았다. 학생들 사이에서는 그가 바람을 피우고 있다는 소문도 돌았다. 소문에 따르면 그 대상은 그의 벽화 모델 중 한 명이자 자유연애의 옹호자로 알려진 예술가 나위 올린(Nahui Ollin)이었다.[7] 프리다는 구석에 숨어 있다가 디에고가 나위 올린과 있는 것을 보면 '루페가 온다!' 하고 소리쳐서 디에고를 놀라게 하기도 했다. 그러면서도 프리다는 언젠가 친구들과 함께 각자의 미래에 대한 이야기를 하면서 장차 디에고의 아이를 가지겠다고 말하기도 했다. 물론 친구들은 말도 안 되는 농담으로 받아들이고 폭소를 터뜨렸다.

디에고는 프리다가 작업을 하는 그를 보러 온 순간을 기억했다. 그는 자서전에서 자신이 루페와 함께 극장에서 작업을 하고 있을 때 프리다가 와서 벽화 그리는 것을 봐도 되는지 물어보았다고 기록했다. 디에고는 "프리다에게는 비범함이 있었다"라고 적었다. "그는 자신감이 넘쳤고 눈 안쪽에는 낯선 불꽃이 넘실거렸다. 예쁜 어린아이 같은 외모였지만 가슴은 이미 충분히 발달한 상태였다"라고 덧붙였다. 벽화를 보고 싶다는 프리다의 요청에 디에고는 상관없다고 대답했고, 프리다는 몇 시간 동안이나 집중해서 디에

고를 지켜보았다. 결국 루페는 이 일로 몹시 화를 냈다.[8)]

1923년 3월, 디에고의 벽화가 완성되었다. 그리고 얼마 지나지 않아 디에고는 여러 예술가들과 함께 기술 노동자, 화가, 조각가 연합체를 구성했다. 회원 중에는 다비드 알파로 시케이로스(David Alfaro Siqueiros), 호세 클레멘테 오로스코(JoséClemente Orozco), 자비에르 게레로(Xavier Guerrero), 카를로스 메리다(Carlos Mérida) 같은 예술가들도 포함되었다. 이 연합체 회원들이 추구하는 이상은 멕시코 원주민으로부터의 영감, 그리고 공공예술이었다. 이들은 이러한 이상이 이젤 앞에 앉아서 작업하는 기존의 예술, 부르주아의 개인주의 예술보다도 가치가 있다고 믿었다. 연합 예술가들은 기술 노동자들과 연대하여 스스로 페인트공과 동일한 임금을 받기로 결의했다. 연합체의 선언문은 다음과 같이 명시하고 있다. "멕시코 민중의 예술은 세계에서 가장 아름다운 영적 표현이며, 이러한 전통은 우리의 가장 큰 유산이다. 민중 예술은 그것이 민중의 것이기 때문에 위대하며, 우리가 추구하는 미의 근본적인 목표가 예술 창작을 사회화하여 부르주아적 개인주의를 타파해야 하는 까닭도 바로 여기에 있다."[9)]

한편, 멕시코 혁명이 끝난 후에도 프리다 칼로 가족의 재정 상황은 딱히 좋아지지 않았다. 기예르모는 건물, 풍경, 초상화 사진 작업을 계속했지만 큰 규모의 계약 건은 좀처럼 생기지 않았다. 프리다는 종종 작업실에서 아버지를 도왔는데, 학교가 끝나면 아버지의 작업실에 가서 숙제를 하고 이런저런 일들을 보조했다. 하지만 아버지를 돕는 정도로는 부족했고, 프리다는 집안 형편을 위해 일거리를 찾아야만 했다. 물론 어디까지나 아르바이트로서 방과 후나 휴일에 할 수 있는 일이어야 했다. 프리다는 약국에서 일하기도 하고, 벌목장에서 목재의 수를 세거나 색상과 품질을 기록하는 일을 하기도 했다. 또한 비서로 지원하기 위해서 타이핑과 속기 과정을 수강하기도 했다. 이제 열일곱 살이 된 프리다는 아버지의 친구 페르난도 페르난데스의 스튜디오에서 견습 조각사로 일했다. 페르난도는 프리다의 예술성과 작품에 깊은 인상을 받았고 이렇게 기록했다. "나는 안데르스 소른(Anders L. Zorn)의 명작들이 담긴 도록을 그에게 건네주었는데, 이 예술가(프리다)의 능력은 정말이지 놀라웠다. 그는 눈으로만 살펴본 후 밑그림도 그리지 않고 펜으로 슥슥 베껴 그려냈다……"[10)] 그러나 페르난도의 작업실에서의 업무는 몇 달 만에 끝이 났다. 프리다의 인생을 바꾸는 사고가 발생한 것이다.

1925년 9월 17일, 학교 수업을 마치고 프리다와 알레한드로는 멕시코시티 중심가를 걷고 있었다. 이날은 멕시코 독립기념일 다음날이었고, 거리에는 여전히 기념품을 파는 가판대가 서 있었다. 프리다는 컵에 공을 묶은 형태의 전통 장난감 발레로(balero)를 샀다. 구경을 마친 그들은 코요아칸으로 가는 버스에 탔고, 프리다는 우산을 두고 왔다는 것을 뒤늦게 알아차렸다. 둘은 버스에서 내려 우산을 찾으러 갔지만 결국 우산은 찾지 못했다. 우산 찾기를 포기한 그들은 코요아칸으로 가기 위해 다시 버스를 탔다. 그 당시 버스는 멕시코시티에 들어온 지 얼마 되지 않은 참신한 교통수단이었다. 1900년대 초반, 세기의 전환기에 도입되었던 전차보다는 최신형 버스가 인기를 끌었다. 버스는 밝은색 페인트로 도색되었고, 아직은 상당히 조잡했다. 버스 내부에는 양쪽으로 긴 나무 벤치가 있었다. 당시 버스 안은 꽤나 붐볐지만 프리다와 알레한드로는 운 좋게도 버스 뒤쪽 자리에 나란히 앉을 수 있었다.

그날, 산후안 시장 앞에서 전차가 탈선하여 방향을 틀었다. 버스에 탄 승객들은 전차가 자신들을 덮치는 광경을 마치 슬로모션처럼 지켜볼 수밖에 없었다. 전차는 버스를 건물 모퉁이로 밀어서 찌부러뜨렸다. 찌부러진 버스는 계속해서 밀리고 밀리다가 갑자기 폭발했다. 최초의 폭발이 일어난 순간 프리다는 자신이 얼마나 다쳤는지 제대로 깨닫지도 못했다. 정신이 들었을 때 처음 한 생각은 '오늘 사서 계속 들고 다녔던 발레로가 어디로 갔을까'였다. 버스의 핸드레일이 창처럼 프리다의 복부를 관통하고 있었다. 난리통 속에서 옷가지는 어딘가로 사라졌고, 승객 누군가가 들고 있던 금가루 봉지가 터지면서 가루가 프리다의 알몸을 뒤덮었다. 금빛으로 반짝이는 가냘픈 몸은 기괴한 우아함을 자아냈고, 사고 현장에 달려온 행인들 중 누군가가 그 모습을 보고 '발레리나다!' 하고 외쳤다. 한 사람이 프리다의 복부를 핸드레일이 찌르고 있는 것을 발견하고 달려들었다. 그는 두 손으로 금속 핸드레일을 붙잡고, 프리다의 흉부 쪽에 무릎을 꿇어서 자세를 잡은 다음 단번에 프리다의 배에서 핸드레일을 뽑아냈다. 프리다는 구급차의 사이렌소리를 덮어버릴 만큼 큰 소리로 찢어질 듯한 비명을 질렀다.[11)]

전차와 버스의 충돌 현장에서 이미 몇 명이 즉사했고 중상자도 많았다. 의료진은 생존 가능성이 높은 사람들 위주로 치료를 시작했기에 부상이 심각한 프리다는 한동안 방치되었다. 비교적 경미한 부상을 입었던 알레한드로는 의사에게 프리다를 진찰해달라고 애원했다. 드디어 프리다를 살펴본 의료진은 온몸이 산산조각 났다는 것을 발견했다. 척추와 골반에 다수의 골절이 발생했고 쇄골, 갈비뼈 두 대, 오른쪽 다리도 부러졌다. 오른발은 으스러졌고 왼쪽 어깨는 탈구된 상태였다. 프리다는 사고 현장에서 불과 몇 블록 떨어진 산 헤로니모 거리에 있는 적십자 병원으로 이송되었다.

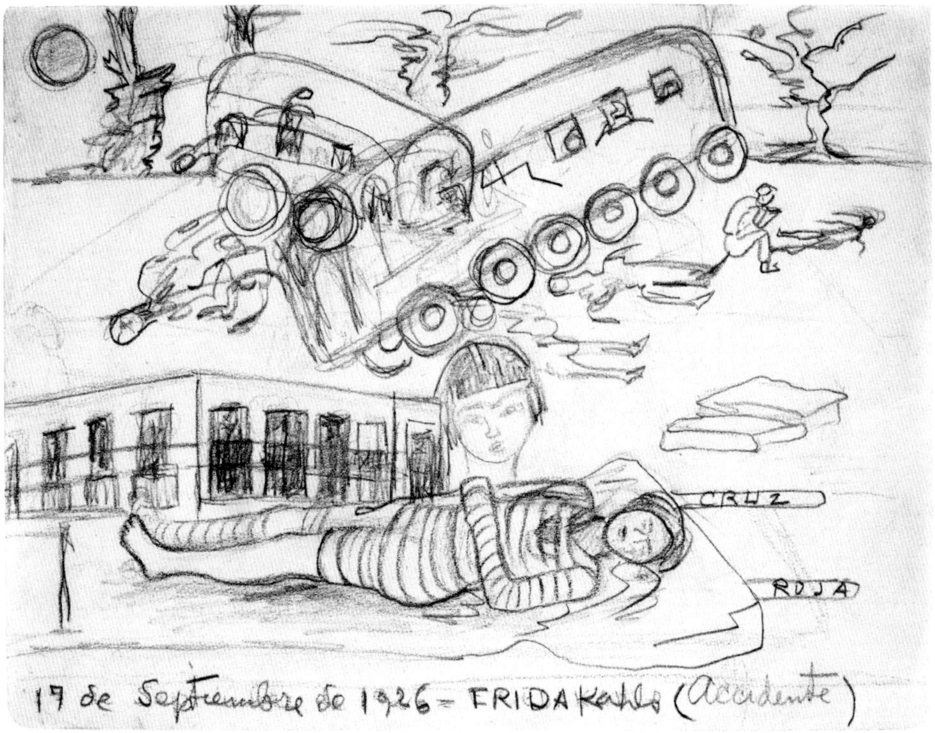

프리다의 동복 큰언니 마틸다는 매일같이 병원으로 프리다를 보러 왔다. 가출 사건으로 인해 여전히 집에서 환영받지 못하는 신세였던 마틸다는 매일 병원으로 와서 농담을 하고 이야기를 건네면서 프리다와 다른 환자들을 즐겁게 해주었고 간호사들을 돕기도 했다. 정작 프리다의 부모는 각자 건강이 악화되면서 거의 병문안을 오지 못했다. 어머니도 아버지와 비슷한 발작을 일으키기 시작했던 것이다. 프리다에 따르면, 어머니는 프리다의 사고를 알게 된 후 충격으로 인해 한 달 동안 실어증을 겪었다고 한다. 부상당한 프리다를 직접 본다면 어머니의 건강이 한층 더 나빠질 것을 염려한 자매들은 부모님의 병문안을 권하지 않았다. 그래서 프리다가 입원해 있는 동안 어머니는 두 번, 아버지는 한 번만 병원을 방문했다.[12)]

의사는 프리다가 골반 손상 때문에 앞으로 임신을 할 수 없을 것이라 진단했다. 하지만 프리다는 자신이 병

(왼쪽) 프리다 칼로, 〈사고〉(*The Accident*), 1926, 종이에 연필, 20×27cm, 후안 라파엘 코로넬 리베라, 쿠에르나바카, 멕시코.

(아래) 제단화, 1943년 추정, 금속판에 유채, 19×24cm, 개인 소장.

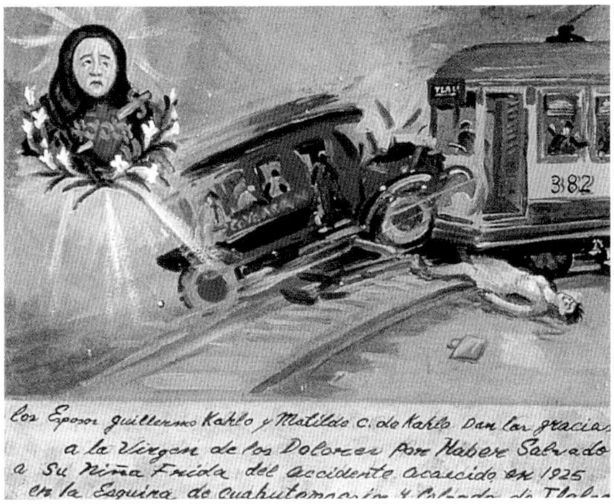

원에 입원한 이유가 임신 때문이고 레오나르도라는 사내아이를 출산했다고 상상했다. 프리다는 이 가상의 아이 어머니로 자신의 이름을 적은 가짜 출생증명서를 만들었고, 대부로는 알레한드로 고메스 아리아스를 적고 대모는 코요아칸의 어릴 적 친구였던 이사벨 캄포스를 적었다.[13] 이러한 일화는 이후의 삶에서 프리다가 보여준 임신과 출산에 대한 가치관을 예고하는 것이기도 하다.

한 달이나 입원해 있던 프리다는 집에서 요양하기 위해 퇴원했다. 가족들은 프리다가 병원에 입원해 있을 때보다 집에 있을 때 더욱 편안하게 지낼 수 있도록 정성을 기울였다. 가족들은 매일같이 하루 몇 시간씩 프리다의 침대를 방에서부터 안뜰의 정원으로 옮겨서 신선한 공기와 햇빛을 즐길 수 있도록 했다. 온 가족이 그를 돌보는 일에 헌신했지만 정작 프리다 본인은 가족들이 자신의 고통을 이해하지도 믿지도 않는다고 생각했다. 프리다는 오직 어머니만이 자신을 걱정한다고 느꼈지만, 어머니의 건강 또한 큰 문제였기 때문에 가족들은 어머니에게는 되도록 아프다는 이야기를 하지 말라고 프리다에게 당부했다. 끊임없이 자신을 괴롭히는 신체적 아픔 외에도 프리다는 고독함과 지루함이라는 새로운 고통을 겪어야 했다. 학교에서 멀지 않은 병원에 입원해 있을 때는 친구들이 그를 자주 방문했지만 코요아칸으로 거처를 옮기고 나자 친구들의 방문은 쉽지 않았다. 고통을 잊기 위해서 프리다는 책을 읽고 공부하고 편지를 썼다. 편지는 주로 알레한드로에게 보냈지만 종종 다른 친구들에게도 썼다. 부모님은 프리다가 그림을 그리며 시간을 보낼 수 있도록 도와주었다. 아버지는 프리다에게 자신의 그림도구를 주었고, 어머니는 침대에 누워서도 그림을 그릴 수 있는 특수 이젤을 주문해주었다. 부모님은 또 그가 자기 얼굴을 보며 자화상을 그릴 수 있도록 침대 캐노피에 거울을 부착해주었다.

프리다는 사고의 순간을 정식으로 그리지는 않았지만, 충돌의 순간이나 온몸에 석고 깁스를 하고 누워있는 자신을 스케치로 묘사했다. 그해 11월 중순, 프리다의 부모는 코요아칸의 산후안 바티스타 성당에서 프리다의 생존에 대한 감사 미사를 올렸다. 이후 프리다는 자신이 겪은 사고와 놀라우리만큼 유사한 장면이 묘사된 봉헌 그림을 발견했다. 충돌한 전차와 버스 사이의 바닥에 소녀가 누워있는 그림이었는데, 프리다는 원래의 이미지를 좀 더 자신의 상황과 유사하게 바꾸었다. 소녀의 눈썹을 짙게 하여 이마 가운데로 연결하고, 버스 옆면에는 '코요아칸'이라고 적은 것이다. 프리다는 본래 글이 적혀있던 부분을 덧칠하고 다음과 같은 문구를 추가했다. "기예르모 칼로와 마틸다 C. 드

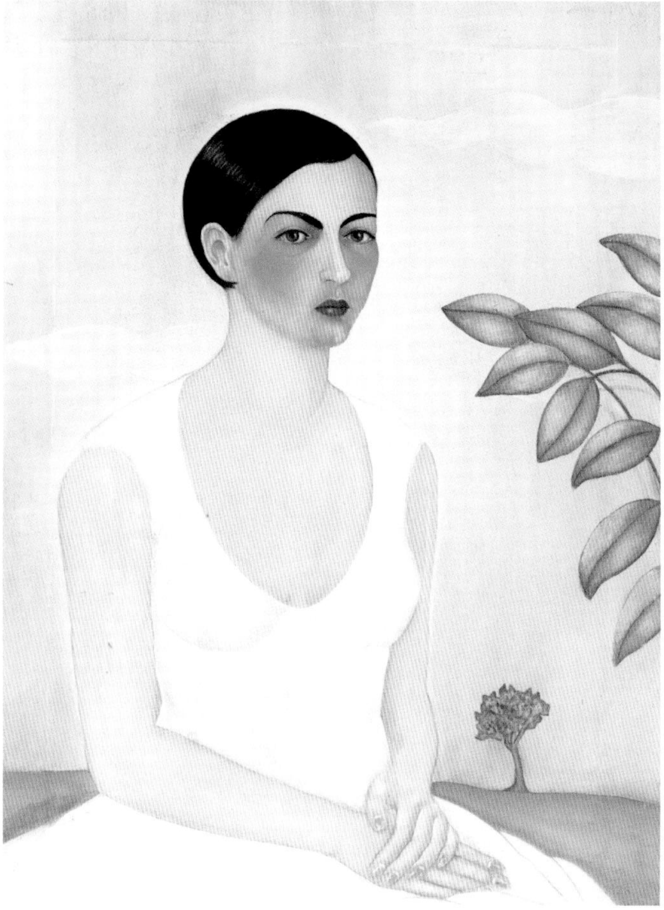

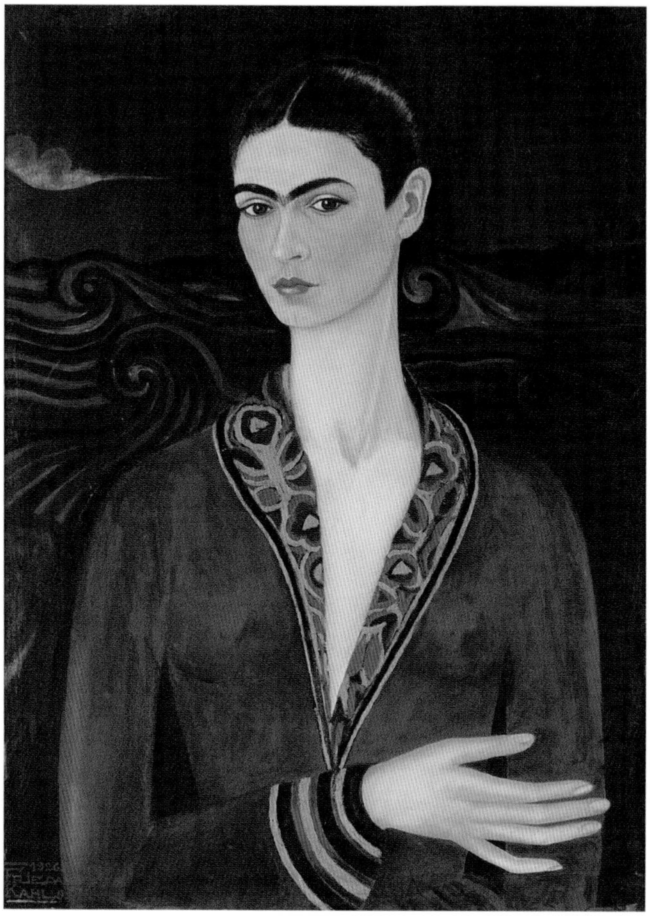

칼로 부부는 쿠아우테모진과 칼사다 틀랄판 모퉁이에서 1925년 발생한 사고로부터 딸 프리다를 구해주신 슬픔의 동정녀께 감사를 올립니다." 이는 멕시코의 오랜 전통을 반영한 것이다. '봉헌'(ex-voto)이라고 하는 이러한 종류의 그림은 대중적인 종교 예술의 한 형태로, 성인이나 성모 마리아가 베풀어준 축복이나 기적에 대한 감사를 표현하는 양식이다. 그림이라는 방식을 통해 감사와 헌신의 기도를 전하는 것이다. 봉헌 그림은 대개 중앙의 평평한 부분에 사건을 묘사하고, 이 사건과 관계된 성인이나 성모 마리아를 보통 상단부에 그린다. 그리고 하단부에는 여기서 일어난 기적을 설명하는 메시지를 기록한다. 대부분의 경우 봉헌 그림은 저렴하고 내구성이 뛰어난 주석 시트에 그려졌다. 봉헌 그림이 시작된 곳은 유럽이었지만, 식민지 시대를 거치며 멕시코에서 큰 인기를 얻었다. 후일 프리다는 작품에서 봉헌 그림의 관습을 폭넓게 활용하여 멕시코적인 정체성과 개인적 경험 사이의 연결 고리를 생성했다.

(위 왼쪽) 프리다 칼로, 〈나의 여동생 크리스티나의 초상〉(*Portrait of My Sister, Cristina*), 1928, 목재에 유채, 99×81.5cm, 개인 소장.

(위 오른쪽) 프리다 칼로, 〈붉은 벨벳 드레스를 입은 자화상〉, 1926, 캔버스에 유채, 80×60cm, 개인 소장.

(오른쪽) 프리다 칼로, 〈다른 하나를 더하다〉(*Have Another One*), 1925, 종이에 연필과 수채화, 17.5×24cm, 틀락스칼라 주정부, 틀락스칼라 문화센터, 틀락스칼라 미술관.

사고 후 3개월 만에 프리다는 활기를 되찾았다. 프리다는 1925년 12월 알레한드로에게 편지를 썼다. 편지에 따르면, 프리다는 알레한드로를 만나러 멕시코시티에 있는 그의 집을 방문했지만 그가 집에 없었다고 한다.[14] 이미 몇 달째 학교를 결석한 상태였던 프리다는 결국 복학을 포기했다. 그간의 병원비만으로도 가족의 경제 상황에서는 큰 부담이 되었다. 의사가 되고자 했던 꿈을 포기한 프리다는 당장 돈을 벌 수 있는 일자리를 찾기 시작했고, 취업이 될 때까지 아버지의 스튜디오에서 작업을 돕기로 했다. 하지만 프리다의 일상 복귀는 사실상 너무 성급한 선택이었다. 몇 달 후에 그는 심각한 재발 증상을 겪고 다시 침대에 누워야만 했다. 정확한 원인이 무엇인지는 알 수 없으나 — 적십자 병원 의사들이 척추 엑스레이를 건너뛰었거나 혹은 프리다의 가족들이 검사비의 압박으로 척추 엑스레이를 거절했거나 — 결과적으로 프리다의 척추에서 디스크 3개가 탈골된 것이 발견되었다.

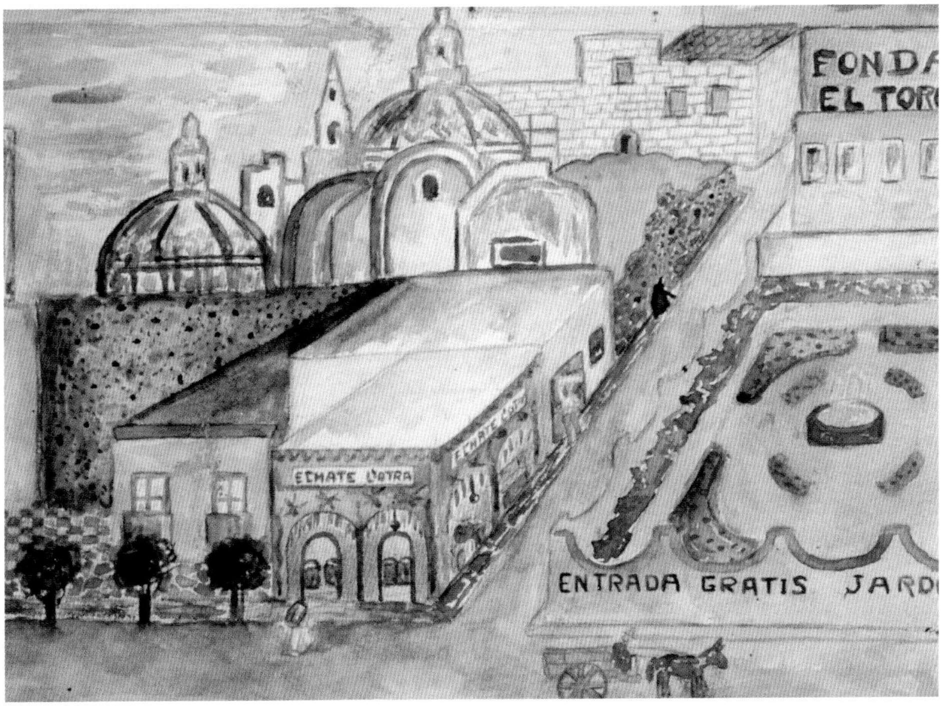

프리다가 척추 교정 치료를 받은 2년은 고통으로 가득한 시간이었다. 프리다는 수개월 동안 석고와 가죽 또는 금속으로 만들어진 코르셋을 착용해야만 했다. 석고 코르셋을 한 번 바를 때마다 2시간 30분간 거꾸로 매달려 있어야 했고, 석고가 마르는 2시간 동안은 발끝으로 서 있어야 했다. 그럼에도 집에 돌아올 때까지 여전히 석고는 축축했다.[15] 의료진은 석고 코르셋이나 기타 치료들이 효과를 거두지 못하면 또 수술을 받아야 할 수도 있다고 경고했다.[16]

프리다는 지속적으로 편지를 쓰고 그림을 그렸다. 1926년 여름, 그는 알레한드로에게 보내는 선물로 〈붉은 벨벳 드레스를 입은 자화상〉(*Self-Portrait in a Red Velvet Dress*)을 그렸다. 편지에서 프리다는 이 작품을 '당신의 보티첼리'라고 불렀다. 그만큼 이 작품에는 르네상스 화풍의 영향이 드러난다. 프리다는 스스로를 긴 목과 길쭉한 손가락으로 특징지으며 우아하게 묘사했다. 화면의 중심에 있는 인물은 거센 파도와 짙은 하늘, 폭풍우가 치는 바다라는 어두운 배경 덕분에 한층 두드러진다. 프리다는 이 그림에 '1926년 9월'이라고 서명하고, 뒷면에는 독일어로 'Heute ist immer noch'라는 문구를 적었는데 '오늘은 항상'이라는 뜻이다. 프리다는 이 그림을 알레한드로에게 선물하며 그의 눈높이보다 낮은 곳에 걸어달라고 부탁했다. 그래야만 그림을 볼 때 실제로 프리다 자신을 바라보는 듯한 느낌을 줄 수 있기 때문이었다.

1927년 3월, 알레한드로는 유럽으로 긴 여행을 떠났다. 그 소식을 들은 프리다는 하루 종일 침대에서 보내야만 하는 자신의 처지에 대해 한층 더 절망했다. 그를 괴롭히는 것은 육체적인 고통만이 아니었다. 정신적으로도 프리다는 극심한 스트레스에서 벗어날 수가 없었다. 우선 부모님의 건강이 갈수록 악화되었다. 어머니는 한 달 동안 7번이나 발작을 일으켰고, 아버지도 결코 건강한 상태가 아니었다. 게다가 가족들의 재정 상황은 점점 더 바닥을 치고 있었다. 프리다는 심한 무기력감에 시달렸다. 할 수 있는 것은 어서 빨리 건강을 회복해서 부모님의 짐이 아니라 도움이 되어야겠다는 다짐, 그리고 그림뿐이었다.

작품 초기에 프리다는 다양한 스타일을 실험했다. 수채화 작업에도 도전했는데 주로 코요아칸의 풍경을 묘사했다. 프리다의 수채 풍경화는 풀케리아(pulquerías, 아가베 선인장을 발효시켜 만든 음료인 풀케를 파는 서민 선술집)의 벽화를 연상시키는 독특한 스타일이었다. 그 외에도 프리다는 가족이나 친구들의 초상화를 여러 장 그렸다. 둘째 언니인 아드리아나와 동생 크리스티나, 친구인 알리시아 갈랑(Alicia Galant), 루스 킨타니야(Ruth

(아래) 프리다 칼로, 〈미구엘 N.리라의 초상화〉, 1927, 나무판에 유채, 106×74cm, 틀락스칼라 주정부, 틀락스칼라 문화센터, 틀락스칼라 미술관.

(오른쪽) 프리다 칼로, 〈로스 카추사의 카페(판초 비야와 아델리타)〉, 1927, 나무판에 유채, 65×45cm, 틀락스칼라 주정부, 틀락스칼라 문화센터, 틀락스칼라 미술관.

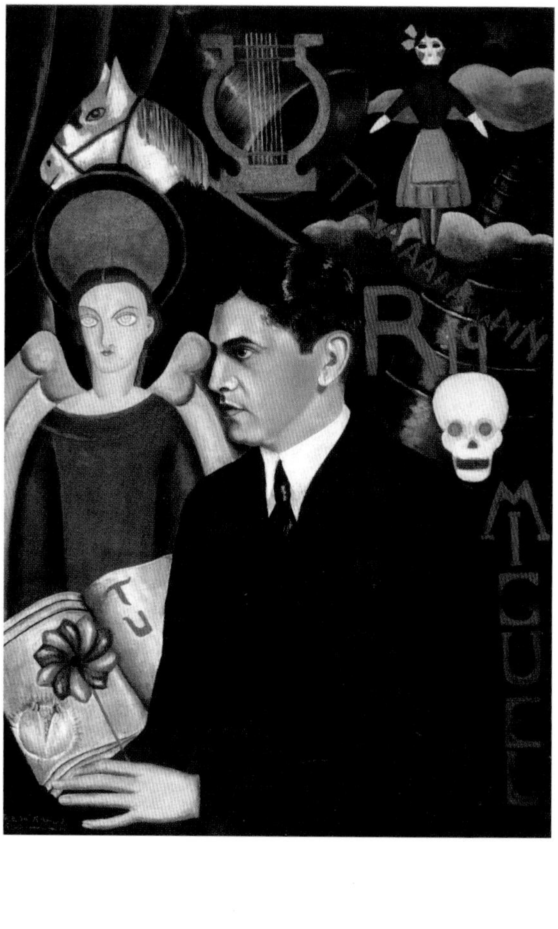

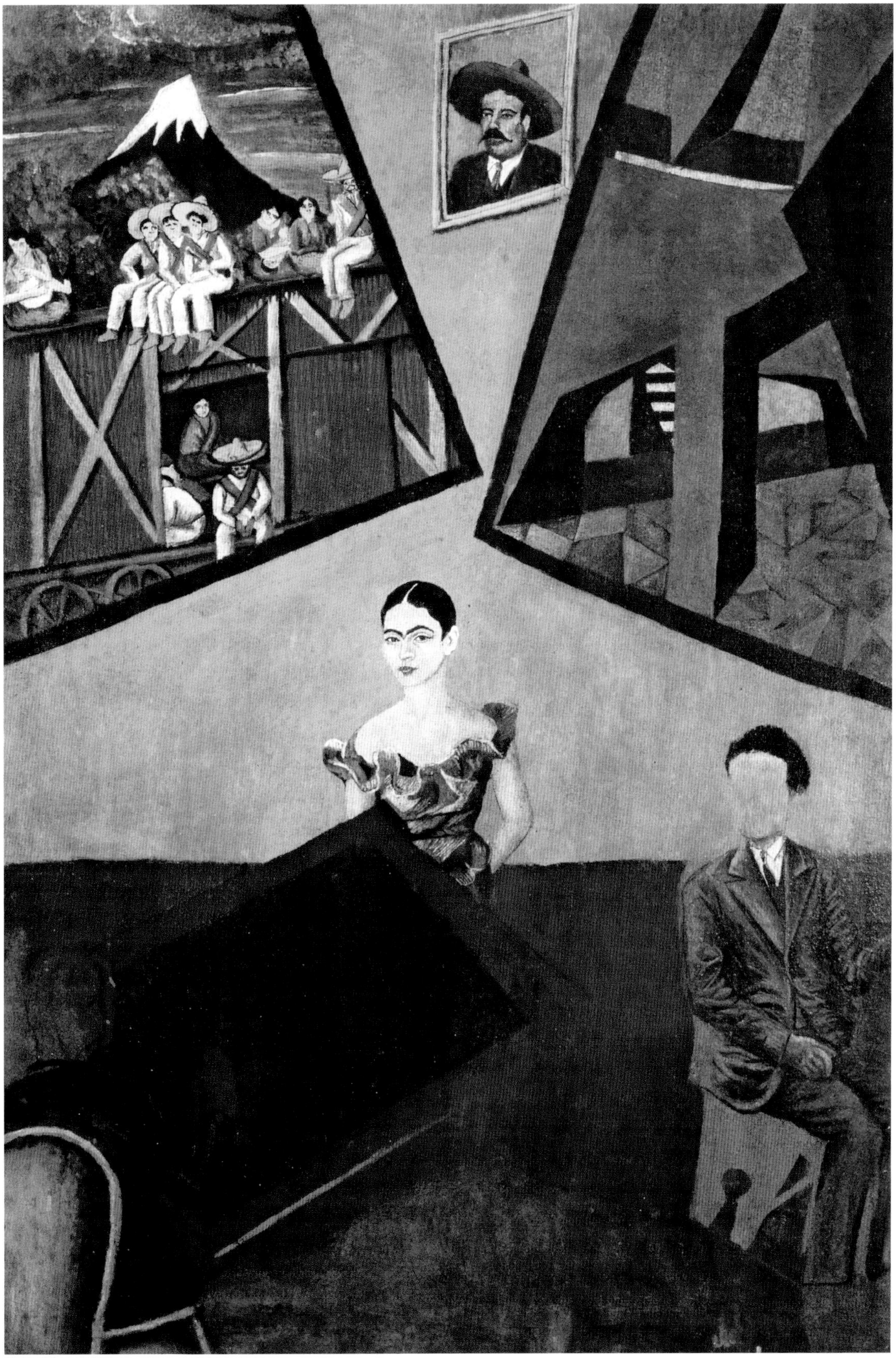

Quintanilla), 헤수스 리오스(Jesús Ríos), 그리고 미구엘 N. 리라(Miguel N. Lira)의 초상화를 이때 그렸다. 그중에서도 〈미구엘 N. 리라의 초상화〉(*Portrait of Miguel N. Lira*)는 스타일과 구성 면에서 한층 실험적인 작품이다.

시인으로 활동한 리라는 프리다의 좋은 친구였고 '로스 카추사'의 동료이기도 했다. 리라는 프리다에게 자신의 초상화를 의뢰하면서 배경을 '고메스 데 라 세르나(Gomez de la Serna) 스타일'로 그려줄 것을 요청했다.[17] 세르나라는 아방가르드한 스페인 작가를 언급한 것은 단순히 취향의 문제일 수도 있지만, 어쩌면 1915년에 디에고 리베라가 작업했던 세르나의 큐비즘 초상화를 생각한 것일 수도 있다. 디에고는 이 작품에서 자신의 문학적 상징들에 둘러싸인 세르나를 표현했다.

친구로부터 의뢰를 받은 프리다는 리라의 초상화를 그리면서 인물의 배경을 다양한 상징물로 채웠다. 천사와 리라는 미구엘 리라의 이름을 나타내고, 손에 들린 책에 적힌 'Tú'라는 단어는 미구엘 리라의 첫 번째 시집 제목이다. 그 외의 여러 상징물들을 전부 해석하기는 어렵지만 아마도 프리다와 리라의 친구들 사이에서는 그 의미가 분명했을 것이다.[18] 그러나 정작 프리다 자신은 이 작품이 마음에 들지 않았다고 한다. 그림의 주제가 '종이를 오려낸 것'처럼 보였고, 그림의 주인공인 리라가 과연 이 작품을 좋아할지에 대해서도 확신을 갖지 못했다. 하지만 리라의 초상화에 나타난, 프리다가 상징물들을 통합하는 미묘한 방식이나 무의식적으로 주제와 배경을 상징과 적절히 혼합하는 스타일은 그의 후기 초상화와 자화상 작업의 예고편이라고 볼 수 있다.

〈로스 카추사의 카페〉(*Café de los Cachuchas*) 혹은 〈판초 비야와 아델리타〉(*Pancho Villa and Adelita*)라는 제목의 그림은 미완성 상태이고 날짜도 표시되어 있지 않지만 1927년경에 제작되었을 가능성이 높다. 이 그림 속에서 프리다는 어깨가 드러나는 화려한 가운을 입고 있으며, 매끄러운 머리는 정가운데에 가르마를 탄 채로 화면 중앙에 자리한다. 테이블 앞에 앉아있는 프리다의 위쪽으로는 혁명의 이미지를 보여주는 그림 세 점이 걸려 있다. 풍경은 전체적으로 왜곡된 시야를 표현하고 있으며 프리다의 머리 위 양쪽에 있는 그림들은 이상한 각도로 기울어져있다. 그 가운데에는 혁명가 판초 비야를 묘사한 액자가 놓여 있다. 한편, 테이블에는 프리다말고도 또 다른 로스 카추사가 앉아있다. 이 작품에서 프리다는 스스로를 예술가와 지식인이 향유하는 카페 문화를 즐기는 젊고 현대적인 여성으로 그렸는데, 이는 그가 사고를 당하고 요양을 하며 이탈된 세계이자 다시 돌아가기를 갈망하는 세계의 모습이기도 하다.[19] 이 작품 속에서 프리다가 자신을 그려낸 방식은 이후의 작업들에서 그가 스스로를 묘사하는 방식들과는 매우 대조적이다.

긴 유럽 여행을 마친 알레한드로가 멕시코로 돌아오고, 두 사람은 다시 연애를 이어갔다. 둘 사이의 낭만적인 관계는 1928년 초까지 이어졌다. 이후 둘 모두의 친구이기도 한 에스페란자 오도네즈(Esperanza Ordoñez)와 알레한드로가 사랑에 빠졌다. 이를 계기로 알레한드로는 프리다와 연인관계를 끝냈지만, 그들은 평생 동안 친구로서의 관계를 유지했고 프리다는 여전히 알레한드로와 편지를 주고받았다. 알레한드로는 프리다가 보내 준 초상화를 비롯한 모든 편지들을 잘 보관했다. 알레한드로에게 실연당하고 얼마 지나지 않아, 프리다는 자신의 시간과 애정을 쏟을 또 다른 사랑을 찾아냈다.

18세의 프리다. 아버지 기예르모가 촬영한 모습.
1926.

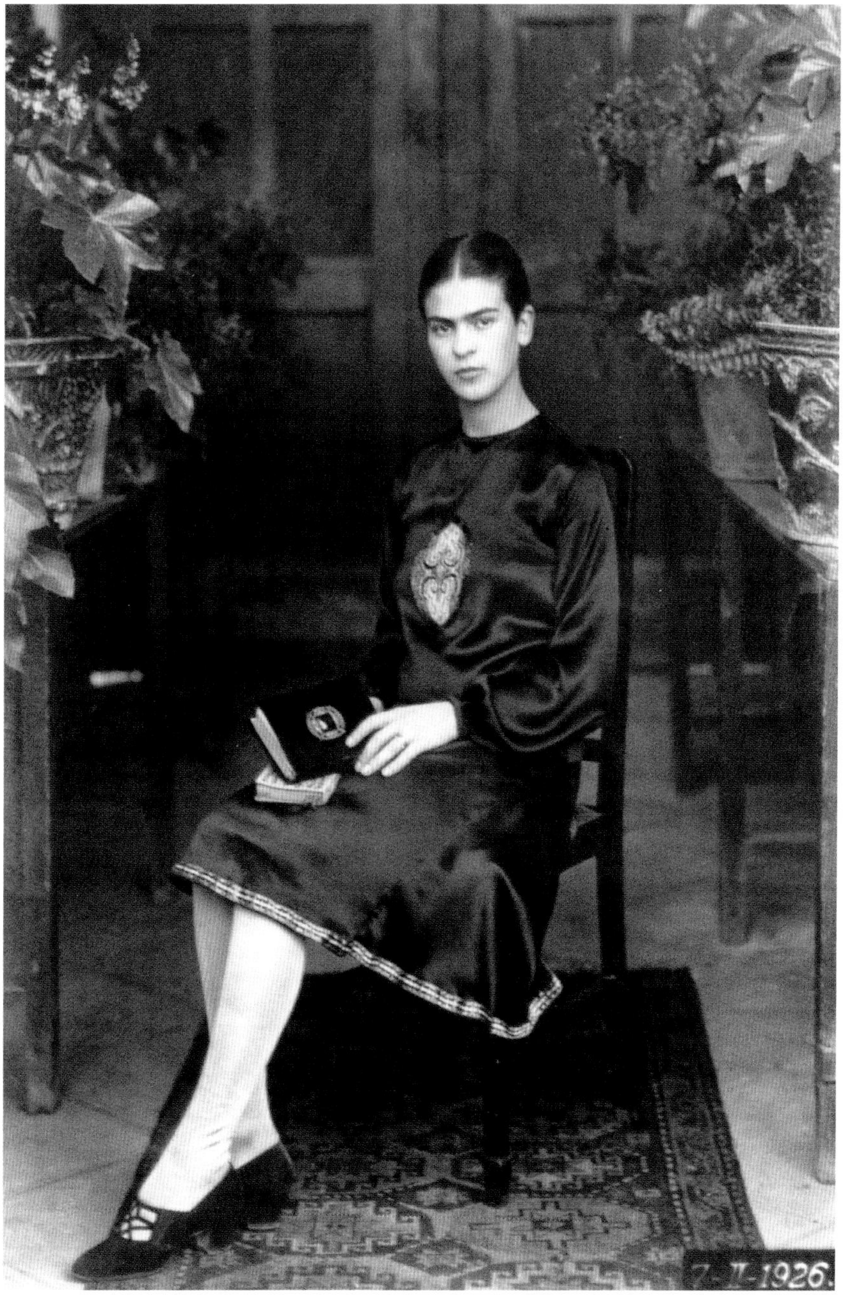

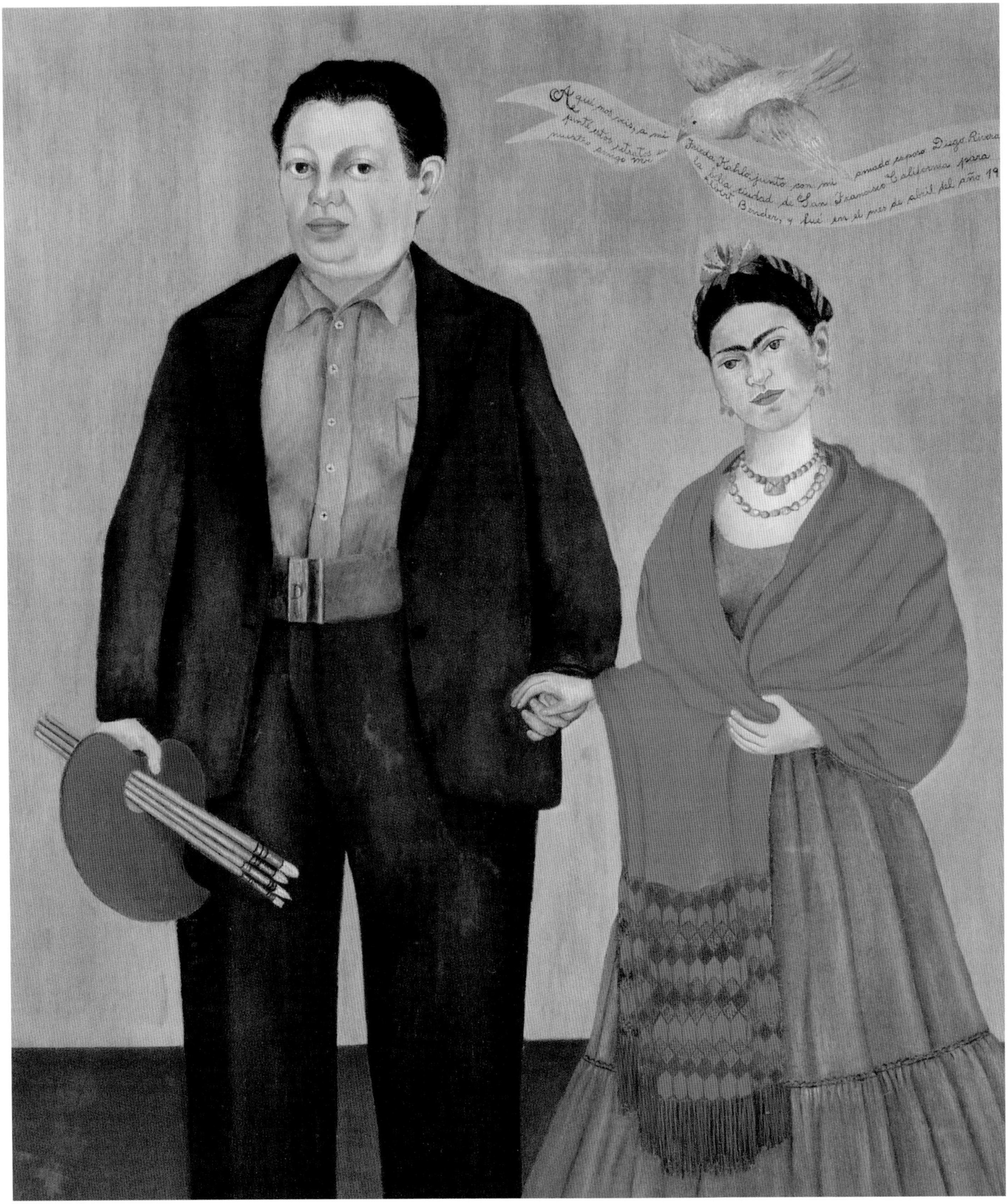
Aqui nos veis, a mi
Frieda Kahlo, junto con mi amado esposo Diego Rivera
pinté estos retratos en
la bella ciudad de San Francisco California para
nuestro amigo Mr
Albert Bender, y fué en el mes de abril del año 19

낯설고 이상한 결합, 결혼

프리다 칼로, 〈프리다와 디에고 리베라〉(*Frieda and Diego Rivera*) 부분 확대, 1931.

프리다는 버스 사고로 입은 부상에서 완전히 회복되지 못했다. 사고 이전부터 가지고 있던 신체적 결함에 더해진 새로운 부상은 지속적인 재발을 가져왔다.[1] 프리다는 다리와 허리에 종종 통증을 느꼈지만, 그럼에도 몇 년 동안은 스스로 움직일 수 있었고 비교적 건강한 상태를 유지했다. 이 기간에 프리다는 삶을 대표하는 세 가지 관심사에 깊이 몰입했다. 그가 평생에 걸쳐 몰두했던 세 가지는 다음과 같다. 그림, 정치, 그리고 디에고 리베라.

프리다가 건강을 회복하는 동안 멕시코의 정치는 큰 변화를 맞이했다. 오브레곤 대통령의 임기가 종료되고 플루타르코 엘리아스 칼레스(Plutarco Elias Calles) 대통령이 새롭게 취임한 것이다. 칼레스 대통령은 처음에는 전임자 오브레곤 대통령의 정책을 이어가는 듯 보였다. 하지만 이내 성직자, 노동자, 그리고 좌파에 대한 강경한 태도를 노골적으로 드러냈다. 멕시코 헌법에는 성직자의 개입을 금지하는 조항이 몇 가지 명시되어 있기는 하지만, 이는 문서상의 조항일 뿐 오브레곤 대통령이 이를 실행한 적은 없었다. 하지만 칼레스 대통령은 달랐다. 1926년 그는 '칼레스 법'을 제정하였는데, 이에 따르면 공개적으로 가톨릭 신앙을 표현하는 행위는 금지되고 성직자는 정부에 의무적으로 등록해야 하며 수도원의 서약과 규칙을 해체하고 종교기관에서 운영하는 학교는 문을 닫아야 했다. 칼레스 법에 항의하는 의미로 가톨릭 주교들은 미사를 중단했고 신도들에게 정부에 대한 저항을 촉구했다. 가톨릭 신자인 대부분의 민중들은 'Viva Cristo Rey!'(그리스도 왕 만세!)를 외치며 일제히 들고 일어났다. 할리스코, 과나후아토, 듀랑고, 미초아칸, 사카테카스, 콜리마 주에서 유혈 충돌사태가 일어났다. '크리스테로 전쟁'(Cristero War)이라는 이름으로 잘 알려진 멕시코 내전이다.

한편 프리다의 가정에서도 변화가 일어났다. 프리다의 여동생 크리스티나는 코요아칸의 지역박람회에서 만난 잘생긴 차로(charro, 멕시코 카우보이)와 결혼했다. 크리스티나는 딸 이솔다(Isolda)와 아들 안토니오(Antonio) 두 자녀를 낳았는데, 칼로 자매들 중에서 유일하게 크리스티나만이 슬하에 자녀를 두었다. 그러나 불행히도 크리스티나의 남편은 술과 여자에 빠진 사람이었고, 결국 크리스티나는 남편을 버리고 아이들과 함께 친정으로 돌아왔다. 칼로 자매들은 기꺼이 크리스티나의 아이들을 돌보았다. 특히 프리다는 조카들과 애틋한 관계였으며, 평생에 걸쳐 사랑을 베풀었다.

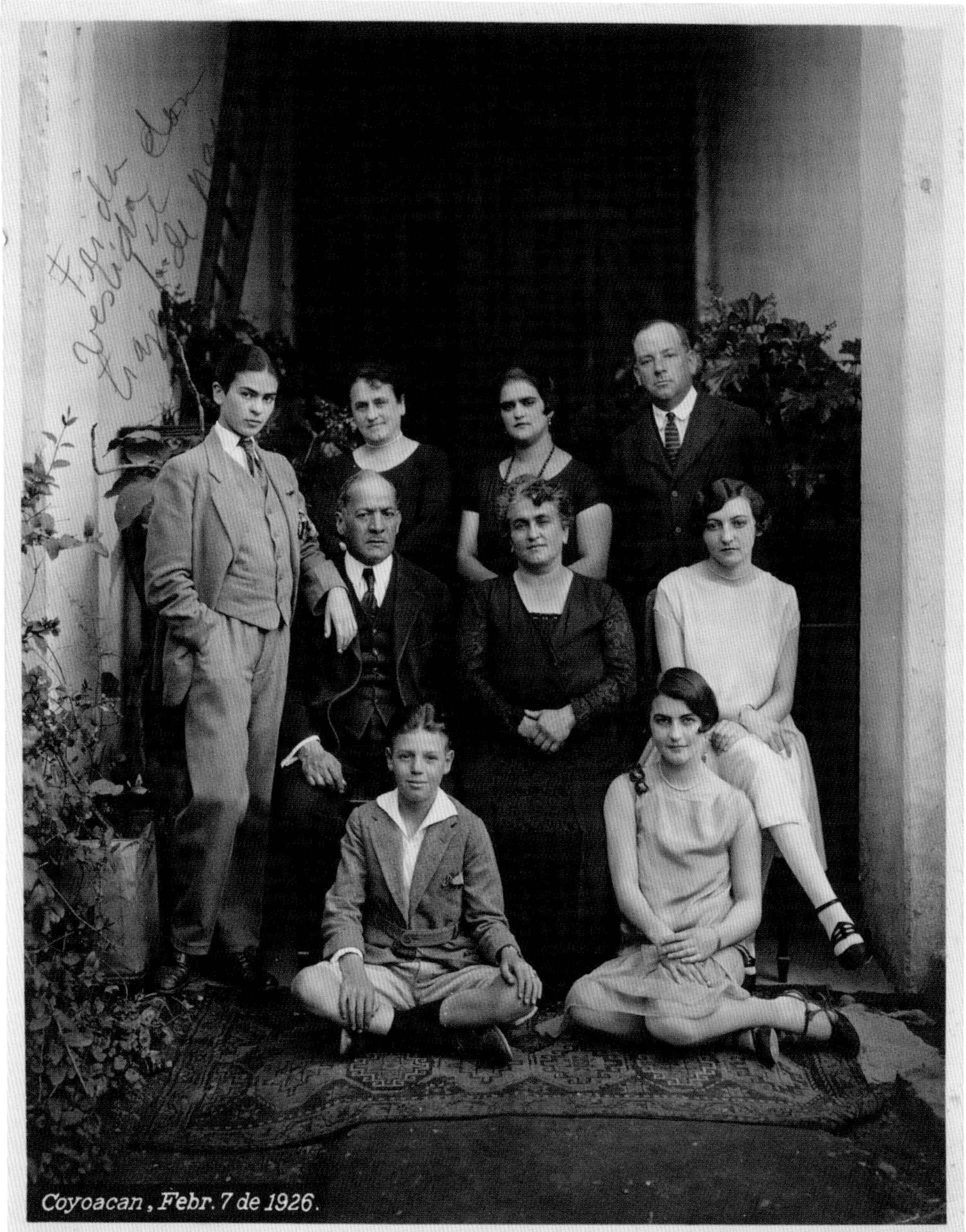
Coyoacan, Febr. 7 de 1926.

(왼쪽) 칼로 가족사진, 기예르모 칼로 촬영, 코요아칸, 1926.

(아래) 프리다 칼로와 친구이자 사진작가인 티나 모도티, 1928.

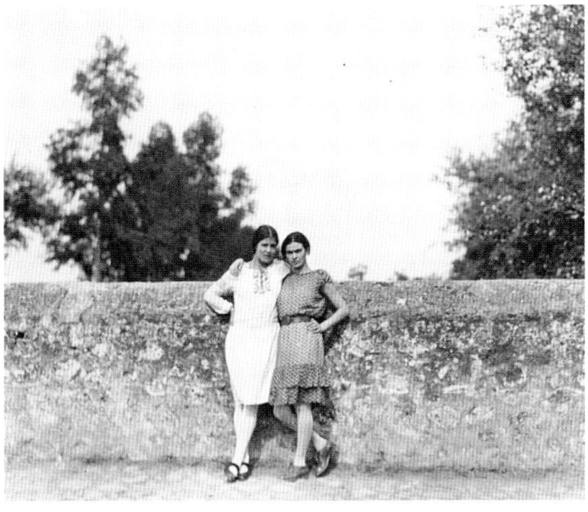

이제 십대를 막 벗어나 성인이 된 프리다는 다양한 스타일의 패션에 도전했다. 프리다는 자신의 정체성과 스타일을 형성하는 패션의 힘을 잘 알고 있었고, 다양한 스타일로 등장해 주변 사람들을 놀라게 했다. 가족사진 속의 프리다는 짙은 색의 수수한 드레스를 입고 커다란 십자가상을 걸고 있기도 하고, 머리를 남김없이 빗어 넘기고 남성용 쓰리피스 정장을 입고 스틱까지 들고 있는 경쾌한 차림새를 보여주기도 한다. 한동안 프리다는 허리선이 낮게 재단된 플래퍼 스타일의 드레스를 입기도 했다. 이어서 다른 스타일로도 변화를 주었는데, 아직까지는 그의 시그니처라고 할 수 있는 멕시코 전통 원주민 의상을 시도하지는 않았다. 대신 노동자들이 입는 작업복을 걸침으로써 공산당에 대한 지지를 표현했다.

프리다는 결국 복학하지 않았지만 학교 친구들과의 우정은 지속되었다. 프리다의 친구 중 한 명인 게르만 드 캄포(Germán de Campo)는 좌익성향의 정치 그룹에서 활동했는데, 프리다는 게르만을 통해서 사진작가 티나 모도티(Tina Modotti)를 만나 친구가 되었고 디에고 리베라와도 재회할 수 있었다.

티나 모도티는 프리다보다 열 살가량 나이가 많은 여성으로 이탈리아에서 태어났으며, 십대에 미국으로 이민을 갔다. 처음에는 모델 겸 무성영화 출연 배우로 일하던 모도티는 사진작가 에드워드 웨스턴(Edward Western)을 만나서 사진을 배웠다. 모도티의 멘토가 된 웨스턴은 이후 1923년 아내와 아이들을 미국에 두고 모도티와 함께 멕시코로 이주했다. 이들 커플은 멕시코시티에 인물사진을 찍어주는 스튜디오를 차렸고, 보헤미안 예술가들의 서클에도 참여했다. 1926년, 작가 아니타 브레너(Anita Brenner)는 멕시코 예술과 역사에 관한 책 『제단 뒤에 있는 우상』(*Idols Behind Altars*)을 집필하며 모도티-웨스턴 커플에게 이 책에 들어갈 사진 촬영을 의뢰했다. 크리스테로 전쟁이 한창이던 당시 모도티-웨스턴 커플은 멕시코의 시골을 탐방하며 사진 출사에 나섰다. 이 여행에서 모도티는 멕시코 민중 대부분이 처해 있는 열악한 생활환경을 목격했고, 그들의 투쟁을 묘사하여 그들의 대의를 돕는 데 전념하게 되었다. 이후 웨스턴은 자신의 가정이 있는 미국으로 돌아갔지만 모도티는 멕시코에 잔류하며 사진작가로서의 활동을 이어갔다. 모도티는 1927년 멕시코 공산당에 입당하여 당의 비공식 사진작가로서 정당 활동을 사진으로 기록했고, 디에고 리베라를 비롯한 여타 주요 예술가들의 벽화를 촬영했다.

이 시기는 급진주의의 시대였다. 프리다는 모도티가 속한 보헤미안 서클의 예술가들과 친목하며 지금까지 자신이 자라온 보수적인 환경과는 전혀 다른 삶의 방식을 접하게

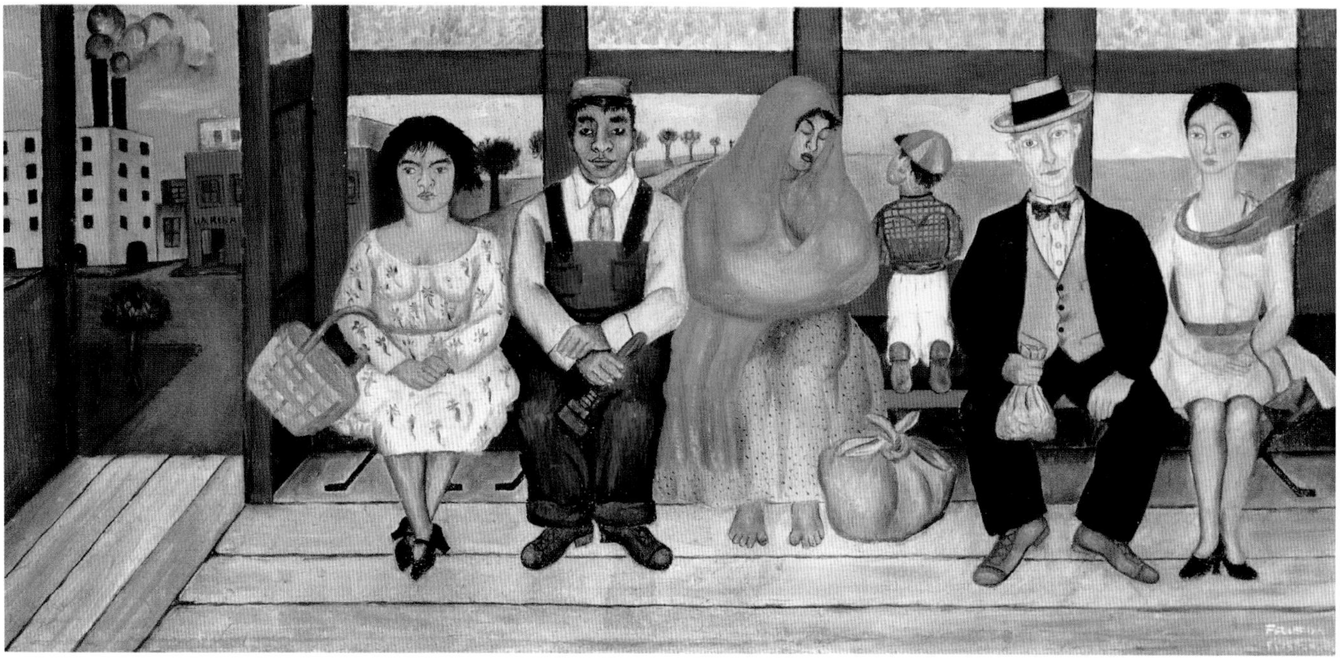

되었다. 프리다는 1928년 공산당에 입당했는데, 멕시코 혁명을 목격한 경험과 독실한 가톨릭 신자인 어머니에 대한 반발심이 자신을 좌파 이데올로기로 이끌었다고 말했다. 모도티는 예술가와 지식인들의 모임을 자주 개최했는데, 토론을 하다 보면 모임은 종종 과격해졌다. 프리다가 디에고와 재회한 것도 이런 일련의 모임에서였다. 그날 틀어둔 음악이 마음에 들지 않아서 짜증이 난 디에고는 권총을 꺼내서 축음기를 쏘았고, 이러한 그의 일탈 행동은 프리다에게 두려움과 흥미라는 두 가지 감정을 불러일으켰다. 결국 프리다는 디에고를 알아보기로 결심했다.

국립예비학교 시절 프리다와 학교에서 마주쳤던 이후로도 디에고는 꾸준히 벽화 작업을 해왔다. 국립예비학교의 벽화를 완성한 후 그는 곧바로 다음 프로젝트를 시작했는데, 국립예비학교에서 몇 블록 떨어진 곳에 있는 교육부 건물에 벽화를 그리는 일이었다. 디에고는 두 개의 안뜰을 둘러싼 복도와 계단의 벽면을 노동, 농경, 민속 전통과 정치 개혁이라는 주제로 뒤덮었다. 그런데 디에고가 벽화 작업을 절반 정도 진행하고 있을 무렵 벽화 프로젝트를 의뢰했던 바스콘셀로스 교육부장관이 사임하게 되었다. 바스콘셀로스의 빈자리를 채운 새로운 관료들은 디에고를 축출하려고 했지만, 디에고를 향한 해외 평론가들의 호평을 보고 마음을 돌렸다. 덕분에 디에고는 무사히 교육부 건물 벽화 작업을 이어갈 수 있었다.

칼레스 정부가 들어선 후 다른 작가들은 정부의 벽화 사업을 따내지 못했지만, 디에고는 꾸준히 작업을 이어갔다. 차핑고 지역의 과거 대농장 부지로 쓰였던 땅에 새롭게 들어서는 국립농업학교에 벽화를 그리는 작업도 그 연장선이었다. 디에고는 학교 건물과 농장 부지로 나누어서 작업했는데, 여기에는 매우 오랜 시간이 소요되었다. 밤을 새워 작업하다가 비계에서 잠들어버린 끝에 낙상해 두개골에 금이 간 적도 있었다. 디에고의 아내 루페는 낙상 사고 직후에는 디에고가 엄살을 부린다고 생각했으나 의사의 정식 진단을 듣고는 사랑을 담아 정성스레 간호해주었다.

(위) 프리다 칼로, 〈버스〉, 1929, 나무판에 유채, 26×55.5cm, 돌로레스 올메도 파티노 박물관, 멕시코시티.

(오른쪽) 프리다 칼로, 〈버지니아의 초상〉, 1929, 얇은 판에 유채, 77×60cm, 돌로레스 올메도 파티노 박물관, 멕시코시티.

차핑고의 예배당 벽화에는 루페가 등장한다. 당시 둘째 딸을 임신 중이던 루페는 비옥한 토지를 상징하는 모델로서 디에고의 작업을 도왔다. 루페뿐만 아니라 티나 모도티도 디에고의 모델이 되어 벽화 속 여러 여성 캐릭터로 그려졌다. 모도티와 디에고는 불륜 관계로 발전했고, 기간은 짧았지만 루페 입장에서는 마지막 한 방울의 물이 더해진 것과 같았다. 그로부터 얼마 지나지 않아 디에고와 루페의 결혼은 파국을 맞이했다.

디에고는 1927년 공산당의 초대를 받고 러시아 10월 혁명 10주년 기념식에 참석하기 위해 러시아로 떠났고, 그가 다시 멕시코로 돌아왔을 때 루페는 호르헤 쿠엣타스(Jorge Cuestas)라는 시인과 만나기 시작했다. 루페와 쿠엣타스는 나중에 결혼까지 하게 된다. 홀가분한 몸이 된 디에고는 잠시 미뤄두었던 벽화 작업을 이어갔다. 유부남일 때에도 연애에 거침이 없었던 디에고는 싱글로 돌아오자마자 셀 수 없이 많은 염문을 뿌리기 시작했다.

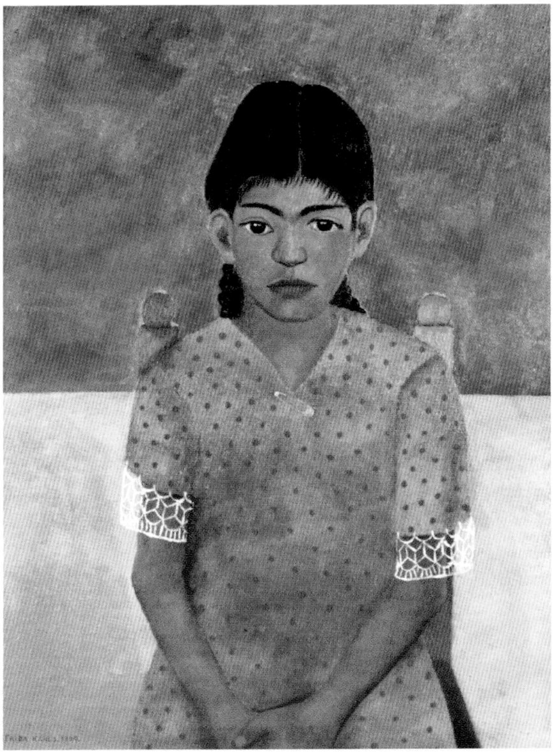

프리다가 디에고를 찾아가기로 결심한 것은 이 무렵이었다. 프리다는 교육부 건물 벽화 작업에 한창인 디에고를 직접 만나러 갔다. 작업을 멈추고 비계에서 내려와 자신이 가져온 그림 몇 점을 살펴보고 솔직한 의견을 말해달라고 당당하게 요청한 것이다. 알맹이 없는 칭찬이 아니라 그림을 생계 수단으로 해도 좋을지 냉정하게 판단해줄 것을 요구했다. 디에고는 어린 아가씨의 당당함에 매료되었고, 작품도 매우 인상적으로 보았다. "프리다의 캔버스에는 비범한 에너지로 가득한 표현들, 뚜렷한 개성, 진지한 태도들이 엿보였다. 야심 찬 초보자들이 흔히 저지르는, 자기 색깔을 보여주기 위한 무리한 기교 같은 것이 전혀 없었다."[2] 디에고는 프리다에게 작업을 계속해야만 한다고 당부했다. 이에 프리다는 더 많은 작품들을 보여주고 싶으니 자신의 집으로 와달라고 초대했고, 그래서 그 다음 주 일요일에 디에고는 코요아칸의 저택으로 프리다를 방문했다. 이것이 프리다와 디에고의 오랜 연인관계의 시작점이었다.

프리다는 이렇게 기록했다. "오후가 되면 나는 디에고가 그림 그리는 것을 보러 갔고, 그 후에 그는 버스를 타거나 자신의 작은 포드 자동차에 태워서 나를 집으로 데려다주었다. 그리고 나에게 키스를 했다."[3] 한때 프리다는 벽화 작업에 흥미를 보였으나 디에고가 이를 만류했다. 벽화보다 더 적합한, 자신만의 진정한 예술적 표현을 찾아보라는 이유에서였다. 디에고는 프리다의 예술 활동을 전폭적으로 격려하고 지원했다. 한편, 디에고는 누구에게도 자신의 작품에 관해 의견을 나누지 않았지만 프리다만은 예외였다. 디에고는 프리다의 의견을 존중했고 진지하게 귀담아 들었다.

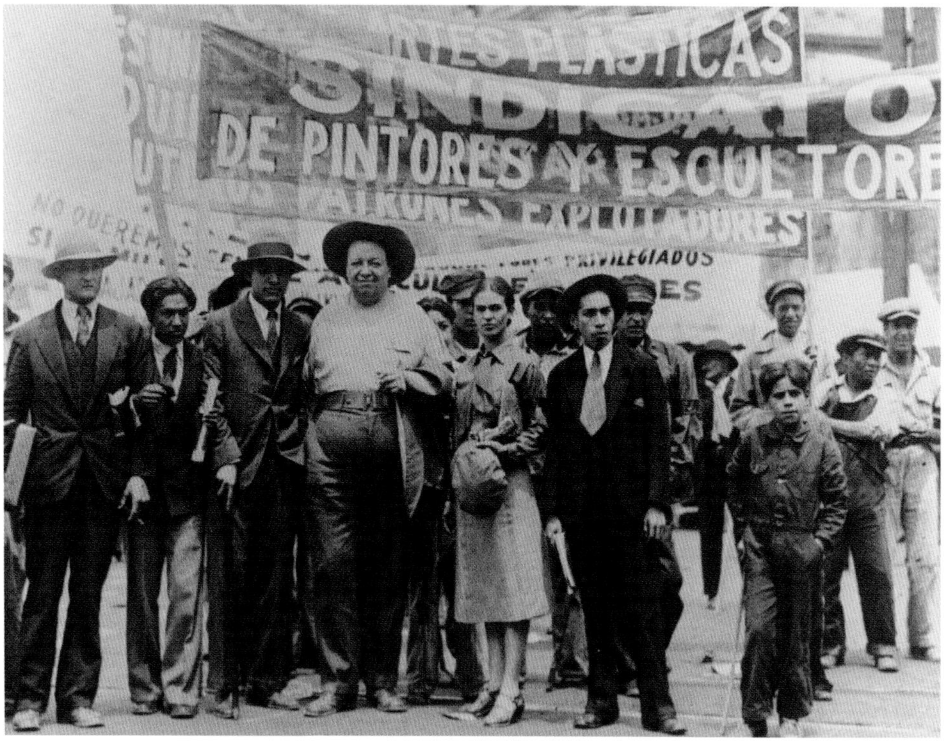

이 시기 프리다의 작품은 멕시코라는 주제와 색채가 한층 더 분명해졌다. 〈버스〉(*The Bus*), 〈버지니아의 초상〉(*Portrait of Virginia*), 〈두 여인〉(*Two Women*)은 이 시기의 작품들로, 디에고로부터 영향을 받았음을 알 수 있다. 스타일도 이전 작품들과 비교하여 한층 밝아진 색채와 둥근 선을 사용하는 등, 멕시코 민속 예술을 떠올리는 방향으로 변화했다.

〈버스〉에서 프리다는 친숙한 일상의 풍경을 묘사했다. 버스 내부의 긴 벤치에는 사람들이 줄지어 앉아 있으며, 창밖으로 보이는 풍경은 시골을 지나 굴뚝에서 연기가 피어오르는 공장지대로 바뀌고 있다. 프리다는 버스 안의 승객들을 다양한 인종과 사회 계층의 사람들로 구성함으로써 멕시코 사회를 표현했는데, 이는 디에고가 즐겨 사용하는 방식이기도 하다. 버스에는 장바구니를 들고 있는 중산층 주부, 데님으로 된 작업복 차림에 렌치를 들고 있는 노동자, 커다란 숄로 자신은 물론 아기까지 감싼 채로 젖을 먹이고 있는 맨발의 농부 아내, 창밖을 내다보는 어린 소년, 돈 가방을 들고 있는 사업가, 목에 스카프를 두르고 멋지게 차려입은 젊은 여성이 타고 있다.[4] 멕시코 사회를 대표하는 여러 계층이 함께 나란히 앉아 있는 모습이다. 일상의 한순간을 포착해낸 듯한 유쾌함이 느껴지는 장면인 동시에 프리다가 겪었던 충격적인 사고처럼, 이러한 안정적인 풍경이 눈 깜짝할 사이에 비극으로 바뀔 수 있다는 메시지를 함축적으로 담고 있다.

디에고는 교육부 3층 벽화에 프리다를 등장시켰다. 〈혁명의 발라드〉(*Ballad of the Revolution*) 연작 벽화 중 〈무기 배포〉(*Distributing Arms*) 혹은 〈무기고〉(*The Arsenal*)라는 제목의 패널에서 혁명에 참여하는 사람들에게 무

(왼쪽) 멕시코시티의 메이데이 행진에 참여한 디에고 리베라와 프리다 칼로, 티나 모도티 촬영, 1929.

(아래) 디에고 리베라, 〈무기 배포 (혹은 무기고)〉 부분 확대, 멕시코 교육부 건물의 연회장 벽화, 1928, 멕시코시티.

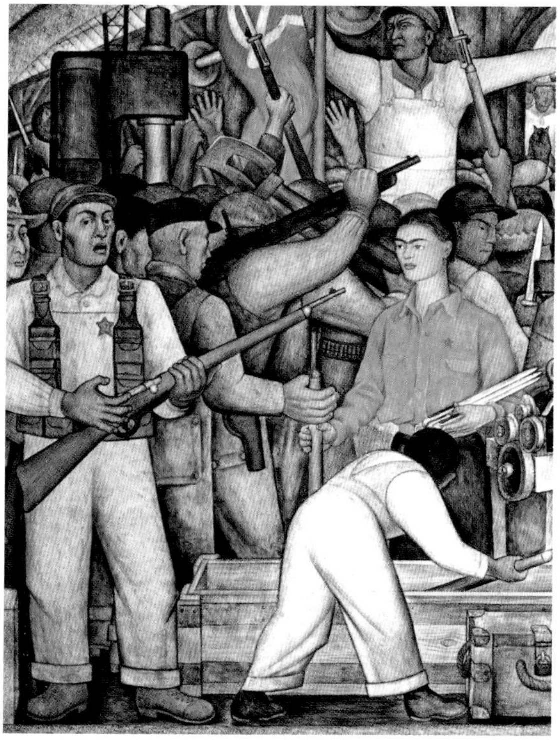

기를 나누어주는 프리다의 모습을 볼 수 있다. 화면 중앙에 있는 프리다는 가슴 부분에 별이 그려진 붉은 셔츠를 입고 있다. 디에고가 전 부인인 루페를 수동적인 여성미의 상징으로 표현한 것과 달리, 프리다는 사회 개혁에 능동적으로 참여하는 여성으로 묘사했다. 이 그림에는 티나 모도티와 그의 새로운 연인 훌리오 안토니오 멜라(Julio Antonio Mella)도 함께 등장한다. 멜라는 쿠바 출신의 망명자로서 당시 헤라르도 마차도(Gerardo Machado) 군사정부의 전복을 기도하는 학생운동 조직의 리더이자 공산주의자였다. 이후 1929년 초, 모도티와 멜라가 저녁 산책을 하던 중 멜라가 총격을 당해 사망하는 일이 발생하자 멕시코 정부는 모도티를 유력한 살인 용의자로 체포했다. 이에 디에고와 프리다는 모도티의 결백을 탄원하는 편지를 보냈고, 결국 모도티는 살인 혐의를 벗게 된다.

프리다와 디에고가 함께 있는 모습을 담은 가장 오래된 사진은 모도티가 촬영한 것이다. 모도티는 1929년 메이데이 행진에 참여한 둘의 모습을 촬영했는데, 프리다와 디에고는 기술 노동자, 화가, 조각가로 이루어진 연합체 대표단의 선두에 서 있다. 사진 속에서 프리다는 목 부분을 리본으로 묶는 긴팔 블라우스와 무릎길이의 A라인 스커트라는 노동자를 연상시키는 복장을 하고 있는데, 이는 공산당의 결속을 보여주기 위함이었다.

멕시코 교육부 건물의 벽화 작업을 마친 디에고는 멕시코의 전체 역사를 보여주는 벽화 시리즈를 멕시코 국립 궁전에 그려달라는 요청을 받는다. 그리고 비슷한 시기에 멕시코 보건부 회의실에 벽화를 그려달라는 의뢰도 받게 된다. 보건부 회의실 벽화에는 여섯 개의 커다란 누드가 등장하는데, 각각 순결, 힘, 지식, 생명, 절제, 건강을 상징했다. 디에고는 세 명의 모델을 두 번씩 등장시켜서 여섯 개의 그림을 완성했다. 이 그림의 모델이 된 것은 테우안테펙 출신의 원주민 여성, 이온 로빈슨(Ione Robinson)이라는 미국인 작가, 그리고 프리다의 여동생인 크리스티나였다. 크리스티나를 모델로 추천한 것은 프리다였고, 디에고는 크리스티나를 순결과 힘으로 묘사했다. 이온 로빈슨은 티나 모도티와 절친한 사이로, 보건부 회의실 벽화의 모델만이 아니라 이후 국립 궁전의 벽화 작업에서 보조작가로 참여하기도 했다. 한때 로빈슨과 디에고 사이에서는 불륜설이 돌기도 했다.

디에고가 국립 궁전의 벽에 멕시코의 역사를 그리고 있던 1928년은 대통령 선거의 해로, 이 선거는 멕시코에 새로운 갈등을 불러일으켰다. 전대 대통령이었던 오브레곤은 칼레스 대통령에 이어 재취임하기 위해, 연속한 경우가 아니라면 대통령의 재임

이 가능하도록 헌법을 개헌했다. 개헌 후 이루어진 선거를 통해 오브레곤이 대통령으로 당선되었지만, 그는 취임하기 전에 암살당하고 말았다. 에밀리오 포르테스 힐(Emilio Portes Gil)이 임시 대통령직을 맡았는데, 실질적인 통치는 그 배후에 숨은 칼레스 전 대통령에 의해 이루어졌다. 힐은 14개월 동안 임시 대통령직을 수행했고, 마침내 다시 대통령 선거가 진행되었다. 그 사이 칼레스 전 대통령은 '국민혁명당'(Partido Nacional Revolucionario; PNR)을 창당하고 파스쿠알 오르티스 루비오(Pascual Ortiz Rubio)를 대통령 후보로 선출했다. 한편, 전 교육부 장관인 바스콘셀로스도 대통령 선거에 출마했다. 프리다의 국립예비학교 동기들은 대부분 바스콘셀로스를 지지했으며 친구 게르만 드 캄포는 바스콘셀로스 후보를 지지하는 연설을 하다가 총에 맞아 목숨을 잃었다. 공산당원으로서 프리다는 루비오도 바스콘셀로스도 아닌 제3의 후보인 페드로 로드리게스 트리아나(Pedro Rodríguez Triana)를 공개 지지했다. 대통령 선거는 부정선거라는 수많은 의혹을 남긴 채 루비오의 승리로 끝났다. 칼레스 전 대통령은 '혁명의 최고 수장'(Jefe Máximo de la Revolución)이라고 불리며 여전히 막후에서 활동했고, 1934년까지 멕시코 정치의 정점에서 영향력을 유지했다. 멕시코 역사에서는 이 기간을 최고 수장 즉 '헤페 막시모'(Jefe Máximo)의 통치 기간이었다는 의미로 '막시마토'(Maximato)라고 부른다.

시대적 변화는 디에고에게도 영향을 미쳤다. 그는 1929년, 10년간의 유럽 생활을 위해 멕시코를 떠나기 이전에 그가 미술공부를 했던, 모교 산카를로스 예술학교의 이사로 임명된다. 디에고는 교과 과정을 대대적으로 개혁하여 실험적이고 현대화된 학교로 전환하고자 했다. 학생들이 모든 전공을 이수하고 교실에서 보내는 시간만큼 외부 인턴십에 투자하여 폭넓은 경험을 쌓게 하려는 계획이었다. 그러나 이러한 디에고의 계획은 모두의 반대에 부딪혔고, 곧 이사직을 사임하게 된다.

격렬했던 1929년의 어느 날, 프리다와 디에고는 8월 21일 코요아칸 시청에서 약식으로 결혼식을 올렸다. 이날 프리다가 입은 긴 치마와 블라우스, 레보조(rebozo, 멕시코 전통 숄)는 집안을 관리하는 가사도우미로부터 빌려 입은 것이다. 프리다의 가족 중에서는 유일하게 아버지만이 결혼식에 참석했다. 다음날 한 신문에는 이 결혼식의 간결함을 강조하는 사진과 함께 간략한 기사도 실렸다. "신부는 아주 간단한 일상복 차림이었으며 …… 화가 리베라는 '미국사람' 같은 복장이었고 조끼는 입지 않았다. 소박한 결혼식이었다. 호화롭거나 과시하는 듯한 행사는 모두 생략되었고, 정숙하고 화기애애한 분위기 속에서 예식이 진행되었다."[5]

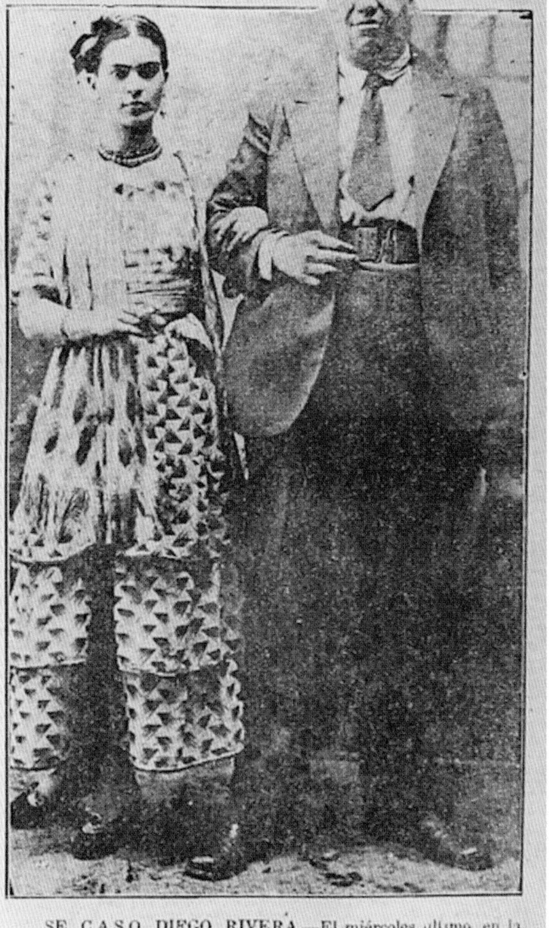

SE CASO DIFGO RIVERA.—El miércoles ultimo, en la vecina población de Coyoacán, contrajo matrimonio el discutido pintor Diego Rivera con la señorita Frieda Kahlo, una de sus discípulas. La novia vistió, como puede verse, sencillísimas ropas de calle, y el pintor Rivera de americana y sin chaleco. El enlace no tuvo pompa alguna; se celebró en un ambiente cordialísimo y con toda modestia, sin ostentaciones y sin aparatosas ceremonias. Los novios fueron muy felicitados, despues de su enlace, por algunos intimos.

(왼쪽) 프리다와 디에고의 결혼 소식. 『라 프렌사』(*La Prensa*). 1929년 8월 23일자 기사.

(오른쪽) 프리다와 디에고. 코요아칸에서.

프리다와 디에고는 겉보기에는 전혀 어울리지 않는 커플이었다. 프리다는 당시 스물두 살이었고(스스로는 열아홉 살이라고 주장했다), 5피트(152.4cm)가 겨우 넘는 왜소한 체구였다. 반면 디에고는 나이가 프리다의 두 배였으며, 키가 컸고 뚱뚱한 편이었다. 또한 디에고는 무신론자였고 바람둥이로 유명했으며 프리다와의 결혼은 그의 세 번째 결혼이었다. 프리다의 어머니 마틸다는 이 결혼을 반대하며, 둘의 조합이 마치 코끼리와 비둘기의 짝짓기 같다고 비난했다. 하지만 마틸다가 결혼을 반대했던 보다 본질적인 이유는 가톨릭 신자로서의 거부감이었는데, 디에고와 루페가 아직 공식적으로 이혼한 상태가 아니었기 때문이다. 반면 프리다의 아버지 기예르모는 둘의 결혼에 대해 좀 더 긍정적이었다. 기예르모는 현실적인 차원에서 딸의 건강 문제가 아마도 평생에 걸쳐 지속할 가능성이 있고, 필요한 치료비를 감당하고 부양해줄 남편을 찾았다는 사실에 적잖이 안도했다. 부모로서 가장 중요한 것은 프리다 본인의 행복이었는데, 프리다가 디에고에게 푹 빠진 것은 너무나 자명했으며

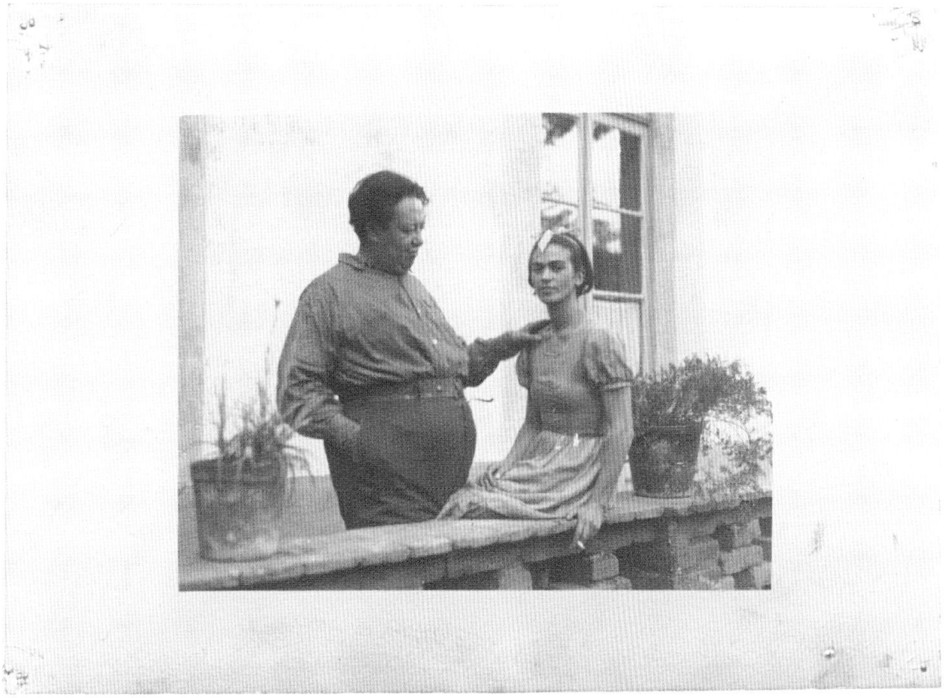

디에고 역시 프리다를 유별나게 아꼈다. 그들이 결혼식을 올리기 전, 기예르모는 디에고에게 프리다의 건강 문제가 평생 이어질 수 있다는 것과 프리다 안에는 '숨겨진 악마'가 있다고 경고하기도 했다.[6)]

디에고가 볼 때 프리다는 그의 전 아내 혹은 연인들과는 전혀 다른 타입이었다. 프리다와 디에고의 결혼 생활은 디에고가 그전에 맺어왔던 관계와도 매우 달랐다. 물론 디에고는 프리다와 결혼하기 전은 물론 프리다와 결혼한 이후에도 배우자에 대한 신의를 지키는 남편은 아니었고, 이 점에서는 프리다도 마찬가지였다(프리다의 불륜 상대는 남녀를 가리지 않았다). 그러나 프리다와 디에고의 관계는 육체적인 부분을 넘어서 더 많은 것을 포괄했다. 그들은 서로에게 있어 최고의 지원자이자 서로의 가장 열렬한 팬이었으며, 정치적인 신념을 공유하는 동료였다. 무엇보다도 그들이 공유한 가장 중요한 가치는 멕시코인이라는 사실에 대한 자부심이었다.

프리다와 디에고의 결혼식 후에 열린 피로연에 대해서는 서로 다른 기록들이 존재한다. 동료 화가 로베르토 몬테네그로(Roberto Montenegro)의 집에서 피로연이 열렸다고 회상하는 사람이 있는가 하면, 피로연 장소가 티나 모도티의 집 루프톱 테라스였다는 사람도 있다. 디에고와 루페 사이에서 낳은 딸 과달루페 리베라 마린(Guadalupe Rivera Marín)에 따르면 피로연은 저녁 식사로 진행되었으며 그 메뉴는 굴 수프, 후아존틀(멕시코 원산의 녹색 채소)이 들어간 빨강과 초록 살사, 두 가지 종류의 속을 채운 고추, 오아하카 지역의 매콤달콤한 검은 몰레 소스에 넣은 닭고기, 포졸레, 그리고 할리스코 스타일의 옥수수 수프였다고 한다. 디에고는 은식기가 너무도 부르주아적이라고 생각했기에 피로연에는 은식기 대신에 수프를 떠먹기 위한 에나멜 숟가락과 그릇 대용의 토르티야가 등장했다.[7)]

피로연은 난리통 속에서 마무리되었다. 디에고의 전 부인 루페도 피로연에 참석했는데, 처음에는 그다지 불쾌해 보이지 않았다. 하지만 저녁 식사가 진행되던 중에 루페는 갑자기 프리다에게로 성큼성큼 다가오더니 프리다의 웨딩드레스를 걷어 올려서 다리를 드러내곤 피로연의 손님들을 향해 소리쳤다. "이 막대기 두 개 보여? 디에고가 내 다리 대신에 선택한 다리가 바로 이거라니!"[8)] 그렇게 외친 루페는 피로연장을 뛰쳐나갔다. 피로연에서 일어난 소동은 이뿐만이 아니었다. 데킬라를 너무 많이 마신 디에고는 과격해진 태도로 손님들 몇몇과 싸우다가 프리다와도 말다툼을 벌였다. 프리다는 울음을 터뜨렸고 혼자 친정으로 가버렸다. 며칠이 지나서야 디에고가 프리다를 데리러 갔고, 그들은 멕시코시티 중심부에 있는 파세오 데 라 레포르마 104번지의 저택에서 신혼을 시작했다.

신혼집은 포르피리아 디아스 대통령 시대에 지어진 커다란 저택으로, 프렌치 고딕 양식의 건물이었다. 하지만 디에고는 저택 입구에 콜럼버스 이전 시대의 멕시코 민속 조각품을 세워두었다.[9)] 그들의 신혼집에는 다양한 사람들이 머물렀다. 우선 디에고의 전 부인 루페와 어린 두 딸이 이 집의 2층에 거주했다. 또한 디에고와 프리다 둘 다 공산당 당원이었기 때문에 그들은 때때로 다른 당원들에게 숙박을 제공하기도 했다. 신혼집의 첫 손님은 동료 벽화 작가인 다비드 알파로 시케이로스와 그의 아내였다. 프리다는 가사 경험이 거의 없었기에 마르가리타 두퓌(Margarita Dupuy)라는 가정부를 고용하여 청소와 요리를 맡겼지만, 결국 저택의 살림을 총괄하는 것은 프리다의 몫이었다. 친구와 가족들이 선물해준 다양한 종류의 가구들이 저택을 채웠다. 좁은 침대, 기다란 검은색 테이블, 식당의 가구들은 잡지 『멕시코의 풍속』(*Mexican Folkways*)의 편집장 프랜시스 투르(Frances Toor)가 선물해준 것이었다. 노란색의 부엌 테이블은 프리다의 어머니가 보낸 선물로, 디에고가 수집한 고대 조각상 컬렉션을 보관하는 용도로 쓰였다.[10)]

프리다와 결혼식을 올린 후 디에고는 코요아칸에 있는 푸른 집의 대출금을 갚아주었고 칼로 가족들이 그 집에서 계속 거주할 수 있도록 배려했다. 코요아칸의 푸른 집은 1930년에 프리다의 명의로 변경되었다.[11)] 한편, 루페는 프리다와 화해했으며 전남편이 좋아하는 요리를 그의 새 아내(프리다)에게 친절하게 알려주기도 했다. 그에 대한 보답으로 프리다는 루페의 초상화를 그려주었다. 그러나 그들 사이의 평화는 오래 가지 못했고, 루페는 나중에 화를 내며 그 그림을 찢어버렸다. 루페가 집요하게 물고 늘어진 문제들 중 하나는 디에고가 프리다의 가족들에게 보내는 재정적 지원과 루페와의 사이에서 낳은 두 아이에 대한 지원이 지나치게 차이가 난다는 것이었다.

프리다와 결혼식을 올린 지 얼마 지나지 않아 디에고는 멕시코 공산당에서 제명당했다. 당의 노선에 대해 몇 가지 이견을 제기했기 때문이었다. 대통령 선거 이후로 공산당은 점점 더 정부와 대립각을 세웠고, 이에 많은 당원들은 정부의 사업을 수행하는 디에고의 태도를 위선이라고 꼬집었다. 뿐만 아니라 디에고는 스탈린의 선언 중 일부에는 동의하지 않음을 밝혔는데, 공산당은 스탈린의 기조를 따르고 있었기에 디에고는 이에 반하는 트로츠키주의자라는 비난을 받기도 했다. 실제로 멕시코 공산당에서 제명된 후 디에고는 자신이 트로츠키주의자임을 공개적으로 인정하기도 했다. 비록 당에서 제명당했지만, 디에고는 자신이 여전히 공산주의자임을 표명했다. 훗날 그는 이렇게 기록한다. "내 본업은 그림이고, 정치인도 당원도 아닌 내가 혁명을 위해 할 수 있는 일은 그림일 수밖에 없다. 이는 조직 안에 있을 때나 조직 밖에 있을 때나 다를 바가 없다."[12)]

프리다 역시 남편과 뜻을 같이 한다는 의미로 공산당을 탈당했다. 이는 우정을 비롯해 그동안 쌓아왔던 사회적 관계를 손절한다는 의미이기도 했다. 예를 들면 티나 모도티와의 인연도 그중 하나였다. 모도티는 1929년 가을 에드워드 웨스턴에게 보낸 편지에서 이렇게 적었다. "디에고는 당을 떠났어요. …… 최근 들어 디에고는 정부 사업을 너무 많이 하고 있어요. …… 대부분의 당원들은 그것을 납득하기 어렵습니다. …… 그는 배신자라고 불릴 것이고, 실제로 배신자이죠. 나 또한 다른 당원들의 생각과 다르지 않습니다. 당연한 말이지만, 이제부터 나와 디에고 사이에서 오갈 연락이란 오직 사진 작업과 관련한 것뿐이겠죠."[13)]

시련은 부부의 사적인 영역에서도 닥쳤다. 프리다는 결혼한 그해에 임신했는데, 임신한 지 3개월 만에 의사의 권유에 따라 낙태시술을 했다. 당시 프리다의 주치의는 헤수스 마린 박사(Dr. J. De Jesús Marín)로, 그는 루페와 남매 사이이기도 하다. 프리다가 아이를 출산할 수 없다는 진단이 내려진 이유는 그의 골반이 기형이었기

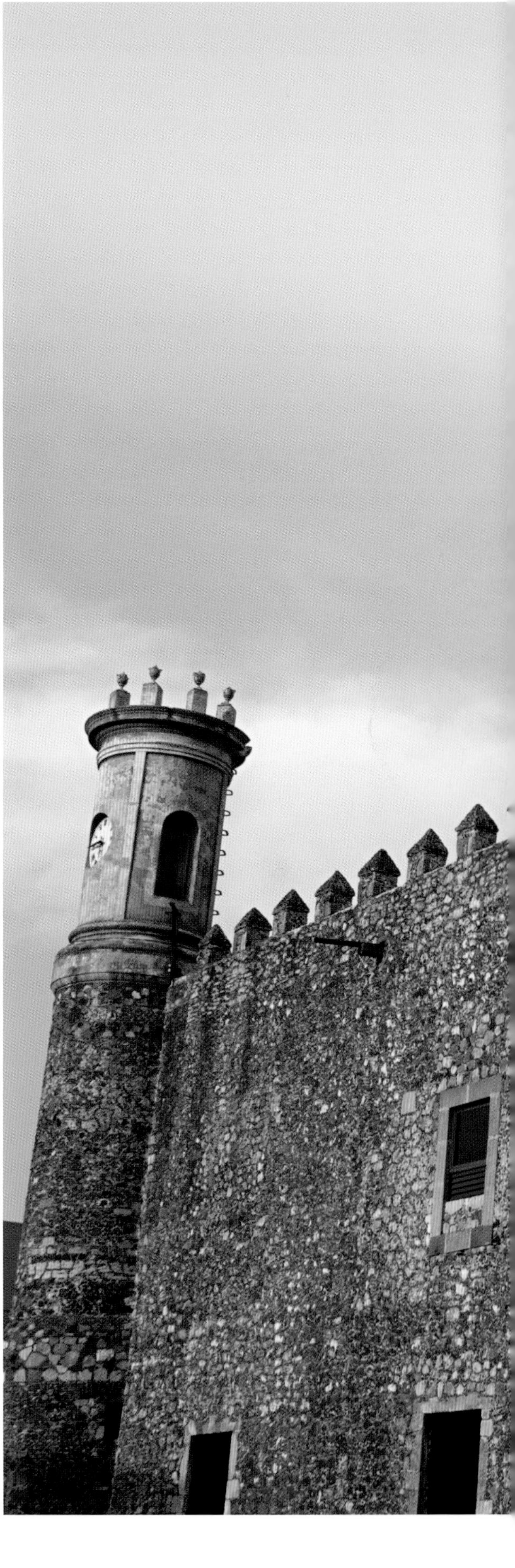

때문이다. 프리다는 버스 사고 직후에 그랬던 것처럼, 자신의 불임을 슬퍼하고 애도했다. 이때 프리다가 친구에게 보낸 편지를 보면 당시에 그가 느꼈던 감정을 알 수 있다. "우리는 아이를 가질 수 없대. 그 말에 나는 몸을 제대로 가누지도 못할 정도로 울었어. 그 생각으로부터 벗어나고 싶어서 요리를 하고, 집을 치우고, 가끔은 그림도 그려. 요즘은 매일같이 디에고를 따라서 벽화를 그리는 비계에도 올라가고 있어."[14)]

멕시코 주재 미국 대사 드와이트 모로우(Dwight Morrow)가 멕시코 근교 도시 쿠에르나바카에서 벽화를 그려달라고 의뢰했을 때, 디에고가 그 제안을 기쁘게 수락한 데에는 이러한 전후 사정이 작용했다. 멕시코시티의 우울함, 즉 그를 거부한 동지들이나 이 사직에서 쫓겨난 예술학교 등 일련의 사건으로부터 탈출할 수 있는 좋은 기회였던 것이다. 1930년 1월, 디에고는 아직 완성하지 못한 국립 궁전의 벽화를 내버려둔 채로 프리다와 함께 멕시코시티에서 약 85km 떨어진 쿠에르나바카로 출발했다. 당시에는 아직 도로가 포장되지 않았기에 그들은 울퉁불퉁한 비포장 길을 따라 3시간가량 달려야만 했다.

모로우 대사는 소박하고 상냥한 성격으로 멕시코 문화에 대한 존중을 표현할 줄 아는 사람이었다. 그가 대사로 주재하는 기간에 멕시코와 미국 사이에는 우호적인 외교의 시대가 열렸다. 멕시코의 크리스테로 전쟁이 종식되는 데에는 모로우 대사의 조력도 작용했는데, 멕시코 정부와 가톨릭 주교 간의 협상에서 그가 조정자 역할을 맡았던 것이다. 모로우 대사와 그의 아내 엘리자베스는 멕시코 민속 예술을 미국에 알리는 데에도 중요한 역할을 했다. 모로우 대사 부부는 미국에서 열리는 '멕시칸 아트 쇼'를 기획했는데, 이는 뉴욕 메트로폴리탄 미술관에서 첫 전시회를 열어 사람들의 이목을 집중시킨 후 미국 12개 도시를 순회하며 전시를 이어가는 구성이었다. 모로우 대사는 유명한 비행가 찰스 린드버그(Charles Lindbergh)를 멕시코 친선 여행에 초대했는데, 린드버그는 나중에 모로우 대사의 딸과 결혼하여 그의 사위가 되었다.

모로우 대사는 멕시코와 멕시코 예술에 매료되었지만, 그를 가장 사로잡은 것은 쿠에르나바카라는 지역이었다. 영국 외교관인 에스몬드 오베이 경(Sir Esmond Ovey)의 별장에 머물면서 처음 쿠에르나바카를 방문한 모로우 대사는 이곳에 주말 별장을 짓기로 결심했다. 그래서 가까이 붙어있는 집을 몇 채 구입하고 이를 헐어서 별장을 지었다. 두꺼운 벽돌로 벽을 짓고 지붕에는 테라코타 타일을 얹은 이 주택에는 식물로 가득 찬 안뜰이 있었는데, 안뜰에서는 손님들과 함께 앉아서 잎사귀 사이로 들이치는 햇빛을 즐길

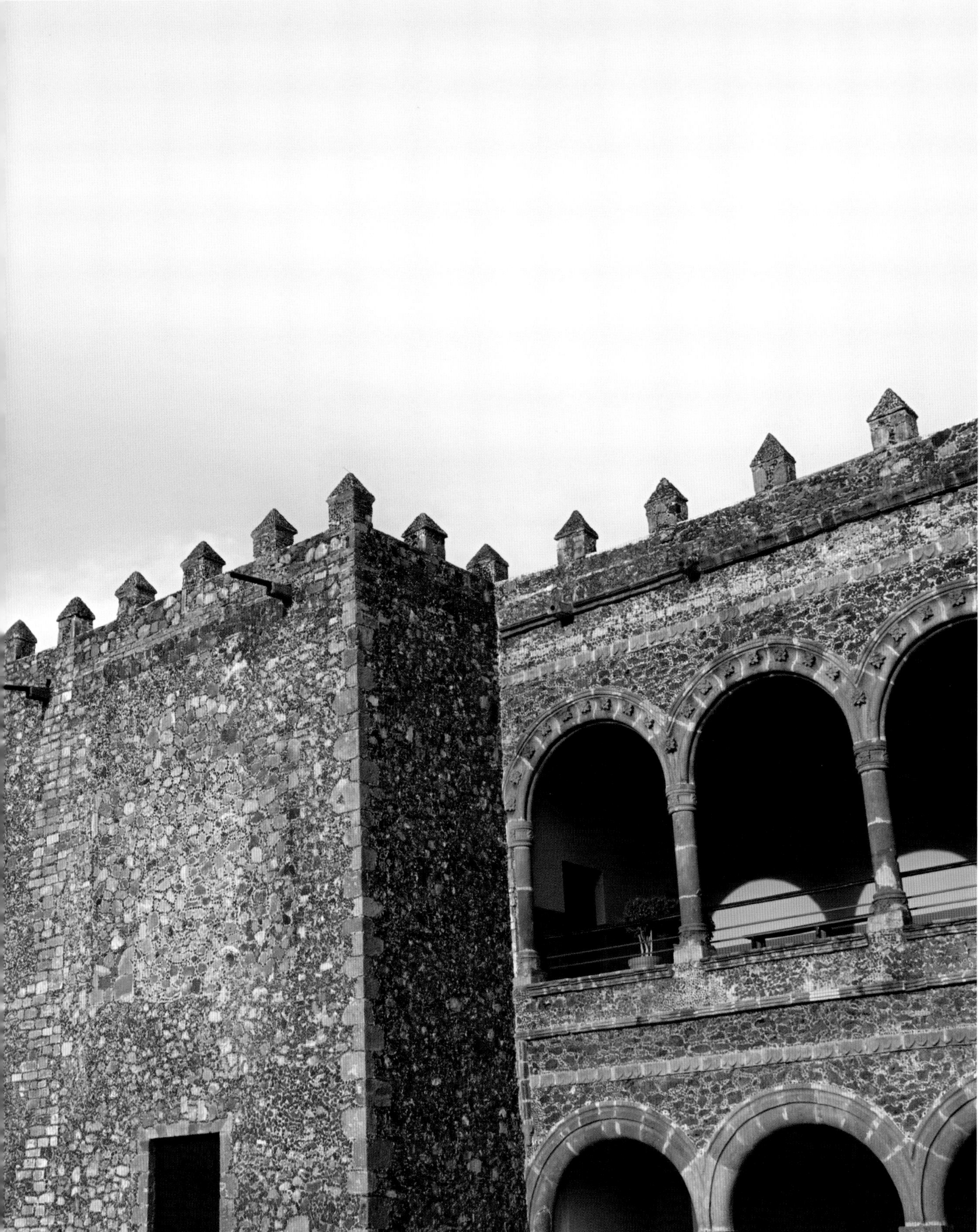

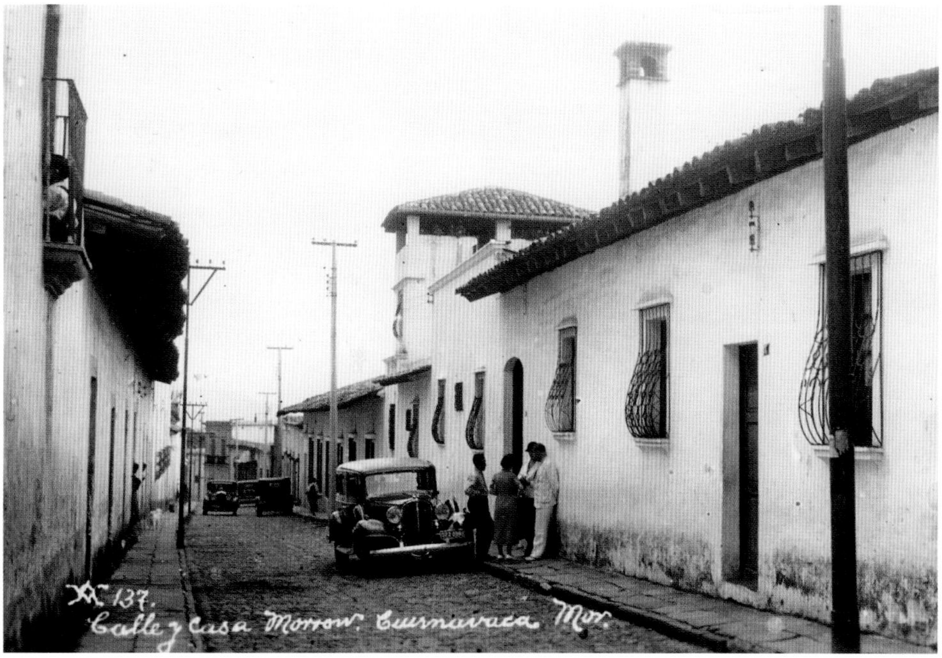

수 있었다. 모로우 대사의 저택은 멕시코 민속 예술품으로 꾸며져 있었으며 수공예로 만든 가죽이나 목제 가구로 가득했다. 쿠에르나바카에 별장을 짓고 머물게 되면서 대사는 지역 주민들이 보여준 환대에 크게 감명을 받고 감사의 마음을 표현하기로 결심했다. 그 마음을 표현하는 선물이 바로 벽화였다. 대사의 요청에 따라 디에고는 쿠에르나바카 마을 광장에서 두 블록 떨어진 곳에 위치한, 요새처럼 위풍당당한 코르테스 궁전 서편 복도의 벽에 쿠에르나바카가 속한 모렐로스 주의 역사를 묘사하기로 했다. 코르테스 궁전은 16세기 식민지 도시 건축의 대표적인 양식을 보여주는 건축물로서도 의미가 있었다. 벽화 작업을 위해 쿠에르나바카에 있는 동안 프리다와 디에고는 '카사 마나나'(Casa Mañana)라고 불리는 모로우 대사의 별장에 머물렀다. 카사 마나나라는 이름은 모로우 대사가 직접 붙인 것이다. 별장을 짓는 동안 대사가 각 구조물들이 언제 완공되는지 궁금해하며 수석 건축가에게 질문할 때마다 돌아오는 대답이 항상 '마나나'(Mañana, 아침)였기 때문이다.

쿠에르나바카에 머무는 동안 디에고는 그가 유일하게 작업한 프리다의 누드화인 석판화를 제작했다. 이 작

(이전 페이지) 코르테스 궁전, 쿠에르나바카.

(위) 카사 마나나, 쿠에르나바카.

(오른쪽) 디에고 리베라, 〈프리다 칼로의 누드〉(*Nude Portrait of Frida Kahlo*), 석판화, 1930.

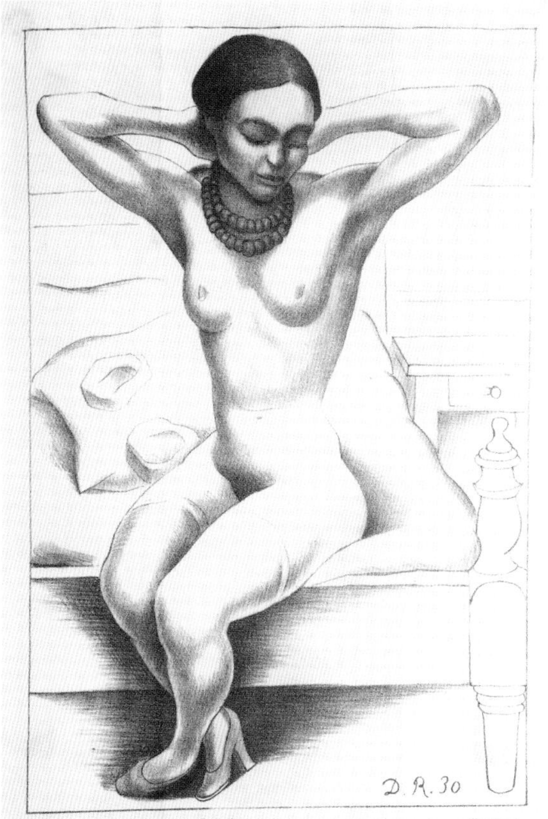

품은 침대 가장자리에 앉아 있는 나체의 프리다를 담고 있다. 그림 속의 프리다는 묵직한 비즈 목걸이를 풀기 위해 두 손을 머리 뒤쪽으로 올리고, 시선은 차분하게 아래를 향해 내리깔고 있다. 그는 다리를 꼬고 앉아 있으며, 작은 발에는 딱 맞는 하이힐 구두를 신고 있다. 디에고는 루페나 다른 모델들을 대할 때 그들의 외모에 열광적인 찬사를 보냈지만, 프리다에게는 그렇게 하지 않았다. 그는 프리다를 몇 개의 벽화에 모델로써 등장시켰지만 그림 속의 프리다는 공산주의자, 예술가, 혹은 디에고의 동료라는 역할을 수행할 뿐 여성미의 상징으로 묘사되지 않는다. 디에고가 프리다를 그리면서 "당신의 얼굴은 개를 닮았군"이라고 말했다는 이야기도 전해진다. 물론 프리다는 그 발언에 흔들리지 않았고 이렇게 받아쳤다. "그리고 당신은 개구리를 닮았죠."[15] 이처럼 그들은 서로가 가진 외적인 매력에 대해서는 별다른 찬사를 주고받지 않았다. 대신 서로의 작품에 대해서는 언제나 깊은 관심을 주고받았다. 디에고와 프리다는 서로를 멕시코 최고의 예술가라고 생각했고, 서로의 예술에 대한 지지의 뜻을 언제나 분명하게 밝혔다.

프리다는 결혼 첫해에 〈자화상–시간은 빠르게 흘러간다〉(*Self-Portrait-Time Flies*)를 그렸다. 그림의 배경에 자리한 두꺼운 끈으로 묶은 묵직한 커튼은 식민지 시대를 암시하고 있지만, 창밖으로 보이는 비행기는 작품의 시간을 식민지 시대에서 근대로 가져온다. 작품 속의 비행기는 비행사 린드버그를 암시하는 것일 수도 있는데, 프리다가 실제로 그를 만났을 가능성이 있기에 그 연관성을 추측해볼 수도 있다. 하지만 실제 인물을 상징하는 것이 아니라 해도 날개와 비행이라는 개념은 그 자체로 프리다의 작업에서 반복되는 주제였다. 프리다의 왼쪽에는 실용적인 알람시계가 나무 기둥 조각 위에 놓여 있다. 나무 기둥 조각은 그가 가진 기형의 기둥, 즉 척추와 높이가 비슷하다. 이전에 프리다가 알레한드로를 위해 그린 자화상에서 풍기던 귀족주의적인 분위기는 이 자화상에서는 더 이상 찾아볼 수 없다. 이 그림 속 프리다는 유럽의 귀족이 아니라 멕시코 소녀로서 존재한다. 입고 있는 블라우스는 소매 부분에 약간의 비치는 레이스 장식이 달려 있지만 전체적으로는 농부들이 입는 소박한 면 블라우스와 다를 바 없다. 그러면서도 디에고의 스케치에 등장한 것과 같은 묵직한 비즈 목걸이를 걸고 있고, 마찬가지로 묵직하고 길게 내려오는 귀걸이도 착용하고 있다. 그림 속 프리다가 착용한 비즈 목걸이의 소재는 아마도 옥으로 추정되는데, 이는 스페인 식민지 시대 이전의 고대 멕시코를 나타낸다. 반면에 귀걸이는 식민지 시대의 스타일을 보여주고 있으며, 비행기와 알람시계는 근대를 상징한다. 이 무렵부터 프리다는 의복과 같이 외형적인 요소를 멕시코인이라는 자신의 정체성을 나타내는 표현 방식으로 활용하기 시작했고, 여기에는 여러 층위의 의미가 담겨 있었다.

디에고와 결혼한 후로 프리다는 점차 멕시코 원주민 의상을 입기 시작했다. 그는 멕시코의 여러 지역에서 가져온 아이템들을 믹스 매치했고, 때로는 자신만의 개성을 더하기도 했다. 프리다가 가장 좋아한 것은 오아하카 주에 있는 테우안테펙 지협의 의상이었다.[16] 실제로 그의 모계 혈통이 이 지역에 뿌리를 두고 있었으며, 프리다의 어머니가 어린 시절 가족들과 찍은 사진에도 테우안테펙에서 입는 의상을 볼 수 있다. 테우안테펙 지역의 여성들은 테우아나스(Tehuanas)라고 불리는데, 강하고 독립적인 성정을 지닌다고도 알려져 있다. 테우안테펙 지협은 식민지 시대에도 스페인의 지배에 저항하며 강인한 문화적 정체성을 유지한 지역이기도 하다. 이러한 맥락을 가진 의상을 선택함으로써 프리다는 멕시코인으로서의 정체성과 뿌리에 대한 자부심을 표현했고, 이는 디에고와 프리다 사이의 큰 공감대이기도 했다. 이 의상의 특징인 긴 치마와 자수를 놓은 탑은 다리를 가리고 상체를 부각시켜 프리다가 가진 신체적인 결함을 가리기에도 아주 좋았다. 당대의 지식인과 예술가들 사이에서 이런 의상을 선택한 사람이 프리다만은 아니었지만, 시간이 지날수록 멕시코 전통 복장은 그의 이미지에서 꽤 중요한 부분으로 자리 잡았다.

프리다와 디에고가 쿠에르나바카에 머무른 기간은 총 9개월이었다. 그만큼 디에고는 미국 대사와 가까워졌고, 이는 미국 비자를 취득하는 데에도 도움이 되었다. 디에고는 공개적으로 공산당에 입당해서 활동을 펼쳤기 때문에 미국 비자를 거절당한 전력이 있었다. 하지만 공산당에서 제명되고 미국 대사를 비롯한 주위 사람들의 조력이 더해지면서 디에고와 프리다는 미국으로 떠날 수 있게 되었다. 그들은 인생의 다음 단계를 맞이하기 위한 미국행 비행기에 몸을 실었다.

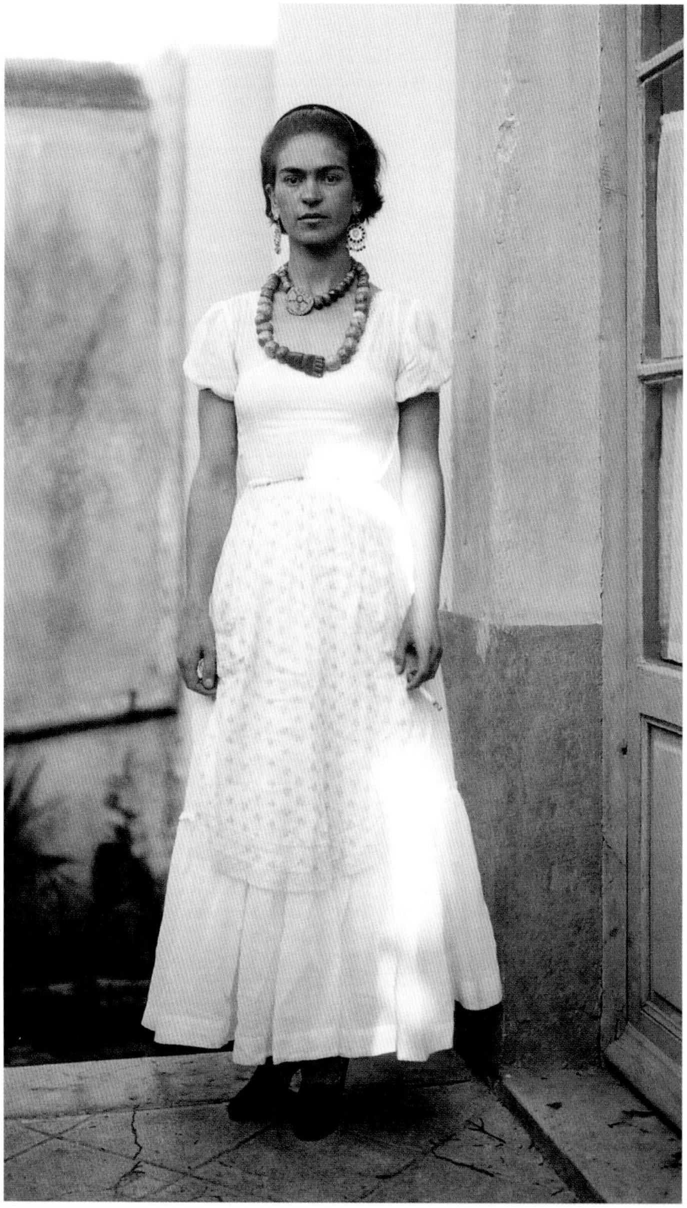

(왼쪽) 프리다 칼로, 1929, 기예르모 다빌라 촬영.

(오른쪽) 프리다 칼로, 〈자화상-시간은 빠르게 흘러간다〉, 1929, 얇은 판에 유채, 77.5×61cm, 개인 소장.

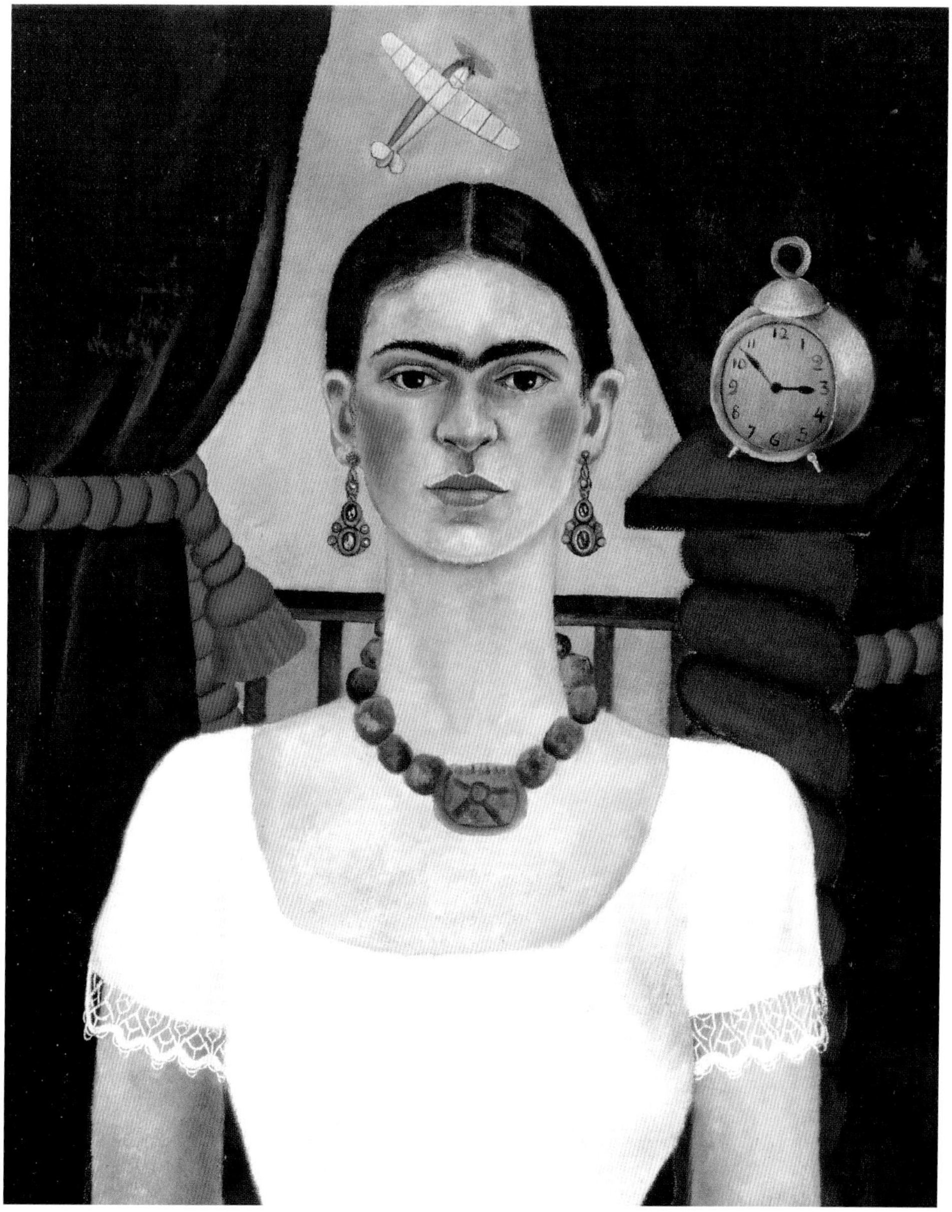

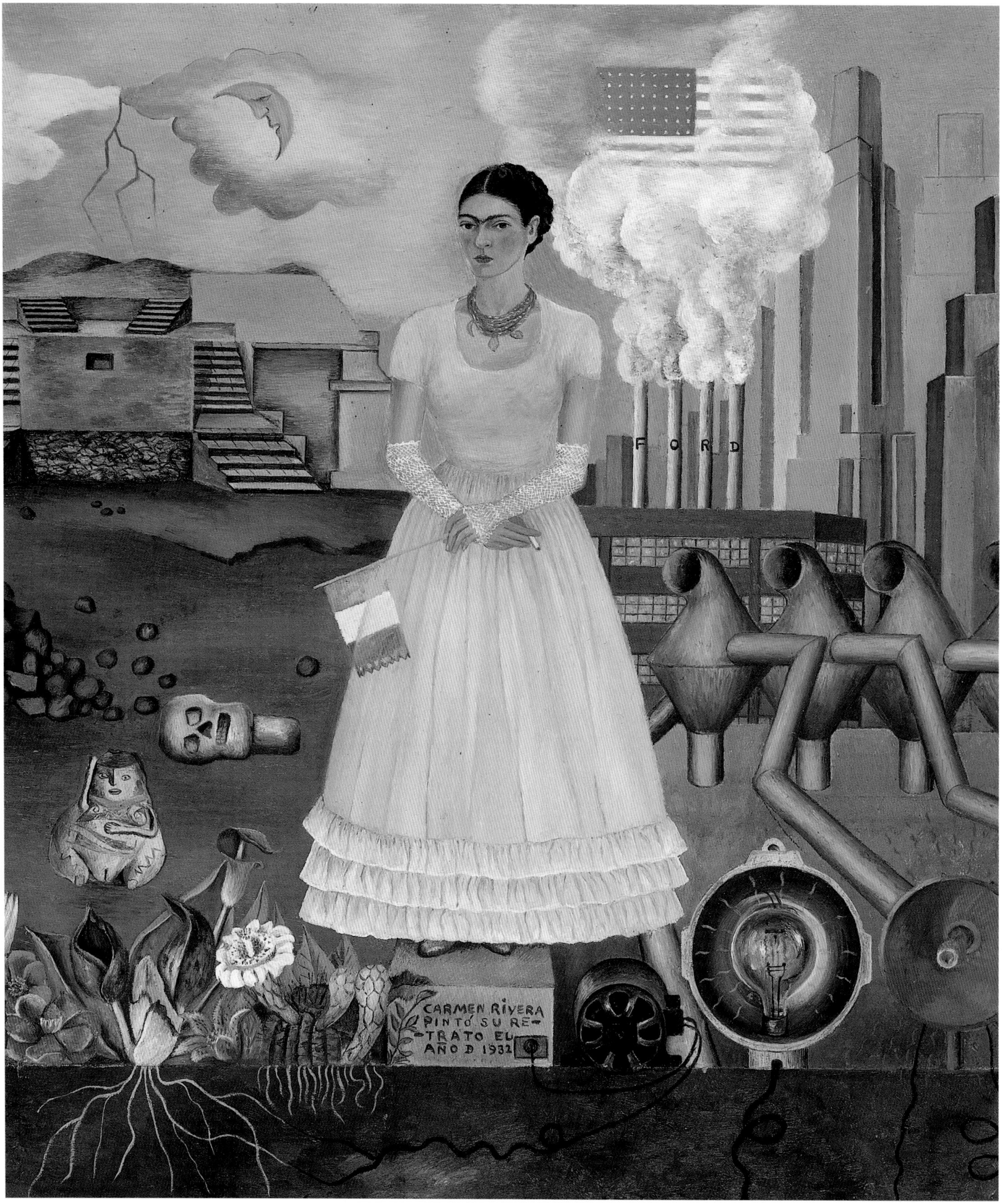
F O R D
CARMEN RIVERA
PINTÓ SU RE-
TRATO EL
AÑO D 1932

미국에서의 시간들

프리다 칼로, 〈멕시코와 미국의 국경선 위에 서 있는 자화상〉 부분 확대, 1932.

1930년 샌프란시스코를 방문한 프리다는 처음으로 멕시코 너머의 세상을 만나게 되었다. 학창시절부터 늘 여행을 꿈꾸었던 프리다는 집에서 멀리 떨어진 곳으로 모험을 떠난다는 사실에 기대로 부풀었다. 좌파 활동을 억압하는 멕시코 막시마토 체제의 탄압을 피해 도착한 새로운 땅 미국은 대공황과 금주법이 지배하는 세계였다. 사실 미국이야말로 디에고의 오랜 꿈이었다. 그는 현대적 기술과 기계에 매료되었으며, 미국이 다가올 미래라고 생각했다. 하지만 프리다는 디에고만큼 미국에 빠져들지 않았다. 프리다는 고국을 떠나 먼 곳에 머물게 되면서 고국 멕시코의 소중함을 뼈저리게 느꼈다.

1930년 11월, 디에고와 프리다는 샌프란시스코에 도착했다. 디에고가 유럽에 머물던 시절 사귀었던 조각가 랄프 스탁폴(Ralph Stackpole)이 디에고에게 두 건의 벽화 작업을 연결해주었다. 하나는 파인 거리와 샌소미 거리의 금융지구에 있는 샌프란시스코 증권거래소의 회원제 런천클럽이었고, 다른 하나는 체스넛 거리에 있는 캘리포니아 미술학교(California School of Fine Arts)였다. 그 즈음 샌프란시스코 증권거래소 건물은 티모시 플루거(Timothy Pflueger)라는 건축가가 새로 설계했는데, 그는 예술이야말로 건물의 필수적인 요소라는 건축관을 가지고 있었다. 플루거는 증권거래소 건물을 꾸미기 위해 다양한 분야의 예술가를 고용했고, 스탁폴은 정문에 배치할 조각품을 맡았다. 스탁폴의 추천에 따라 디에고는 증권거래소 건물 계단의 벽화 작업을 맡게 된다. 디에고가 증권거래소의 벽화에 참여한다는 사실이 공개되자 대중의 반응은 매우 부정적이었다. 대부분은 이런 프로젝트에는 지역 예술가들이 참여하는 것이 바람직하다는 의견이었고, 증권거래소라는 지극히 자본주의적인 공간에 새기는 벽화를 공산주의자인 예술가에게 맡기는 것은 적절하지 않다는 의견도 설득력을 지녔다. 그러나 대체적으로 디에고와 프리다는 어디서든 환영을 받았으며 수많은 오찬, 리셉션, 파티에 초대되었다. 디에고는 강연 요청을 자주 받았으며, 심지어 교수직을 제안받기도 했지만 본인이 고사했다.

프리다와 디에고는 스탁폴의 스튜디오에 머물렀다. 이곳은 당시 잘나가는 예술가들이 주로 거주하던 지역인 몽고메리 거리 716번지에 위치했다. 스튜디오는 커다란 배의 선체를 활용해서 지었기 때문에 '선박 빌딩'(Ship Building)이라고도 불렸으며, 스탁폴 외에도 여러 명의 예술가들이 살고 있었다. 선박 빌딩에서 바로 한 블록 떨어진 곳에는 '몽고메리 블록'(Montgomery Block) 혹은 '몽키 블록'(Monkey Block)으로 불리는 건물이 있었는데 여기에도 예술가와 보헤미안들이 많이 거주했다. 프리다와 디에고는 이러한 환경 속에서 지역 예술가 커뮤니티의 많은 친구들을 사귈 수 있었다. 그들은 전화기가 없었기 때문에 아래층 이웃인 아놀드와 루실 블랜치 부부(Arnold & Lucile Blanch)를 자주 방문해서 전화를 빌렸다. 클라라와 제랄드 스트랭 부부(Clara & Gerald Strang), 그리고 클라라의 형제인 존 웨더왁스(John Weatherwax)와도 새롭게 친구가 되었다. 웨더왁스는 멕시코에서 온 이 부부에게 깊은 인상을 받았고, 특히 프리다에게 관심을 기울였다. 그는 프리다를 주인공으로 한 희곡 『몽고메리 거리의 여왕』(*The Queen of Montgomery Street*)을 쓰기도 했다.

프리다는 국립예비학교 시절부터 영어로 책을 읽었고 친구에게 보내는 편지에 영어와 독일어를 종종 섞었으며 때로는 자신이 고안해낸 단어도 사용했다. 그는 미국에 도착하자마자 영어 공부에 전념했다. 샌프란시스코에 도착한 직후 프리다가 아버지에게 보낸 편지에는 이렇게 적혀 있다. "저는 매일 조금씩 영어공부를 하고 있고, 적어도 가게에서 물건을 사는 일 같은 기본적인 대화 내용들은 이해하고 있어요."[1] 얼마 지나지 않아 프리다는 영어로 편지를 쓰기 시작했다. 디에고는 수년 동안 프랑스에 거주한 덕분에 프랑스어를 유창하게 구사했는데, 그래서인지 더 이상 외국어를 익히기 위한 노력을 하지 않았다. 덕분에 프리다는 종종 디에고의 통역가이자 비서 역할을 했다.

결혼식 이후로 멕시코 전통 의상을 입기 시작한 프리다는 처음에는 멕시코 전통 숄인 레보조, 옥으로 된 굵직한 비즈 목걸이, 농촌에서 입는 블라우스 같은 한두 가지 아이템으로 복장에 변화를 주었다. 하지만 시간이 지나면서 그는 전통 의상을 제대로 차려 입기 시작했고, 이를 본 미국에서는 센세이션이 일어났다. 사진작가 에드워드 웨스턴은 프리다를 처음 만났을 때를 회상하며 일기에 이렇게 적었다. "…… 프리다는 루페와는 아주 대조되는 사람이다. 처음 봤을 때에는 그가 디에고 옆에 있는 조그마한 인형 같다고 생각했다. 하지만 이는 체구에서 비롯된 인상일 뿐이었다. 그는 강인하면서도 아름다운 사람이고, 아버지로부터 물려받았다는 독일인의 피는 별로 느껴지지 않았다. 허라치(huarache, 끈으로 매는 굽 낮은 샌들 형태의 멕시코 전통 신발)를 신고 머리부터 발끝까지 원주민 의상을 차려입은 프리다가 나타나면 샌프란시스코 거리가 들썩였다. 사람들은 그를 보고 감탄해서 발걸음을 멈추곤 했다."[2] 프리다 또한 자신이 남들에게 어떻게 보이는지를 잘 알고 있었으며 그것을 즐겼다.

디에고는 벽화 작업을 본격적으로 시작하기 전에 샌프란시스코라는 장소를 탐구하고자 했다. 디에고와 프리다는 샌프란시스코를 누비며 여기저기에 머물렀다. 두 사람은 샌프란시스코와 인근의 여러 장소들을 방문했고, 북쪽으로 50마일(약 80km) 떨어진 산타 로사까지도 여행했다. 산타 로사에서 그들은 수백 종의 과일과 채소 교배종을 만들어낸 세계적인 원예가 루터 버뱅크(Luther Burbank)의 저택을 방문했다. 5년 전에 세상을 떠난 루터 버뱅크는 그가 씨앗에서부터 키워낸 레바논삼나무 그늘 아래에 묻어 달라는 유언을 남겼다. 그는 이 무덤에 특별한 표식이나 묘비를 두지 않고 살아있는 기념비로서 다뤄지기를 바랐다. 버뱅크는 생전 "내 몸에서 나온 힘이 나무의 힘으로 이전되는지 궁금하다"[3]는 기록을 남기기도 했다. 프리다와 디에고는 산타 로사에서 버뱅크의 미

(아래) 샌프란시스코의 마켓 거리, 1930.

(오른쪽) 샌프란시스코의 몽고메리 거리, 1930.

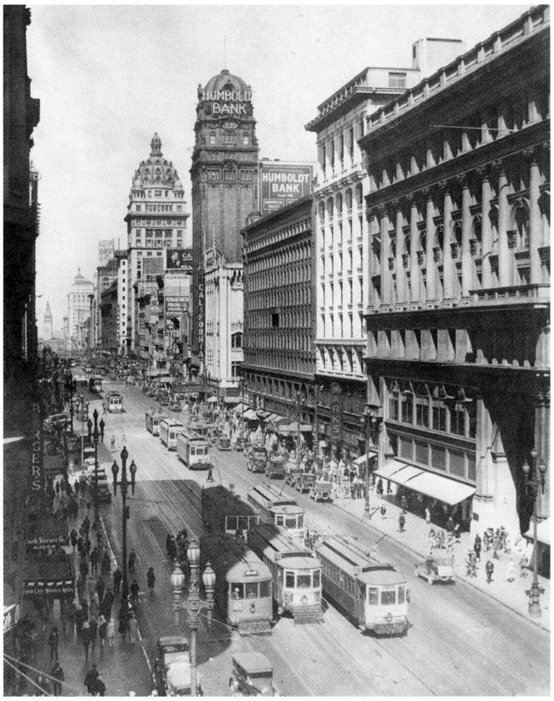

망인과 만나 대화를 나누기도 했다.

프리다는 버뱅크가 묻힌 레바논삼나무 앞에 서 있는 자신과 디에고의 사진을 어머니에게 보냈다. 사진 속 프리다는 여행을 와있기 때문인지, 평소에 즐겨 입던 멕시코 원주민 복장 대신 슬랙스에 버튼업 셔츠를 입고 목에는 스카프를 맨 차림새였다. 그는 사진 뒷면에 이렇게 적었다. "사랑하는 마마시타(mamacita, 예쁜 여자라는 구어체 표현) 우리는 루터 버뱅크가 묻힌 나무 앞에 있어요. 버뱅크는 이 동네 출신의 현자인데, 수천 번이나 열매와 꽃을 접붙여서 더 멋진 열매를 맺게 했대요. 그의 집은 아주 멋져요. 여기는 샌프란시스코에서 불과 2시간 거리에 있는 산타 로사라는 작은 마을이랍니다. 엄마의 프리두차(Frieducha)로부터."[4)]

루터 버뱅크 기념관에 방문한 일은 두 예술가 모두에게 깊은 인상을 남겼다. 디에고는 벽화 〈캘리포니아의 알레고리〉(*Allegory of California*)에 버뱅크를 등장시켜, 그가 식물을 수분시키는 모습을 보여주었다. 프리다는 그

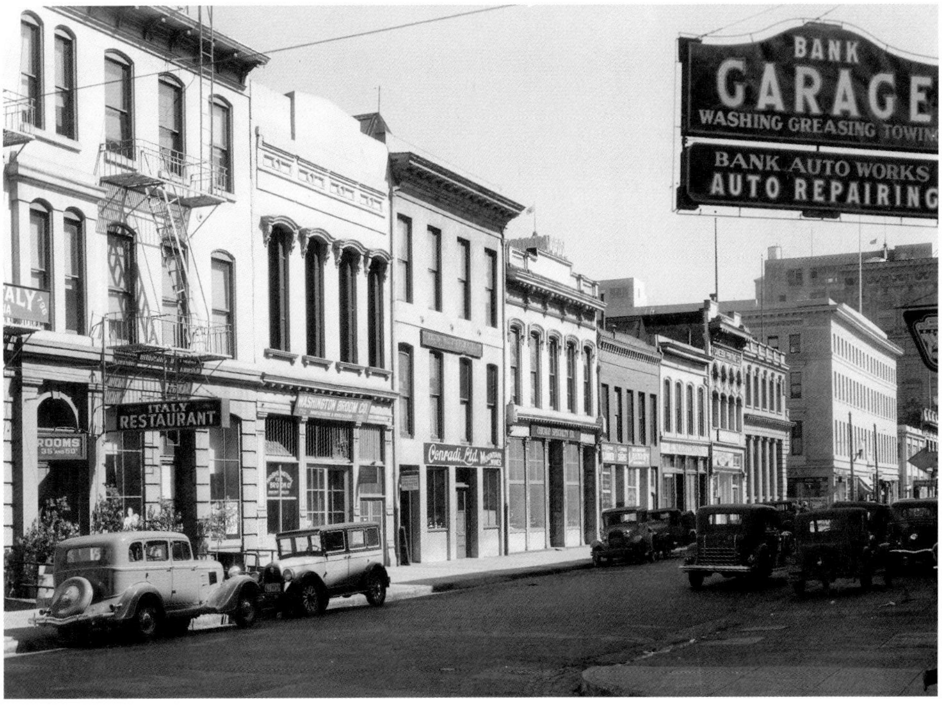

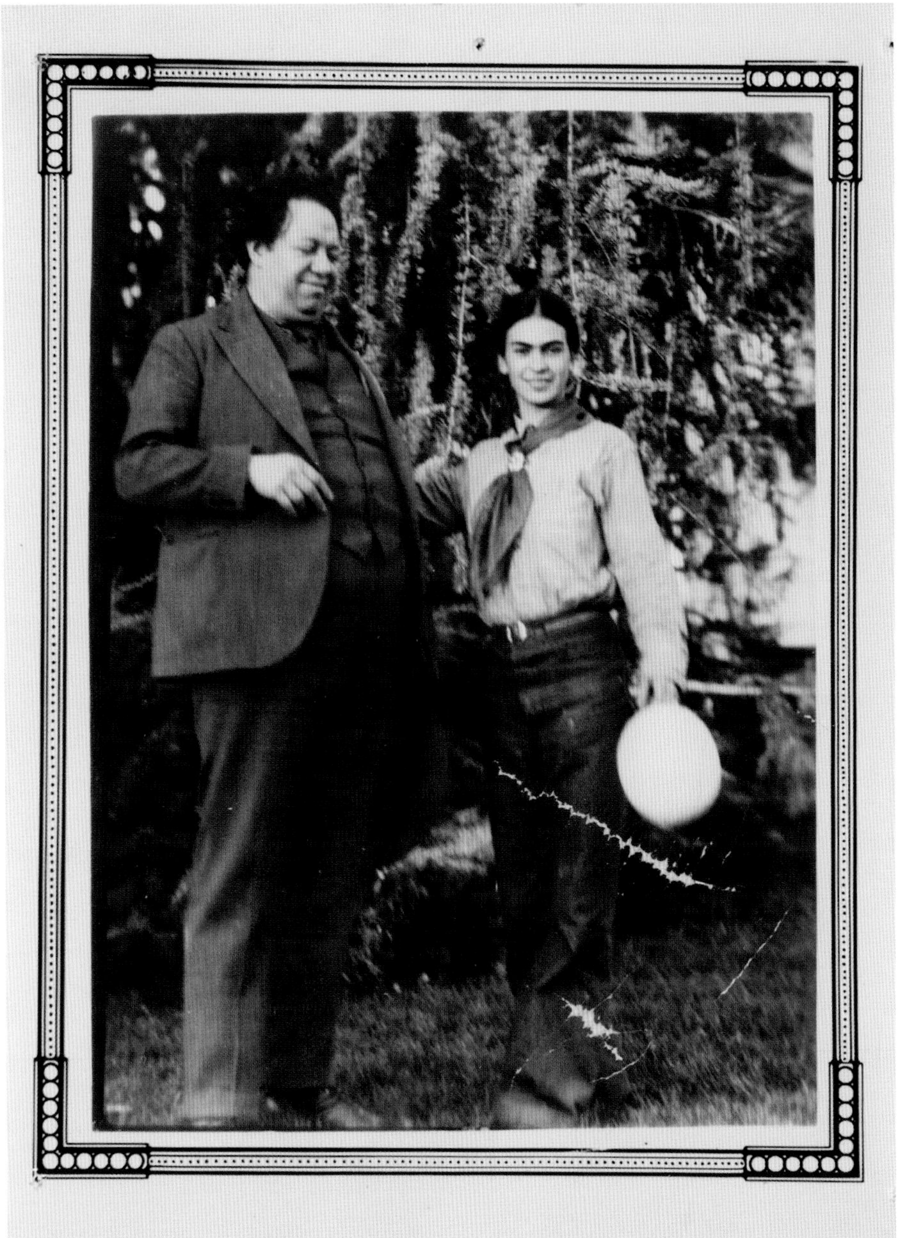

(왼쪽) 루터 버뱅크의 저택을 방문한 프리다와 디에고.

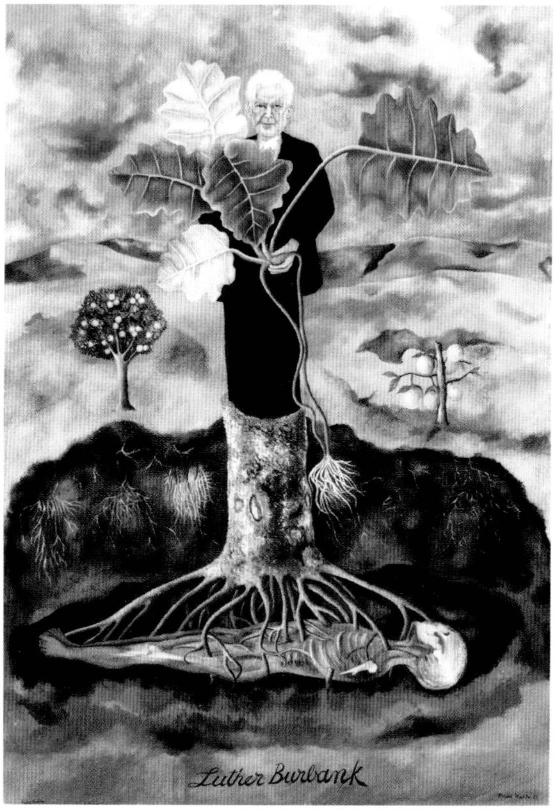

(아래) 프리다 칼로, 〈루터 버뱅크의 초상〉, 1931, 얇은 판에 유채, 86×61cm, 돌로레스 올메도 파티노 박물관, 멕시코시티.

보다 한층 더 독창적인 방식으로 버뱅크를 묘사함으로써 원예가라는 버뱅크의 본질이 그가 한평생을 바친 식물과 깊숙이 연결되어 있음을 표현했다. 프리다가 그린 〈루터 버뱅크의 초상〉(*Portrait of Luther Burbank*)에는 지하에 묻힌 버뱅크의 썩어가는 육체가 등장한다. 육체에 얽힌 나무뿌리는 버뱅크로부터 영양분을 취하고 있다. 지상으로 솟아오른 나무줄기는 다시금 살아난 버뱅크의 몸으로 변하는데, 이때 버뱅크는 필로덴드론과의 초록색 식물을 들고 있다. 초록색 식물은 길게 뿌리가 늘어져서 언제든지 접붙일 준비가 되어있다. 이처럼 프리다의 그림은 자신의 몸이 나무의 에너지로 전달되기를 바랐던 버뱅크의 소망을 완벽하게 시각화했다. 한평생 식물을 교배하고 잡종을 만들어냈던 버뱅크는 프리다의 그림 속에서 스스로 식물과의 잡종이 되었다. 그의 죽은 육신은 식물의 생명력으로 활용되고, 그는 나무의 정령으로 계속해서 살아간다. 이 작품은 프리다의 예술세계가 변화하는 기점이 되었다. 프리다는 보다 심도 있게 삶의 진실을 그려내는 수단으로 사실적인 초상화에 상징주의 기법을 적용하기 시작했다. 그리고 삶의 주기 및 혼종성이라는 주제를 탐구하기 시작했다.

디에고와 프리다는 스튜디오를 빌려준 스탁폴을 통해 테니스 선수 헬렌 윌리스 무디(Helen Wills Moody)를 소개받았다. 디에고는 곧장 그에게 빠져들었고, 시합을 보러 갔으며 움직이는 그를 스케치했다. 나아가 샌프란시스코 증권거래소의 벽화에 모델로 섭외하기까지 했다. 헬렌 무디는 지적이면서도 활기가 넘치는 아름다운 젊은 여성으로 디에고는 그를 캘리포니아 그 자체라고 불렀다.[5)]

디에고가 증권거래소의 벽화에 착수하는 동안 (그리고 헬렌 무디에게 구애하는 동안) 프리다는 샌프란시스코 곳곳을 탐험했다. 쇼핑을 하고 박물관에 갔으며, 차이나타운에 대해서도 알게 되었다. 프리다가 소꿉친구 친구 이사벨 캄포스에게 보낸 편지에는 다음과 같은 대목이 등장한다. "이 도시와 항만은 압도적이라고 부를 만해. …… 내 시야가 확장되면서 새롭고 아름다운 것들을 엄청나게 많이 보고 있어. 난 정말 여기에 잘 온 것 같아."[6)] 그러던 중에 점점 오른발의 통증이 심해지면서 프리다는 샌프란시스코의 종합병원을 찾았다. 흉부외과와 정형외과 전문의인 레오 엘로저 박사(Dr. Leo Eloesser)가 그를 담당했다. 엘로저 박사는 몇 년 전 멕시코 여행을 통해 디에고와 친분을 쌓은 사이이기도 하다. 그는 최신 의학기술을 적극적으로 도입하는 진보적인 의사이자 친절하고 사회적 책임감이 투철한 시민이었고, 예술을 사랑하는 후원자이자 재능 있는 음악가였다. 언어적 재능도 뛰어나서 독일어와 프랑스어, 스페인어를 모두 구사할 수 있었으며, 샌프란시스코베이에서 요트를 모는 취미도 있었다. 엘로저 박사는 첫 번째 만남에서 곧바로 프리다의 신뢰를 얻었고, 평생 친구이자 가장 믿음직한 주치의가 되었다.

당시 의료 기록에 따르면, 프리다의 오른발은 통증이 점점 더 심해졌고 오른쪽 허벅지까지 수축이 일어났다. 오른발의 힘줄이 수축하면서 정상적으로 걷기도 힘들어졌다.[7] 게다가 오른발에 영양장애성궤양까지 일어났다. 엘로저 박사는 검사를 통해 프리다가 선천적으로 기형적인 척추를 타고 났다고 진단했다. 현재 그가 겪고 있는 고통의 원인이 전적으로 어릴 적에 앓았던 소아마비나 버스 사고로 인한 것이 아니라, 선천적으로 타고 난 영향도 있다는 것이었다. 하지만 의학적으로 할 수 있는 조치는 별로 없었기에 엘로저 박사는 프리다에게 건강한 생활습관을 유지하라는 조언을 건네는 정도에 그쳤다.

프리다는 엘로저 박사가 보여준 우정과 친절, 관심에 대한 감사의 의미로 그의 초상화를 그렸다. 프리다는 리븐워스 거리 2152번지에 있는 엘로저 박사의 자택을 방문하여 서재에서 초상화를 그렸다. 프리다가 작업한 〈레오 엘로저 박사의 초상〉(*Portrait of Dr Leo Eloesser*)은 19세기 양식을 떠올리게 하며, 특히 멕시코 화가 호세 마리아 에스트라다(José Maria Estrada)의 스타일을 연상시킨다. 프리다가 즐겨 그리던 상반신 대신 전신을 담고 있는 이 초상화 속에서 엘로저 박사는 정면에서 반쯤 틀어진 각도로 서 있다. 그가 팔꿈치를 기대고 있는 테이블에는 모형 범선이 놓여 있다. 프리다는 범선의 돛을 어떻게 표현할지에 대해 디에고에게 조언을 요청했으나, 그저 프리다 자신이 생각하는 대로 그리라는 원론적인 이야기만을 했기에 실질적인 도움은 되지 않았다. 어쨌든 이렇게 완성된 결과물은 비현실적이지만 매력적으로 연출되었다. 그림 속 모형 범선의 옆면에는 '세 친구들'(Los Tres Amigos)이라는 글귀가 적혀 있다. 여기서 세 친구들은 프리다 자신, 디에고, 엘로저를 가리킨다.

1931년 2월, 디에고는 증권거래소의 벽화를 완성했다. 이후 프리다와 디에고는 샌프란시스코를 떠나 애서튼에 있는 로잘리 스턴(Rosalie Stern)의 집에서 6주간 머물며 휴식을 취했다. 이 기간에 디에고는 로잘리 스턴을 위한 선물로 〈꽃피는 아몬드 나무와 정물〉(*Still Life and Blossoming Almond Trees*)을 그렸다. 디에고는 이 작품을 스턴 저택의 다이닝룸에 그렸는데, 혹시라도 나중에 그림의 위치를 이동할 수 있도록 벽이 아닌 철제 프레임 위에 작업했다.

6주간의 휴식을 마치고 샌프란시스코로 돌아온 디에고는 캘리포니아 미술학교에서 다음 벽화를 시작했다. 의뢰받은 벽면이 너무 협소하다고 생각한 디에고는 추가비용 없이 더 큰 그림을 그릴 것을 제안했고, 학교 측에서는 이를 기꺼이 받아들였다. 이렇게 작업하게 된 〈도시의 건축과정을 보여주는 프레스코화의 제작과정〉(*The Making of a Fresco Showing the Building of a City*)은 또다시 논란을 불러일으켰다. 미술학교라는 점에서 주제는 별다른 반발을 사지 않았으나 문제는 그 표현기법이었다. 이 작품에는 비계에 앉아 있는 디에고가 등장하는데, 벽화를 한창 제작하는 중이라서 관객을 등지고 앉아있다. 관객들은 커다란 덩치의 뒷모습을 바라보아야 했고, 이를 본 누군가는 불쾌감을 느꼈다고 토로하기도 했다. 또 어떤 이들은 이런 표현 방식이 작가가 샌프란

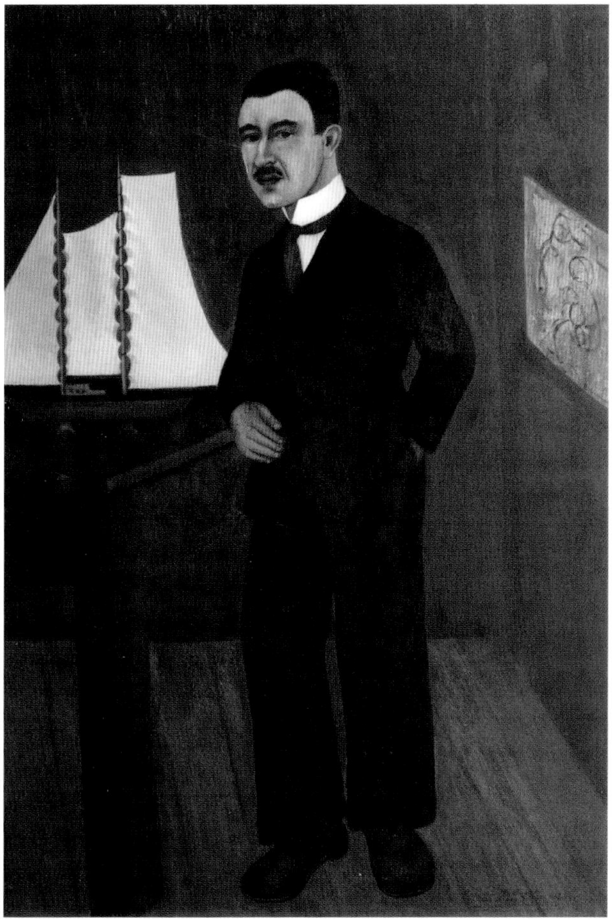

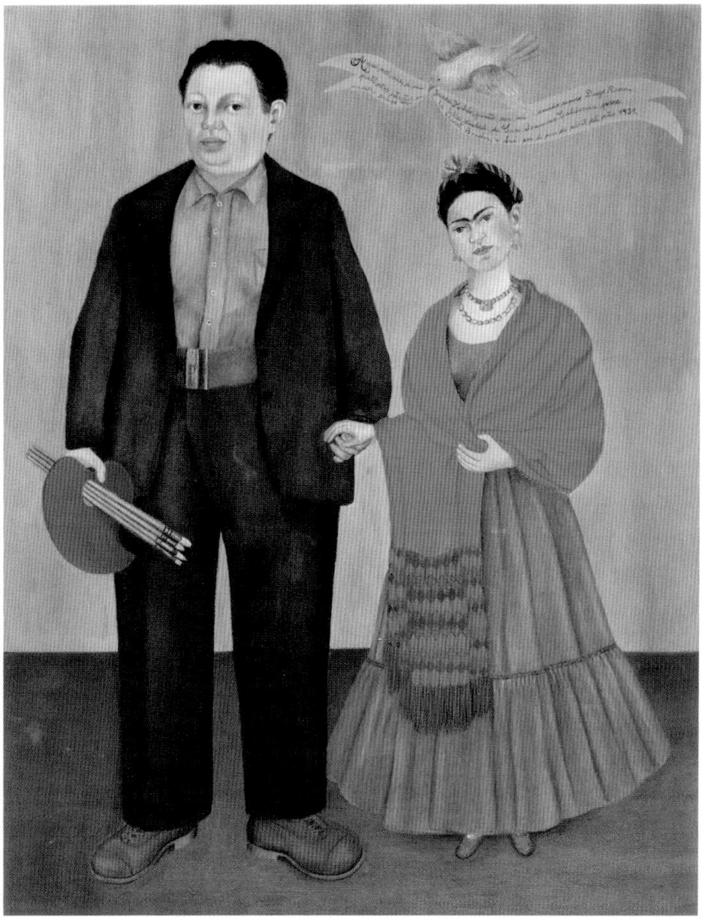

(왼쪽) 프리다 칼로, 〈레오 엘로저 박사의 초상〉, 1931, 얇은 판에 유채, 캘리포니아 의대 소장, 샌프란시스코.

(오른쪽) 프리다 칼로, 〈프리다와 디에고 리베라〉, 1931, 캔버스에 유채, 100×78.7cm, 샌프란시스코 현대미술관.

시스코라는 도시를 무시하고 있다는 증거라며 비난했다.

샌프란시스코에서의 체류 기간이 끝나갈 즈음, 프리다는 자신과 디에고를 그린 초상화 〈프리다와 디에고 리베라〉(*Frieda and Diego Rivera*)를 후원자인 앨버트 벤더(Albert Bender)에게 선물했다. 앨버트 벤더는 프리다와 디에고의 미국 비자 취득과 그 밖의 여러 일을 도와주었던 인물이다. 이 작품은 디에고와 프리다의 결혼식 사진을 모티프로, 보다 멕시코 전통 스타일로 변형하여 표현했다. 그림 속에서 프리다는 녹색 드레스를 입고 빨간색 레보조를 걸쳤으며 고개를 살짝 기울이고 있다. 프리다는 보통 자신의 눈빛을 단호하게 표현하곤 했는데, 이 작품에서는 유난히 부드러운 눈매가 돋보이며 은은하게 미소까지 짓고 있다. 발은 긴 치맛단에 가려 구두코 끝부분만 살짝 고개를 내밀고 있다. 발이 잘 보이지 않기 때문인지 프리다는 디에고의 손을 붙잡은 채로 공중에 떠 있는 것처럼 보인다. 디에고 옆에 서 있는 그는 특히나 작고 우아해 보인다. 한편 프리다와 손을 잡고 있는 디에고는 대가의 풍모를 여지없이 드러내고 있다. 그는 통나무 같은 굵은 다리에 노동자들이 신는 커다란 작업용 장화를 신고 양발을 넓게 벌리고 서 있다. 프리다를 붙잡지 않은 오른손에는 팔레트가 들려 있어 그가 화가라는 것을 강조한다. 반면에 프리다의 자유로운 손은 레보조를 여미고 있을 뿐이다. 그림 위쪽에는 새 한 마리가 부리에 배너를 물고 있는데 이렇게 적혀 있다. “여기 나, 프리다 칼로가 사랑하는 남편 디에고 리베라 옆에 서 있습니다. 나는 1931년 4월 아름다운 도시 샌프란시스코에서 우리의 친구 앨버트 벤더를 위해 이 초상화를 그렸습니다." 이 글귀에서는 두 가지 정보를 읽어낼 수 있다. 표면적으로는 프리다가 스스로를 위대한 예술가의 아내로만 묘사하고 있으나, 텍스트에서는 이 그림을 그린 작가가 프리다 자신이라는 것을 분명히 하고 있다는 점이다.

디트로이트 예술위원회의 빌헬름 발렌티너(Wilhelm Valentiner)는 샌프란시스코에서 디에고와 만나 디트로이트 미술관의 중앙 홀에 벽화를 그릴 수 있는지를 협의했다. 디트로이트 벽화 프로젝트 예산은 1만 달러로, 이는 디트로이트 예술위원회 위원장인 에드셀 포드(Edsel Ford)의 후원금으로 전액 충당할 예정이었다. 디에고는 이 제안을 매우 긍정적으로 받아들였지만 당장 작업을 시작할 수는 없었다. 그가 아직 끝마치지 못한 멕시코 국립 궁전의 벽화를 완성하라는 루비오 대통령의 압박이 있었던 것이다. 디에고는 최대한 귀국을 미루고자 했지만, 그해 6월 초 캘리포니아 미술학교의 벽화를 완성한 후에는 더 이상 귀국을 연기할 수가 없었다.

프리다는 디에고보다 먼저 멕시코로 귀국한 것으로 보인다. 그가 니콜라스 머레이(Nickolas Muray)에게 쓴 편지 중에 1931년 5월 31일 코요아칸이라고 기록된 것이 남아있는 것으로 보아, 늦어도 5월 말에는 돌아온 듯하다. 프리다와 머레이가 처음에 어떻게 만나게 되었는지 그 상황에 대해서는 정확히 알려진 바가 없지만, 아마도 두 사람 모두를 잘 알고 있는 로사 롤랜다(Rosa Rolanda)와 미구엘 코바루비아스(Miguel Covarrubias) 커플이 소개를 해주었을 것으로 추측된다. 머레이는 헝가리 태생으로 뉴욕에서 활동한 사진작가였으며 펜싱 챔피언이기도 했다. 머레이와 프리다는 첫눈에 서로에게 빠져든 것으로 보인다. 프리다는 헝가리어를 섞어서 머레이에게 편지를 썼는데, 개중에는 이런 편지도 있다. "천사를 사랑하듯이 당신을 사랑해요. 당신은 계곡의 백합이야, 내 사랑. 나는 당신을 절대로 잊지 못해요. 절대로, 절대로……"[8] 프리다는 편지와 함께 디에고와 손을 잡고 있는 자신의 모습을 그린 스케치를 동봉했는데, 〈프리다와 디에고 리베라〉의 밑 작업 중 하나로 추정된다. 이 스케치를 보낸 이유는 여러 가지가 있겠지만, 자신의 우선순위가 디에고임을 머레이에게 전하려는 의도도 있을 것이다. 5월 31일의 편지를 끝으로 두 사람은 몇 년 동안 연락을 하지 않았다.

멕시코로 돌아온 디에고는 즉시 국립 궁전의 벽화 작업에 복귀했다. 디에고가 자리를 비운 기간에 보조 작가인 이온 로빈슨과 빅터 아르노토프(Victor Arnautoff)는 디에고의 스타일을 흉내 내어 두 개의 아치와 하늘 부분을 작업해 두었다. 하지만 디에고는 그들의 결과물에 만족하지 못하고 해당 부분을 다시 작업했다. 원래도 디에고는 자신은 물론 보조 작가들까지 장시간에 걸쳐 작업하도록 압박하는 편이었는데, 이제는 지금까지와는 비교할 수 없을 만큼 밤낮으로 혹독하게 작업을 진행했다. 아마도 작업을 최대한 빨리 완수하고 미국으로 돌아가서 자신을 기다리고 있는 다양한 가능성들을 만나려는 조급함이 작용했을 것이다. 6월 중순에 이르러서 프리다는 엘로저 박사에게 편지를 보내, 디에고가 지나치게 과로하고 있어 걱정이 된다며 박사가 디에고에게 건강을 챙기라고 당부해줄 것을 요청하기도 했다. 결국 디에고는 3개월 반 만에 국립 궁전 계단의 전체 중앙 패널을 완성했다. 폭 20m, 높이 14m에 달하는 크기였다.

1931년 프리다와 디에고가 묵었던 바비존 플라자 호텔, 뉴욕.

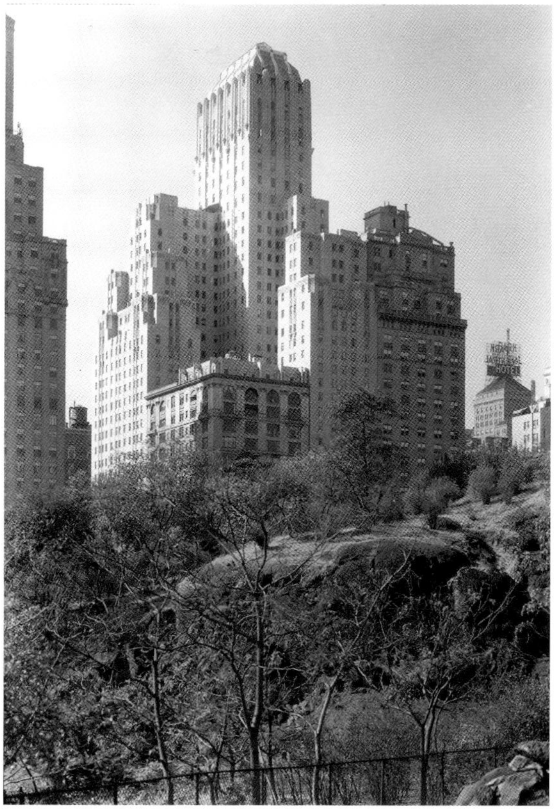

국립 궁전의 벽화 작업을 진행하는 동안, 뉴욕 현대미술관(MoMA)에서 디에고의 단독 회고전을 열어보자는 제의가 들어왔다. 뉴욕에서 활동하는 아트 딜러인 프랜시스 플린 페인(Frances Flynn Paine)이 제안한 것으로, 페인은 뉴욕 현대미술관의 설립자 중 한 명인 애비 앨드리치 록펠러(Abby Aldrich Rockefeller)의 동료이자 멕시코 예술협회의 디렉터이기도 했다. 페인의 이러한 제의는 작가로서 매우 영광스러운 것이었는데, 뉴욕 현대미술관이 여는 두 번째의 단독 회고전의 주인공으로 디에고를 선택한 것이기 때문이었다(첫 번째는 앙리 마티스였다). 협의를 거친 끝에, 다가오는 12월 뉴욕 현대미술관에서 디에고 회고전을 개최하는 것이 결정되었다.

국립 궁전의 벽화 작업에 매여 있던 디에고를 찾아온 사람은 페인 외에도 또 있었다. 예술가이자 건축가인 후안 오고먼(Juan O'Gorman)으로, 그는 멕시코시티 산 앙헬 지구에 있는 자신이 설계한 집으로 디에고를 초대했다. 오고먼은 현대적이고 기능주의적인 스타일의 건축을 구사했는데, 그는 디에고에게 자신을 건축가로 고용하여 인근에 이와 유사한 스타일로 좀 더 큰 규모의 저택을 지어볼 것을 설득했다. 디에고는 이를 수락하고 오고먼에게 주택 건축을 맡겼다. 그는 오고먼에게 서로 연결되면서도 분리된 두 채의 집을 지어줄 것을 요청했는데, 이는 자신과 프리다가 독립적인 공간을 가질 수 있도록 하기 위해서였다.

국립 궁전 벽화를 상당 부분 완성시킨 디에고는 뉴욕에서 열릴 회고전을 준비하기 시작했다. 그의 가장 대표적인 작품들은 벽화라는 특성상 이동이 불가능했기에, 디에고는 전시가 열리기 6주 전까지 뉴욕으로 가서 이동이 가능한 철제 프레임에 작은 프레스코화를 몇 점 제작하기로 했다. 그해 11월 프리다와 디에고는 페인과 함께 뉴욕으로 향하는 배에 올랐다.

프리다와 디에고의 숙소는 바비존 플라자 호텔로 뉴욕 센트럴 파크와 6번가 쪽에 위치했다. 개장한 지 이제 18개월이 된 호텔은 38층짜리 건물로 상부의 늘씬한 타워 주변을 에워싼 지붕들이 시선을 끌었다. 철근 콘크리트로 된 좁은 골조의 지붕들은 가장자리에 유리 타일이 덮여 있어서, 낮에는 햇빛을 받아 반짝거렸고 밤에는 내부의 조명으로 빛났다(그러나 이 지붕은 몇 년 후에 교체되었다). 이 호텔에는 총 1,400개의 객실이 있었고 각 객실에는 욕조도 딸려 있었다. 그 외에도 3개의 대형 콘서트홀, 전시실, 도서관까지 갖추어져 있었다. 프리다와 디에고가 도착했을 때 그들의 호텔방은 애비 록펠러가 보낸 꽃으로 장식되어 있었다. 그러나 프리다는 호텔을 그다지 탐탁지 않게 생각했다.

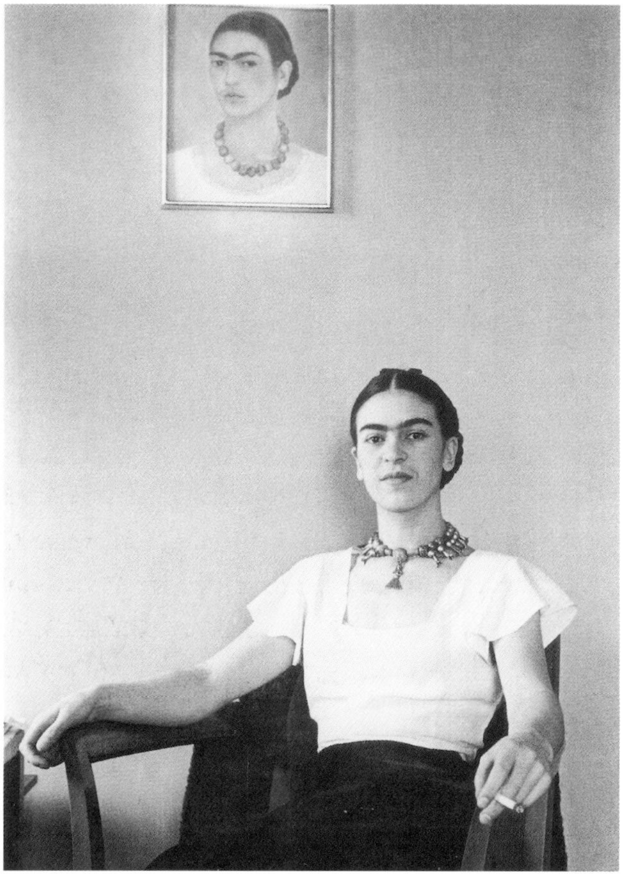

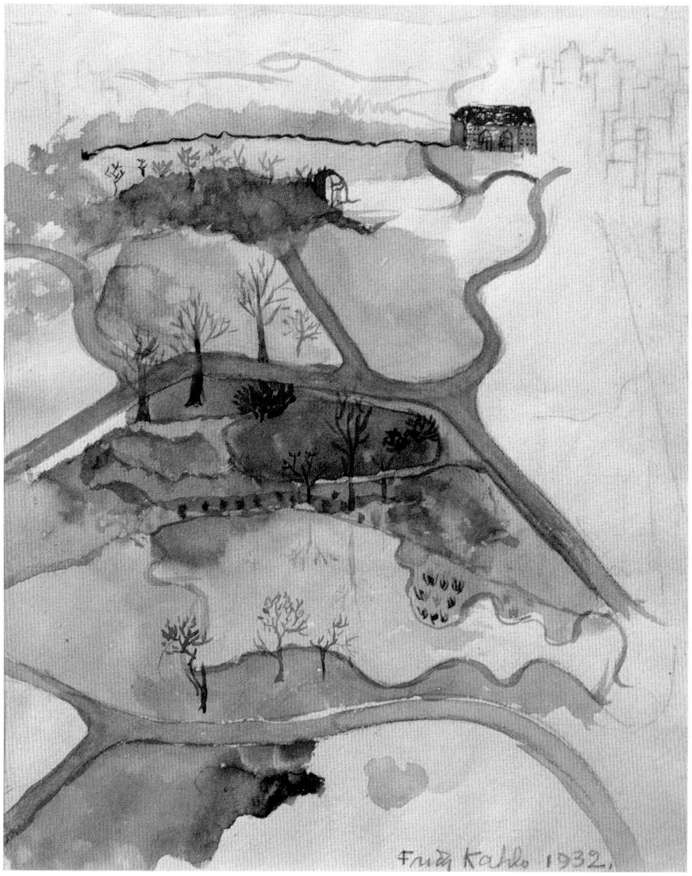

(왼쪽) 루시엔느 블로흐가 촬영한 프리다. 뉴욕. 1933.

(오른쪽) 프리다 칼로, 〈센트럴 파크 전경〉(*View over Central Park*), 1932, 종이에 수채와 연필, 27×20cm, 개인 소장.

엘리베이터 보이들은 그가 상류층 여성이 아니라는 것을 눈치 채고 함부로 대했고, 이에 프리다도 비슷하게 맞대응해주었다. 프리다는 애비 록펠러가 보내준 꽃에 대한 감사의 편지에서 이 호텔 자체는 매우 별로지만 보내준 꽃 덕분에 훨씬 나아졌으며, 꽃을 보니 멕시코가 떠오른다고 적었다.[9)]

두 사람이 뉴욕으로 온 지 얼마 지나지 않아서 디에고의 후원자들은 그를 위한 오찬을 주최했다. 디에고의 옆자리에는 스위스 출신이지만 어릴 때 미국으로 이민을 온 젊은 예술가 루시엔느 블로흐(Lucienne Bloch)가 앉았다. 블로흐와 디에고는 식사 중에 프랑스어로 긴 대화를 나누었고, 이는 프리다의 질투심을 자극했다. 오찬이 끝나고 프리다는 블로흐에게 다가가 자신의 남편에게 지나친 관심을 보였다며 비난했지만, 이내 디에고에 대한 블로흐의 관심이 어디까지나 예술의 영역일 뿐 이성적인 관심은 전혀 없었음을 알게 되었다. 한편 블로흐는 프리다의 솔직한 태도에 신선함을 느꼈고, 둘은 곧 절친한 사이가 되었다. 블로흐는 디에고의 보조 작가 중 한 명으로 작업에 참여했다.

뉴욕 현대미술관은 디에고가 작업팀과 함께 24시간 내내 프레스코화를 제작할 수 있는 스튜디오 공간을 제공했다. 디에고의 프레스코화는 대부분 혁명과 사회적 불평등을 주제로 했으며, 멕시코시티와 쿠에르나바카에 설치되어 있는 그의 벽화 중 일부의 디테일을 각색하는 작업이었다. 디에고는 개막전 이후에 뉴욕을 주제로 하여 사회적 계층화, 도시의 노동계급을 다루는 내용의 벽화 3점을 추가하기로 했다. 이 뉴욕 시리즈 중 하나가 바로 대공황 시대 뉴욕의 극단적인 부와 빈곤을 그린 〈동결된 재산〉(*Frozen Assets*)이다.

상대적으로 인생 경험이 풍부했던 디에고는 뉴욕의 상류사회에서도 그럭저럭 잘 적응했지만, 프리다는 뉴욕의 환경에 진절머리를 냈다. 그는 엘로저 박사에게 보낸 편지에서 뉴욕 상류층들에게 너무 많은 초대를 받고 있어서 힘들다고 털어놓았다. 뉴욕의 음식은 물론 날씨부터 마음에 들지 않았고, 무엇보다도 뉴욕에서 목격한 빈부의 격차는 그의 사회적 양심을 괴롭게 했다. 부자들이 끊임없는 파티를 즐기는 동안 수천 명의 사람들이 굶주리는 비참한 상황에 처해 있는 현실을 목격한 프리다는 소름이 끼쳤다.[10)]

이 기간에 프리다는 별다른 그림을 그리지 않았다. 가장 큰 이유 중 하나는 호텔 방에서는 작업할 공간이 부족했기 때문이었다. 하나의 방에서 먹고 자고 손님맞이까지 하는 것도 벅찬데, 여기서 그림까지 그린다는 것은 상상도 할 수 없었다. 다만 독감에 걸려서 호텔방에 틀어 박혔던 며칠 동안 프리다는 창밖으로 보이는 센트럴 파크의 풍경을 수채화로 그렸다. 비록 자신이 좋아하는 풍경은 아니었지만 말이다. 그는 어머니에게 이렇게 편지를 썼다. "…… 며칠 동안을 이 지저분한 호텔에 갇혀 있으려니 지겨워서 죽을 것 같아요. 호텔방 창밖으로 보이는 센트럴 파크는 헐벗은 나무들만 가득해서 마치 쓰레기장 같고, 호텔 건너편의 동물원에서는 사자, 호랑이, 곰 울음소리만 들릴 뿐이에요."[11)]

그럼에도 그는 뉴욕에서 좋은 친구들을 사귀었다. 프리다는 루시엔느 블로흐와 여동생 수잔 블로흐(Suzanne Bloch), 엘라 울프(Ella Wolfe), 록펠러가의 사람들과 가깝게 지냈다. 프리다와 디에고는 조지아 오키프(Georgia O'Keeffe)와 그의 남편 알프레드 스티글리츠(Alfred Stieglitz)와도 알게 되었는데, 기록에 따르면 프리다가 대놓고 조지아 오키프를 유혹했다고 한다(나중에 가서는 그들이 실제로 바람을 피웠던 것으로 추측된다).[12)]

뉴욕 현대미술관에서 열린 디에고의 회고전은 1931년 12월 22일부터 1932년 1월 27일까지 이어지며 큰 성공을 거두었다. 뉴욕 현대미술관 역사상 — 비록 역사가 긴 것은 아니었지만 — 가장 많은 관객들이 참석한 전시회였다. 물론 논란도 따라왔다. 좌파 언론인들은 이 회고전이 예술가가 자본가들과 한패가 되었음을 보여 준다고 비난했고, 보수주의자들은 디에고의 작품에서 드러난 공산주의라는 주제에 대해 불만을 토로했다. 이러한 토론은 언론의 관심을 끌었고, 결국 지속적으로 전시를 홍보하는 역할을 했다. 전시를 둘러싼 논란들은 걸림돌이 되기보다는 오히려 디에고가 유명해지는 계기가 되었다.

1월에 디트로이트로 가려고 계획했던 디에고는 출발을 연기했다. 멕시코 작곡가 카를로스 차베스(Carlos Chavez)와 공동으로 발레 작업을 시작했기에 이를 완성하고 떠나려고 했던 것이다. 발레 공연은 3월 31일 필라델피아 메트로폴리탄 공연장에서 필라델피아 그랜드 오페라의 연주와 함께 무대에 올랐으며, 디에고와 프리다는 이 공연을 보기 위해 뉴욕의 엘리트 지식인들과 함께 기차를 타고 이동했다. 이 작품에서 카를로스 차베스는 작곡을, 디에고는 의상과 세트 디자인을 맡았고 대본은 두 사람이 공동으로 작업했다. 〈H.P〉(*Horse Power*, 마력)이라는 제목의 이 작품은 남쪽에서의 천연 자원이 북쪽의 기계 및 상업과 결합되어 모두에게 더 풍요로운 삶을 가져다줄 것이라는 메시지를 담고 있었다. 디에고는 물고기, 과일, 인어, 기계, 멕시코 아가씨들의 의상을

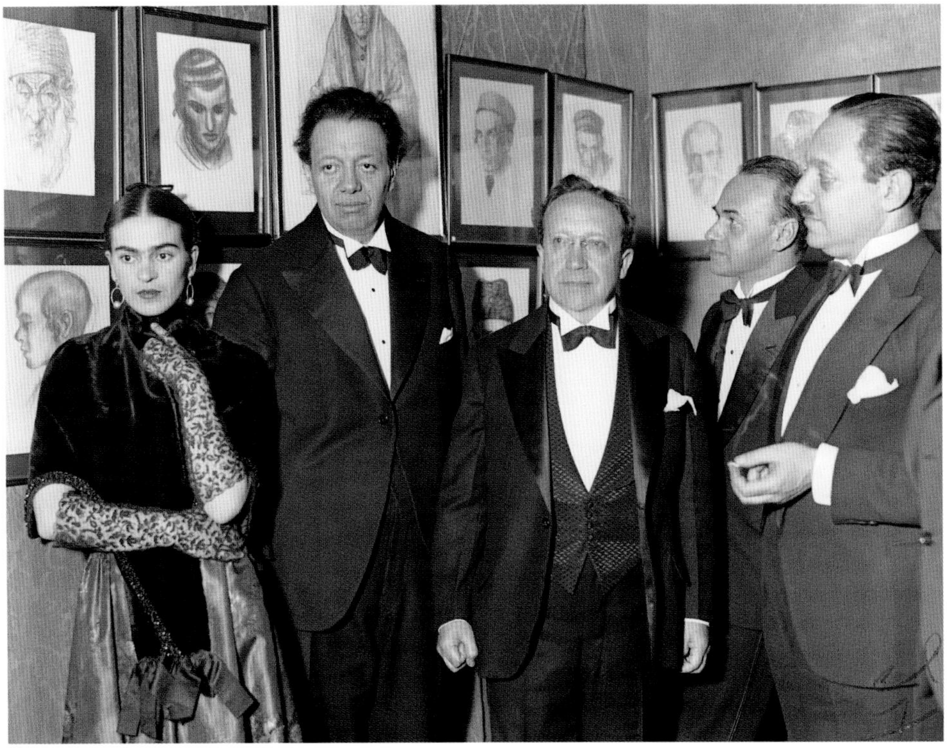

정교하게 디자인했다. 부피가 큰 의상은 시각예술작품으로서는 흥미로웠지만 춤을 추어야 하는 무대의상으로서는 그다지 적절하지는 않았다. 공연은 참여자들 모두의 노력 속에 훌륭히 막을 내렸다. 비록 일회성 행사로 끝났지만 큰 관심을 모은 공연이었다.[13)]

4월이 되자 프리다는 클리포드와 진 와이트 부부(Clifford & Jean Wight)와 서신을 교환하며 디트로이트에서 지낼 아파트를 물색했다. 클리포트 와이트는 디에고의 보조 작가 중 한 명으로, 와이트 부부는 미리 디트로이트에 도착한 상태였다. 프리다는 그들이 머물 아파트에는 작업을 할 수 있는 충분한 공간이 있어야 한다고 편지에 명시했다. 그가 원하는 아파트의 조건은 침실, 간이 주방, 욕실, 그리고 그림 작업을 할 수 있도록 충분히 햇빛이 들어오는 별도의 작업실이 있어야 했다. 프리다는 디트로이트에 가서는 반드시 작업을 할 것이라며, 지금껏 "아무것도 하지 않고 소파에 누워있는 것"(원문 그대로 옮김)에 지쳤다고 했다.[14)] 와이트는 디에고의 벽화 작업 현장과 매우 인접한 워델 호텔을 제안했지만, 와이트의 설명을 살펴본 프리다와 디에고는 이 호텔도 너무 작다고 생각했다. 그래서 같은 호텔의 좀 더 큰 아파트나 혹은 근처의 더 큰 숙소를 찾아줄 것을 부탁했다.

뉴욕을 떠나기 전, 친구들이 프리다와 디에고를 위해 송별파티를 열었다. 형식은 송별회였지만 프리다에게는 이 파티가 '재(再)세례식'이기도 했다. 이 재세례식이 정확히 누구의 아이디어였는지는 알려지지 않았지만, 적어도 프리다에게는 반가운 기회였다. 당시 제2차 세계대전이 발발하면서 미국에서는 반(反)독일 정서가 고조되었고 '프리다'라는 독일식 이름은 그와 디에고를 불편하게 했다. 프리다 스스로도 좀 더 멕시코인으로서의 정체성을 보여줄 수 있는 이름이 필요하다고 생각하던 참이었다. 프리다의 출생증명서에는 '막달레나 카르멘 프리다'라고 적혀있는데, 여기서 프리다는 우리가 흔히 알고 있는 'Frida'로 표기되어 있다. 하지만 그는 보통 자신의 이름을 'Frieda'라고 쓰곤 했다. 이는 독일어로 '평화'라는 의미를 담고 있기 때문이었다. 그러나 제2

(왼쪽) 파크 크레센트 호텔에서 프리다와 디에고, 『메노라 저널』의 에디터 헨리 허위츠, 저널리스트 길터브 셀데스, 연극 조합의 리 시몬슨의 모습. 뉴욕. 1933년 5월.

(아래) 워델 호텔. 디트로이트. 1935.

차 세계대전이 불러온 경직된 분위기 속에서, 프리다가 가진 독일 혈통에 대한 이목의 집중을 누그러뜨리기 위해 프리다의 친구들은 '카르멘 리베라'라는 이름으로 그에게 다시 세례를 베풀었다. 미국에 머무는 동안 그는 카르멘 혹은 프리다, 두 이름을 병행하여 사용했으나 결국에는 다시금 프리다에 정착했다. 자신의 이름을 서명할 때에는 언제나 '프리다'라고 적었던 것이다.

프리다와 디에고는 '포드 기아행진'(Ford Hunger March, '포드 대학살'로도 불림)으로부터 6주 만인 1932년 4월 21일 디트로이트에 도착했다. 포드 기아행진은 그해 3월 7일, 실직한 포드 자동차 노동자와 가족, 노동조합원을 포함한 수천 명의 시위대가 청원서를 들고 루즈 강변에 있는 포드 모터스 공장으로 행진했던 시위이다. 최루탄과 물폭탄으로도 성난 군중을 제지하지 못하자 경찰과 포드 모터스 공장의 경비대가 시위대를 향해 발포했고, 이로 인해 4명이 숨지고 많은 사람들이 부상을 입었다. 이후 3월 12일에 열린 추모 행진에는 더 많은 인파가 참여했으며 이는 미국에서 개최된 최대 규모의 공산주의 퍼레이드로 기록되었다. 만일 프리다와 디에고가 좀 더 일찍 도착했더라면 디에고는 이러한 문제적 상황을 인식했을 것이고, 포드사와 함께하는 벽화 작업을 시작하지 않았을지도 모른다. 그러나 프리다와 디에고는 모든 사건이 끝난 후에야 디트로이트에 도착했고, 이들은 포드 대학살에 관해 공개적으로 입장을 표명하지는 않았다. 다만 디에고는 디트로이트의 멕시코 노동자 커뮤니티에 참여했으며, 벽화 작업에서 얻은 수입의 상당 부분을 멕시코 노동자들로 이루어진 노조에 기부했다.[15]

프리다와 디에고가 디트로이트 기차역에 도착했을 때, 디트로이트 예술위원회의 빌헬름 발렌티너와 몇몇 언론인들이 미리 기차역으로 나와서 그들을 기다리고 있었다. 프리다는 긴 레보조를 걸친 채로 사진을 찍었고 "당신도 예술가인가요?"라는 질문에 "네, 저는 세계에서 가장 위대한 화가입니다"라고 웃으며 대답했다. 와이트는 디에고와 프리다를 만족시킬만한 숙소를 워델 호텔에 잡아두었다. 디에고와 프리다는 장기 투숙을 목적으로 지어진 이 호텔의 여유로운 아파트 공간에 짐을 풀었다. 1926년에 지어진 워델 호텔은 디에고가 작업할 디트로이트 미술관의 건너편에 위치해 있었다. 그런데 워델 호텔은 유대인의 투숙을 허용하지 않는다는 규정이 있었고, 이를 알게 된 디에고는 자신과 프리다가 둘 다 유대인이라며 소란을 피웠다. 호텔 측은 급히 정책을 변경하고 디에고와 프리다에게 숙박 할인을 제공했다. 호텔에는 루시엔느 블로흐도 함께 묵었는데, 그는 거실에 있는 접이식 침대를 사용했다.

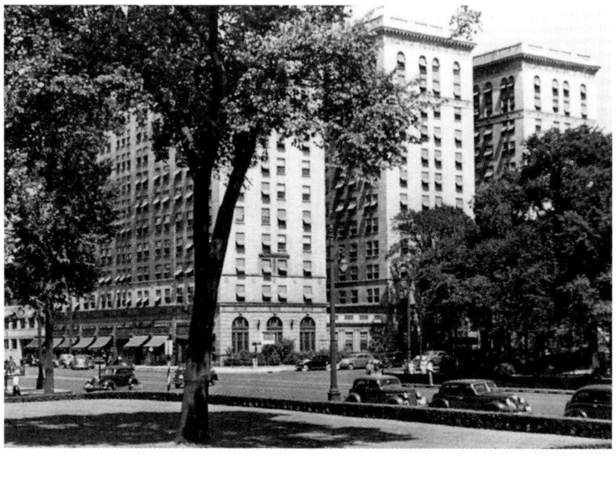

디에고는 루즈 강변에 있는 포드 자동차 공장을 견학한 이래 두 달 동안 수백 점의 스케치를 그려냈다. 발렌티너의 원래 계획은 디트로이트 미술관의 가든 코트 양쪽 면에 하나씩, 총 2개의 대형 패널에 디트로이트의 산업 발전을 묘사하는 벽화를 그리는 것이었다. 그러나 디에고의 구상은 그보다 훨씬 원대한 스케일이었다. 그는 공간 전체의 벽을 덮는 총 27개의 패널을 아우르는 벽화를 구상했는데, 스케치를 본 발렌티너와 포드도 디에고의 계획에 동의했다. 에드셀 포드는 추가된 재료와 아티스트 피(artist fee, 창작자에게 지불하는 보수)를 위해 자신의 기부금을 20,889달러로 늘렸다. 디에고는 자신의 아티스트 피에서 보조 작가의 비용을 지불했다.

프리다는 디트로이트를 싫어했다. 그는 디트로이트를 가리켜 "이 도시는 오래되고 고립된 가난한 마을 같다"라고 했다.[16] 디트로이트에 머무는 동안 프리다는 영화를 자주 보러 갔고(특히 슬랩스틱 코미디와 공포 영화를 즐겼다), 루시엔느와 함께 초현실주의 드로잉 게임인 '우아한 시체'(Exquisite Corpse)를 했으며, 영어를 못 알아듣는 척하며 상류층 사회를 꼬집는 발언을 하는 등 나름대로 즐길거리를 찾았다. 반유대주의자로 알려진 헨리 포드에게 어눌한 영어로 "미스터 포드, 당신은 유대인입니까?"라고 질문하는 식으로 디에고를 웃겨준 적도 있다. 디트로이트에 머무르는 기간에도 역시 프리다는 거의 그림을 그리지 않았지만, 〈디트로이트 거리에서 본 쇼윈도 디스플레이〉(*Window Display on a Street in Detroit*)의 작업은 완성할 수 있었다. 이 작품은 장난감 사자, 석고로 만든 말 모형, 조지 워싱턴의 초상화 액자라는 기이한 조합의 정물화로 빨강, 하양, 파랑의 장식이 함께 한다. 이 정물화는 거의 텅 비어 있는 상점의 창문을 통해 바라본 풍경을 묘사하고 있다.

프리다가 디트로이트에서의 생활에 애정을 갖지 못했던 데는, 그가 다시 임신했으나 이에 대한 확신을 찾지 못하여 심리적으로 고통스러운 시간을 보냈던 이유도 작용했을 것이다. 엘로저 박사의 추천에 따라 프리다는 헨리 포드 병원의 프랫 박사(Dr. Pratt)와 임신 문제를 상의했다. 프랫 박사는 낙태를 유도하기 위해 키니네를 처방하고 피마자 오일을 넣은 정화제를 투여했다. 그러나 약물요법을 통한 낙태 시술은 실패했고 프리다는 자신이 여전히 임신 중이라는 사실을 깨달았다. 프랫 박사는 당장의 낙태 수술보다는 일정 기간 임신을 유지하고 제왕절개를 하는 방법을 추천했다. 프리다는 두 가지 선택지를 앞두고 고민에 시달렸다. 그는 버스 사고로 인한 골반 부상 때문에 어차피 자신이 만삭까지 임신을 유지할 수 없을 거라고 생각했다. 또한 감정을 덜어놓고 냉정하게 생각했을 때 디에고의 아이를 가진다는 것은 만만치 않은 고민거리였다. 항상 '작은 디에귀토'(Dieguito, 디에고를 지칭)를 갖고 싶다고 말해온 프리다였지만, 실제로 아기를 가진다면 걱정되는 점이 한두 가지가 아니었다.

가장 큰 문제는 디에고였다. 디에고는 한 번도 좋은 아버지의 모습을 보여주지 못했다. 그는 첫 번째 부인인 안젤리나 벨로프와의 사이에 아들을 두었고 그 아이는 두 살이 되기도 전에 폐렴으로 사망했는데, 디에고는 아이가 태어나는 순간은 물론 폐렴을 앓다 세상을 떠날 때에도 함께하지 않았다. 아들이 태어날 당시 디에고는 다른 여성과 불륜 관계에 있었고, 심지어 그 여성도 디에고의 숨겨진 딸 마리카를 낳았다. 디에고는 간간이 마리카의 양육비를 보냈지만 공식적으로는 마리카를 자신의 딸로 인정하지 않았다. 프리다가 이 정도까지 파악하고 있었는지는 알 수 없지만, 적어도 프리다는 디에고가 두 번째 부인인 루페와의 사이에 두 딸을 낳았으며 그 아이들의 양육을 온전히 루페 혼자 책임지고 있다는 것은 잘 알고 있었다. 루페는 디에고가 주는 양육비가 부족하다는 점을 제외하고는 그럭저럭 괜찮은 아버지라고 평가했다. 그러나 루페와 디에고 사이에서 둘째 딸이 태어난 직후 디에고는 티나 모도티와 바람을 피웠고, 이로 인해 루페와 디에고의 결혼 생활은 파국을 맞이했다. 결론적으로 프리다는 디에고에게는 또다시 아이를 갖고자 하는 마음이 없으며 오히려 프리다가 남편인 자신만을 향해 온전히 애정을 쏟아주기를 원한다는 것을 깨달았다. 고향과 가족으로부터 멀리 떨어져 있는 상황, 엉망에 가까운 자신의 건강 상태, 일에 최우선으로 몰두해있는 남편이라는 조건들을 감안했을 때 아이를 낳는다는 것은 결코 만만치 않은 선택이었다.

프리다는 엘로저 박사에게 편지를 보내 자신이 안전하게 임신을 유지할 수 있을지 조언을 구하며 다양한 경우의 수를 제시했다. 디트로이트에서 아기를 낳은 다음 멕시코로 이동하는 것이 좋을까, 아니면 멕시코로 가서 그곳에서 아기를 낳는 것이 좋을까. 그는 자신의 몸 상태를 몹시 걱정했다. 프리다는 엘로저 박사에게 보내는 편지에 "조금이라도 삐끗하면 '라 펠로나'가 저를 데려가 버릴 거예요"[17]라고 적었다('라 펠로나'는 직역하면 '대머리'라는 의미이지만, 동시에 멕시코 속어로 죽음을 뜻하기도 한다. 여기서 프리다는 후자의 의미로 사용했다). 그러나 엘로저 박사의 답장이 오기도 전에 프리다는 결정을 내렸다. 프랫 박사의 조언에 따라 임신을 유지하기로 정한 것이다. 프리다는 자신이 엄마가 된다는 사실을 점차 받아들였고, 버스 사고 이후로 포기했던 아이를 갖게 된다는 희망에 갈수록 들떴다.

6월 말, 프리다는 가벼운 하혈을 했다. 프리다는 즉시 프랫 박사에게 달려갔고, 그는 놀랄 필요 없으며 모든 것이 순조롭다고 프리다를 안심시켰다. 7월 4일, 이번에는 극심한 하혈이 시작되었다. 헨리 포드 병원에 입원한 프리다는 결국 유산을 하게 되었고 2주 후에나 퇴원할 수 있었다. 임신 초기에 낙태와 임신 유지 사이에서 많은 고민을 했던 프리다는 최종적으로 마주하게 된 유산이라는 결과에 큰 충격을 받았다. 엘로저 박사에게 보낸 편지를 보면 '작은 디에귀토'에 대한 고민이 어느덧 기대감으로 바뀌었고, 그래서 유산으로 인해 울고 또 울었다고 적혀 있었다.

병원에 입원해 있는 동안 프리다는 의사들에게 태아를 보여 달라고 요구했다. 태아를 보여줄 수 없다면 의학 교과서라도 빌려주어서 태아의 발달 단계를 상상할 수 있게 해달라고 졸랐다. 아마도 프리다는 이때 이미 자신의 경험을 어떻게 그림으로 묘사할지 구상하고 있던 것으로 보인다. 의사들이 프리다의 요구를 거절하자 디에고도 가세했다. "선생님들이 지금 마주하고 있는 사람은 보통 사람이 아니에요"라며 프리다의 요구를 들어줄 것을 촉구했다.[18] 결국 디에고는 의사들로부터 의학 교과서를 받아냈고, 이후 프리다는 작품에 태아의 이미지를 표현해냈다. 디에고 또한 자신이 느낀 개인적인 상실감을 예술로 표현했다. 당시 작업 중이던 벽화의 중심

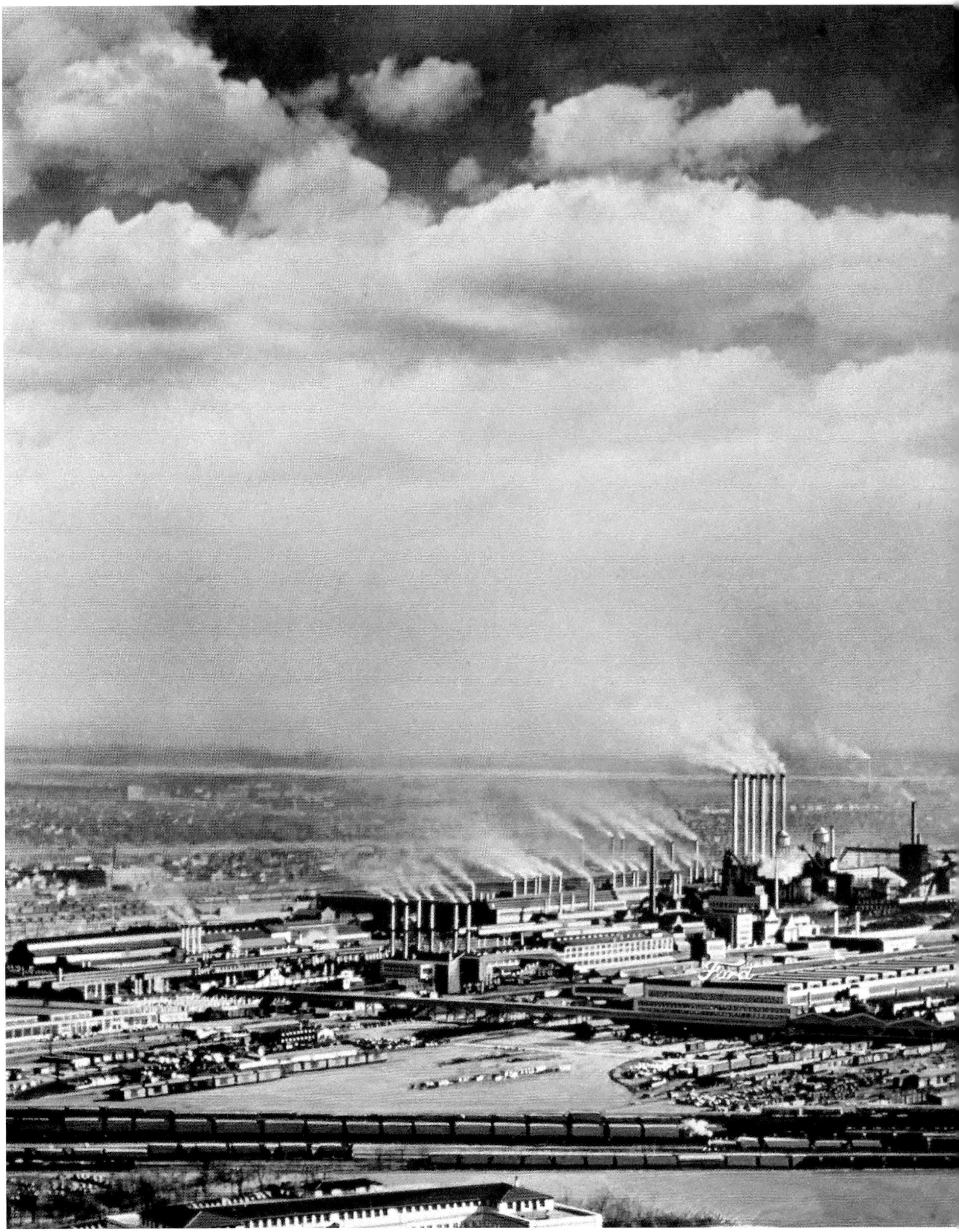
Ford

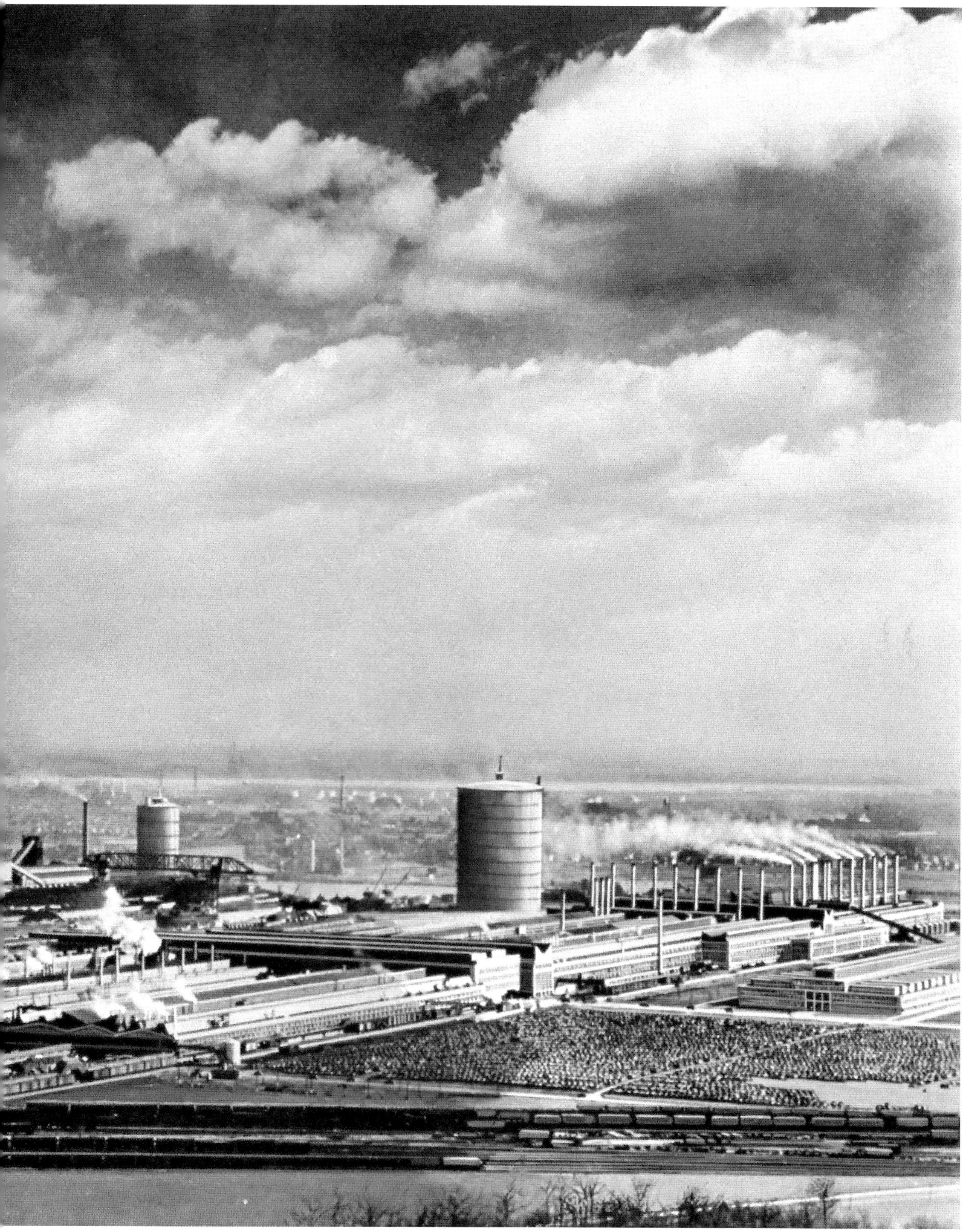

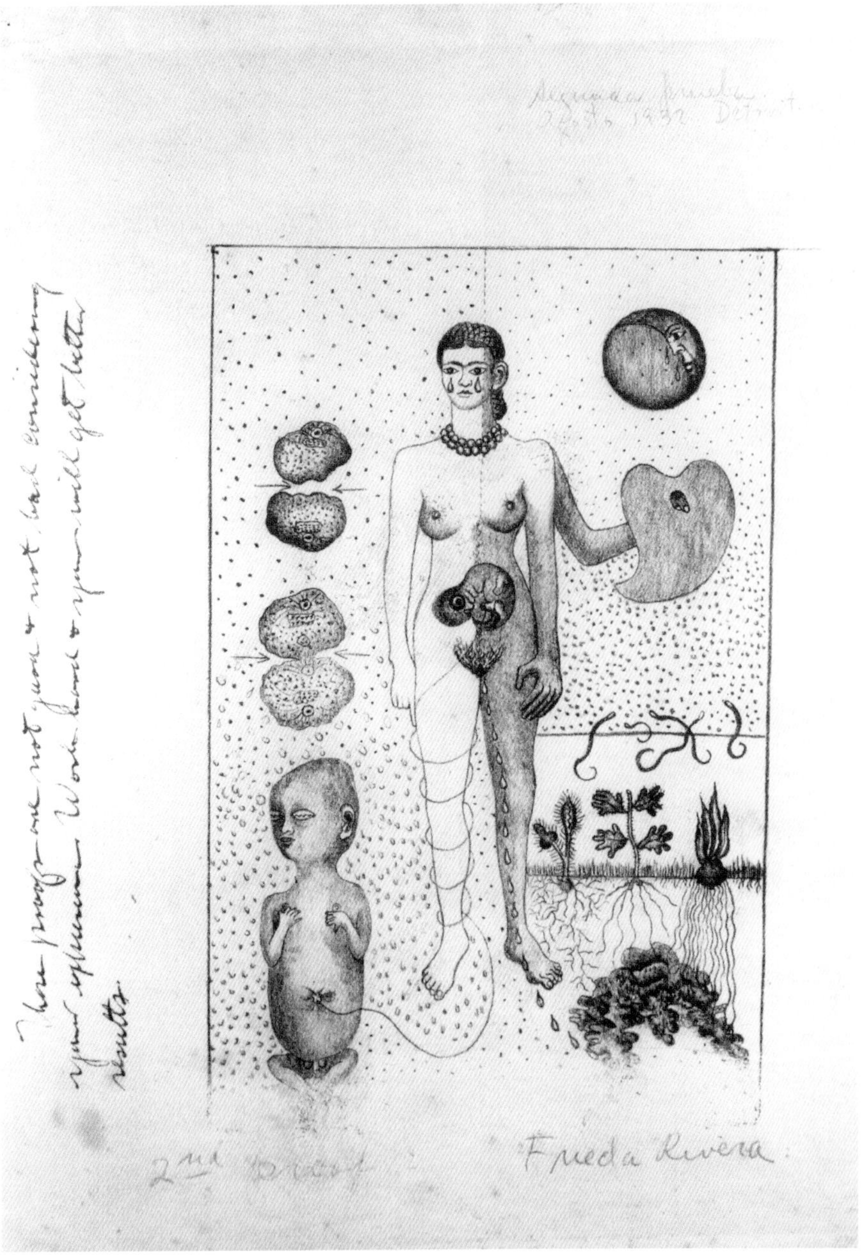
Frieda Rivera

(이전 페이지) 항공사진으로 촬영한 포드 모터스 생산 공장, 디트로이트.

(왼쪽) 프리다 칼로, 〈유산한 프리다〉, 1932, 석판화, 22×14cm, 돌로레스 올메도 파티노 박물관, 멕시코시티.

(아래) 디트로이트에서 집으로 돌아가는 길, 미국과 멕시코의 국경지역 텍사스 러레이도에서 프리다. 루시엔느 블로흐 촬영.

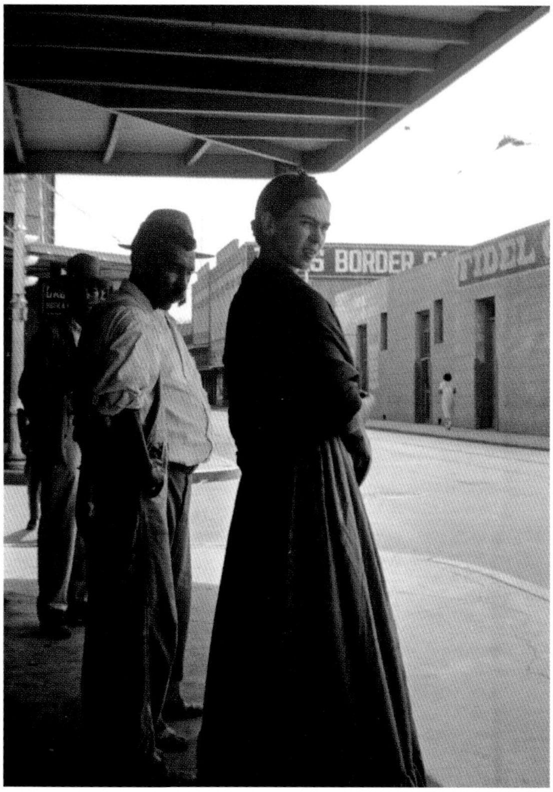

이미지에 전구 속의 태아를 그려 넣었던 것이다.

유산 사건 이후 디에고는 루시엔느에게 프리다가 다시 작업에 복귀할 수 있도록 함께 있어주면서 격려해달라고 부탁했다. 디에고는 그림을 통해 프리다가 슬픔을 극복할 수 있을 것이라고 생각했다. 그들은 숙소 주위를 살핀 끝에 석판화 작업이 가능한 미술 스튜디오를 찾아냈다. 이곳에서 프리다는 자신의 경험을 담은 판화를 제작했다. 〈유산한 프리다〉*(Frida and the Miscarriage)*에서는 벌거벗은 프리다의 몸과 뱃속에 있는 태아가 묘사되어 있다. 그림 속의 프리다는 병원에서 착용하던 머리 망과 두 줄로 된 비즈목걸이를 하고 있다. 그는 왼팔을 두 개로 표현했는데, 하나는 옆구리에 붙어있고 다른 하나는 하트 모양의 팔레트를 들고 있다. 눈물을 흘리고 있는 프리다의 머리 위로, 하늘에 떠 있는 달도 그처럼 눈물을 흘리고 있다. 직선 하나가 화면의 전체 구도와 그의 신체를 반으로 분할하는데, 한쪽은 밝고 다른 쪽은 어두워서 대조를 이룬다. 프리다의 다리를 감은 탯줄은 화면 왼쪽에 있는 더 커다란 태아로 이어지고, 그 태아 위로는 분열하는 세포들이 보인다. 화면 오른쪽의 어두운 부분을 보면 프리다의 다리 사이에서 피가 떨어져 땅에 고이고 있는데, 땅에서는 사람의 손과 성기 모양의 식물들이 자라나고 있다. 이 석판화는 당시 해부학 교과서의 삽화 스타일을 차용하고 있지만, 유산을 이렇게까지 원시적이고 그래픽적이며 개인적인 방식으로 묘사한 것은 전례가 없는 시도였다. 이 작품에는 자신에게 닥친 상실을 극복하려는 프리다의 의지도 담겨 있다. 과거 프리다가 그렸던, 자신과 디에고가 함께 있는 초상화에서 디에고의 손에만 들려있던 팔레트가 이제는 프리다의 손에도 들려있는 것이다.

유산한 지 두 달이 지난 후, 프리다는 멕시코에 있는 가족으로부터 전보를 받았다. 어머니가 중병에 걸렸다는 소식이었다. 그는 당장이라도 가족과 함께 있고 싶었지만 디에고를 혼자 두고 떠나기에는 마음이 편치 않았다. 디에고 역시 프리다가 유산한 지 겨우 두 달 만에 먼 여행을 하는 것을 걱정했다. 미국과 멕시코 국경에서 벌어진 시위로 인해 입국이 지연될 가능성도 우려되었다. 그는 루시엔느에게 프리다와 함께 멕시코로 가줄 것을 부탁했고, 그에 따른 여행 경비도 지불하기로 했다.

루시엔느와 프리다는 기차로 이동했다. 그렇게 도착한 국경지역 러레이도에서는 10시간을 대기해야 했다. 날씨는 더웠고, 프리다는 어머니에 대한 걱정과 여전히 지속되는 하혈로 몹시 괴로워했다. 그러나 막상 그들이 국경을 넘어 멕시코로 들어가자 프리다는 완전히 딴 사람이 되었다. 프리다는 기차역의 노점상에서 음식을 사 먹으며 고국으로 돌아와 좋아하는 음식을 먹게 되었다는 사실에 매우 기뻐했다. 루시엔느는 프리다가 다시 살아난 것 같았다고 당시를 회상했다. 마침내 9월 8일, 루시엔느와 프리다는 멕시코시티에 도착했다. 아버지와 자매들과 재회한 기쁨을 나누는 것도 잠시, 입원한 어머니의 상태가 너무 심각했다. 어머니는 간에 문제가 있었으며 유방에도 종양이 있었다. 의사들은 간 수술을 해야 한다고 말했다. 9월 10일, 프리다는 디에고에게 어머니가 겉으로는 안정되어 보이지만 상태가 전혀 호전되지 않는다는 편지를 보냈다. 그리고 9월 13일, 수술이 진행되었지만 별다른 성과는 거두지 못했다. 프리다의 어머니 마틸다는 수술한 지 이틀 후에 숨을 거두었다.

멀리 떨어져 있는 동안 디에고는 그답지 않게 거의 매일 프리다에게 편지를 썼고, 프리다는 길고 자세하게 답장을 적어 보냈다. 그들이 주고받은 편지는 둘 사이의 깊은 애착을 보여준다. 디에고는 "당신이 없어서 정말 슬퍼. 나의 어린 소녀 없이는 잠도 제대로 잘 수 없고, 작업을 하면서도 늘 고개를 수그리고 있어. 당신을 볼 수 없으니 뭘 어떻게 해야 할지 모르겠군. 지금껏 내 꼬맹이만큼 사랑한 여자가 없었는데, 정작 내 꼬맹이가 나를 떠나버렸네. 이제야 내가 얼마나 내 꼬맹이를 사랑했는지 실감이 나는군. 나에게는 내 인생보다도 더 큰 의미를 가지는 존재라는 것을 우리 꼬맹이도 알고 있겠지……"[19]라는 내용을 적어 보냈다. 디에고는 상실감에 빠져 있을 프리다의 아버지 기예르모에게 다시금 자기 효능감을 부여할 수 있는 사려 깊은 제안을 프리다를 통해서 전달했다. 디에고가 소장한 멕시코 전통 조형물 컬렉션을 기예르모가 촬영해주었으면 좋겠다는 제안이었다. 이는 기예르모의 자존심에 상처를 입히지 않으면서도 경제적 지원을 지속해줄 수 있는 좋은 아이디어였다.[20] 그러나 기예르모는 사진을 포기한 것 같았다. 다시 미국으로 돌아가기 직전에 찍은 프리다의 사진이 기예르모의 마지막 촬영으로 남아있다.

멕시코에 머무르는 동안 프리다는 건축가 오고먼이 그들을 위해 지은 집을 확인하기 위해 산 앙헬을 방문했다. 불과 몇 달 전에 공사를 마친 새 집이었다. 그는 공사가 완료되었음을 직접 확인했지만 몇 가지 우려되는 점을 발견했다. 디에고는 산 앙헬의 저택을 팔수도 있고, 오고먼이 프리다의 의견을 반영한 새로운 저택을 지을 수도 있다고 프리다를 진정시켰다. 다만 디에고는 이를 실행으로 옮기지는 않았다.

프리다는 루시엔느와 함께 10월 말에 디트로이트로 돌아왔다. 프리다와 디에고가 각각 멕시코와 미국에 떨어져 있는 6주 동안 디에고는 의사의 지시에 따라 엄격한 식단을 실행했고, 그 결과 100파운드(약 45kg)를 감량했다. 오랜만에 디에고를 보게 된 프리다와 루시엔느는 그 모습에 안타까워했는데, 심지어 프리다는 기차역에서 디에고가 다가와 말을 걸기 전까지 그를 알아보지도 못했다.

프리다는 새롭게 마음을 다잡고 활기차게 그림을 그리기 시작했다. 이 시기 가장 눈에 띄는 작품 중 하나는 〈헨리 포드 병원〉(*Henry Ford Hospital*)이다. 원제는 '잃어버린 욕망'(*The Lost Desire*)이었던 이 작품에서 프리다는 주석 시트에 유화를 재료로 하여, 자신이 겪었던 유산이라는 처참한 경험을 단순화된 관점으로 묘사하였다. 이 그림 역시 봉헌 그림의 관습을 활용하고 있다. '1932년 7월'이라는 글자와 '헨리 포드 병원'이라는 글자가 아래

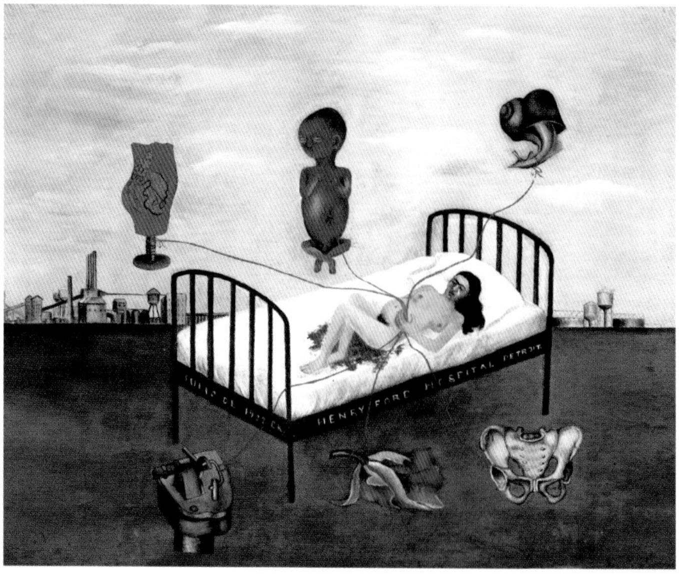

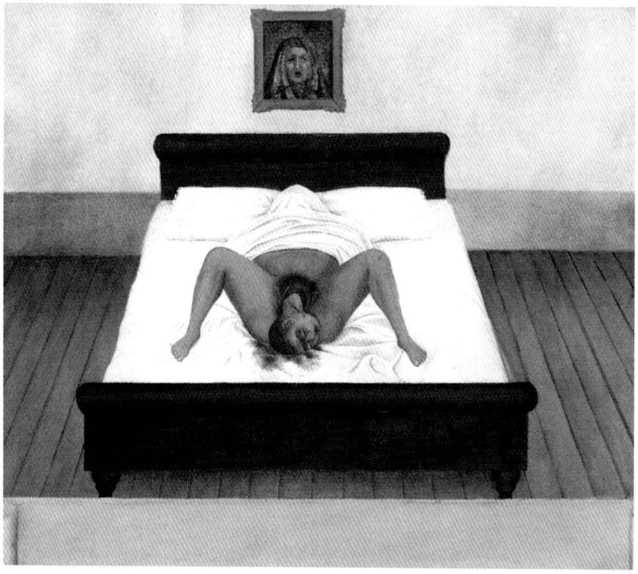

(왼쪽) 프리다 칼로, 〈헨리 포드 병원〉, 1932, 금속판에 유채, 30.5×38cm, 돌로레스 올메도 파티노 박물관, 멕시코시티.

(오른쪽) 프리다 칼로, 〈나의 탄생〉, 1932, 금속판에 유채, 30.5×35cm, 개인 소장.

쪽과 옆면에 적힌 병상 위에는 벌거벗은 여인 프리다가 누워있다. 침대는 저 멀리 디트로이트의 공업지대 스카이라인이 보이는 광활하고 황량한 풍경 속에 놓여 있다. 침대 위의 프리다는 벌거벗고 머리를 풀어 내린 채로 울고 있으며, 침대 시트는 흘러나온 피로 흠뻑 젖어 있다. 부풀어오른 복부 부근에 놓인 손은 주위를 떠다니는 물체를 묶은 여러 개의 붉은 끈을 한데 모아 붙잡고 있다. 떠다니는 물체들은 프리다가 가진 트라우마를 상징한다. 태아, 여성 생식기관 모형, 골반 뼈, 달팽이, 난초와 기계류들이 그것이다. 프리다는 자신이 가지고 있는 의학 교과서를 활용하여 태아 및 기타 의학적인 이미지를 꼼꼼하게 묘사했다. 이 작품에 관한 인터뷰에서 프리다는 각 물체들의 의미를 설명했다. 달팽이는 그의 유산이 느리게 진행되었으며 '부드럽고, 아직은 덮여 있지만 동시에 열려 있기도 한' 특징을 의미한다. 난초는 디에고에서 가져온 특징으로 성욕과 감성을 상징한다. 기계류는 프리다가 겪었던 시련이 가지는 기계적이고 무감각한 부분을 나타낸다.[21)]

이 낯선 이미지는 지금까지의 관습적인 형태와 상징을 전복시켜, 기존의 의미들에 반전을 불러일으킴으로써 보는 사람들에게 충격과 도전을 안겨주었다. 그림 속 누워있는 여성의 신체는 기존의 문법처럼 욕망의 대상이 아니라 고통과 상실의 근원을 의미했다. 아이의 출생이 아니라 아이의 상실을 묘사하고 있는 이 그림은 '반-출생(anti-Nativity, 그리스도의 탄생과 반대된다는 의미) 장면'[22)]이라는 해설을 불러왔다. 전통적인 그리스도의 탄생화에서 볼 수 있는, 출산 장면을 둘러싼 동방박사와 동물들이라는 기호 대신에 이 그림 속의 여성은 잃어버린 태아를 비롯한 각종 불편한 물건에 둘러싸여 있다.

프리다가 디트로이트로 돌아온 직후에 작업한 또 다른 그림은 〈나의 탄생〉(*My Birth*)이다. 이 그림 속에는 텅 빈 방 한가운데 침대가 놓여 있다. 침대에 누워있는 여성의 머리와 몸통은 침대 시트로 덮여 있으며 허리 아래는 나체가 그대로 노출되어 있다. 넓게 벌어진 여성의 다리 사이에서는 프리다의 머리가 나오고 있다. 침대 위쪽에는 십자가에 못 박힌 그리스도 옆의 성모 마리아 '마테르 돌로로사'(슬픔의 어머니) 액자가 걸려 있다. 이 작품도 전통적인 가톨릭 봉헌 그림의 요소를 모두 포함하고 있다. 얇은 주석판이라는 재료, 화면 윗부분에 등장하는 종교적 인물, 화면 중심의 침대 위에 있는 구원이 필요한 사람, 화면 아래에 놓인 두루마리까지, 기존 봉헌 그림의 문법을 연상시킨다. 그리고 두루마리가 비어있다는 것은 바라던 기적이 일어나지 않았음을 의미한

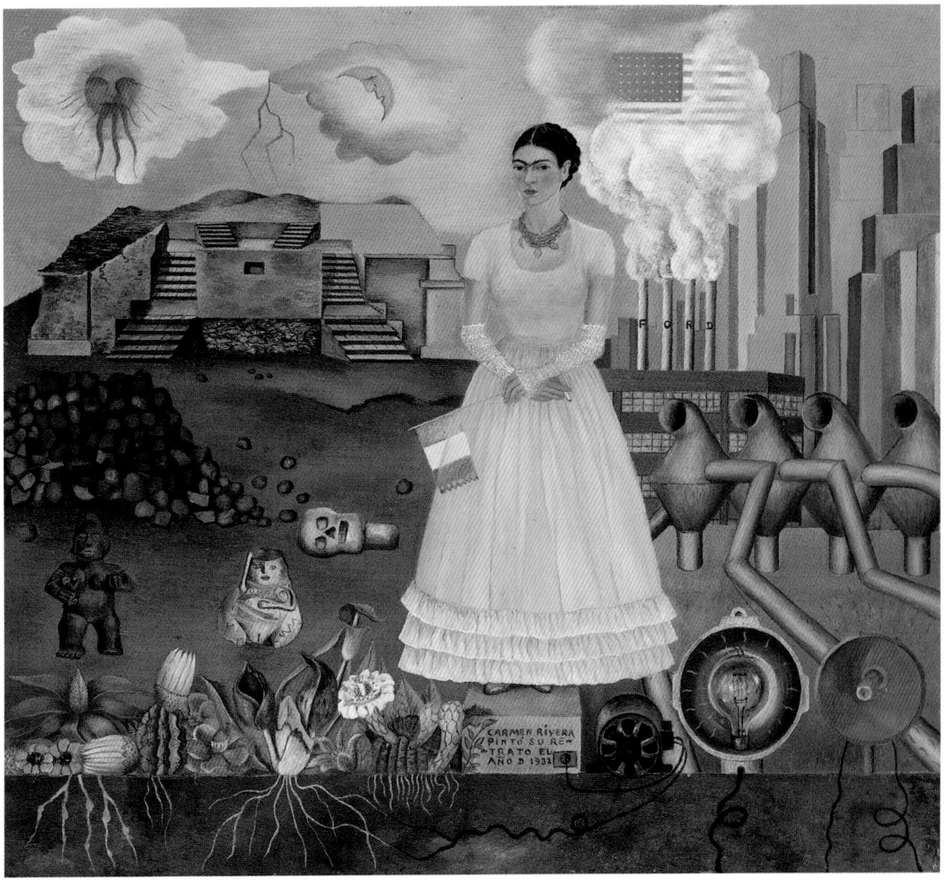

다. 이 그림에서 프리다는 자신의 출생, 아기의 유산, 어머니의 죽음이라는 세 가지 중요한 사건을 통합했다. 여기서 어머니는 프리다 자신, 그리고 프리다의 죽은 어머니라는 두 가지 의미로 해석될 수 있다. 마찬가지로 아기 또한 어머니의 아기인 프리다 자신과 프리다가 잃은 아기 둘 다를 의미한다. 프리다는 탄생과 죽음에 관련된 이미지를 결합함으로써 둘을 끝없는 순환으로 연결했다.

프리다는 자신의 사적인 경험을 통해 마주했던 가혹하고 날것의 현실을 예술로 묘사함으로써 기존의 금기를 깨뜨렸다. 다리를 벌린 채로 침대 시트에 피를 흘리며 분만하는 여성의 모습은 지금도 충분히 충격적이지만 1930년대에는 상상 그 이상으로 충격적이었을 것이다. 그러나 이런 방식으로 출산 장면을 표현하는 예술이 전례가 없었던 것은 아니다. 무엇보다도 멕시코 전통 예술에서 이와 유사한 이미지를 찾아볼 수 있다. 아즈텍 여신 틀라솔테오틀의 벌린 다리 사이로 머리가 나오고 있는 모습을 묘사한 작품들이 발견된 바 있다.

남미의 풍부한 자연과 문화를 북미의 현대적인 기술 및 산업과 결합하면 새롭고 더 나은 아메리카의 문화를 창조할 수 있으리라는 디에고의 믿음은 확고했다. 프리다는 그에 대한 일종의 응답처럼 〈멕시코와 미국의 국경선 위에 서 있는 자화상〉(*Self-Portrait on the Borderline Between Mexico and the United States*)을 그렸다. 그림 속 프리다는 완전히 다른 두 세계 사이에 놓인 받침대 위에 서 있다. 프리다의 왼쪽으로는 멕시코의 풍경이 펼쳐진다. 고대 피라미드, 하늘에 함께 있는 태양과 달, 무너져가는 벽, 뿌리가 땅으로 뻗어 있는 초목을 통해 멕시코를 태동하는 자연과 고대 문화의 땅으로 표현했다. 오른쪽은 미국의 풍경으로, 스모그에 휩싸인 미국 국기

(왼쪽) 프리다 칼로, 〈멕시코와 미국의 국경선 위에 서 있는 자화상〉, 1932, 금속판에 유채, 31×35cm, 마누엘 및 마리아 레이로 컬렉션, 뉴욕.

(아래) 〈멕시코와 미국의 국경선 위에 서 있는 자화상〉을 그리고 있는 프리다, 디트로이트, 1932.

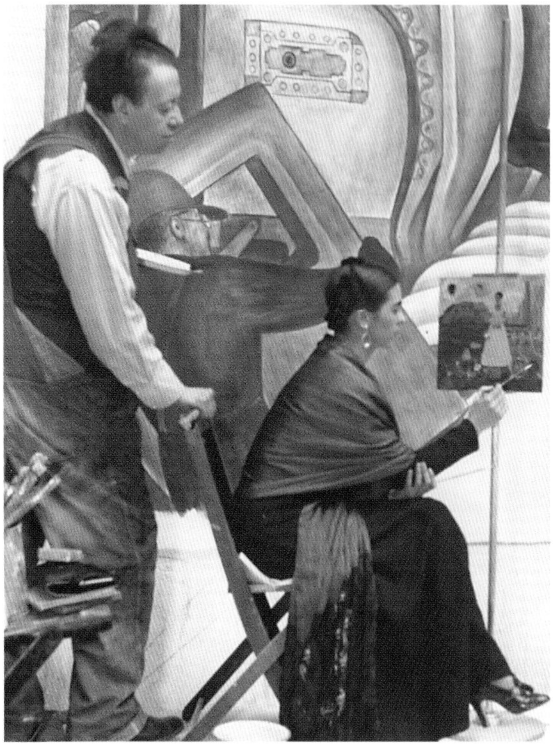

가 고층 건물들과 공업용 기계로 뒤덮인 풍경 위로 펄럭인다. 멕시코 땅에 피어난 식물의 뿌리가 미국의 전기 코드와 연결되며 국경을 넘어 뱀처럼 구불구불 이어진다. 식물에서 흘러나온 에너지는 미국의 산업 현장으로 공급되고 있다. 프리다는 분홍색 드레스를 입고 손목까지만 감싸는 길고 하얀 장갑을 낀 채로 두 나라 사이에 서 있다. 한쪽 손에는 작은 멕시코 국기가, 다른 한쪽 손에는 담배가 들려있다. 그가 딛고 선 받침대에는 '1932년 카르멘 리베라가 자신의 초상화를 그렸다'라는 문구가 적혀있다. 프리다는 확고한 민족주의자였지만 그림 속의 어느 나라도 이상적으로만 표현하지 않았다. 그는 두 나라가 지닌 특징을 잘 잡아냈으며 각각이 지닌 모순도 놓치지 않았다. 국제주의자로서의 신념을 전달하기 위해 이상적인 이미지를 묘사한 디에고와 달리, 프리다는 현실의 결점들을 그대로 화면에 담았다.

그 어느 때보다 작업에 몰두하고 있었지만 프리다는 자신의 예술에 대해 겸손한 태도를 유지했으며, 자신에게 그림이란 단지 취미일 뿐이라고 한층 더 낮추어 말했다. 프리다는 애비 록펠러에게 보낸 편지에서, 자신은 그림을 많이 그리는 편도 아닐 뿐더러 그림을 그리는 이유가 스스로를 예술가라고 생각해서가 아니라 몸을 바쁘게 움직여 그림을 그리다 보면 자신이 겪었던 최근의 문제들에서 벗어나는 데 도움이 되기 때문이라고 적었다. 1933년 2월, 디트로이트 지역신문에 프리다에 대한 기사가 실렸는데 기사 제목은 '대가의 아내가 보여주는 즐거운 유희'였다. 다소 가벼운 제목에도 불구하고 기사 본문에서는 프리다의 재능을 인정하는 내용들이 담겨 있었다. "……그는 우리가 쉽게 떠올릴 수 있는 디에고 리베라의 영웅적인 인물과는 거리가 먼, 상대적으로 마치 미니어처와 같은 기법으로 작은 그림을 매우 능숙하고 아름다운 스타일로 표현해낸다."[23] 기사에 실린 사진에서 프리다는 주름 장식이 들어간 앞치마를 입고, 그가 디트로이트에서 완성한 작품들 중 하나인 〈목걸이를 한 자화상〉(*Self-Portrait with Necklace*)을 그리고 있다.

디에고는 장장 10개월에 걸쳐 디트로이트 미술관의 가든 코트를 둘러싼 벽화를 완성했다. 그는 이 벽화를 통해 현대 기술에서 나타날 수 있는 선과 악을 모두 보여주었지만 그럼에도 기술과 생태의 조화로운 관계를 묘사했다. 또한 포드 자동차 공장의 이상적인 풍경으로서 다양한 인종의 노동자들이 함께 일하는 모습도 화면에 담았다. 디에고가 작업을 진행하는 동안 미미하게 일어나던 논란은 벽화를 완성하자 커다란 소란으로 바뀌었다. 벽화를 파괴해야 한다는 의견과 벽화에 열광하는 의견들이 대립했다. 그런 가운

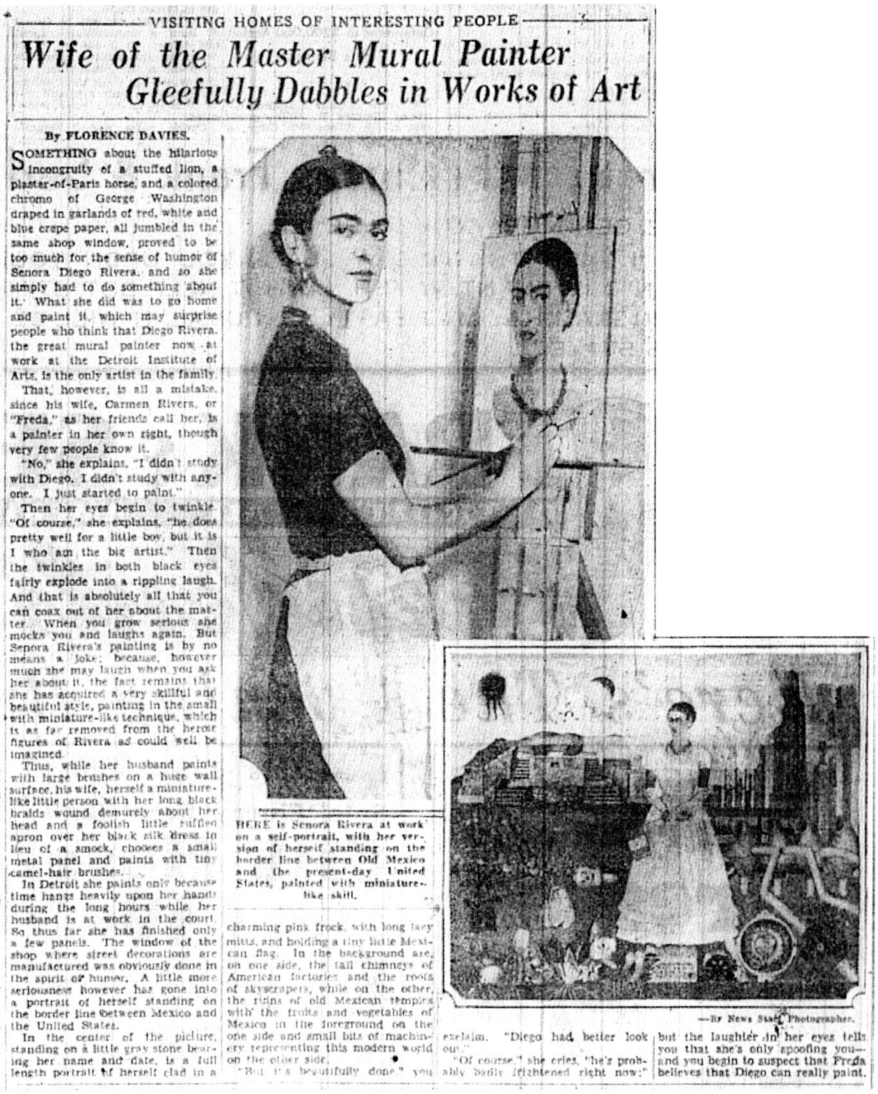

VISITING HOMES OF INTERESTING PEOPLE

Wife of the Master Mural Painter Gleefully Dabbles in Works of Art

By FLORENCE DAVIES.

SOMETHING about the hilarious incongruity of a stuffed lion, a plaster-of-Paris horse, and a colored chromo of George Washington draped in garlands of red, white and blue crepe paper, all jumbled in the same shop window, proved to be too much for the sense of humor of Senora Diego Rivera, and so she simply had to do something about it. What she did was to go home and paint it, which may surprise people who think that Diego Rivera, the great mural painter now at work at the Detroit Institute of Arts, is the only artist in the family.

That, however, is all a mistake, since his wife, Carmen Rivera, or "Freda," as her friends call her, is a painter in her own right, though very few people know it.

"No," she explains, "I didn't study with Diego. I didn't study with anyone. I just started to paint."

Then her eyes begin to twinkle. "Of course," she explains, "he does pretty well for a little boy, but it is I who am the big artist." Then the twinkles in both black eyes fairly explode into a rippling laugh. And that is absolutely all that you can coax out of her about the matter. When you grow serious she mocks you and laughs again. But Senora Rivera's painting is by no means a joke; because, however much she may laugh when you ask her about it, the fact remains that she has acquired a very skillful and beautiful style, painting in the small with miniature-like technique, which is as far removed from the heroic figures of Rivera as could well be imagined.

Thus, while her husband paints with large brushes on a huge wall surface, his wife, herself a miniature-like little person with her long black braids wound demurely about her head and a foolish little ruffled apron over her black silk dress in lieu of a smock, chooses a small metal panel and paints with tiny camel-hair brushes.

In Detroit she paints only because time hangs heavily upon her hands during the long hours while her husband is at work in the court. So thus far she has finished only a few panels. The window of the shop where street decorations are manufactured was obviously done in the spirit of humor. A little more seriousness however has gone into a portrait of herself standing on the border line between Mexico and the United States.

In the center of the picture, standing on a little gray stone bearing her name and date, is a full length portrait of herself clad in a charming pink frock, with long lacy mitts, and holding a tiny little Mexican flag. In the background are, on one side, the tall chimneys of American factories and the roofs of skyscrapers, while on the other, the ruins of old Mexican temples with the fruits and vegetables of Mexico in the foreground on the one side and small bits of machinery representing this modern world on the other side.

"But it's beautifully done," you exclaim. "Diego had better look out."

"Of course," she cries, "he's probably badly frightened right now;" but the laughter in her eyes tells you that she's only spoofing you—and you begin to suspect that Freda believes that Diego can really paint.

HERE is Senora Rivera at work on a self-portrait, with her version of herself standing on the border line between Old Mexico and the present-day United States, painted with miniature-like skill.

—By News Staff Photographer.

(왼쪽) 『디트로이트 뉴스』(*The Detroit News*), 1933년 2월 발행.

(오른쪽) 디트로이트 미술관에서 프리다와 디에고.

데 디에고는 이번 벽화가 지금까지 자신이 작업한 벽화 중 가장 위대한 벽화라고 공식적으로 선언했다. 한편 에드셀 포드는 "저는 그 벽화를 좋게 봅니다"라는 간결한 입장만을 표명했고, 이 벽화를 디트로이트 미술관의 공식 소장품으로 받아들였다.

디에고는 이미 다음 작업을 계획하고 있었다. 디트로이트에서 벽화 작업이 한창이던 중에 뉴욕 록펠러센터에 있는 RCA빌딩의 건축가인 레이먼드 후드(Raymond Hood)가 그를 찾아왔다. 넬슨 록펠러(Nelson Rockfeller)의 요청으로 레이먼드 후드는 디에고에게 93㎡의 벽에 작업을 의뢰했다. 그래서 디트로이트 미술관의 벽화가 공개된 다음 날인 3월 18일 디에고와 프리다는 곧바로 뉴욕으로 떠났다. 그들은 다시 바비존 플라자 호텔에 투숙했다. 프리다는 디트로이트보다는 훨씬 더 좋았던 뉴욕으로 돌아와서 기뻤지만 사실 궁극적으로 원했던 것은 멕시코로 돌아가는 것이었다.

디에고는 계약에 따라 곧바로 〈십자로의 남자〉(*Man at the Crossroads*) 벽화 작업에 착수했다. 록펠러 부부는

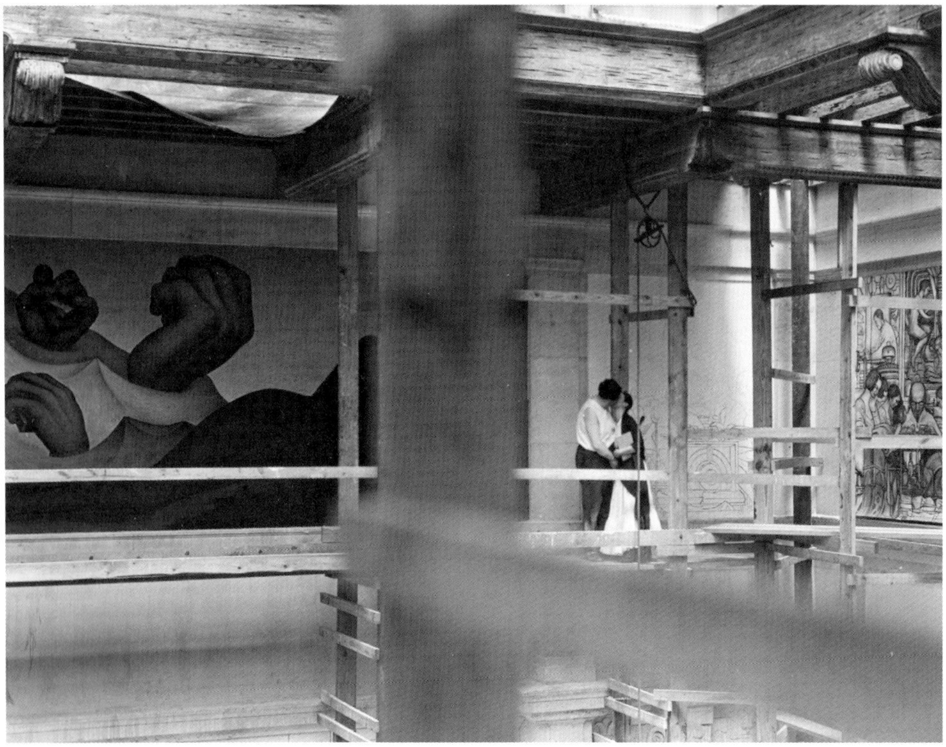

그의 진행 과정을 면밀히 주시했으며, 작품의 신속한 진행에 기뻐했다. 그들은 디에고가 선택한 주제에 대해서도 만족스러워했다. 그러나 4월 24일 『뉴욕 월드 텔레그램』(*New York World Telegram*)에서 '디에고 리베라가 RCA빌딩의 벽을 공산주의자적 행위로 망치고 있다. — 그리고 그 청구서는 록펠러 주니어에게 간다'라는 제목의 기사를 게재함에 따라, 록펠러 부부도 주제에 대한 우려를 표명하기 시작했다. 그로부터 며칠 후 디에고는 블라디미르 레닌의 얼굴을 벽화에 추가했다. 록펠러 부부는 디에고에게 편지를 보내 그가 처음에 그렸던 스케치에서처럼 레닌의 얼굴을 이름 없는 노동자로 바꿔줄 것을 요구했다. 디에고는 사면초가의 상황에 몰렸다. 만약 그가 물러선다면 그의 예술적 고결함이 꺾인다는 의미였다. 한편, 디에고의 보조 작가들은 록펠러의 요구에 굴복하면 파업을 하겠다며 그를 압박했다. 디에고는 록펠러 부부에게 레닌을 그린다는 자신의 입장은 고수하지만, 균형을 맞추기 위해 아브라함 링컨의 이미지를 추가한다는 아이디어를 제안했다. 그러나 록펠러 측에서는 이 제안을 받아들이지 않았다. 결국 그들은 5월 9일 프로젝트 비용 전액을 지불하고 작업을 중단시켰다. 미완성 벽화는 이후 철거되었다.

〈십자로의 남자〉 프로젝트가 미완성으로 종료되자 디에고는 큰 타격을 입었다. 그는 취소된 프로젝트에서 받은 아티스트 피를 다른 벽화를 만드는 데 쓰기로 했다. 그러나 적당한 벽을 찾지 못했기에 이동이 가능한 프레스코화로 작업했다. 이렇게 해서 제작된 프레스코 연작 〈미국의 초상〉(*Portrait of America*)은 총 21개의 패널로 이루어졌으며, 완성된 작품은 노동자학교(New Workers School)로 전달되었다.

디에고가 록펠러 측으로부터 해고된 직후 프리다와 디에고는 바비존 플라자 호텔을 떠나 디에고의 새 작업장인 노동자학교에서 가까운 방 2개짜리 아파트로 이사했다. 두 사람 모두 바비존 플라자 호텔의 가식적인 분위기에서 벗어나게 되어서 기뻤다. 호텔 도어맨들은 호텔에 걸맞은 신분이 아니라는 이유로 그들의 친구들을

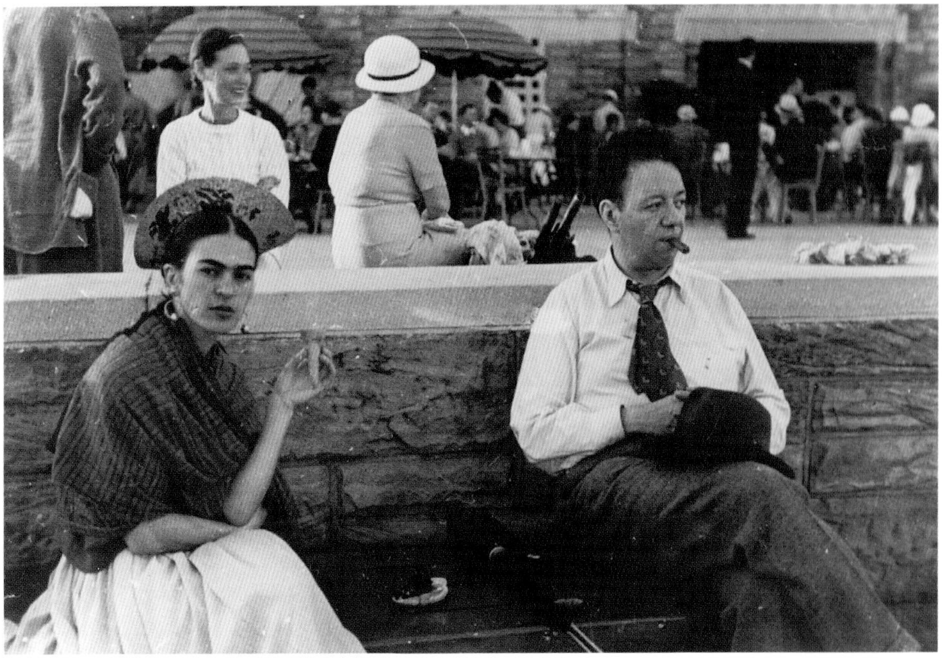

무시했지만, 새로 이사한 아파트에서는 밤낮으로 편안하게 손님을 맞이할 수 있었다. 같은 아파트에 거주했던 루이스 네벨슨(Louise Nevelson)과 그의 친구 마조리 이튼(Marjorie Eaton)은 디에고의 보조 작가로 고용되었다. 디에고는 이내 루이스 네벨슨과 많은 시간을 보내게 되었고, 얼마 지나지 않아 다른 보조 작가들은 두 사람의 관계가 심상치 않다는 것을 알게 되었다. 프리다와 절친한 루시엔느는 이 사실에 격분했다. 그는 자신의 일기에 "프리다는 너무도 완벽한 사람이야. 누구도 대신할 수 없어"라고 썼다.[24)]

몇 달 후 프리다와 디에고는 그리니치빌리지 5번가에 있는 브레보트 호텔로 이사했다. 1845년에 지어진 이 위풍당당한 호텔 1층에 위치한 파리지앵 스타일의 카페는 오랫동안 예술가와 보헤미안의 안식처가 되었다. 그러나 정작 프리다와 디에고는 이 호텔에서 그다지 행복한 시간을 보내지 못했다. 그들은 멕시코로 귀국하는 문제를 놓고 몇 달에 걸쳐 논쟁을 벌였다. 디에고는 시카고 만국박람회를 위한 벽화 프로젝트를 두고 협상을 진

(위) 존스 비치에서 프리다와 디에고, 뉴욕, 1933. 루시엔느 블로흐 촬영.

(오른쪽) 노동자학교에서 루시엔느와 디에고, 그리고 프리다, 뉴욕, 1933.

행중이었지만, 이는 록펠러 가문과의 스캔들 이후로 무산되었다. 결국 1933년 말, 수중에 가진 돈도 바닥나고 앞으로의 전망도 불투명해진 디에고는 선택의 여지없이 멕시코로 돌아갈 수밖에 없었다. 멕시코로 돌아가는 데 필요한 비용은 친구들이 보태주었다. 1933년 12월 20일, 프리다와 디에고는 멕시코로 향하는 배에 올랐다. 디에고는 씁쓸한 실망감에 사로잡혀 있었다. 멕시코로 돌아가기를 꿈꾸어왔던 프리다였지만 옆에서 우울해하는 디에고 때문에 마음 편히 기뻐할 수 없었다.

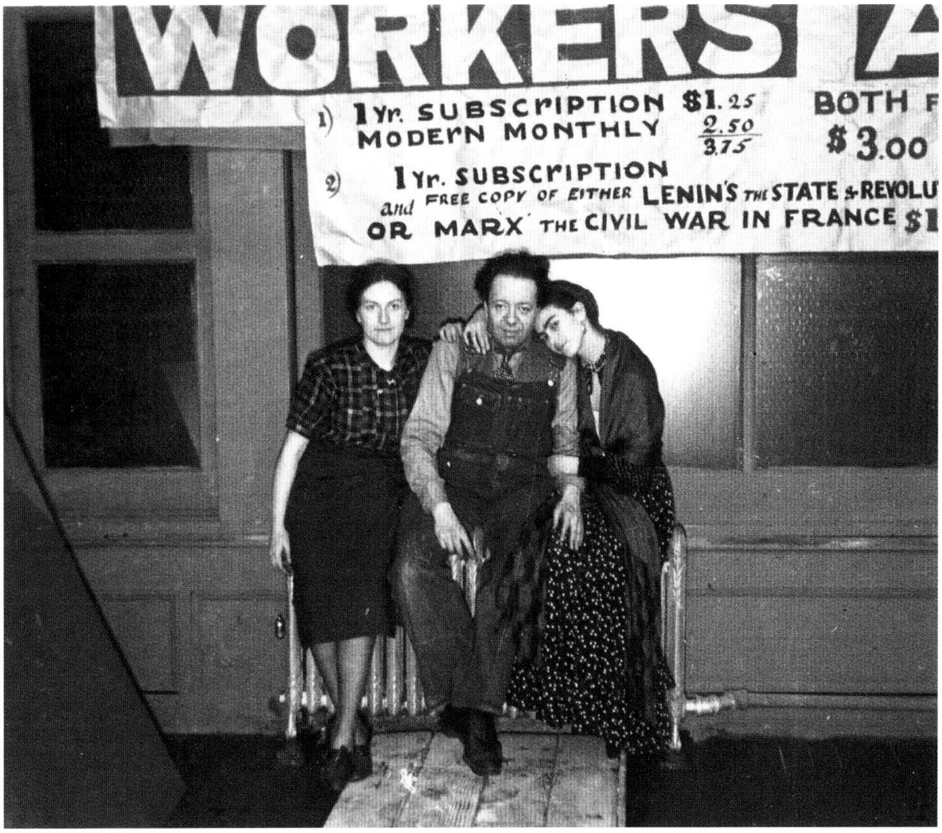

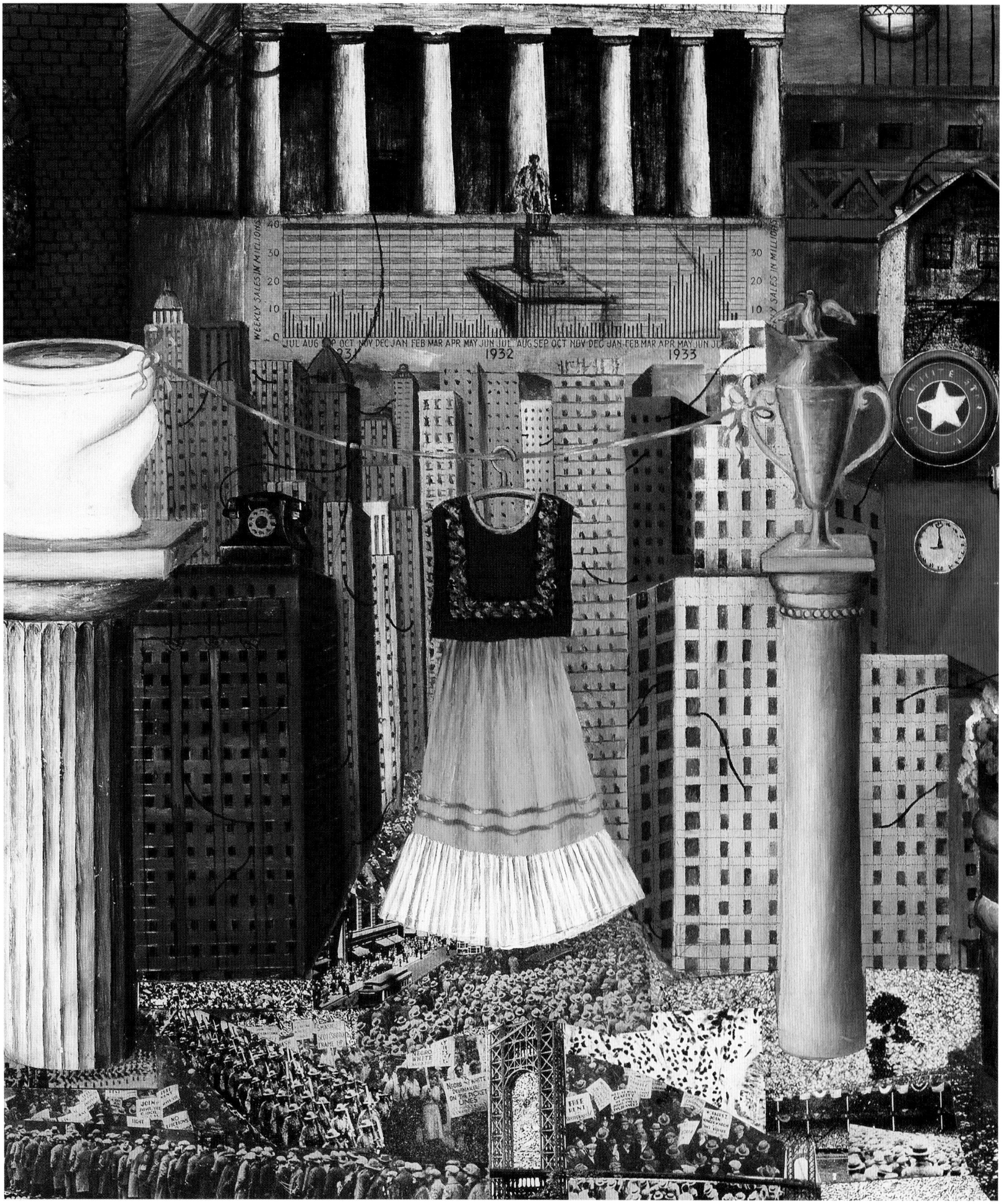
WEEKLY SALES IN MILLIONS
1932
1933

따로 또 같이 지내는 삶, 산 앙헬

프리다 칼로, 〈내 드레스가 저기에 걸려 있다〉 부분 확대, 1933.

멕시코로 돌아온 프리다와 디에고가 정착한 곳은 후안 오고먼이 설계한 한 쌍의 홈 스튜디오였다. 스튜디오는 멕시코시티의 산 앙헬 지구, 팔마스와 알타비스타 거리의 모퉁이에 위치했다. 프리다의 아버지와 여동생 크리스티나, 그리고 크리스티나의 아이들이 거주하고 있는 코요아칸의 푸른 집으로부터 약 4km 떨어진 거리였다.

프리다와 마찬가지로 건축가 오고먼도 이민자 아버지와 멕시코인 어머니 사이에서 태어났고, 코요아칸에서 유년기를 보냈다. 그는 프리다와 비슷한 연배였으며, 실제로 두 사람은 어렸을 때부터 서로에 대해 알고 있었다. 프리다처럼 오고먼도 국립예비학교에 진학했으며, 이후 멕시코 국립대학에서 예술과 건축을 전공했다. 화가인 동시에 건축가로서 오고먼은 스위스 건축가 르코르뷔지에(Le Corbusier)의 현대 건축 철학에 깊은 영향을 받았다. 르코르뷔지에는 건물의 형태가 그 용도나 재료 및 구조와 같은 실용적인 요소들을 고려하여 결정되어야 한다고 믿었는데, 오고먼은 이러한 건축 철학을 멕시코라는 토양에서 실행하려는 의욕으로 가득했다.

오고먼은 겨우 스물네 살의 나이에, 그동안 일러스트레이터로 활동하며 벌어들인 수입으로 알타비스타 테니스 클럽으로부터 큰 부지를 구입했다. 르코르뷔지에의 철학에 따라 그는 '멕시코 최초의 기능주의 주택'이라고 자평하는 주택을 설계하고 건축했는데, 이때의 클라이언트는 오고먼의 아버지인 세실 오고먼이었다. 사각형의 건물은 별다른 장식 없는 심플한 철근 콘크리트로 만들어졌다. 햇빛이 가득한 2층은 벽의 삼면이 천장부터 바닥까지 내려오는 커다란 창문으로 이루어졌는데, 우아한 곡선형 계단을 통해 외부에서 2층으로 바로 접근할 수 있도록 설계되었다.

오고먼은 디에고를 초대하여 자신이 설계한 주택을 보여주었다. 주택을 실제로 본 디에고는 건물에 담긴 오고먼의 디자인과 건축 철학에 공감했다. 심지어 오고먼은 실용성을 위해 건축에서 미적 요소를 철저하게 배제했다고 생각했지만, 디에고는 이 주택이 미학적으로도 충분한 가치가 있다고 보았다. 오고먼과 디에고는 이러한 새로운 건축이 사회 및 정치 개혁의 매개체가 될 수 있다는 데에도 뜻을 같이 했다. 설계의 효율성과 비용의 최소화를 이룬다면 더 많은 사람들에게 학교와 주택을 제공할 수 있기 때문이었다. 오고먼은 디에고에게 자신이 가진 주택용 부지의 일부를 매도했고, 자신의 기존 스타일을 유지한다는 조건 아래 디에고를 위한 주택과 작업실을 건축하기로 했다. 디에고는 오고먼에게 두 채의 집을 지어줄 것을 요청했는데, 하나는 디에고 자신, 다른 하나는 프리다가 머물 공간이었다.

디에고의 의뢰에 따라 오고먼이 새로 지은 주택은 파이프처럼 생긴 선인장으로 둘러싸여 있었다. 자연적인 울타리 역할을 하도록 일부러 심어놓은 선인장이었다. 나란히 선 두 채의 건물은 마치 나란히 놓여 있는 두 개의 시멘트 벽돌처럼 보였다. 꼭대기 층의 좁은 다리를 통해서만 두 건물을 오갈 수 있도록 설계되었다. 두 건물

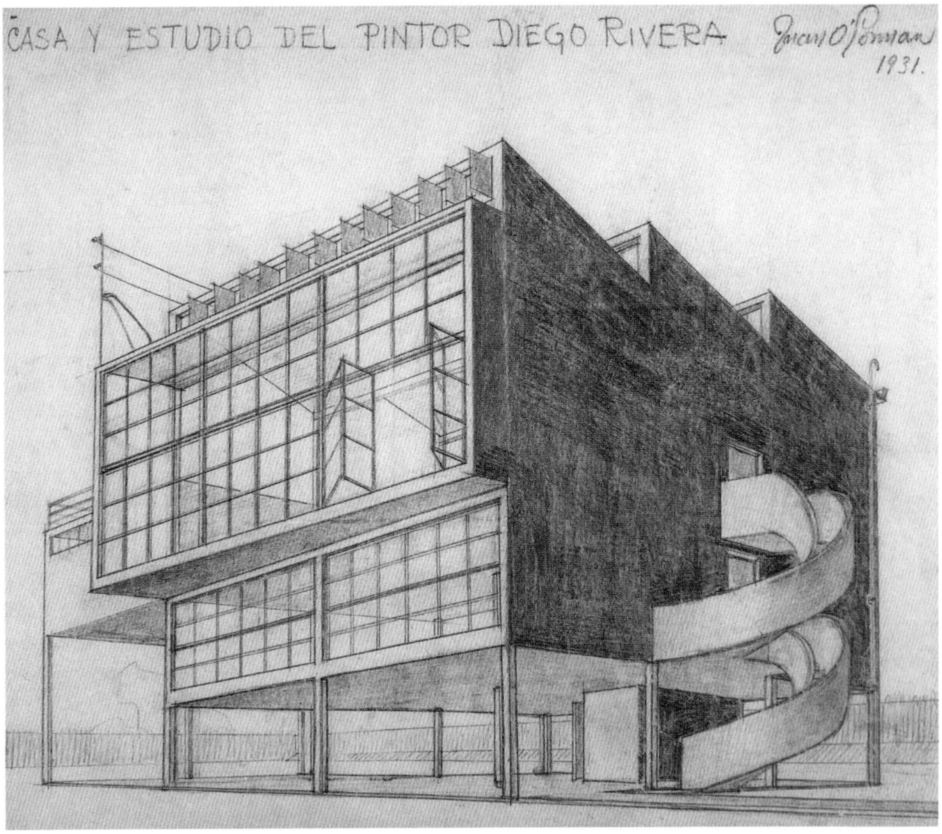

(위) 산 앙헬의 주택을 위한 스케치. 후안 오고먼.

(오른쪽) 기예르모 칼로가 촬영한 산 앙헬의 주택

중 상대적으로 좀 더 큰 집은 어두운 분홍색과 흰색이었고, 작은 집은 진한 파란색이었다. 더 큰 집에서는 디에고가 거주했는데, 이 집은 거리에서 볼 때 눈에 더 잘 띄는 위치였으며 방문객과 고객을 맞이하기에도 적합했다. 한편 프리다가 머무르는 작은 집은 뒤쪽에 숨어있었고, 별도의 입구가 따로 있을 정도로 보다 내밀한 느낌의 공간이었다. 두 채의 집 모두 가느다란 철근 콘크리트 기둥 위에 세워진 형태로, 이에 따라 지상층은 그늘이 드리워진 빈 공간이 되었다. 이렇게 만들어진 빈 공간은 주차장 혹은 그들이 지금까지 수집한 대형 조각품들을 전시하는 장소로 활용되었다. 디에고가 머무르는 큰 집에는 지상층 한 켠에 주방과 식당을 포함한 서비스 공간도 있었다. 또한 콘크리트로 만들어진 나선형 계단은 상자처럼 생긴 건물의 한쪽 면에 위치하여 코르크 따개같은 독특한 모양새로 주의를 끌었다. 건물 내부에 있는 계단은 시각적 효과만이 아니라 실제로 각 층을 오갈 수 있는 실용적인 역할도 했다. 디에고의 집 1층은 그가 그린 그림들과 그가 수집한 식민지 시대 이전의 멕시코 전통 예술품들을 전시할 수 있는 개방형의 거대한 쇼룸으로 꾸며졌다. 1층에는 작은 침실과 욕실도 있었다.

2층에는 디에고의 거대한 스튜디오가 있었다. 이 스튜디오는 작가의 작업실로서 세심하게 설계되었고, 목적에 맞게 완벽히 디자인되었다. 르코르뷔지에는 '집은 살기 위한 기계'라는 유명한 말을 남겼는데, 오고먼은 디에고의 작업실을 '빛을 찾기 위한 기계'로 구상했다. 이를 위해 오고먼은 롤모델인 르코르뷔지에가 1922년 화가 아메데 오장팡(Amédée Ozenfant)을 위해 디자인했던 파리의 메종 오장팡(Maison Ozenfant)을 참고했다.[1)] 디에고의 스튜디오는 한쪽 벽이 천장부터 바닥까지 창문으로 가득했다. 비스듬히 튀어나온 벽면을 가득 채운 창

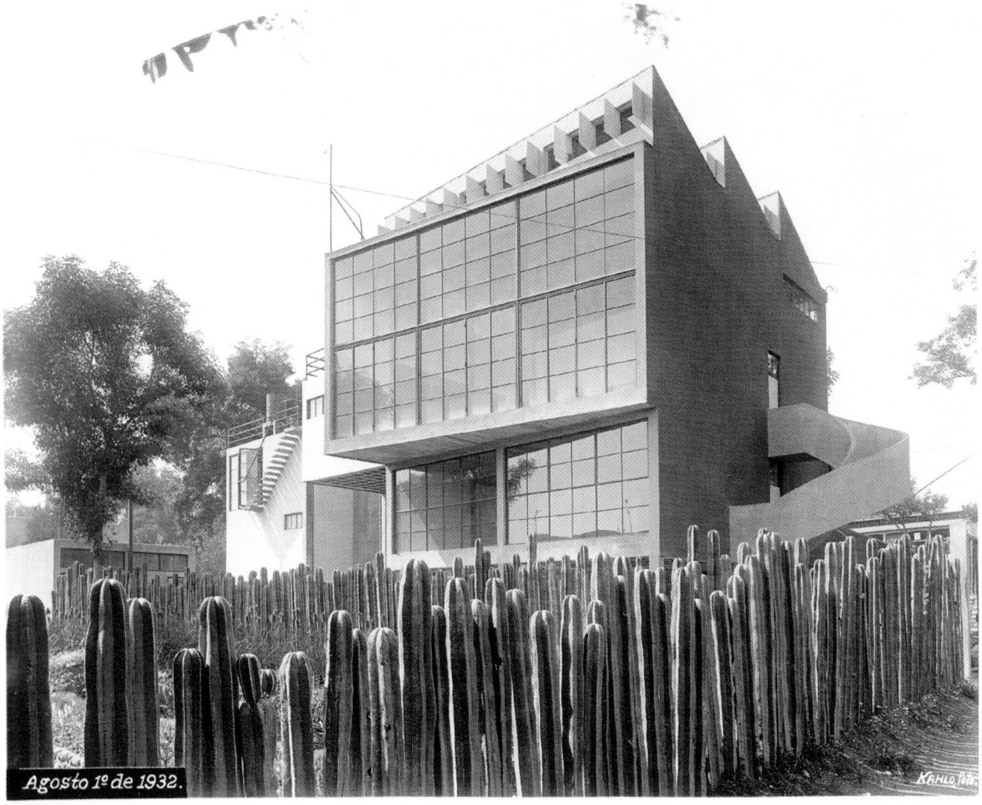

문들은 북쪽을 향해 정렬되어 하루 종일, 그리고 일 년 내내 스튜디오로 자연광이 들이칠 수 있도록 했다. 그 위쪽의 지붕에는 톱니 모양의 채광창이 있어서 위쪽에서 들어오는 햇빛도 놓치지 않았다. 스튜디오의 맨 끝에는 디에고가 자료를 보관할 선반을 짜 넣었다. 이중으로 된 천장은 한쪽이 매우 높게 설계되어 이동식 프레스코화와 같은 대형 작업도 가능한 구조였다. 2층에도 침실과 욕실이 있었다. 옥상층은 갤러리로 설계하여 스튜디오를 내려다보게 되어 있었다. 그 외에도 작은 사무실 공간, 테라스로 나가는 문, 이웃한 집의 옥상 테라스로 연결되는 인도교 등이 있었다. 이웃한 집의 푸른 지붕에서부터 연결되는 콘크리트 계단은 벽을 따라서 2층 스튜디오로 통하는 큰 창문으로 이어졌다.

프리다의 작업실도 삼면이 창문으로 되어 있어 채광은 좋았지만, 디에고의 작업실보다는 훨씬 아담한 크기였다. 프리다의 집에는 스튜디오 외에 거실, 침실, 욕실, 작은 주방이 있었다. 비록 막혀있는 공간이기는 했지만 프리다의 집은 디에고의 집에 비해 길가 쪽 창문이 더 컸기에 사생활이 다소 침해되는 측면이 있었다.[2] 두 채의 집은 종종 '쌍둥이 집'(casas gemelas)이라고 불렸다. 하지만 나란히 붙어있기만 할 뿐, 두 집은 서로 닮지는 않았다. 디에고의 집과 작업실은 프리다의 집에 비해 훨씬 크고 눈에 띄었는데, 이는 마치 그의 사회적인 지위와 성취를 반영하는 듯했다. 디에고와 프리다의 집에 이어 세 번째로 지어진 훨씬 작은 건물도 있었다. 기예르모 칼로의 스튜디오와 암실로 사용할 계획이었지만, 정작 그는 그 공간을 활용하지 않았다. 아내가 세상을 떠난 후 건강이 악화된 기예르모는 사진을 포기했던 것이다.

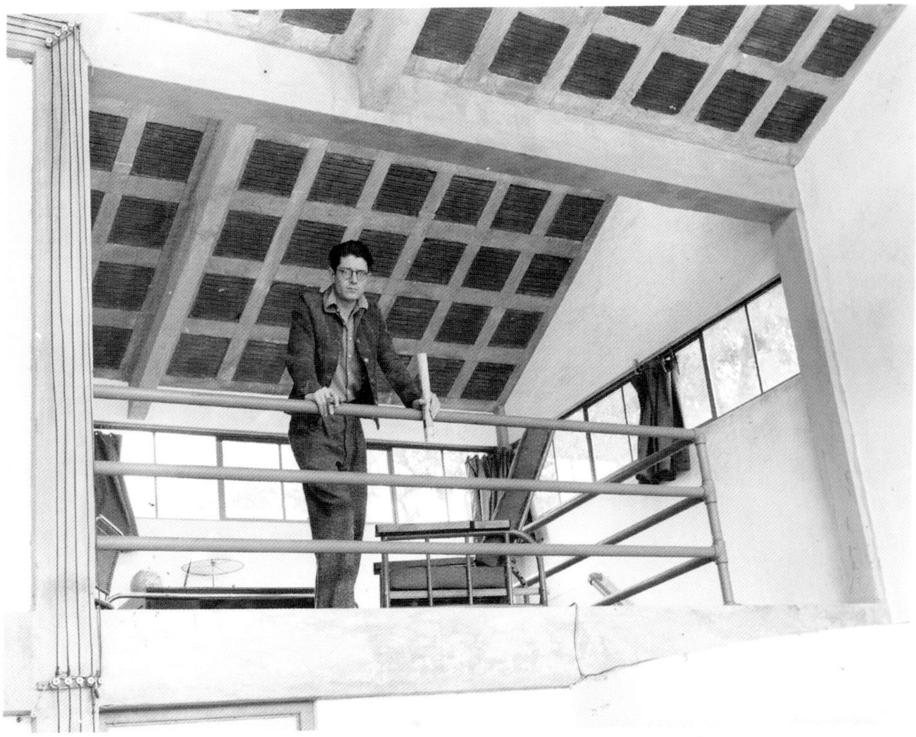

기능주의 건축에 대한 오고먼의 실천은 경제적 요소에 대한 그의 관심도 보여준다. 오고먼은 비용, 재료, 공간 및 시간과 같은 모든 측면에서의 효용성을 중요하게 생각했다. 그래서 그는 콘크리트, 강철, 석면과 같은 저렴한 재료를 사용했다. 그의 건축물에는 배관 및 전기 설비가 노출되어 있으며 불필요한 장식이나 꾸밈은 생략되었다. 이런 그의 철학을 담아 지은 산 앙헬 홈 스튜디오의 형태적 측면을 좀 더 살펴보면, 디에고의 작업실 위로 보이는 톱니 지붕이나 그 위의 물탱크, 쇠파이프로 된 난간 등은 마치 공장을 연상케 한다. 오고먼은 여기에 전통적인 멕시코 느낌을 약간 추가했다. 멕시코 시골에서는 흔히 볼 수 있지만 도시에서는 보기 드문 선인장 울타리, 스페인 식민지 시대 이전의 멕시코 예술에서 볼 수 있는 독특한 색상을 칠한 외벽이 바로 그런 시도들이다. 오고먼은 저택 내부도 금속과 강철 파이프로 만든 현대적인 가구로 채웠지만, 프리다와 디에고는 입주

(위) 산 앙헬 저택에서 후안 오고먼. 갤러리 공간에서 디에고의 스튜디오를 내려다보고 있다.

(오른쪽) 독특한 형태의 계단 앞에 서 있는 프리다.

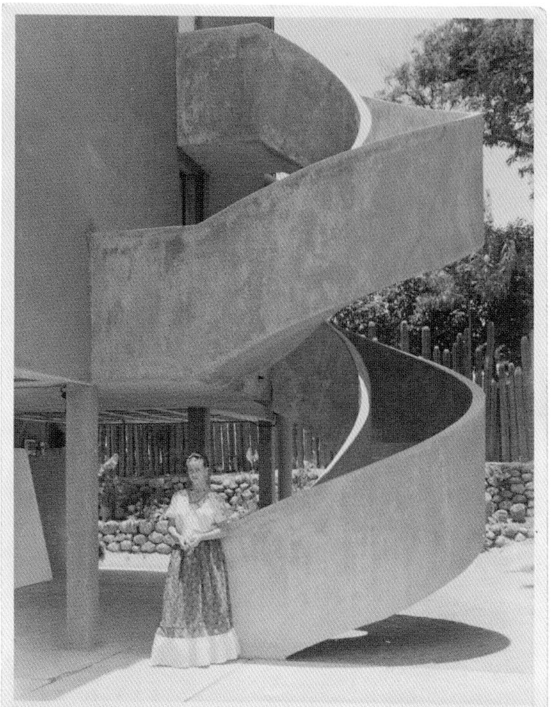

하고 얼마 지나지 않아 전통적인 멕시코 가구와 밀짚 매트, 거대 사이즈의 파피에 마세(papier-mâché, 종이에 아교나 풀을 먹여 단단하게 만들어 가공하는 프랑스 기법) 인형, 멕시코 전통 조각품을 집에 가득 들여놓았다.

이 집에 대한 이웃들의 반응은 그다지 호의적이지 않았다. 기능주의적으로 지어진 두 채의 새로운 집은 식민지 시대와 신고전주의 건축 양식이 지배적이던 주변의 상류층 주택들 사이에서 몹시 겉돌았다. 하필이면 집의 바로 맞은 편에는 17세기 카르멜파 수도원 건물을 리모델링한 고급 레스토랑 겸 호텔인 산 앙헬 인(San Ángel Inn)이 마주보고 있어서 특히나 눈에 띄었던 것이다. 대부분의 사람들은 오고먼의 건축물을 철거해야 한다고 비웃었지만, 소수의 여론은 오고먼의 모더니스트적인 시도를 높게 평가했다. 훗날 오고먼은 멕시코 교육부 장관의 의뢰를 받고 경제성과 기능적 디자인이라는 자신의 원칙을 적용한 학교 건물도 건축하게 된다.

산 앙헬에 입주한 디에고는 이 집과 스튜디오의 엄격한 단순성을 좋아했다. 그는 공간이 가진 소박한 아름다움을 높이 평가했으며, 이는 허세를 싫어하는 그의 정치적 성향과도 잘 맞았다. 공장을 연상시키는 형태의 건축은 스스로를 노동계급의 일원이라고 생각하는 그의 평소 가치관과 부합했다. 디에고는 우리의 집이 아닌 '각자의' 집이라는 점도 큰 장점으로 보았다. 같은 집에 살지는 않았지만 물리적으로 매우 가까운 거리였기 때문에 프리다는 디에고에게 지속적으로 관심을 기울이며 그의 사적인 혹은 공적인 업무를 도울 수 있었다. 그러면서도 서로 다른 집에 머물렀기 때문에 디에고는 그가 원하는 대로 자유롭게 자신만의 집으로 여성들을 초대할 수 있었다. 실제로 디에고는 기자들과의 대화에서 두 채의 분리된 집을 갖는 이유가 '가정의 평화를 유지하기 위해서'라고 말하기도 했다.

산 앙헬에 온 초기에는 프리다 또한 작업에 전념할 수 있는 자신만의 공간이 생겼다는 사실에 기뻐했다. 하지만 디에고의 경우와 달리, 그의 집은 프리다에게 적합한 공간이 아니었다. 좁은 계단을 수없이 오르내려야 하는 구조의 집에서 프리다는 통증에 시달렸고, 실제로 약한 육체에 탈이 나기 시작했다. 그런 프리다를 보살피기에는 디에고의 상태도 좋지 않았다. 그는 미국에서 돌아온 후로 여전히 심리적으로 가라앉은 상태였고, 물리적으로도 프리다와 떨어진 옆집에 거주했기 때문이다. 먼 거리는 아니었으나 프리다가 남편을 만나러 가는 길에 놓인 여러 개의 계단은 상당한 장애물이었다. 게다가 프리다의 공간에 있는 작은 부엌은 그가 평소 디에고와 손님들에게 즐겨 내놓았던 복잡한 요리를 하기에는 턱없이 비좁았다. 산 앙헬의 집에는 코요아칸에 있는 프리다의 푸른 집과 같은 중앙정원도 없었다. 가족들의 중심이자 사람들을 하나로 모으는 중앙정원이 없는 산 앙헬의 집은 프리다에게 고립감을 불러일으켰다. 프리다는 주어진 환경을 최대한으로 활용하려고 노력했지만, 결국 산 앙헬의 저택에서는 겨우 몇 년밖에 머무르지 못했다.

프리다와 디에고가 미국에서 멕시코로 돌아오기 불과 몇 주 전에 멕시코에서는 새로운 대통령이 취임했다. 새 대통령의 이름은 라사로 카르데나스(Lázaro Cárdenas)로, 그는 노동자와 농민의 복지 문제에 대해 공감대를 가진 사람이었다. 하지만 카르데나스는 지난 10년 동안 멕시코의 실질적인 통치자였던 막시모토, 즉 칼레스 전 대통령의 수하이기도 했다. 칼레스 전 대통령은 카르데나스가 대통령 후보로 선출되는 과정에서 영향력을 발휘했고, 따라서 모든 사람들은 카르데나스가 대통령이 되어도 여전히 실세는 칼레스일 것이라고 예측했다. 하지만 카르데나스는 내심 자신만의 계획을 품고 있었다.

대통령에 취임한 카르데나스는 칼레스의 인맥들을 정부의 요직에서 몰아냈고, 공식적으로 칼레스와의 결별을 선언했다. 칼레스는 결국 미국으로 망명을 떠났다. 카르데나스 대통령은 농민들과 노동자들의 요구에 적극 호응했고, 농민들에게 토지를 대규모로 재분배하였다. 이는 그의 전임자들이 지금까지 실행한 토지 분배를 모두 합친 것보다 두 배 이상 넓은 규모였다. 그는 그간 외국 기업에게 일임했던 천연자원 개발권도 회수했다.

이처럼 멕시코의 정치상황은 프리다와 디에고가 지지하는 방향으로 변화되었지만, 그 외 개인적인 영역에서나 작가로서의 상황은 결코 좋지 않았다. 물론 디에고는 여전히 멕시코 정부로부터 벽화 의뢰를 받고 있었다. 멕시코 국립 궁전의 벽화 중 두 개의 패널은 아직 미완성인 상태였고, 추가적으로 멕시코 미술 궁전(Fine Arts Palace)에서도 벽화 의뢰가 들어왔다. 그러나 이는 미국에서 진행했던 벽화 프로젝트만큼 흥미롭거나 충분한 소득을 올릴 수 있는 일거리는 아니었다. 디에고는 여전히 미국 생활의 미흡한 마무리에 대한 아쉬움과 불만이 남아있었고, 멕시코로 돌아오게 된 것에 대해 프리다를 탓했다. 게다가 디에고의 건강에도 문제가 생겼다. 디트로이트에서 겪었던 급격한 체중 감소로 인해 에너지가 소진되고 무기력해진 것이었다. 디에고와 프리다 모두에게 힘겨운 시기였다.

그들이 아직 미국에 머물던 시절, 프리다는 〈내 드레스가 저기에 걸려 있다〉(*My Dress Hangs There*)를 그리기 시작했고 멕시코에 도착해서 최종적으로 작품을 완성했다. 이 그림은 자본주의를 향한 통렬한 비판을 담고 있다. 부패하고 있는 도시 뉴욕을 배경으로, 두 개의 기둥 사이에 매달린 줄에 프리다가 즐겨 입는 멕시코 전통 드레스인 테후아나(Tehuana)가 걸려 있다. 한쪽 기둥 위에는 변기가, 다른 쪽 기둥에는 황금빛 트로피가 놓여 있다. 프리다는 화면의 위쪽에 아메리칸 드림의 상징이자 뉴욕시의 랜드마크인 엘리스 섬과 자유의 여신상을 묘사했지만, 전체 화면을 보면 이는 그저 공허한 약속에 불과하다는 것을 알 수 있다. 화면의 대부분은 대형 고층 빌딩 및 기타 건물로 채워져 있다. 프리다는 뉴욕의 유명한 트리니티 교회도 그려 넣었는데, 교회의 스테인

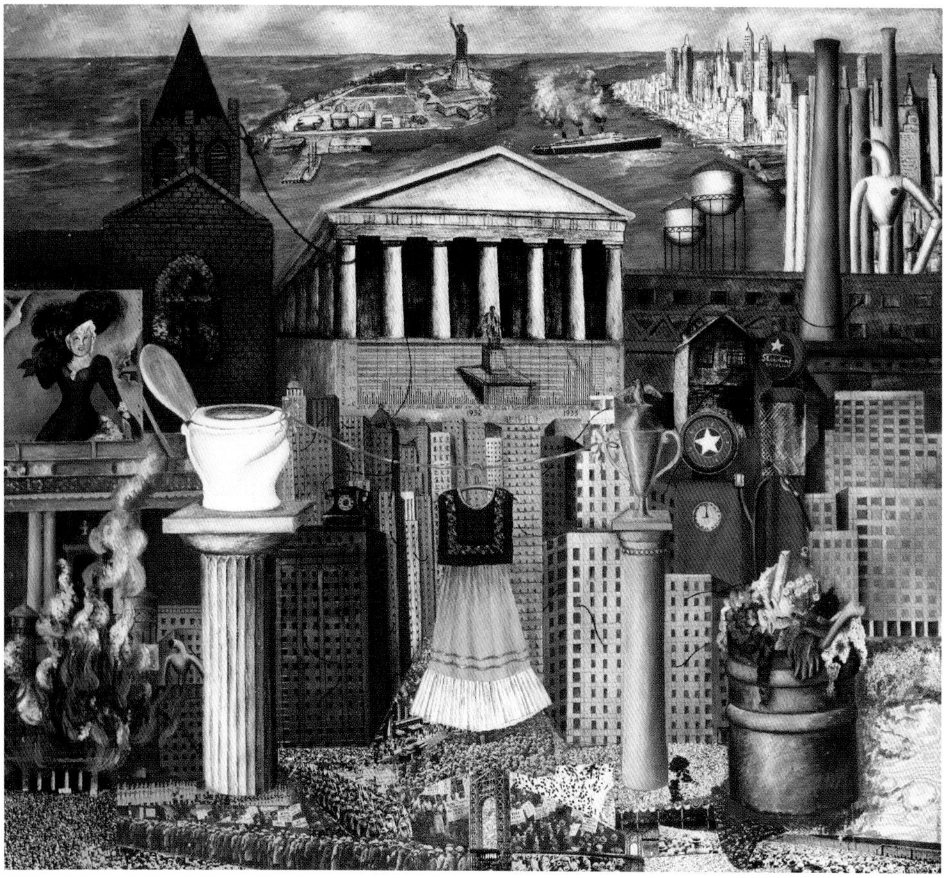

프리다 칼로, 〈내 드레스가 저기에 걸려 있다〉, 1933, 얇은 판에 콜라주와 유채, 46x50cm, 개인 소장.

드글라스 창문으로 보이는 십자가를 감싼 달러 기호는 자본주의 사회에 만연한 달러 숭배를 냉소적으로 고발하고 있다. 여배우 메이 웨스트(Mae West)가 그려진 낡은 포스터는 메이 웨스트가 화염에 휩싸인 건물을 바라보는 것처럼 표현하고 있다. 화면 구석의 쓰레기통은 온갖 이물질과 신체의 조각들로 넘쳐난다. 정부, 산업, 교회 간의 커넥션을 상징하는 전화선이 화면을 누비고 있다. 프리다는 화면 아래쪽에 신문에서 오려낸 여러 이미지를 붙였고, 여기서는 빵을 사기 위해 서 있는 긴 줄, 피켓 라인, 시위에 참여한 얼굴 없는 군중들의 모습들을 볼 수 있다. 작품에 담긴 프리다의 메시지는 매우 분명하다. 낭비가 만연한, 물질주의가 지배하는 자본주의 사회는 정작 사람들의 가장 기본적인 필요를 충족시키지 못하고 있다는 것이다. 줄에 걸린 테후아나 드레스는 자본주의에 대한 저항의 상징으로 읽힌다.

프리다는 1934년에는 새로운 작품을 하나도 그리지 못했다. 그해에만 세 번이나 병원에 입원했던 것이다. 그는 다시 임신했고, 이번에는 낙태 수술을 했다. 수술을 위해 프리다의 배를 가른 의사는 난소가 충분히 발달되지 못했다고 진단했다. 프리다는 맹장 수술도 받았고, 지속적으로 문제가 되었던 오른발을 마침내 수술했다. 이 수술을 통해 발가락 끝을 절단했는데 회복은 매우 느리게 진행되었으며 이 과정에서 오른발의 통증은 계속되었다.[3]

게다가 1934년 여름, 프리다는 디에고가 여동생 크리스티나와 바람을 피우고 있음을 알아챘다. 이는 엄청난 충격이었다. 사랑하는 남편, 그리고 자신이 가장 소중히 여기는 자매로부터 배신당했다는 사실은 프리다에 있

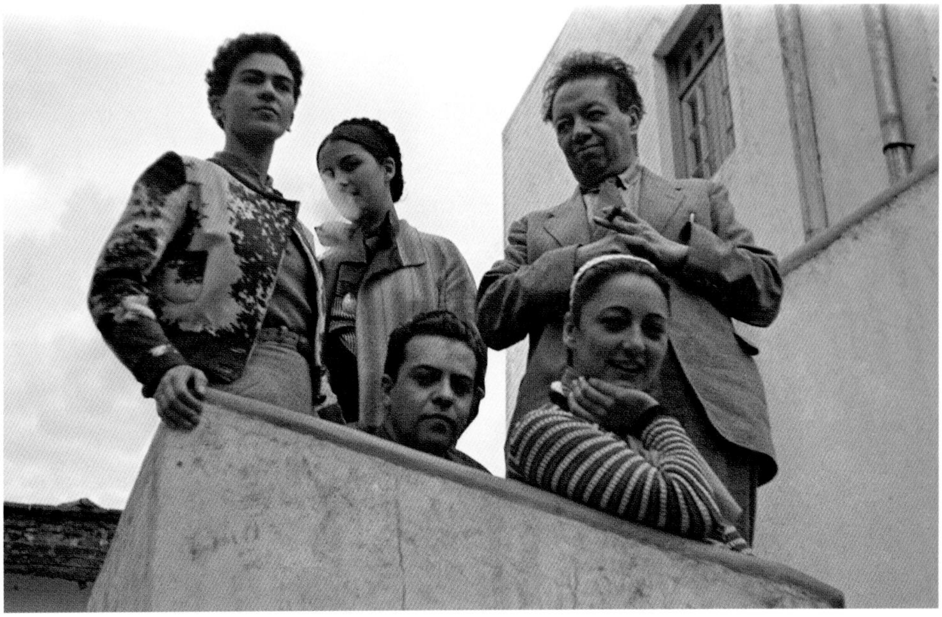

어 최후의 일격과도 같았다. 프리다를 한층 더 상처 입힌 것은 디에고와 크리스티나의 불륜이 일시적인 불장난도 아니었다는 사실이었다. 그들은 수개월에 걸쳐 관계를 유지했다. 둘의 관계를 알게 된 직후 프리다는 크리스티나를 향한 디에고의 열정이 식기만을 바랐다. 디에고의 마음이 변하지 않는다면 그냥 그들의 불륜에 대해 마음을 내려놓고자 했다. 프리다는 자신 때문에 디에고가 행복할 기회를 놓쳤기 때문에 일종의 책임을 져야 한다고 생각했다. 프리다는 당시 스스로를 신경쇠약 상태라고 판단했고, 그래서 자신이 지나치게 감정적으로 행동할까 봐 자제하려고 노력했다. 프리다는 크리스티나도 용서하려고 했는데, 그래야만 상황을 극복할 수 있다고 생각했기 때문이었다. 디에고는 이러한 프리다의 노력에 그저 기뻐하기만 했고, 그 사실은 프리다를 더욱 비참하게 했다.[4)]

해가 바뀌고 1935년 초에 이르자 프리다는 더 이상 상황을 견딜 수 없었고, 결국 산 앙헬의 저택을 나와버렸다. 프리다는 집을 나온 직후에는 이복 언니인 마리아 루이사의 집에 잠시 머물다가 이내 멕시코시티 중심가의 인수르헨테스 거리 432번지에 있는 아파트를 구했다. 이를 기점으로 그는 남편과 분리되는 자신만의 삶을 서서히 시작했다. 머리를 짧게 자르고, 친구들과 시간을 보내며 보다 독립적이 되고자 노력했다. 그럼에도 한편으로는 여전히 디에고와 연락을 주고받았다.

이듬해에 프리다는 두 점의 그림을 완성했다. 〈곱슬머리의 자화상〉(*Self-Portrait with Curly Hair*)에서 프리다는 고개를 살짝 옆으로 돌린 채 관객을 응시하고 있다. 그림 속 프리다는 목에는 비즈 목걸이를, 귀에는 은색의 후프형 귀걸이를 착용했다. 이 작품은 예전에 프리다가 디트로이트에서 그렸던 자화상과 매우 유사한 구도로, 밋밋한 배경 위로 그의 머리와 어깨까지만 보여주고 있을 뿐이다. 하지만 이전까지의 초상화와 달리, 그림 속 프리다의 머리는 매우 짧아졌고 온통 곱슬곱슬하다. 그해에 완성한 또 다른 작품인 〈몇 개의 작은 상처〉(*A Few Small Nips*)는 단순화된 원근법을 적용한 봉헌 그림 기법을 사용했지만, 봉헌 그림에서 주로 표현하는 기적 대신에 살인 현장을 보여주고 있다. 그림 속 침대 위에는 피투성이가 된 여자의 시신이 누워있고 침대 옆에는 모

(왼쪽) 프리다와 여동생 크리스티나, 디에고, 그리고 미구엘과 로사 코바루비아스 부부.

(아래) 프리다 칼로, 〈곱슬머리의 자화상〉, 1935, 금속판에 유채, 19.5x14.5cm, 개인 소장.

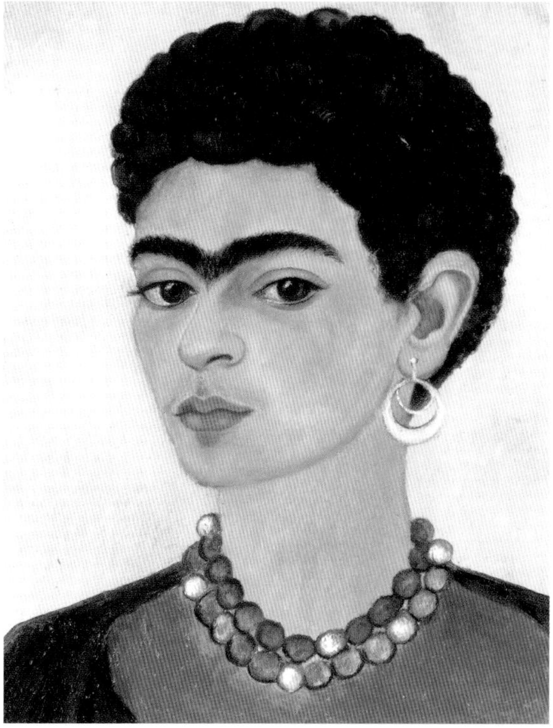

자를 쓴 남자가 서 있다. 남자의 왼손은 무심하게 주머니 속에 있으며 오른손에는 피 묻은 칼이 들려있다. 침대 위에 누운 여자는 오른쪽 발목 부근에 뭉쳐진 스타킹과 그 아래의 검은색 하이힐 한 짝 외에는 아무 것도 걸치지 않은 채로 상체는 관객을, 하체는 반대편을 향한 뒤틀린 자세를 하고 있다. 남자가 입고 있는 셔츠, 마룻바닥, 침대 곳곳에는 피가 묻어 있으며 심지어 그림의 액자에도 붉은 색이 튀어서 섬뜩함을 불러일으킨다. 화면 위쪽에는 흰색과 검은색의 비둘기 두 마리가 '몇 개의 작은 상처!'(Unos Cuantos Piquetitos!)라고 적힌 배너를 물고 있다.

프리다는 이 작품에서 봉헌 그림의 스타일뿐만 아니라 정치와 시사 문제를 풍자하는 것으로 유명한 일러스트레이터이자 조각가인 호세 과달루페 포사다의 작품들도 참조했다. 이러한 형식적 요소 외에도 〈몇 개의 작은 상처〉의 소재는 당시의 뉴스 기사에서 구체적인 영감을 얻었다. 술에 취한 남자가 한 여자를 스무 번이나 칼로 찌른 사건이었는데, 왜 그런 짓을 저질렀느냐는 질문에 "그냥 몇 번 찔렀을 뿐이야!"라고 대답했다는 것이다. 뉴스 기사에 나타난 살인자의 태도는 자신의 행동과 그 결과에 대한 아무런 죄책감이 없는 무심한 모양이었는데, 이는 불륜을 저지른 이후 프리다를 대하는 디에고의 무심한 태도를 반영한다. 따라서 〈몇 개의 작은 상처〉에는 당시 프리다의 감정도 담겨 있다고 볼 수 있다. 그는 당시 자신이 '생명에 의해 살해당했다'고 느꼈다고 말했다.[5]

이 작품에는 남성과 여성을 향한 사회의 이중 잣대에 대한 메시지도 담겨 있다. 작품을 위한 사전 스케치에서 프리다는 노래 가사에서 가져온 듯한 문장을 적어 두었다. "나의 연인이 다른 놈에게 몸을 바친 걸 보니 더 이상 나를 사랑하지 않는 모양인데, 오늘 내가 그녀를 납치해 왔지. 두고 보라고." 이 문구는 〈몇 개의 작은 상처〉 속의 피해자가 불륜을 저질러서 받게 된 형벌이라는 것을 은연중에 나타낸다. 남성은 자신의 욕구에 따라 누구와도 관계를 가질 수 있는 성적인 자유가 허락되는 반면, 여성이 그렇게 한다면 이처럼 심각한 결과를 초래한다는 역설도 생각해 볼 수 있는 작품이다.[6]

프리다가 디에고의 불륜으로 괴로워하는 동안, 디에고는 작업에 대한 열정을 되찾았다. 그는 그간 중단했던 국립 궁전의 벽화 작업을 다시 시작했고, 마침내 완성된 벽화에는 〈모던 멕시코〉(*Modern Mexico*)라는 제목을 붙였다. 그는 크리스티나를 모델로 그림을 그렸다. 그림 속 크리스티나의 눈동자는 반짝이고 있으며, 크리스티나의 아이들이자 프리다의 조카인 이솔다와 안토니오도 그 옆에 서 있다. 〈모던 멕시코〉에서는 프리다의 모습도 찾아볼 수 있는데, 그는 크리스티나의 뒤쪽에서 아이가 읽을 책을 들고 있는 교사

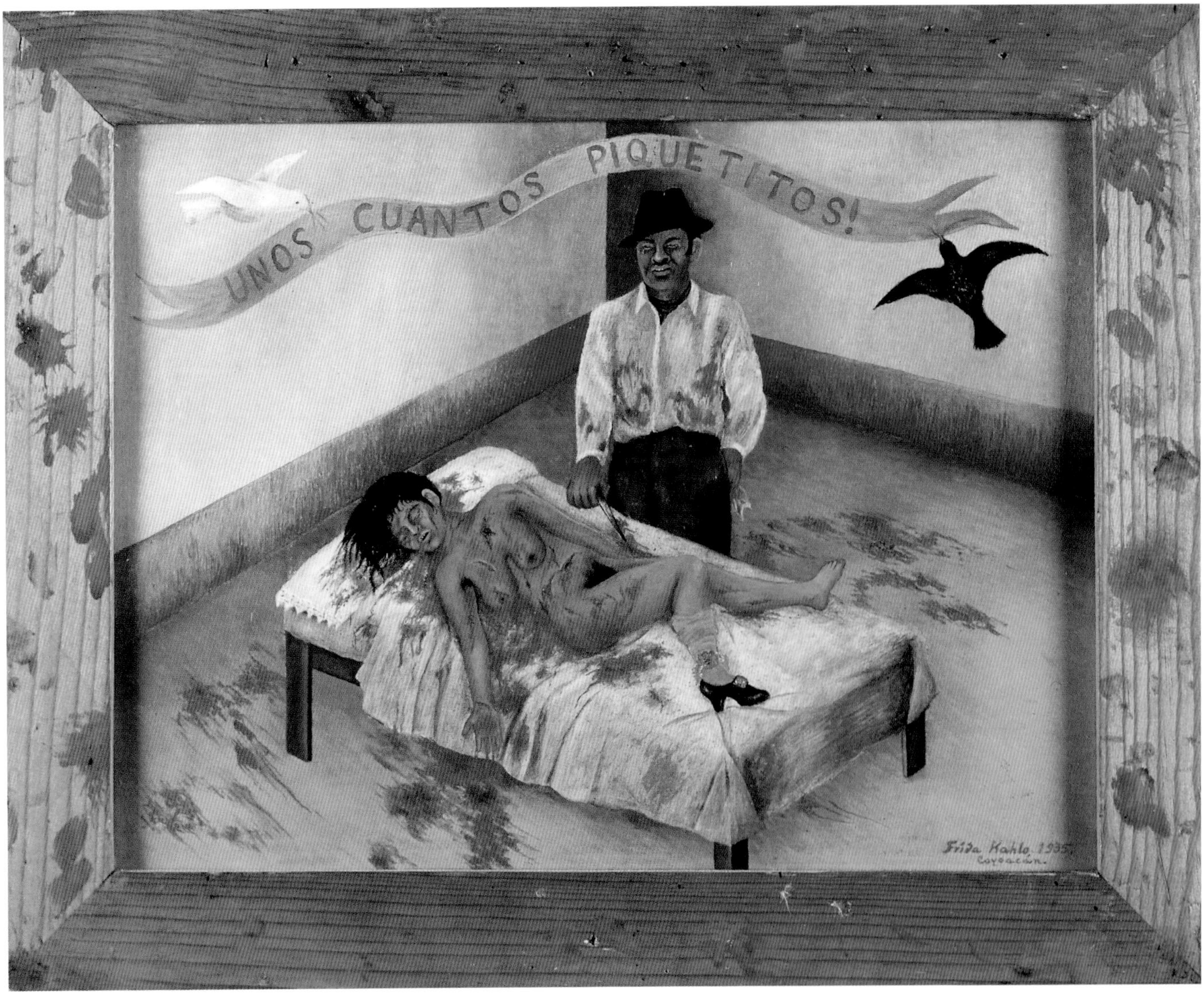
UNOS CUANTOS PIQUETITOS!
Frida Kahlo 1935
Coyoacán

프리다 칼로, 〈몇 개의 작은 상처〉, 1935, 금속판에 유채, 30x40cm, 돌로레스 올메도 파티노 박물관, 멕시코시티.

의 역할을 하고 있다. 멕시코 국립 궁전에서의 벽화 작업을 마친 디에고는 멕시코 미술 궁전으로 이동했다. 여기서 그는 록펠러 센터에서 작업하다가 중도 취소되어 철거되었던 벽화 〈십자로의 남자〉를 재현했다. 다만 미술궁전의 벽은 록펠러 센터의 벽보다 훨씬 작았기 때문에 원작을 살짝 변형했고, 제목도 〈인간: 우주의 지배자〉(*Man: Controller of the Universe*)로 변경했다. 그는 아벨라르도 L. 로드리게스 마켓에 벽화를 그려 달라는 요청도 받았다. 하지만 이 무렵 건강에 문제가 있었기 때문에 디에고 본인이 직접 그리기보다는 예술감독으로서의 역할만 맡기로 하고, 실제 작업은 다른 작가를 고용하여 진행하기로 했다.

한편, 프리다는 친구 아니타 브레너(Anita Brenner), 메리 샤피로(Mary Shapiro)와 함께 충동적으로 뉴욕으로 떠났다. 뉴욕에서 그는 루시엔느 블로흐, 버트럼과 엘라 울프 부부를 만났다. 프리다와 디에고 두 사람 모두를 알고 아끼는 친구들은 기꺼이 프리다의 고민을 들어주었다. 친구들과의 대화를 통해서 프리다는 자신이 여전히 디에고를 사랑하고 있으며, 비록 디에고가 자신을 몹시 상처 입혔음에도 여전히 디에고와 함께 있기를 원한다는 사실을 깨달았다. 프리다는 7월에 뉴욕에서 디에고에게 편지를 썼다. "…… 이 모든 편지들, 페티코트에 감춰진 연락들, '영어'를 가르쳐주러 왔다는 여자 교사들, 그림의 모델을 하러 온 집시들, 열정적인 보조 작가들, 멀리서 왔다는 전권사절단, 이런 것은 그저 *유혹*을 나타낼 뿐이야. 근본적으로 *당신과 나*는 서로 사랑하고, 그리하여 셀 수 없는 모험을 했고, 함께 문을 두드렸고, 저주, *모욕*(mentadas de madres), 국제적 소동을 겪었지. 그러나 우리는 항상 서로를 사랑한다는 것인데…… 우리가 함께 살았던 7년 동안 이 모든 일들이 반복되었고, 내가 겪었던 모든 분노는 결국 내가 내 육신보다도 더욱 당신을 사랑하고 있음을 이해하는 과정이었나 봐. 나와 같은 방식의 사랑은 아닐지도 모르겠지만, 당신도 여전히 나를 어느 정도는 사랑하잖아요. 아니야?"[7]

프리다는 디에고를 용서하고 산 앙헬로 돌아갔다. 그는 결국 크리스티나도 용서했다. 두 자매는 그 후 몇 년 동안 더 가까워졌고, 프리다의 건강에 문제가 생길 때마다 크리스티나는 변함 없이 프리다의 침대 옆을 지켰다. 디에고와 화해한 프리다는 그들의 관계를 자유 결혼(open marriage) 형태로 결정하고, 그 역시 거리낌 없이 다른 사람들과 만나기 시작했다. 그들의 친구이자 디에고의 전기 작가인 버트럼 울프(Bertram Wolfe)에 따르면, 디에고와 프리다 각자의 불륜은 더 일상적이고 빈번해졌지만 막상 둘 사이의 유대감과 신뢰는 더 깊어졌다고 한다.[8] 디에고는 다른 여자를 만난다는 사실을 굳이 숨기려고 하지 않았지만 프리다는 이성을 만날 때면 조심스러운 태도를 유지했다. 그는 편지에 가명을 사용했고 산 앙헬이 아닌 코요아칸이나 그 외의 다른 장소에서 만남을 가졌다. 디에고는 프리다가 여성들과 관계를 갖는 것에 대해서는 개의치 않았지만, 남성과의 만남에 대해서는 화를 내고 간섭했다.

프리다는 1935년 여름부터 초가을까지 벽화 화가인 이그나시오 아기레(Ignacio Aguirre)와 짧지만 불타는 관계를 가졌다. 그후에 만나게 된 일본계 미국인 조각가인 이사무 노구치(Isamu Noguchi)와의 관계는 훨씬 길었고 감정적으로도 유대가 깊었다. 노구치는 예술 프로젝트로 받은 장학금으로 1936년 멕시코에 오게 되었고,

디에고에게 아벨라르도 L. 로드리게스 마켓에 설치할 벽화의 아이디어를 제안했다. 노구치가 디에고에게 제안한 벽화는 〈멕시코에서 본 역사〉(*History as Seen from Mexico*)라는 제목의 높이 1.8m, 너비 22m의 작품이었다. 디에고는 노구치의 아이디어를 승인했고, 그의 감독 아래 로드리게스 마켓에서 벽화 작업을 진행하는 동안 노구치와 프리다의 만남이 이루어졌다. 뒤늦게 두 사람의 교제를 알게 된 디에고는 격분하여 노구치에게 권총을 휘두르기도 했다.[9] 프리다는 노구치와의 만남을 끝냈지만 그 뒤로도 두 사람은 여전히 친구로 남았다. 후일 노구치는 프리다에게 나비 장식 컬렉션을 보냈고, 프리다는 노구치가 보내준 나비들을 침대 캐노피에 붙였다.

1936년 프리다는 〈나의 조부모, 나의 부모, 그리고 나〉(*My Grandparents, My Parents and I*)라는 단 한 점의 작품을 완성했다. 그해에는 스페인 내전이 발발했고, 프리다는 다시 정치에 적극적으로 참여했다. 프랑코의 민족주의 세력에 대항하는 공화당의 투쟁을 지지하기 위해 프리다는 다른 동료들과 함께하는 연대 위원회를 설립했다. 이러한 정치적 활동은 프리다와 디에고의 사이가 회복되는 데 도움이 되었다.

프리다와 디에고는 멕시코 민속 예술품 수집을 계속 이어나갔다. 디에고는 스페인 식민지 시대 이전의 멕시코 전통 예술을 특히 좋아했다. 그가 수집을 시작한 지도 벌써 수년의 시간이 흘렀는데, 그는 민속 예술품 수집을 위한 지출 때문에 전처인 루페와 갈등을 빚기도 했다. 프리다의 코요아칸 본가에도 이미 많은 작품들이 있었지만, 산 앙헬에 새로 지은 두 채의 집을 꾸미기 시작하면서 프리다와 디에고는 본격적으로 수집 활동을 시작했다. 프리다의 취향은 기본적으로는 봉헌 그림이었으나, 사실 프리다와 디에고는 대중적으로 인기 있는 민속 예술품이라면 딱히 가리지 않고 모았다. 그들은 민속 작품에 둘러싸여 있는 것을 좋아했고, 민속 예술가에 대한 후원도 아끼지 않았다.

로드리게스 마켓의 벽화 작업을 감독하는 동안, 디에고는 거대한 종이 공예(파피에 마셰) 인형을 파는 여성을 알게 되었다. 본명은 카르멘 칼바레오 세비야(Carmen Caballero Sevilla)였지만 그보다는 도나 카르멘(Doña Carmen)으로 더 널리 알려진 여성이었다. 도나 카르멘은 멕시코의 전통행사인 성(聖)주간 행사에 사용되는 '유다'(Judas) 인형을 종이로 만들었다. 종이로 만든 유다 인형들은 행사 중에 폭죽으로 감싸서 태워버렸는데, 그래서 유다는 주로 악마의 형상을 하고 있다. 때로는 유다를 현직 정치인과 닮게 제작하여 정치적 비판의 수단으로 유다를 활용하기도 했다. 도나 카르멘은 '죽은 자들의 날' 기념일에 사용되는 '칼라베라스'라는 거대한 해골도 만들었다. 디에고는 도나 카르멘의

(아래) 이사무 노구치, 뉴욕, 1940.

(오른쪽) 멕시코 전통 종이인형 공예품인 유다와 함께 있는 디에고와 프리다.

(제일 오른쪽) 마르도니오 마가냐의 조각품을 안고 있는 프리다, 기예르모 다빌라 촬영, 1930.

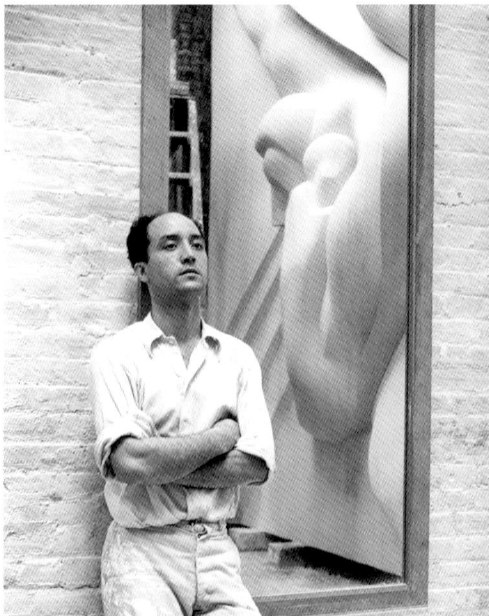

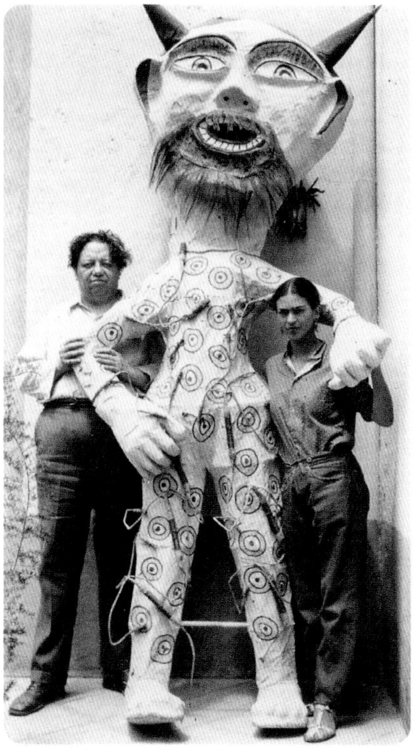

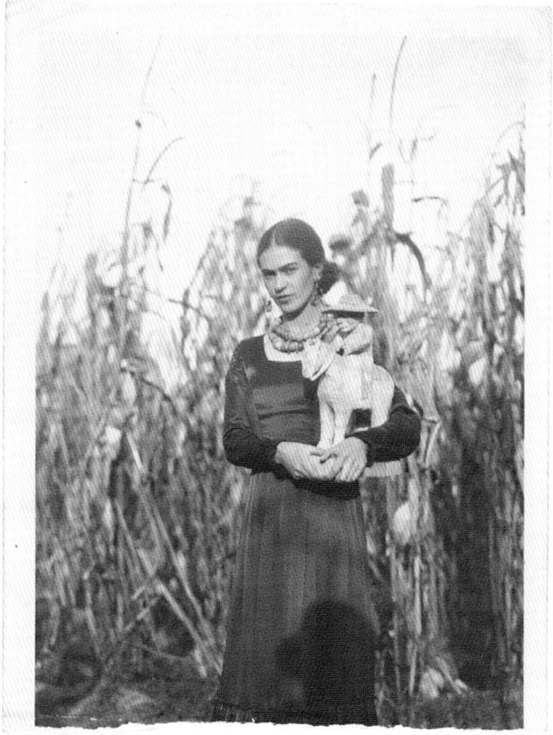

작품 하나하나가 가진 독특함에 크게 매료되었고, 스튜디오를 장식하기 위해 여러 개의 작품을 주문했다. 그러나 도나 카르멘은 디에고보다 프리다의 주문을 더 좋아했는데, 프리다가 가격을 좀 더 잘 쳐주었기 때문이었다(친구들에 따르면 프리다는 물건을 살 때 결코 가격을 깎지 않았다고 한다). 도나 카르멘이 싸우다가 이가 부러졌을 때에는 프리다가 금니를 몇 개 해주기도 했다.[10)]

프리다와 디에고가 후원한 또 다른 민속 예술가는 조각가 마르도니오 마가냐(Mardonio Magaña)로 '마가니토'라는 애칭으로도 알려져 있다. 프리다와 디에고가 그의 작품을 처음 접했을 때 마가냐는 이미 50대의 나이로, 코요아칸에 있는 미술학교의 옥외 잡역부로 일하고 있었다. 그는 독학으로 조각을 익혔고, 나무와 돌을 깎아서 멕시코 소작농과 농부들의 일상적인 노동생활을 묘사했다. 어렸을 때부터 취미로 즐겨오던 조각이 그의 삶에서 꾸준히 지속되었던 것이다. 디에고는 마가냐를 '멕시코 최고의 현대 조각가'라고 선언하고 마가냐 작품의 적극적인 컬렉터가 되었으며, 멕시코 미술 궁전에서 마가냐 전시회를 개최하는 데 도움을 주기도 했다. 잡역부로 일하던 마가냐는 이후 미술교사가 되었다.

1936년 9월, 디에고는 트로츠키파 국제공산주의연맹(Trotskyite International Communist League)의 멕시코 지부에 가입했고, 그로부터 몇 달 후 카르데나스 대통령에게 레온 트로츠키를 멕시코로 망명시켜줄 것을 호소했다. 러시아 혁명의 지도자였던 트로츠키는 1929년부터 망명 생활을 시작하여 터키, 프랑스, 노르웨이를 거쳤고 더 이상의 선택지가 남아있지 않은 상황이었다. 카르데나스 대통령은 멕시코가 트로츠키를 받아들이는 것에 동의했다. 이에 1937년 1월 트로츠키와 그의 아내는 유조선을 타고 멕시코의 탐피코 항구에 도착했다. 디에고는 마침 병원에 입원해 있었기 때문에 나오지 못했고, 프리다만이 그들을 마중하러 항구에 나왔다.

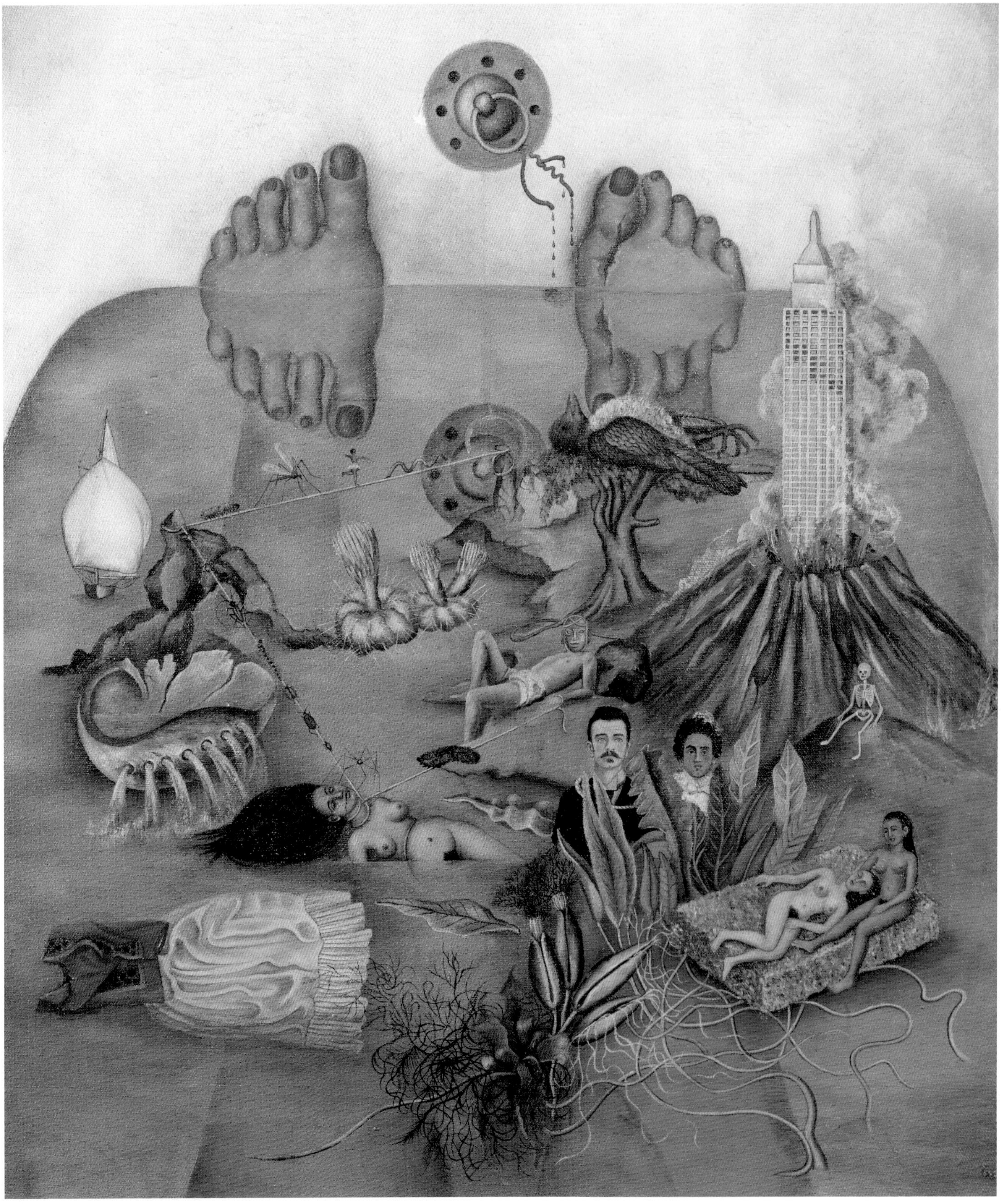

초현실주의자라는 명성을 얻다

프리다 칼로, 〈물이 나에게 준 것〉 부분 확대, 1938.

레온 트로츠키와 그의 아내이자 동료인 나탈리아 세도바(Natalia Sedova)를 맞이한 프리다는 그들을 코요아칸의 아늑한 자신의 본가에서 머물도록 했다. 때마침 그 집은 비어있었다. 기예르모는 아드리아나와 함께 지내고자 집을 나갔고, 크리스티나와 그의 아이들은 본가에서 몇 블록 떨어진 아구아요 거리의 다른 집에 살고 있었다. 트로츠키와 나탈리아는 아름다운 환경 속에서 점차 안정을 되찾았다. 그들은 멕시코로 떠나오기 직전 마지막 몇 달 동안 노르웨이에서 가택 연금 상태에 있었기에, 코요아칸의 푸른 집은 기대 이상으로 좋은 변화였다. 예술품과 수공예품으로 가득 찬 실내는 바람이 잘 통해서 쾌적했으며, 넓고 햇볕이 잘 드는 중앙정원은 식물로 가득했다. 얼마 지나지 않아 그들은 곧 비서, 통역사, 경호원으로 구성된 측근과 합류했다. 트로츠키의 측근들은 그가 추구하는 러시아 혁명이라는 대의를 열성적으로 따르는 충성스러운 지지자들이었다.

트로츠키와 나탈리아는 스탈린주의자들의 공격으로 위협을 받았기에 안전이 최고의 화두였다. 그들이 멕시코에 도착하기 전, 프리다와 디에고는 집의 보안을 강화하기 위한 조치를 취했다. 건축업자를 고용해서 주택 외부의 주철 발코니를 제거하고 창문 전체를 감싸는 보호 철창살로 교체했으며 입구에는 보초문과 감시탑을 세웠다.[1)] 집의 스타일도 변경했는데, 정면의 외벽에 원래 있던 장식을 모두 제거했다. 그 흔적으로 위층의 창문에서 이어지는 부분에 부식된 자국이 남았다. 그래서 그들은 독특한 파란색으로 집의 외벽을 칠했고, 이 때문에 '카사 아줄'(Casa Azul) 즉 '푸른 집'으로 불리기 시작했다. 트로츠키가 이웃집을 통해 푸른 집이 공격당할 수 있다고 걱정하자 디에고는 인접한 부지를 아낌없이 구입하여 푸른 집의 부지 크기를 원래보다 두 배로 늘렸다. 이로 인해 정원이 한층 넓어졌다.

스탈린의 주도하에 소련에서 진행된 숙청은 트로츠키 일파의 많은 이들을 죽음으로 내몰았다. 모스크바 재판에서 스탈린은 트로츠키를 간첩 혐의로 고발했고, 트로츠키는 자신이 출석하지도 않은 재판에서 유죄 판결과 함께 사형까지 선고 받았다. 소련 공산당의 절대 다수를 차지하는 스탈린 지지자들은 트로츠키의 사형 집행을 열렬히 기다렸다. 이에 모스크바 재판 절차를 조사하고 트로츠키의 증언을 청취하기 위한 위원회가 미국에서 조직되었다. '레온 트로츠키를 변호하는 미국위원회'(The American Committee for the Defense of Leon Trotsky)는 당대의 저명한 철학자이자 교육학자인 존 듀이(John Dewey)가 이끌었기 때문에 '듀이 위원회'(Dewy Commission)라고도 불렸는데, 회의는 1937년 4월 10일부터 17일까지 진행되었다. 듀이 위원회가 처음에 계획했던 장소는 멕시코시티의 대형 강당이었지만, 보안 문제와 비용 때문에 코요아칸의 푸른 집으로 변경되었다.[2] 매일 약 50명의 사람들이 푸른 집에서 열린 회의에 참석하여 트로츠키의 증언을 경청했다. 무장 경비원이 집 외부를 순찰하고 모래주머니와 벽돌로 된 6피트(약 182cm)짜리 바리케이드를 쌓았으며, 참석자들은 건물에 들어가기 전에 수색을 받는 등 철저한 보안 아래 진행된 회의였다. 트로츠키는 오랫동안 심문을 받았고, 서투른 영어로 직접 진술했다. 몇 달 후, 듀이 위원회는 모스크바 재판이 조작된 것이라고 결론을 내리고 이를 『무죄』(*Not Guilty*)라는 책으로 발표했다. 그러나 듀이 위원회의 조사 결과는 소련 공산당과 스탈린주의자들에게는 아무런 영향을 미치지 못했고, 트로츠키는 계속해서 생명의 위협에 시달려야 했다.

프리다와 디에고는 산 앙헬에 머물렀지만 트로츠키 부부를 만나러 코요아칸을 자주 방문했다. 디에고와 트로츠키는 프랑스어로 대화했고, 트로츠키와 프리다는 영어로 대화했다. 영어는 두 사람의 배우자인 디에고와 나탈리아에게는 익숙하지 않은 외국어였다. 오래 지나지 않아 서로를 향한 프리다와 트로츠키의 존경심은 친밀감으로 바뀌었고 둘의 불륜이 시작되었다. 비밀스러운 만남의 장소는 크리스티나의 집이었고, 책 사이에 끼워둔 낭만적인 쪽지가 둘 사이를 오갔다. 이 관계는 수개월 동안 지속되다가 1937년 7월에 막을 내렸다.[3] 아마도 디에고는 둘의 불륜을 알아채지 못한 것 같지만 트로츠키의 아내 나탈리아가 눈치를 챘던 것 같다. 앞으로 나탈리아가 일으키게 될 문제, 그로 인해 디에고에게 들킬 것이라는 걱정, 디에고가 결코 가만히 있지 않을 것이라는 두려움 등으로 인해 프리다와 트로츠키 사이의 연락이 끊긴 것으로 보인다. 이러한 외부 상황들 외에도 프리다 역시 '노인네'(el Viejo)라는 애칭으로 불렀던 트로츠키와의 관계에 슬슬 싫증을 느꼈던 것 같다. 그는 트로츠키의 비서이자 연하의 잘생긴 청년인 진 반 헤이즈노트(Jean van Heijenoort)와 새로운 관계를 이어갔다. 트로츠키는 프리다에게 보냈던 편지들을 돌려받고 이를 파기하여 불륜의 증거를 없애버렸다.

디에고는 프리다와 트로츠키 사이의 일에 대해 전혀 알지 못했기에, 리베라 부부와 트로츠키 부부는 대체로 우호적인 관계를 — 이따금씩 나타나는 나탈리아의 냉랭함을 제외하고는 — 유지했다. 그해 11월 디에고와 프리다는 트로츠키의 생일 파티를 준비했는데, 우연히도 트로츠키의 생일은 러시아 10월 혁명 기념일과도 일치했다. 이날 디에고와 프리다는 양팔 가득 붉은 카네이션을 안고 코요아칸의 푸른 집에 도착했다. 긴 테이블 위에 하얀 테이블보를 깔고, 그 위에 붉은 꽃잎으로 메시지를 적었다. 'ARRIBA LA CUARTA INTERNACIONAL'(제4인터내셔널과 함께), 'VIVA TROTSKY'(트로츠키 만세)라는 글자가 붉은 꽃잎으로 수놓아졌다. 테이블의 중심에는 붉은색의 아이싱으로 망치와 낫을 그려 장식한 케이크가 놓였다. 지역의 노동조합 대표들도 파티에 참석했고, 음악가들은 하루 종일 연주를 이어가며 사람들을 즐겁게 했다.[4]

생일 축하 선물로 프리다는 트로츠키에게 새로 작업한 자화상을 전달했다. 이 그림 속에서 프리다는 분홍색 드레스를 입고, 황금빛이 도는 갈색의 레보조를 걸치고, 작은 야생화 꽃다발을 들고 있다. 여기에는 트로츠키에 바치는 헌사도 적혀 있었다. "크나큰 애정을 담아 레온 트레츠키에게 이 그림을 드립니다. 1937년 11월 7일 프리다 칼로, 멕시코 산 앙헬." 또 다른 자화상인 〈시간은 빠르게 흘러간다〉에서도 그랬듯, 프리다는 이번 그

(오른쪽) 코요아칸의 푸른 집에서 열린 레온 트로츠키의 생일 축하 파티를 위해 세팅된 테이블.

(제일 오른쪽) 프리다와 트로츠키, 트로치키의 아내 나탈리아 세도바, 미국 공산당위원회 위원장 막스 샤흐트만(Max Shachtman), 1937.

(오른쪽 아래) 막스 샤흐트만이 쓴 『모스크바 재판의 이면』(*Behind the Moscow*)의 출간을 발표하는 트로츠키, 코요아칸, 1937.

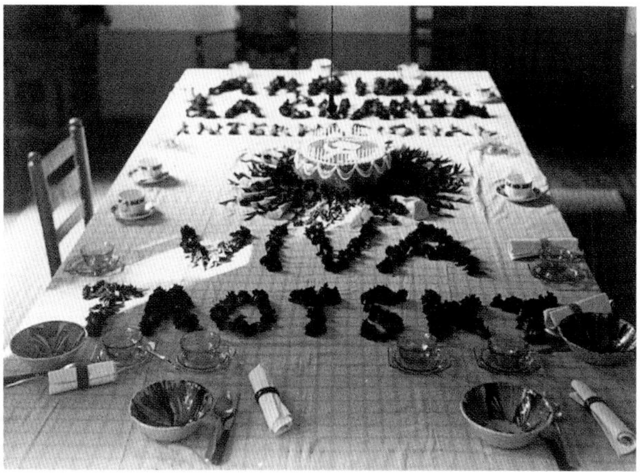
VIVA
TROTSKY

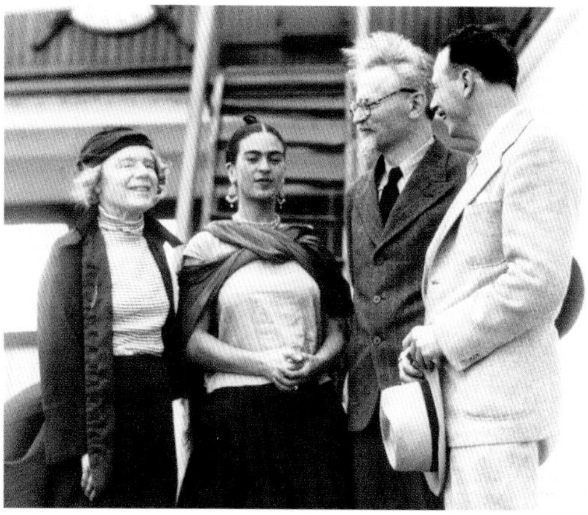

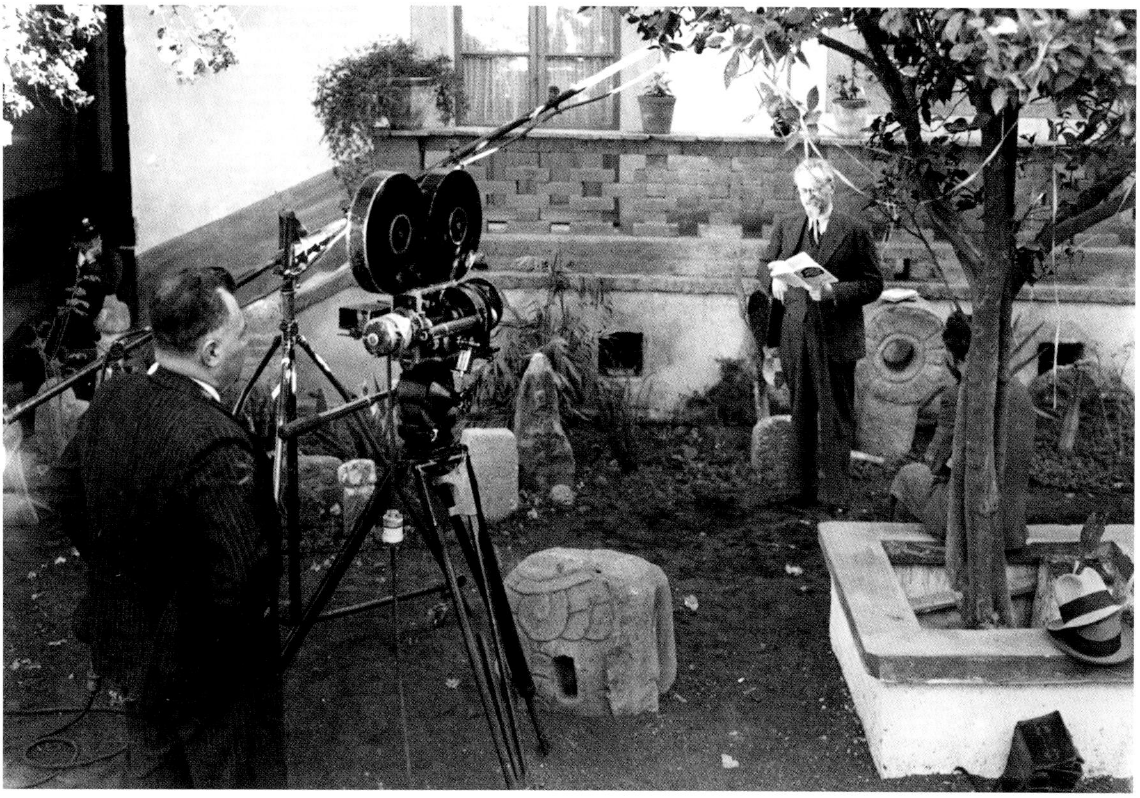

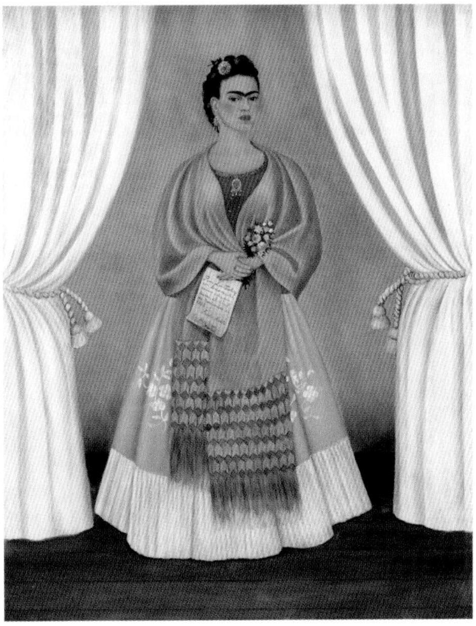

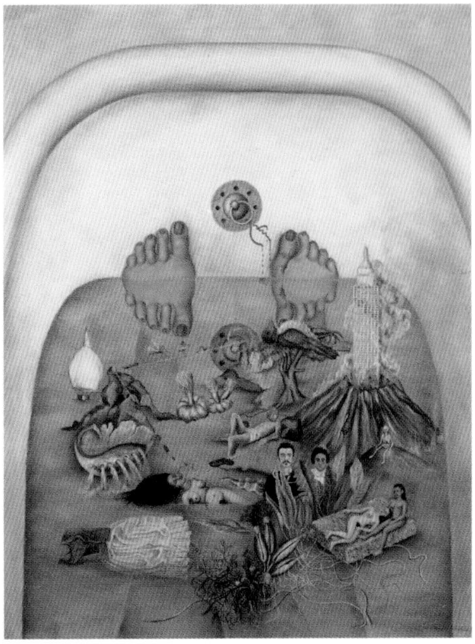

림에서도 양쪽에 커튼이 걷혀있는 사이로 자신을 그려 넣었다. 하지만 전작에서는 자신을 평범한 멕시코 소녀로 묘사했던 것과 달리, 이 자화상의 프리다는 부르주아 계급의 일원처럼 보인다. 헤어진 애인에게 그림을 선물한 프리다의 행위는 표면적으로는 지나간 관계를 기념하는 것으로 보이지만, 그 이면에는 트로츠키의 정치적 행보가 점차 특권층에게 전유되고 있다는 미묘한 정치적 비판도 담고 있는 듯하다.[5]

1937년과 1938년에 프리다는 매우 활발하게 작품 활동을 했다. 이 시기에 작업한 여러 작품 중 〈내 유모와 나〉(*My Nurse and I*)는 그 스스로도 자신의 가장 훌륭한 작품 중 하나로 꼽는 그림이다. 이 그림에서 프리다는 아기의 몸에 성인의 머리를 하고 유럽풍의 흰색 레이스 드레스를 입은 채로 원주민 유모의 품에 안겨 있다. 상반신을 벌거벗은 유모는 멕시코의 고대 유물인 돌로 된 가면을 쓰고 있다. 유모의 왼쪽 가슴에는 유관이 보이고 우유 방울이 프리다의 입으로 떨어지고 있지만 프리다의 시선은 언제나처럼 관객을 향한다. 유모와 프리다의 뒤쪽으로는 식물이 무성하게 자라나 있다. 그중 유독 커다란 흰색 잎사귀에는 유모의 가슴에 있는 유관과 유사한 패턴의 잎맥이 있는데, 이는 프리다가 입은 레이스 드레스에서 반복되는 패턴이기도 하다. 화면 위쪽의 회색 하늘에 가득한 흰색 방울을 보면 비가 내리고 있는 듯하다. 이 작품은 기독교 도상학에서 즐겨 사용하는 '마리아와 어린이'와 '모유 수유하는 마리아'를 프리다의 삶과 연관시키고 있으며, 여기에 멕시코 토착 문화의 상징들을 추가하였다. 기독교 미술에서 성모 마리아의 젖은 영양과 구원의 상징으로서 그리스도의 피와 비슷한 역할을 하며 돌로 된 가면으로 얼굴을 가린 유모는 특정한 개인을 지칭하는 것이 아니라 프리다를 키워낸 중남미 문화 전체를 상징한다. 이를 통해 프리다는 자신을 모든 멕시코 원주민들의 젖형제라고 정의내리고 있다.[6] 그림의 하단에는 〈나의 탄생〉에서 사용했던 것과 같은 텅 빈 두루마리가 보인다. 이 그림들은 프리다의 삶을 연대순으로 그린 시리즈의 일부이다. 프리다는 〈나의 탄생〉, 〈내 유모와 나〉, 그리고 〈나의 조부모, 나의 부모와 나〉라는 세 작품을 통해 자신만의 개인적인 신화를 구축했고, 이들 작품은 프리다의 탄생에 관한 이야기를 들려준다.

(위 왼쪽) 프리다 칼로, 〈레온 트로츠키에게 바치는 자화상〉(*Self-portrait Dedicated to Leon Trotsky*), 1937, 캔버스에 유채, 87×70cm, 국립 여성예술가 미술관, 워싱턴 DC.

(위 오른쪽) 프리다 칼로, 〈물이 나에게 준 것〉, 1938, 캔버스에 유채, 91×70.5cm, 개인 소장.

(오른쪽) 프리다 칼로, 〈내 유모와 나〉, 1937, 금속판에 유채, 30.5×35cm, 돌로레스 올메도 파티노 박물관, 멕시코시티.

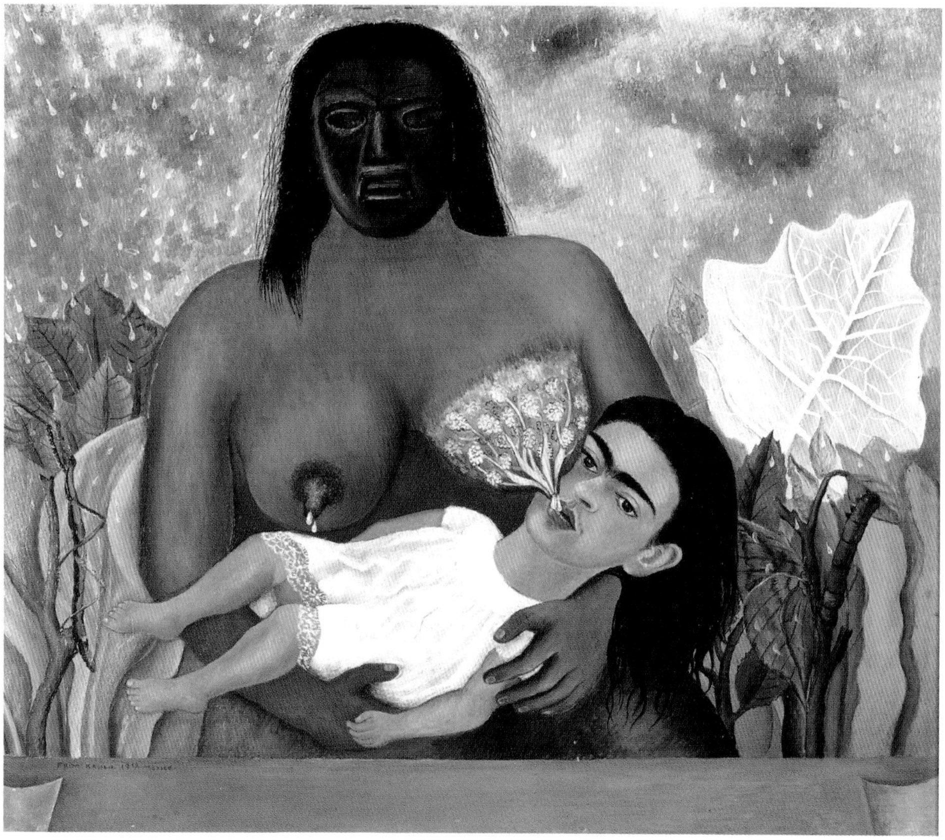

프리다의 첫 번째 후원자가 된 에드워드 G. 로빈슨(Edward G. Robinson)은 미국의 배우이자 예술품 컬렉터이며 트로츠키의 열성적인 지지자였다. 그는 아내인 글래디스(Gladys)와 함께 먼저 디에고의 스튜디오를 방문했는데, 디에고는 그 기회를 놓치지 않고 프리다의 작품도 그들에게 선보였다. 로빈슨은 프리다의 그림 총 네 점을 각 200달러에 구매했다. 프리다는 이를 자신이 장차 디에고로부터 경제적으로 독립할 수 있다는 가능성으로 보고, 몹시 흥분하고 기뻐했다. 이러한 경험은 그가 예술을 단순히 취미가 아닌 생업으로 바라보게 되는 전환점이 되었다. 프리다가 더욱 열심히, 더욱 꾸준히 그림을 그리는 원동력이 된 것이다.

1938년에는 초현실주의 운동의 수장인 앙드레 브르통(André Breton)이 프랑스 정부의 지원을 받아 프랑스 예술과 문학에 대한 강연을 하기 위해 멕시코를 방문했다. 멕시코에 머무는 동안 브르통은 트로츠키와 교제하기 위해서 적극적으로 노력했다. 프리다와 디에고는 브르통과 그의 아내이자 초현실주의 작가인 자클린 람바(Jacqueline Lamba)를 초대해서 산 앙헬에서 함께 머물렀다. 프리다의 작품을 본 브르통은 깊은 인상을 받았고 프리다야말로 초현실주의 화가라고 선언했다. 브르통에 따르면, 진정한 멕시코 예술가인 프리다에게 초현실주의 스타일은 어떤 개념이나 의미화된 인식 없이 지극히 자연스럽게 찾아왔다는 것이다. 확실히 프리다는 초현실주의라는 개념에 익숙했다. 아마도 프리다는 뉴욕에 머무는 동안 1932년 1월 뉴욕의 줄리안 레비 갤러리에서 열렸던 초현실주의 단체전을 관람했을 것으로 보인다. 또한 초현실주의 드로잉 게임인 '우아한 시체'는 프리다가 미국에 머무는 동안 가장 좋아했던 것 중의 하나였다.

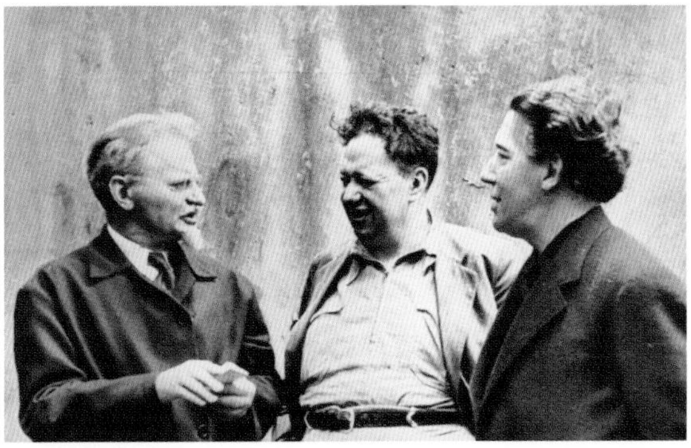

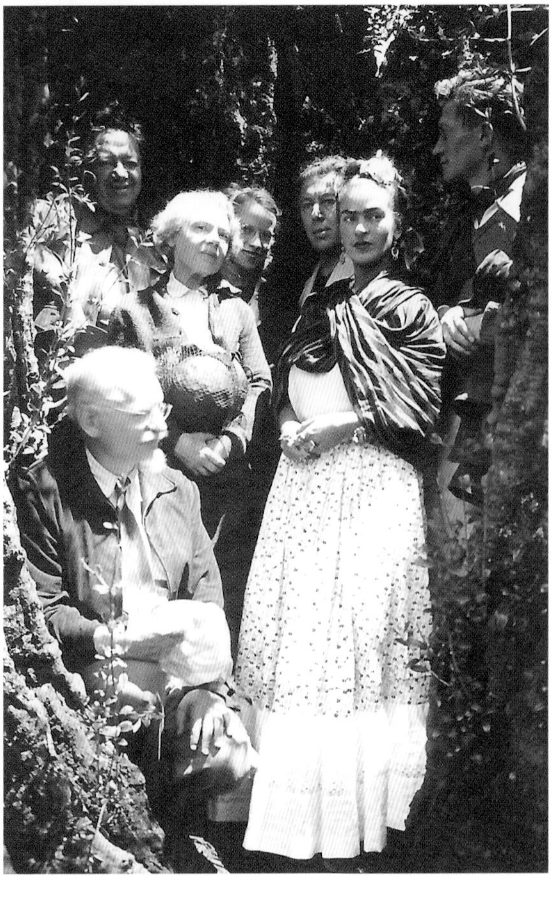

브르통에 따르면, 프리다의 그림 〈물이 나에게 준 것〉(*What the Water Gave Me*)은 초현실주의 예술의 완벽한 표본이다. 프리다는 산 앙헬 집의 작은 욕실에서 목욕을 하다가 이 작품의 영감을 받았다고 하는데, 그래서인지 이 그림은 자신의 발을 내려다보며 목욕하는 사람, 즉 프리다의 시점으로 그려졌다. 밝은 빨간색으로 칠해진 발톱을 포함해 발의 윗부분은 물 위로 나와 있다. 오른발 발가락 사이의 벌어진 상처는 발톱의 매니큐어와 같은 색이다. 발은 물에 반사되는 반면 물속에 잠긴 다리는 거의 보이지 않는다. 발 위쪽의 물 넘침을 방지하기 위한 배수구에서는 피가 뚝뚝 떨어지고 다리 주변의 물속에서는 꿈같은 장면이 펼쳐진다. 불타오르는 화산에서 고층 빌딩이 솟아오르고 죽은 새가 나무에 누워 있으며 나체의 여성이 허리와 목에 밧줄을 감고 물속에 반쯤 잠긴 채 기대어 있는 풍경이다. 밧줄은 양쪽으로 쭉 뻗어 나가서, 가면을 쓰고 허리에 흰 천을 두른 남자가 그 끝을 붙잡고 있다. 거미, 뱀, 곤충, 작은 발레리나의 행렬이 밧줄을 가로질러 간다. 프리다의 테후아나 드레스가 물 위에 떠 있고 식물 뒤로 프리다의 부모님이 밖을 내다보고 있다. 목욕용 스펀지 위에는 벌거벗은 여성 두 명이 올라가 있는데, 밝은 피부색의 여성은 짙은 피부색을 가진 여성의 무릎에 머리를 기대고 누워있다. 이 마지막 장면은 전체 풍경에서 유일하게 평화로운 장면이다. 두 여성은 프리다와 다른 여성의 성적 관계를 의미할 수도 있고, 혹은 프리다가 가진 특성인 혼혈을 의미할 수도 있다. 그 의미가 무엇이든지간에, 두 여성의 모습은 그들의 주변에서 일어나는 죽음과 파괴에 대한 대안을 제시하는 것처럼 보인다. 프리다는 이듬해 〈숲속의 두 나체〉(*Two Nudes in a Forest*, 원래 제목은 'The Earth Itself' 즉 '지구 그 자체'였다)에서도 이와 같은 포즈를 한 두 여성을 똑같이 그렸다. 프리다는 이 두 번째 그림을 친한 여배우 돌로레스 델 리오(Dolores del Rio)에게 선물했다.

1924년의 초현실주의 선언문에서 브르통은 초현실주의란 "순수한 상태의 심령적 자동주의, 그리고 이를 통해 표현하고자 하는 것 …… 상상의 실질적 기능. 이성에 의한 통제가 없는 상태에서의 생각을 따르며, 미학적 또는 도덕적 견해로부터 벗어난 것이다"라고 정의했다.[7] 장황하고 현학적인 개념을 싫어했던 프리다는 초현실주의를 그보다 구체적인 용어로 설명했다. "초현실주의란 셔츠를 찾으려고 뒤지던 옷장 속에서 사자를 발견하는 마법 같은 놀라움이다."[8]

프리다가 자신의 예술에 끌어들인 여러 요소들, 또 그런 다양한 요소들과 멕시코 전통의 이질적이면서도 묘하게 어울리는 조합들을 살펴보면 브르통이 프리다의 작품을

(왼쪽 위) 왼쪽부터 레온 트로츠키, 디에고 리베라, 앙드레 브르통, 1938.

(왼쪽 아래) 왼쪽부터 트로츠키, 디에고, 나탈리아 세도바, 레바 핸슨, 앙드레 브르통, 프리다, 진 반 헤이즈노트, 차풀테펙 공원에서, 1938.

초현실주의로 분류한 것에 고개가 끄덕여진다. 프리다는 자신이 현실을 그렸다고 강조하면서 스스로를 초현실주의 예술가로 굳이 정의 내리지는 않았지만, 작가로서의 커리어 차원에서는 이 시기에 만나게 된 초현실주의와의 연관성을 긍정적으로 받아들였다. 하지만 시간이 흐름에 따라 프리다는 초현실주의 운동으로부터 보다 확실하게 거리를 두었다. 초현실주의가 가진 남성중심, 유럽중심의 경향성이 그를 불편하게 했던 것이다. 이 고민을 프리다는 이렇게 기록했다. "나는 나 자신을 초현실주의자라고 생각하지 않는다. …… 나는 초현실주의가 싫다. 나에게는 그것이 부르주아의 예술로 보인다. 사람들이 작가에게 기대하는, 예술의 진정한 새로움과 일탈이란 뭘까. …… 나는 내 그림을 통해 내가 속한 사람들, 나를 단단하게 해주는 믿음들의 가치를 보여주고 싶다."[9]

브르통 부부, 트로츠키 부부는 프리다와 디에고와 함께 멕시코 시골과 쿠에르바나카, 과달라하라, 파트스쿠아로 지역을 함께 여행했다. 남자들은 예술과 정치에 대한 생각을 나누었는데, 프랑스어로 대화를 나누었기에 프리다는 토론에 참여할 수 없었다. 하지만 프리다는 브르통과 그의 장황한 연설을 싫어했기 때문에 별로 신경 쓰지 않았던 것 같다. 프리다는 브르통의 아내인 자클린과 시간을 보내는 것을 좋아했고, 두 사람은 좋은 친구가 되었다. 한편 예술과 정치에 대한 토론 끝에 브르통, 트로츠키, 디에고는 '독립적인 혁명 예술을 위한 선언문'(Manifesto for an Independent Revolutionary Art)을 작성했다. 선언문은 주로 브르통과 트로츠키가 작성했지만, 정작 선언문의 서명에는 트로츠키가 빠지고 브르통과 디에고의 이름만이 올랐다. 트로츠키는 멕시코에 망명해 있는 동안 정치 참여를 자제하기로 서약했기 때문이었다.

이 선언문은 독립적인 예술과 사회 혁명의 양립이 가능하다는 내용을 담고 있다. 지난 1923년 디에고가 기술 노동자, 화가, 조각가로 구성한 연합체에서 함께 서명했던 선언문(공공예술을 권장하고 이젤에서 작업한 그림은 부르주아의 전유물로 비난했다)과 달리, 이번 선언문은 예술의 완전한 자유를 요구했다. 이러한 변화는 그간 다양한 주제들을 탐색하던 프리다의 작업에서 예술성이 점점 강조되던 시점과도 맞아떨어졌고, 프리다는 자신의 예술이 혁명적 투쟁과 결을 같이 하고 있다는 것으로 받아들였다.

1937년과 1938년 두 해에 걸쳐 니콜라스 머레이는 정기적으로 멕시코를 방문했다. 그는 친구 미구엘 코바루비아스와 로사 롤랜다 커플과 함께 지냈고, 이 기간 동안에 프리다와의 관계를 새롭게 구축했다. 어쩌면 프리다가 뉴욕을 방문했을 때 머레이와 마주쳤을 가능성도 있지만, 그런 추측을 뒷받침하는 기록은 남아있지 않다. 프리다와 연락이 끊겨있던 동안 머레이는 『하퍼스 바자』, 『베니티 페어』, 『레이디스 홈 저널』에 작품이 실리면서 셀럽이자 상업 사진작가로 성공을 거두었다. 멕시코를 여행하면서 머레이는 프리다와 친구들의 단체 사진을 여러 장 촬영했다. 프리다는 그에게 보내는 편지에서 자신의 이름을 프리다가 아닌 '소치틀'(Xóchitl)이라고 서명했는데, 이는 멕시코의 토착 언어인 나우아틀어로 '꽃'을 의미한다.

1938년 프리다는 〈소치틀, 생명의 꽃〉(*Xóchitl, Flower of Life*)이라는 제목의 그림을 그렸는데, 이는 프리다와 머레이 두 사람의 관계를 나타내는 것으로 보인다. 프리다는 그림에서 붉은 나팔꽃을 묘사했는데, 교과서적인 사실적 묘사나 실제 식물의 모습을 재현하는 대신 마치 삽입 성교를 하는 남녀의 생식기가 연상되도록 표현했다. 이것은 프리다가 성적인 하위 텍스트를 배치한 수많은 정물화 중 최초의 작품이었다.

한편, 초현실주의 예술가들의 작품을 전문으로 다루는 뉴욕의 갤러리 오너인 줄리안 레비(Julien Levy)가 전시회를 위해 프리다를 뉴욕으로 초대했다. 프리다는 디에고를 두고 떠나야 한다는 사실에 주저했다. 그간 두 사람은 각자 무수히 많은 외도를 벌였지만 여전히 프리다는 디에고의 삶을 정리하고 돌보며 깊숙이 관여하고 있었고, 자신의 부재가 그를 힘들게 만들지는 않을까 걱정했다. 한편으로는 자신이 자리를 비운 사이 디에고가 더 많이 바람을 피우지 않을까 하는 우려도 있었을 것이다. 반면 디에고는 프리다에게 커리어를 확실히 발전시킬 기회를 마주했으니 반드시 붙잡으라고 격려했다. 그는 프리다가 전시회 오프닝에 초대할 손님 목록을 만드는 것을 도왔고, 뉴욕에 있는 예술계 인맥들에게 프리다의 전시회를 알리는 편지를 썼다. 디에고가 미술 평론가 샘 A. 레비슨(Sam A. Lewisohn)에게 보낸 편지에는 다음과 같은 내용이 적혀 있었다. "남편으로서가 아니라 해당 작가의 작업을 열광적으로 찬양하는 팬으로서 그를 추천합니다. 프리다는 톡 쏘면서 부드럽고, 강철처럼 단단하지만 나비 날개처럼 섬세하고 부드러우며, 아름다운 미소처럼 사랑스럽고, 인생의 쓴맛처럼 심오하고 잔인함을 가진 작가입니다."[10] 니콜라스 머레이 또한 9월 내내 멕시코에 머물면서 프리다의 전시 준비를 도왔다. 그는 전시할 그림을 함께 선정하고, 작품 사진을 찍고, 배송 준비를 했다.

준비를 마친 프리다는 10월에 뉴욕으로 떠났다. 그가 줄리안 레비와 바람을 피웠을지도 모른다는 정황도 있다. 줄리안 레비가 촬영한 사진 중에 프리다가 상반신을 벗은 채로 머리의 리본을 풀고 있는 사진이 몇 장 발견된 것이다. 하지만 그 시기에 프리다와 머레이의 관계는 더욱 깊어지고 있었다.

줄리안 레비 갤러리에서 열린 프리다의 전시회는 1938년 11월 1일부터 15일까지 진행되었다. 25점의 그림이 공개되었고, 전시 안내서에는 작품 목록과 함께 앙드레 브르통의 에세이가 수록되었다. 브르통은 프리다의 작업이 '폭탄을 감싼 리본'이라고 선언했다. 프리다로서는 당황스럽게도 브르통의 에세이는 프랑스어 원문으로 인쇄되었고, 그는 이것이 허세로 보일까봐 몹시 걱정했다. 브르통의 에세이를 제외한 다른 모든 사항은 순조롭게 진행되었다. 친구인 이사무 노구치와 조지아 오키프를 포함한 뉴욕의 많 프리다 칼로, 〈소치틀, 생명의 꽃〉, 1938, 금속판에 유채, 18×9.5cm, 개인 소장.

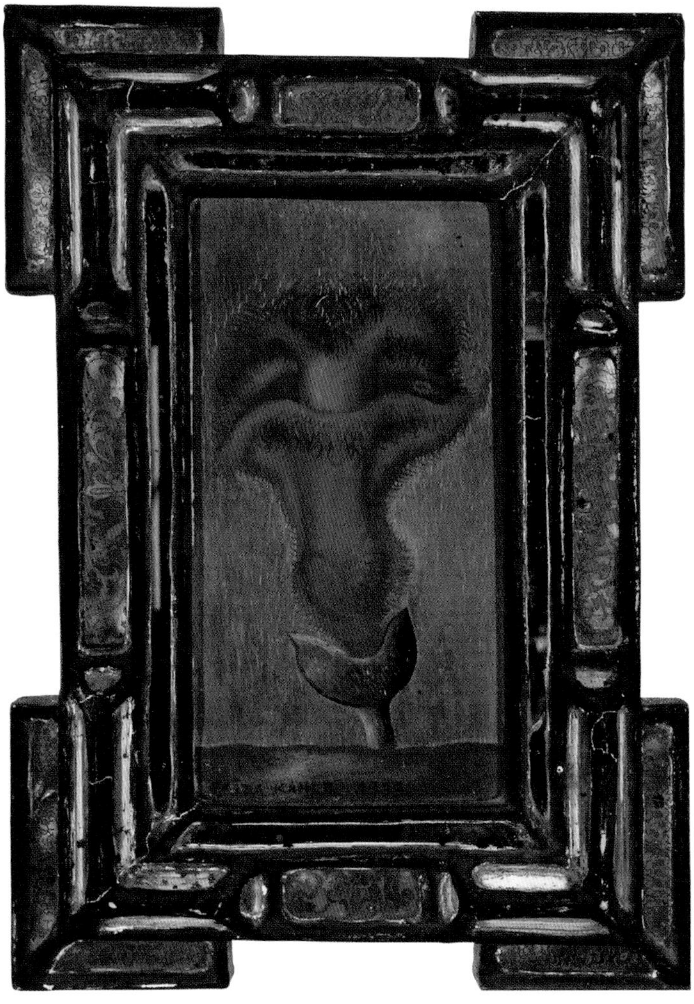

은 예술가들과 지식인들이 오프닝에 참석했다. 그림의 절반 정도가 팔려나갔고, 의뢰도 들어왔다. 그중에는 자살한 친구 도로시 헤일(Dorothy Hale)에게 바치는 그림을 그려달라고 요청한 클레어 부스 루스(Clare Booth Luce)의 커미션도 있었다.

뉴욕에서의 성공적인 전시에 고무된 브르통은 프리다에게 파리에서도 전시회를 해보라며, 자신이 기획해보겠다고 제안했다. 프리다는 디에고와 떨어져 있는 시간이 더 길어진다는 사실에 다시금 망설였다. 디에고는 프리다에게 편지를 보내 파리로 가라고 말하며, 어떤 상황에서도 그에 대한 걱정 때문에 기회를 놓치면 안 된다고 당부했다. 나아가 그는 프리다에게 인생이 선사하는 모든 선물을 즐기라고도 충고했다. 흥미롭고 즐거운 경험을 외면하지 말라고 덧붙이기도 했다.[11)]

프리다는 1939년 1월 뉴욕에서 파리로 출발했다. 하지만 막상 파리에 도착하고 몹시 실망했는데, 그림들은 여전히 세관에 묶여 있었으며 브르통은 전시회 준비를 시작하지도 않았던 것이다. 파리에 도착한 초반에 프리다는 퐁텐느 거리에 있는 브르통의 집에 머물렀다. 자클린과 재회하게 된 기쁨과는 별개로, 프리다는 브르통 가족과 지내는 것에 이내 한계를 느꼈다. 작고 좁은 집은 심지어 청결하지도 않았다. 프리다는 브르통의 세 살배기 딸과 같은 방을 써야 했는데, 이는 매우 불편한 일이었다. 심지어 목욕도 할 수 없는 환경이었다. 프리다는 디에고에게 보내는 편지에 하소연을 했다. 석탄이 떨어졌지만 석탄 배달부가 오지 않아서 물을 데울 수 없다는 내용이었다. 브르통의 집에서 사흘을 보내고 프리다는 루브르 박물관 근처의 레지나 호텔로 옮겼다.[12)]

파리에 도착한 지 얼마 지나지 않아 프리다는 곧 병에 걸리고 말았다. 세균성 위염으로 인한 신장 염증이었는데, 파리에 있는 아메리칸 병원에 일주일 동안 입원해서 치료를 받아야 했다. 화가 마르셀 뒤샹(Marcel Duchamp)의 여자친구 메리 레이놀즈

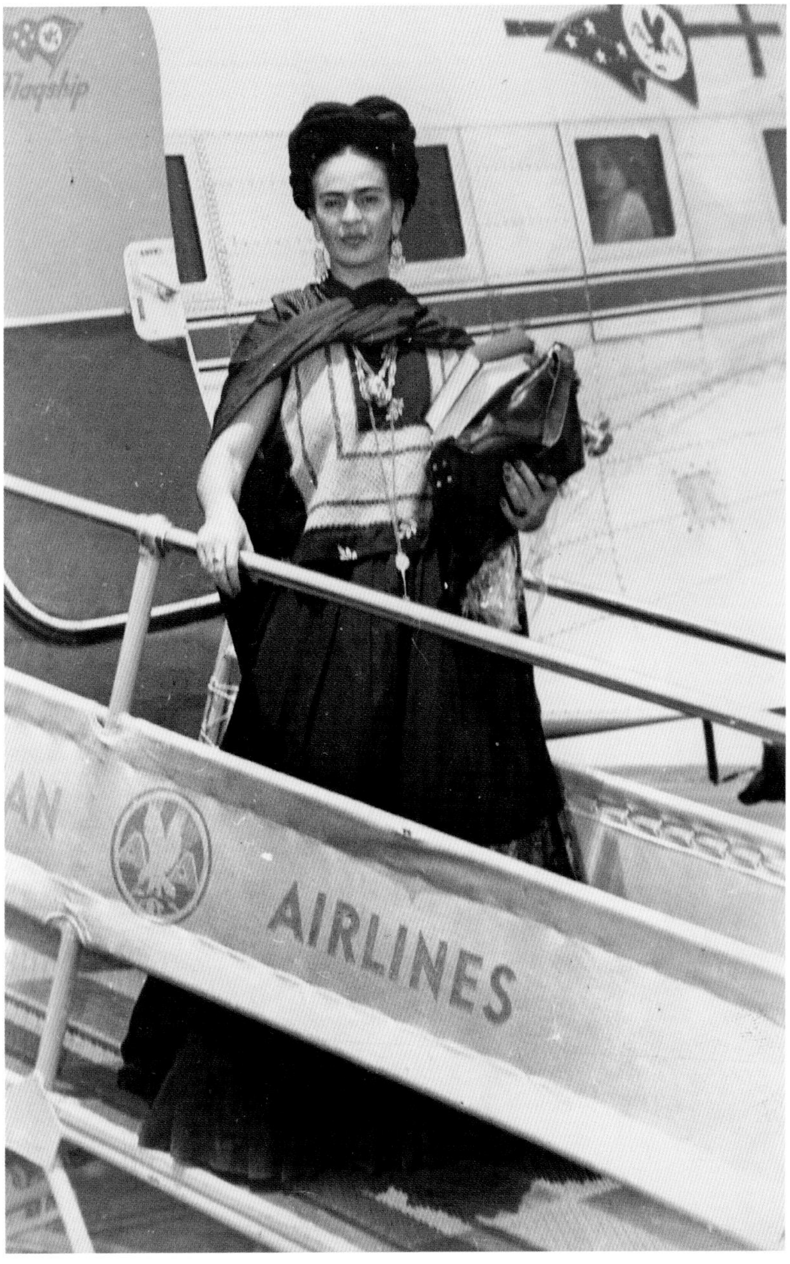

(왼쪽) 뉴욕에 도착한 프리다.

(오른쪽 위) 프리다와 니콜라스 머레이.

(오른쪽 아래) 마젠타 색의 레보조를 두른 프리다.
니콜라스 머레이 촬영. 대략 1938년으로 추정.

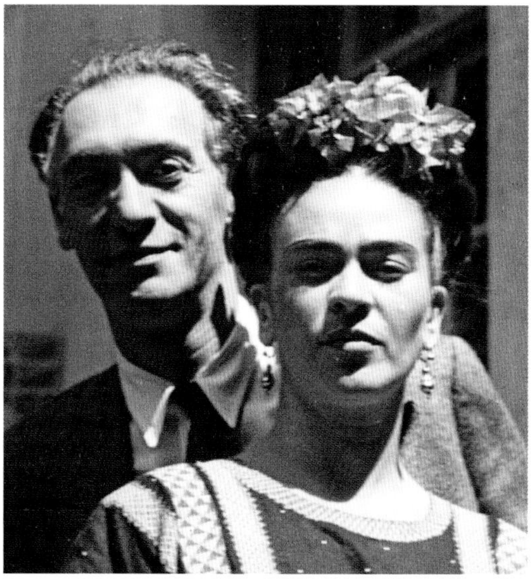

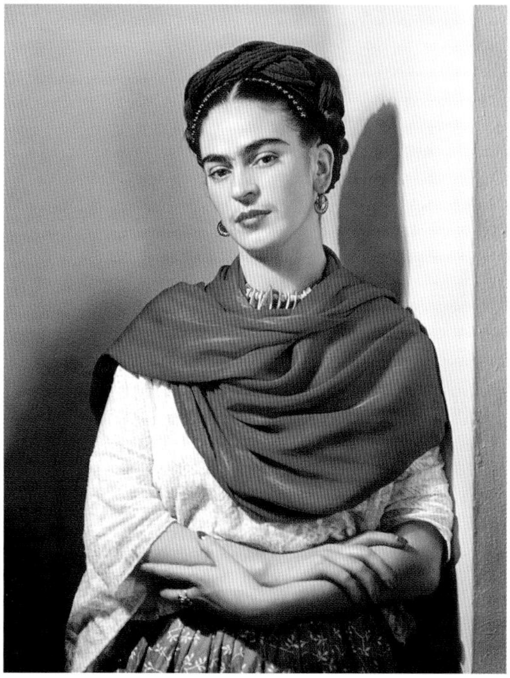

(Mary Reynolds)는 병원에서 퇴원한 프리다를 할레가 14번지에 있는 자신의 집으로 데려갔다. 프리다는 마르셀 뒤샹과 메리 레이놀즈라는 유쾌한 커플을 만나고 그들의 환대를 받게 되어 매우 행복했다. 머레이에게 보내는 편지에서 프리다는 이렇게 적었다. "마르셀 뒤샹과 함께 사는 멋진 미국 여성 메리 레이놀즈가 나를 자기들의 집에 머물도록 불러줬어요. 메리는 정말 사랑스러운 사람이야. 썩은 냄새나는 브르통의 '예술가' 그룹과는 전혀 다르지. 그래서 나는 메리의 친절을 기쁘게 받아들였고, 메리는 나를 정말로 상냥하고 훌륭하게 돌봐주고 있어요."13)

2월이 되었지만 전시 일정은 여전히 미정이었다. 프리다는 세관을 통과한 그림들을 들고 전시회가 열릴 피에르 콜 갤러리로 갔는데, 그들은 프리다의 작품 상당수가 너무 충격적이라는 반응을 보였다. 특히 〈나의 탄생〉과 〈몇 개의 작은 상처〉는 전시하기에 너무 섬뜩하다고 했다. 마르셀 뒤샹은 프리다가 다른 갤러리에서 전시회를 열 수 있도록 조정을 해주었다. 드디어 3월 10일, 르누 에 콜 갤러리에서 프리다의 전시회가 열렸다. 전시의 제목은 '멕시코'(Mexique)였다. 멕시코의 민속 예술, 봉헌 그림, 마누엘 알바레즈 브라보(Manuel Álvarez Bravo)의 사진들, 스페인 식민지 시대 이전의 고대 멕시코 예술품, 그리고 프리다의 그림 17점이 전시되었다.

작품의 판매 실적은 그렇게 높지 않았지만 전시 오프닝은 많은 사람들로 북적였고, 전시는 전반적으로 좋은 반응을 얻었다. 프리다는 디에고에게 뉴욕 전시회보다 훨씬 더 많은 사람들, 그리고 영향력 있는 예술가들이 참석하여 성공적인 오프닝이었다고 전했다. 미로(Miró)와 칸딘스키(Kandinsky)도 프리다의 전시를 진심으로 축하했다. 푸코(L. P. Foucaud)는 『라 플레슈』(*La Flèche*)에서 프리다의 작업이 '예술의 무한과 연속성에 열린 문'이라며 긍정적인 비평을 썼다.14) 파블로 피카소는 브르통과의 불화로 인해 전시 오프닝에는 참석하지 않았지만, 프리다의 작품에 몹시 감명을 받아 손 모양의 귀걸이 한 쌍을 선물했다. 프리다는 피카소의 선물을 소중히 간직했고, 적어도 두 점의 자화상에 그 귀걸이를 등장시켰다.

이 전시회에서 이루어진 가장 의미 있는 작품 판매는 프랑스 정부가 프리다의 작품을 소장했다는 것이다. 이는 프랑스의 공공 미술 컬렉션에서 최초로 구매한 20세기 멕시코 예술가의 작품이라는 점에서 큰 의미가 있다. 당시 프랑스 정부의 선택은 혼합 매체로 제작된 독특한 작품인 프리다의 자화상 〈프레임〉(*The Frame*)이었다. 프리다는 알루미늄 판에 파란색 배경 위로 자신의 모습을 그렸고, 알루미늄 판 위에 올린 유리에는 멕

프리다 칼로, 〈프레임〉, 1937, 금속판에 유채, 목제 고정틀, 28.5×20.5cm, 퐁피두센터, 파리.

시코 민속 예술 스타일로 그린 꽃과 새로 테두리를 둘렀다. 처음에는 죄드폼 국립미술관에 전시되었던 〈프레임〉은 이후에는 퐁피두센터에 걸렸다.

파리에 머무는 동안 프리다는 주로 브르통의 아내 자클린과 함께 시간을 보냈다. 그들은 루브르 박물관을 구경했고 벼룩시장을 방문했으며, 프리다는 이곳에서 중고 인형을 구입했다. 그 외에도 스페인 내전 난민을 돕기 위한 위원회를 방문한 프리다는 난민들의 열악한 생활환경을 보고 가슴 아파했으며, 모금을 기획하여 그들 중 400명을 멕시코로 보낼 수 있는 자금을 마련했다.

프리다는 2개월 반 동안 파리에 머물렀다. 원래는 봄이 되면 페기 구겐하임(Peggy Guggenheim)이 런던에 개관한 구겐하임 갤러리에서 전시회를 열 계획이었지만, 파리에서 겪었던 어려움과 전쟁이 다가온다는 불안감으로 프리다는 결국 이를 포기했다. 프리다는 뉴욕으로 돌아갔는데, 니콜라스 머레이와 함께하기 위해서였다. 파리에서 프리다는 다음과 같은 편지를 머레이에게 보냈다. "당신에게 돌아가고 싶어. 당신이라는 존재의 모든 순간들, 당신의 목소리, 당신의 눈, 당신의 손, 당신의 아름다운 입, 당신의 맑고 정직한 웃음이 그리워요. 당신을 사랑해, 나의 닉. 내가 당신을 사랑한다는 생각에 — 당신이 나를 기다린다는 생각에 — 당신이 나를 사랑한다는 생각에 너무 행복해요."[15]

이러한 고백에도 불구하고 머레이는 프리다의 마음에서 가장 중요한 자리에는 항상 디에고가 있다고 느꼈고 다른 여자들을 지속적으로 만났다(실은 프리다도 다른 남자가 끊이지 않았다). 프리다가 뉴욕으로 돌아왔을 때 머레이는 다른 여성과 진지한 관계를 맺고 있었고, 이를 알아차린 프리다는 서둘러 멕시코로 떠나버렸다.

프리다가 해외로 가 있는 동안 디에고와 트로츠키의 사이는 상당히 소원해졌다. 표면적 원인은 정치적인 견해 차이였지만, 근본적으로 두 사람의 성격이 너무나 달랐기에 둘을 아는 사람들은 이를 어쩔 수 없는 결과로 받아들였다. 트로츠키는 지적이고 정확하며 일관적인 반면에 디에고는 사교적이고 과장을 즐겼으며 정치적으로는 일관성이 없었다. 트로츠키는 디에고가 열정, 용기, 상상력을 가졌다는 것은 인정했지만 이러한 자질들이 크게 중요한 것은 아니라고 생각했다. 트로츠키는 디에고가 지역의 노동단체에 참여하는 것을 불만스러워했으며 그보다는 예술 창작에 집중하라고, 혹시 노동운동을 한다면 지역을 넘어서는 국제적인 차원의 운동에 참여하라고 설득했다. 트로츠키의 이런 태도는 디에고를 불쾌하게 했고, 프리다도 굳이 둘을 중재하려고 하지 않았기에 상황은 갈수록 악화되었다. 더 이상 디에고의 호의에 기대는 것이 불편해진 트로츠키는 집세를 내겠다고 제안했다. 하지만 디에고는 코요아칸의 푸른 집은 프리다의 집이며 이 문제는 자신이 아닌 프리다와 함께 해결해야 하는 사항이라고 하면서 그 제안을 거부했다. 트로츠키는 프리다에게 편지를 보내 이 문제를 호소했지만, 프리다는 당시 자신을 둘러싼 상황들로 바빴기에 답장을 하지 않았다. 결국 5월 초, 트로츠키와 그의 아내는 그간 머물던 코요아칸의 푸른 집에서 불과 몇 블록 떨어진 다른 집으로 이사를 했다.

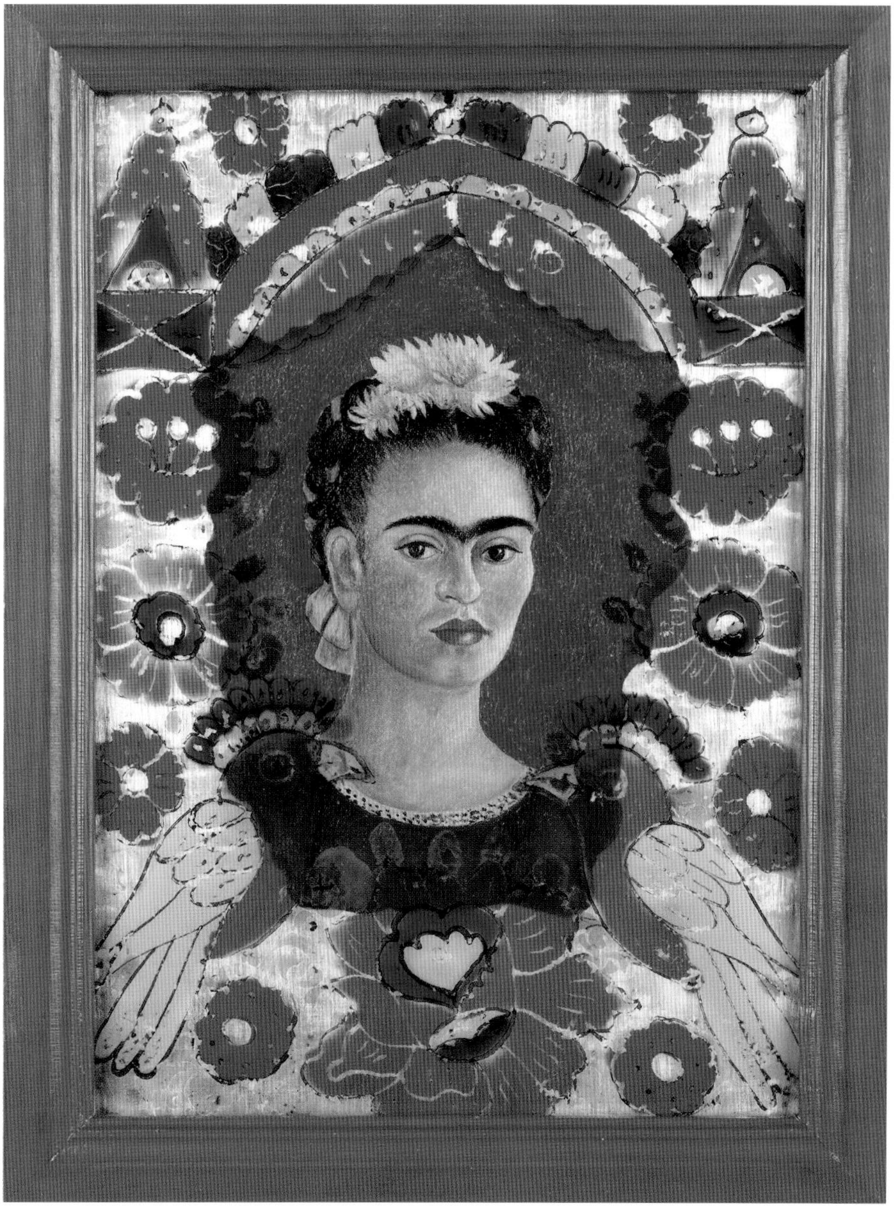

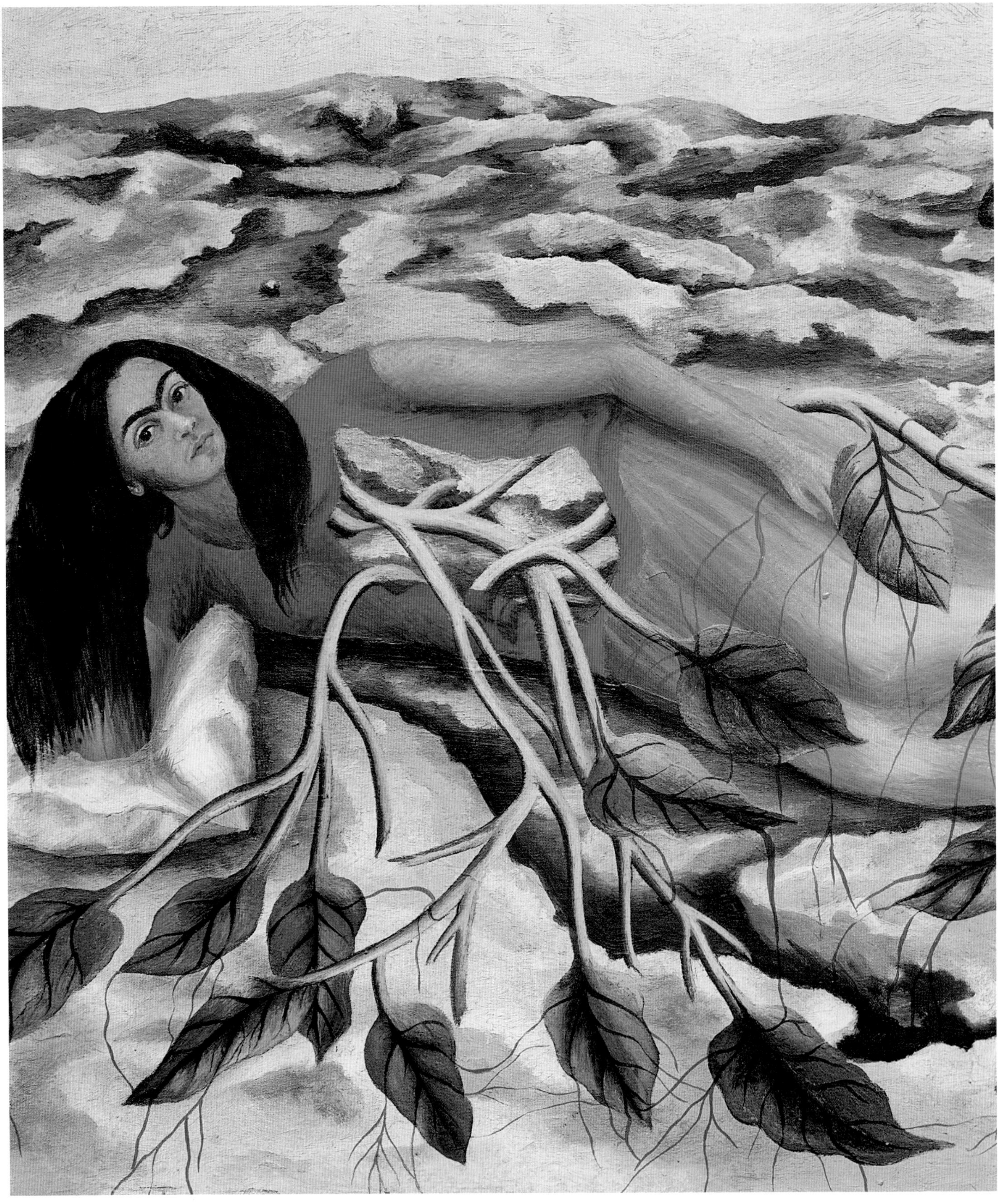

다시, 코요아칸의 푸른 집으로

프리다 칼로, 〈뿌리〉 부분 확대, 1943.

멕시코로 돌아온 후 프리다와 디에고의 관계는 급속히 악화되었다. 프리다는 산 앙헬을 떠나 코요아칸의 푸른 집에서 지냈고, 얼마 지나지 않아 디에고는 이혼을 요구했다. 정확한 이혼 사유에 대해서는 둘 다 뚜렷하게 밝히지 않았다. 언론을 통해 표명된 디에고의 입장은, 이혼은 어디까지나 법률적 편의성의 문제이며 그들의 관계는 그 어느 때보다 좋다고 했다. 반면 프리다는 둘의 사이가 그다지 좋지 않았으며, 이혼은 개인적이고 밝히기 어려운 민감한 이유 때문이라고 말했다. 물론 외도가 이혼의 원인이었을 수도 있지만, 그렇게 따지자면 그간 서로가 수없이 많은 불륜을 저질러 왔음에도 두 사람의 결혼 생활이 지난 10년 동안 지속되어 왔기에 설득력이 떨어진다. 물론 이혼을 요구하던 당시에도 디에고는 보조 작가인 아이린 보후스(Irene Bohus), 스튜디오 건너편에 있는 산 앙헬 인에 머물고 있던 여배우 폴렛 고더드(Paulette Goddard)와 만나고 있다는 소문이 돌았다. 어쩌면 디에고가 프리다와 트로츠키, 또는 니콜라스 머레이와의 관계에 대해 알았을 수도 있다. 하지만 그랬더라면 디에고는 프리다를 맹렬하게 비난했을 것이다. 한편 이혼 요구와는 별개로, 디에고는 프리다가 해외에서 거둔 작가로서의 성공에 기뻐하며 언론에 이렇게 말하기도 했다. "나는 프리다를 지금 시대의 가장 훌륭한 현대 예술가 대여섯 명 중 한 사람으로 꼽겠습니다."[1] 어쨌거나 디에고는 프리다와의 결혼 생활을 더 이상 지속하고 싶어하지 않았다.

프리다는 경제적으로 파산 위기를 마주했지만 더 이상 디에고에게 의존하지 않기로 결심했다. 대신에 그는 꾸준히 그림을 그렸다. 이 시기는 프리다에게 있어 가장 생산적인 시간이었다. 훗날 디에고는 그들의 이혼이 프리다의 예술에 긍정적인 효과를 가져다주었다고 말했다. 그들이 헤어져 있던 기간에 대해 디에고는 "프리다는 자신의 고뇌를 그림으로 승화시켜 최고의 작품을 만들어냈죠"[2]라고 평가했다. 이 시기의 프리다는 열정적으로 작업했을 뿐만 아니라 적극적으로 구매자를 찾았고, 친구인 카를로스 차베스(Carlos Chavez)의 제안에 따라 구겐하임의 펠로우십도 신청했다.

프리다는 어렵고 진지한 주제에 대한 탐구를 지속해나갔으며, 상업화하기 위해 자신의 주제나 스타일을 타협하지도 않았다. 이 시기 프리다는 기존에 해왔던 작품보다 훨씬 더 큰 규모의 작품을 두 점 제작했다. 높이가 1m가 넘고 너비가 거의 2.5m인 〈상처 입은 탁자〉(*The Wounded Table*), 그리고 1.73m^2 크기의 〈두 명의 프리다〉(*The Two Fridas*)가 그것이다. 프리다는 이 두 그림들로 1940년 1월 멕시코시티의 멕시코 미술 갤러리에서 열린 '국제 초현실주의 전시회'에 참여했다. 이 전시회에는 디에고를 비롯한 여러 동시대 작가들의 작품이 출품되었다. 니콜라스 머레이에게 보낸 편지에서 프리다는 "멕시코의 모든 사람들은 초현실주의자가 되었어요. 왜냐하면 우리 모두는 초현실주의의 일부거든"이라고 말했다.[3]

〈두 명의 프리다〉에서 프리다는 제목처럼 자신을 두 명으로 표현했다. 어둡고 폭풍우가 치는 하늘 아래, 두 명의 프리다는 서로 손을 잡고 벤치에 앉아 있다. 그들이 입은 옷은 프리다의 두 가지 혈통을 가리킨다. 오른쪽의 프리다는 멕시코 전통 의상인 테후아나 드레스를 입었고 왼쪽의 프리다는 멕시코 혁명 이전에 선호되었던 흰색의 하이넥 빅토리아풍 블라우스를 입고 있다. 전통 복식을 한 프리다의 왼손에는 작은 메달이 들려있는데, 메달에는 디에고의 어린 시절 사진이 담겨 있다. 메달에서 나온 정맥 혈관은 팔을 감고 올라가 가슴 속에서 노출된 심장으로 이어진다. 또 다른 정맥 혈관이 오른쪽 프리다의 심장을 왼쪽 프리다의 심장과 연결하고 있다. 왼쪽 프리다의 심장은 한층 더 열려서 심실까지 전부 들여다보인다. 이 심장에서 또 다른 정맥이 반대쪽 팔을 타고 내려와 오른손에 있는 외과용 집게로 이어진다. 외과용 집게가 살짝 막고 있지만 피는 멈추지 않고 흘러 하얀 치맛자락에 꽃처럼 무늬를 만들고 있다.

이 작품에 대한 프리다의 설명은 다양했다. 이혼 판결을 받았을 무렵에 자신을 방문했던 미술사학자 매킨리 헬름(MacKinley Helm)에게는 이 그림 속의 두 프리다가 디에고가 사랑한 사람과 사랑하지 않은 사람을 나타낸다고 설명했다. 한편 이 작품의 사진을 게재하고 싶다는 잡지 편집자에게 보낸 편지에는 이 그림이 '고독의 표현'이라고 말했다. 편지에서 프리다는 "도움이 필요한 순간마다 지속적으로 도움을 구하는 대상은 나 자신, 즉 나는 나 스스로에게 도움을 구하는 것입니다. 그렇기 때문에 두 인물이 손을 잡고 있는 것이죠"[4]라고 썼다. 이처럼 이 작품은 프리다가 겪은 개인적인 고통과 자기 내부의 분열된 감정을 말하고 있지만, 한편으로는 원주민과 유럽인으로 구성된 국가인 멕시코에 대한 우화로도 볼 수 있다. 그림 속 인물들의 노출된 심장은 가톨릭의 종교 예술에서 사용되는 기호로서 예수의 성스러운 심장이나 성심(Immaculate Heart)의 묘사로 흔히 등장하지만, 스페인 식민지 이전의 멕시코 예술에서도 생명력의 상징으로 자주 나타났다. 프리다는 멕시코와 유럽이라는 두 국가적 혈통을 상호 의존적으로 표현했지만, 자세히 살펴보면 테후아나 드레스로 대표되는 멕시코 토착 문화가 유럽이라는 상대에게 에너지를 주는 역할을 하고 있다.[5]

한편 니콜라스 머레이가 결혼한다는 소식을 접한 프리다는 한층 더 절망하고 외로움에 빠졌다. 프리다는 지금까지 자신이 보냈던 편지를 돌려달라고 했고, 그의 집안 눈에 잘 띄는 장소에 놓아둔 자신의 사진을 눈에 잘 띄지 않는 위치로 옮겨달라고도 요청했다. 프리다는 앞으로는 그에게 편지쓰기를 그만두겠다고도 선언했다. 하지만 머레이는 여전히 프리다에 대한 애정으로 가득했기에, 인연을 끊겠다는 프리다의 편지에 이렇게 답장했다. "나는 당신을 돌보는 일을 결코 멈추지 않을 거야. 그건 안 된다고! 차라리 내 오른팔이나 뇌를 떼어내는 것이 낫겠어. …… 내가 당신에게 상처를 주었다는 것을 알고 있어. 우리의 우정으로 상처를 치유해보자. 이 우정이 나에게 소중하듯이 당신에게도 소중하기를 바랄 뿐이야."[6] 그 다짐처럼 머레이는 프리다의 친구로 남아 계속해서 편지를 쓰고, 돈을 보냈고, 프리다를 방문하여 여러 장의 사진을 찍었다.

프리다는 클레어 부스 루스의 의뢰를 받아 뉴욕에서부터 작업을 시작했던 〈도로시 헤일의 자살〉(*The Suicide*

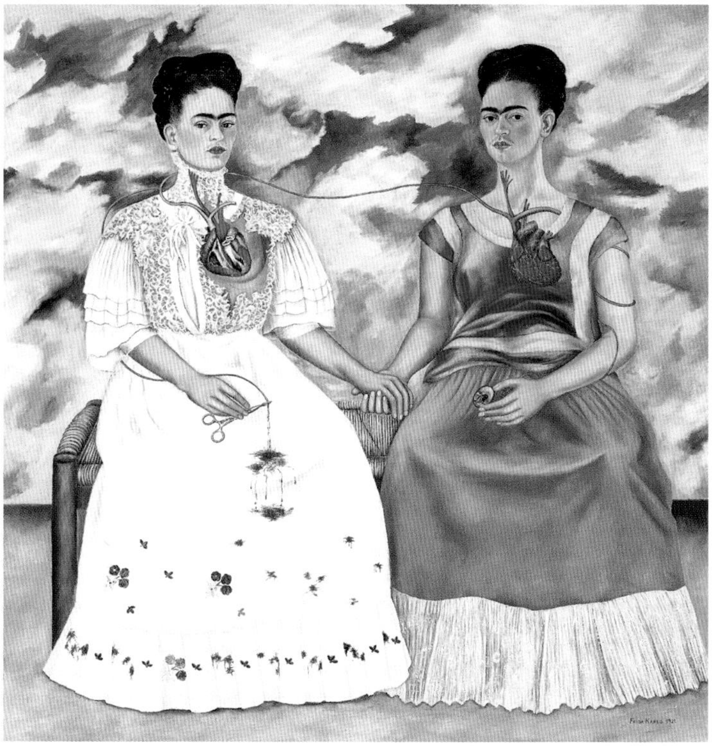

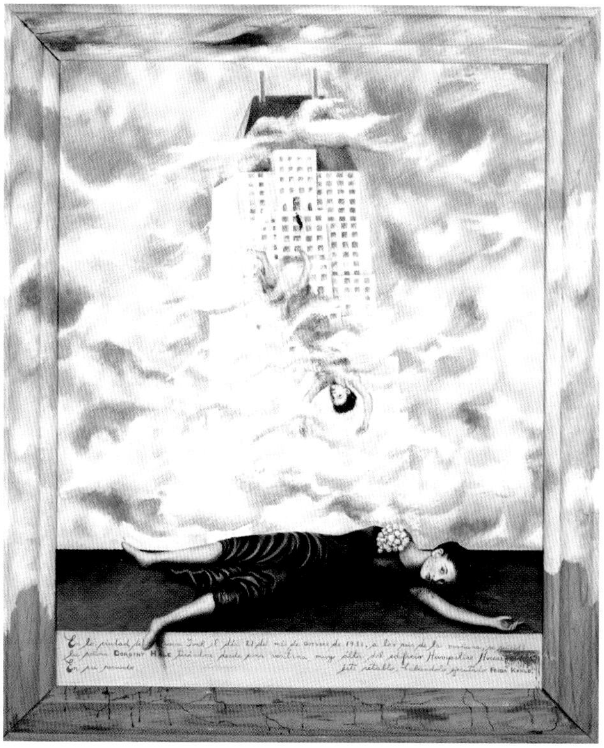

(위 왼쪽) 프리다 칼로, 〈두 명의 프리다〉, 1939, 캔버스에 유채, 173.5×173cm, 현대미술관, 멕시코시티.

(위 오른쪽) 프리다 칼로, 〈도로시 헤일의 자살〉, 1938~1939, 액자 및 판에 유채, 50×40.6cm, 피닉스 미술관.

(다음 페이지) 멕시코시티, 1944.

of Dorothy Hale)을 완성했다. 일반적인 초상화를 기대했던 루스는 프리다가 제작한 초상화에 대단히 충격을 받았다. 이 그림은 전통적인 초상화가 아닌, 친구가 뉴욕의 고층빌딩에서 떨어져 죽음을 맞이하는 모습을 그래픽적으로 표현하고 있었다. 프리다는 이전의 뉴욕 여행에서 클레어 루스뿐만 아니라 자살한 도로시 헤일도 실제로 만난 적이 있었다. 도로시 헤일은 남편과 사별한 30대 여성으로, 쇼걸 및 배우로 일했지만 커리어가 그다지 잘 풀리지 않아서 생계를 유지하는 데 어려움을 겪었다. 도로시는 자살하기 전날 밤에 파티를 열었는데, 표면적으로는 자신을 위한 송별파티라고 했다. 다음 날 아침 그는 가장 아끼는 검은색 예복을 입고, 친구인 이사무 노구치가 준 노란 장미 꽃다발을 들고서 16층 아파트 창문 밖으로 몸을 던졌다. 클레어 루스는 슬픔에 잠긴 도로시의 어머니에게 선물하려는 의도로 프리다에게 도로시 헤일의 초상화를 의뢰했던 것이다.

〈도로시 헤일의 자살〉에서 프리다는 주인공인 도로시 헤일을 세 가지의 서로 다른 크기로 표현하여 각각의 위치에 배치했다. 이러한 구성은 역동적인 움직임을 나타냈으며, 보는 사람에게는 주인공이 점점 더 가까워지는 느낌을 주었다. 건물 꼭대기에 있는 도로시 헤일은 아주 작고 꼿꼿하다. 짙은 구름을 뚫고 머리부터 떨어지고 있을 때는 그보다 더 커진 모습이 되었고, 마침내 땅에 쓰러진 그는 여전히 아름다운 얼굴에서 피가 뚝뚝 떨어지는 것까지 보일 정도로 크게 그려졌다. 프리다는 이 그림에 '트롱프뢰유'(trompe l'oeil, 착시화, 실물인 줄 착각하도록 만든 그림) 효과를 적용하여 도로시 헤일의 발이 바닥을 벗어나서 그림 밖으로 튀어나와있는 것처럼 보이게 했고, 그림 하단의 배너에까지 그림자를 드리웠다. 배너에는 이렇게 적혀 있다. "1938년 10월 21일 아침 6시, 뉴욕시, 도로시 헤일은 햄프셔 하우스의 높은 창문에서 몸을 던져 자살했습니다. 그를 추모하며, …… 이 제단화는 프리다 칼로에 의해 제작되었습니다." 배너의 빈 공간에는 클레어 루스가 이 작품을 의뢰했다는 내용이 적혀 있었다. 이 그림에서 프리다는 언제나처럼 거침없는 태도로 사회적으로 금기시되는 죽음과 자살이

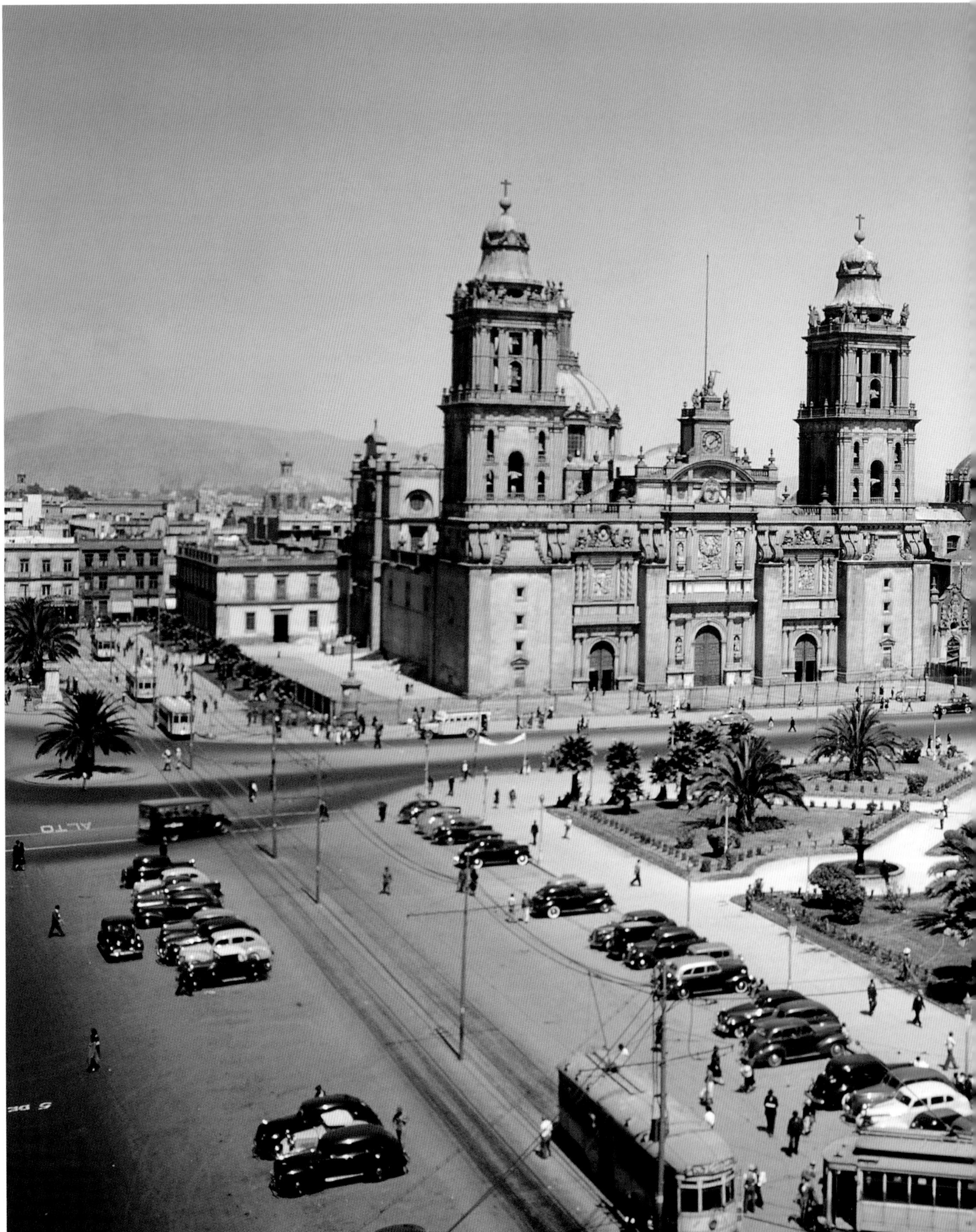
ALTO

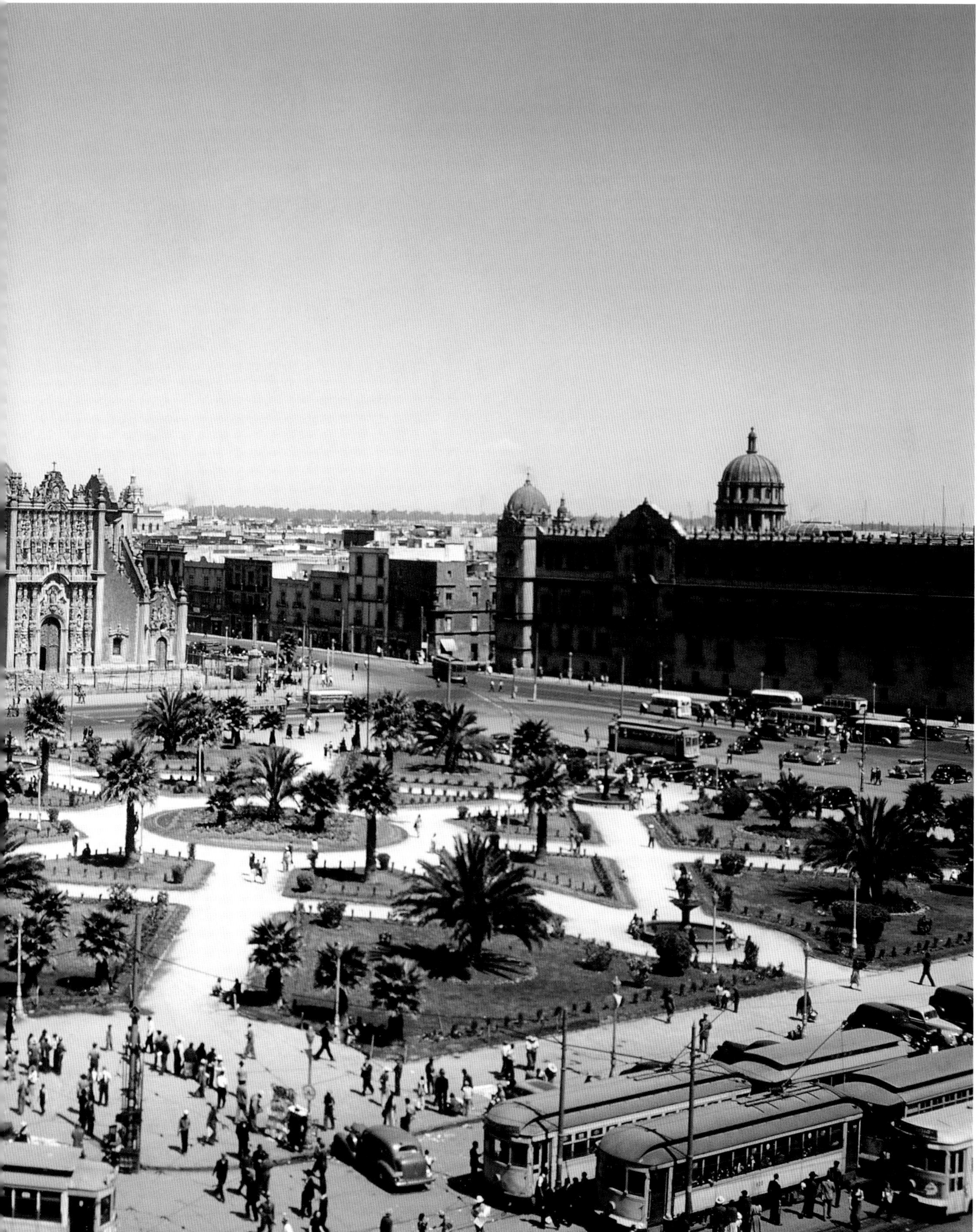

라는 주제를 대하는 모습을 보여준다. 뉴욕 거리에서 목숨을 잃고 피를 흘리는 젊고 아름다운 여성을 통해 프리다는 평범한 아름다움의 이미지를 전복시키고, 더 나아가 도로시 헤일을 여성적 아름다움으로만 평가했을 뿐 정작 스스로를 돌보고 지켜낼 수단을 주지 않은 서구 사회를 비난한다.[7] 완성된 작품을 받은 클레어 루스는 처음에는 그림을 파기하려고 했지만 다른 친구가 이를 만류했다. 결국 루스는 하단의 배너에서 자신의 이름이 언급된 부분만 지운 채 친구에게 그림을 양도했고, 30년이 넘는 시간 동안 이 그림은 친구의 창고에 보관되었다.

이혼절차를 마무리한 후 프리다와 디에고 사이는 다시금 가까워졌다. 프리다는 이혼 후에도 디에고의 서신 업무와 재정적인 문제들을 맡아서 처리해주었다. 이혼한 그해 2월 프리다는 친구에게 이렇게 편지를 보냈다. "내가 요즘 디에고를 자주 만나는 것과는 별개로, 디에고는 더 이상 나와 같은 집에서 살고 싶어하지 않아. 왜냐하면 그 사람은 혼자 있는 것을 좋아하거든. 또 나는 디에고의 서류며 잡동사니들을 볼 때마다 정리해주고 싶은데, 그는 그렇게 무질서하게 내버려두는 것이 좋대."[8]

한편, 프리다가 살고 있는 코요아칸의 푸른 집에서 약 다섯 블록 떨어진 집에 머물고 있던 트로츠키의 일상은 갈수록 위험해졌다. 1940년 5월에는 20명의 무장 괴한들이 트로츠키의 집에 들이닥쳤다. 괴한들의 총알은 당시 아버지를 잃고 그들과 함께 살고 있던 트로츠키의 손자를 스치고 지나갔지만, 다행히 트로츠키와 그의 아내를 비롯한 모두가 무사했다. 심각한 습격 사건의 진상을 조사하는 과정에서 디에고도 용의자 선상에 올라갔다. 디에고와 트로츠키가 절교한 것은 모두에게 알려진 사실이었기 때문에 의심을 받았던 것이다. 경찰은 산 앙헬에 있는 디에고의 집을 포위했다. 맞은편의 산 앙헬 인에 머무르던 폴렛이 경찰을 발견하고 디에고에게 전화를 걸어 이 사실을 미리 알렸고, 디에고의 보조 작가인 아이린이 자동차 뒷좌석에 캔버스를 쌓고 그 아래로 디에고를 숨겨서 경찰을 따돌렸다. 두 여성은 디에고가 미국행 비자를 받을 수 있을 때까지 며칠 동안 그를 숨겨주었다. 때마침 샌프란시스코 증권거래소 건물 프로젝트에서 함께 일했던 건축가 티모시 플루거가 디에고에게 샌프란시스코 골든게이트 국제 박람회를 위한 벽화 작업을 소개해준 참이었다. 정부관계자 및 지인들의 도움으로 디에고는 며칠 만에 미국 비자를 발급받았고, 자신을 구해준 폴렛과 아이린과 함께 미국으로 떠났다. 급박하게 진행된 열흘에 가까운 시간 동안 프리다는 디에고에게 무슨 일이 일어나고 있는지, 디에고가 어디에 있는지 전혀 알지 못했다. 프리다는 자신은 까맣게 모르고 있던 사이에 디에고가 다른 여성들의 도움을 받았다는 사실에 뒤늦은 걱정과 함께 상처를 받았다. 프리다는 이때의 심정을 "당신을 돕기 위해 내 평생을 바쳤는데, 결국 당신의 진정한 '구원자'는 내가 아닌 다른 여자들이었던 거지"[9]라고 표현했다.

트로츠키를 덮친 괴한 무리의 습격 사건으로부터 3개월이 지난 1940년 8월 20일, 이번에는 소규모 습격이 있었다. 캐나다에서 온 프랭크 잭슨이라는 가짜 신분으로 위장했던 스페인 출신의 공산주의자 라몬 메르카데르(Ramon Mercader)는 트로츠키의 내부 조직에 침투한 끝에 그날 홀로 습격을 감행했다. 라몬 메르카데르는 트로츠키의 집무실에 잠입하여 등산용 도끼로 트로츠키의 두개골을 찍었고, 트로츠키는 하루 만에 숨을 거두었다. 그런데 트로츠키의 살인자는 프리다가 파리에 머무를 때 프리다와 스친 인연이 있었다. 당시 프리다의 집에서 열린 디너 파티에 손님으로 참석했던 것이다. 결국 프리다와 디에고 모두가 트로츠키의 살인 용의자로 의심을 받았다. 경찰은 산 앙헬의 집을 수색했고 프리다와 여동생 크리스티나는 이틀 동안 심문을 받아야 했다. 프리다와 크리스티나는 불안에 떨었고, 집에 방치된 크리스티나의 아이들을 걱정했다. 하지만 경찰은 그들이 아무런 혐의가 없다는 사실을 밝히고 풀어주었다.

디에고는 산 앙헬을 떠나있는 동안 그 집을 임대했다. 미국에서 온 두 명의 여성이 세입자로 들어왔다. 이에 따라 디에고는 프리다에게 산 앙헬의 집에 있는 고대 멕시코의 조각품들을 포장해서 보관해줄 것을 부탁했다. 보다 정확히 말하면 프리다가 먼저 그 일을 맡겠다고 나섰다. 크리스티나는 프리다에게 그 작업을 할 사람을 고용하거나, 적어도 자신의 도움을 받으라고 다그쳤지만 프리다는 거절했다. 자기 말고는 다른 누구도 그 작업을 제대로 할 수 없을 거라고 생각했던 것이다. 프리다는 강경한 태도로 포장 작업에 임했지만, 디에고의 엄청난 컬렉션을 57개의 커다란 상자에 포장하는 노동은 건강을 심하게 해쳤다. 주치의는 프리다에게 시골에 가서 휴식을 취하라고 조언했다. 프리다는 의사의 조언에 따라 크리스티나와 함께 쿠에르나바카에 가서 한 달 동안 머물렀지만, 나중에 디에고에게 보낸 편지를 보면 시골 요양이 별로 효과적인 것 같지는 않았다. 편지에서 프리다는 "나는 의사의 모든 지시를 따랐어요. 하지만 내 몸 상태는 의사를 만나러 가기 전과 다를 바 없이 여전히 안 좋네요"[10]라고 불평했던 것이다.

프리다를 힘들게 한 것은 신체의 건강만이 아니었다. 디에고에 대한 상념이 그를 끝없이 괴롭혔다. 프리다는 디에고에게 이렇게 편지를 썼다. "당신이 떠난 이후로 모든 것이 색을 잃었어요. 모든 것, 그러니까 생명 그 자체, 나무의 잎사귀에서 산에 이르기까지 말이지, 모든 순간, 모든 색, 모든 모양, 모든 것들이 당신과 연결되어 있기 때문에."[11] 프리다의 정신적 스트레스는 비단 남편과의 문제에서 비롯된 것만은 아니었다. 뉴욕과 파리에서 프리다가 거두었던 성공은 기대보다 한참 못 미쳤고, 구겐하임 펠로우십 지원에도 탈락했다. 한편, 프리다는 디에고가 다른 사람의 이름으로 자신의 그림 중 하나를 사들인 것을 알게 되었다. 프리다의 작업을 진심으로 인정하는 유일한 사람은 디에고뿐인 것 같았다. 니콜라스 머레이도 늘 프리다에게 응원과 격려의 메시지를 전했고 돈을 보내며 그림을 부탁하기도 했지만, 그는 디에고와는 결정적으로 달랐다. 다음은 머레이에 대한 프리다의 평가이다. "그는 최근에 보낸 편지에서 골반, 심장 같은 우울하고 개인적인 것을 그리지 말아 달라고 했어. 도대체 그는 내가 무엇을 그리기를 원하는 걸까? 바이올린을 연주하는 천사들?"[12] 이처럼 프리다는 대다수의 사람들이 자신의 그림을 불편하게 생각한다는 것을 알고 있었다. 제2차 세계대전이 발발하면서 대중은 부드러운 이미지의 예술을 한층 더 선호하게 되었지만, 그럴수록 프리다는 더 강박적으로 자신의 예술적 비전에 충실했다.

프리다의 건강은 갈수록 악화되었다. 그는 자신을 괴롭히는 고통과 절망과 싸우기 위해 술을 마셨다. 또한 아픔을 해결하기 위해 프리다는 많은 의사들을 만났는데, 그들은 하나같이 척추 수술이 필요하다고 진단했다. 퍼릴 박사(Dr. Farill)는 프리다에게 누워서 안정을 취하고 척추 감압 수술을 받을 것을 권했다. 이 무렵 멕시코를 방문했던 니콜라스 머레이는 병원에 입원해 있는 프리다를 촬영했다. 냉정하고 예리한 눈빛으로 카메라를 직시하던 대부분의 사진과 달리, 이 시기에 찍힌 사진에서 프리다의 눈은 고통으로 가득 차 있다. 미국에 있던 디에고도 프리다의 건강 문제를 알게 되었고, 프리다에게 샌프란시스코로 와서 엘로저 박사에게 정밀한 건강진단을 받아볼 것을 권유했다.

프리다는 9월에 샌프란시스코로 떠났다. 엘로저 박사는 프리다가 멕시코에서 처방받았던 진단명이나 치료 방식에 동의하지 않았다. 그는 프리다가 빈혈, 피로, 알코올 중독뿐만 아니라 심각한 신장 감염을 앓고 있다고 진단했다. 엘로저 박사는 프리다를 성 누가 병원에 입원시켰고, 침대에 누워 푹 쉬면서 술을 끊고 건강한 식단을 지키도록 했다. 또한 그는 프리다와 디에고 사이에 재결합을 위한 다리도 놓아주었다. 때마침 디에고는 자신이 프리다를 다시금 원한다는 것을 깨닫고 프리다의 마음을 얻기 위해 새롭게 노력하고 있었다. 엘로저 박사도 프리다에게 재혼을 권했다. 하지만 동시에 엘로저 박사는 디에고가 결코 일부종사를 하지 않을 것이며 디에고와 함께하기로 한다면 디에고의 다자연애를 받아들여야 하리라는 점도 짚어주었다.

프리다가 디에고의 새로운 청혼을 고민하며 병원에 입원해 있는 동안, 젊은 독일인 하인츠 베르그루엔(Heinz Berggruen)이 디에고와 함께 프리다를 방문했다. 하인츠 베르그루엔은 독일인이지만 프랑스어에 능통했는데, 그의 역할은 샌프란시스코 국제 아트페어 기간 동안 디에고를 수행하고 통역하는 것이었다. 젊은 독일 청년은 이내 프리다에게 반해버렸다. 병원에서 퇴원한 후 프리다는 하인츠와 함께 함께 한 달 동안 뉴욕으로 여행을 떠났다. 뉴욕에 머무르는 동안 프리다는 줄리안 레비를 만나 앞으로의 전시 일정에 대해 논의했고, 디에고의 전처 루페가 디에고의 전기 작가인 버트럼 울프를 상대로 제기한 소송에 필요한 증언을 제공했다. 하인츠와의 관계를 유지하는 가운데 프리다는 디에고와의 재혼을 결정했다. 단, 프리다는 두 가지 조건을 내걸었는데, 첫 번째 조건은 그들이 재정적으로 독립하여 각자가 가계비를 균등하게 분담하는 것이었고 두 번째 조건은 육체관계는 갖지 않는 것이었다. 디에고는 이 조건들에 동의했지만 실제로는 둘 다 모두 제대로 지켜지지 않았다. 프리다는 샌프란시스코로 돌아왔고 프리다와 디에고는 1940년 12월 8일, 디에고의 54번째 생일에 두 번째로 결혼식을 올렸다. 그들의 두 번째 결합은 상호 간의 애정, 서로의 작업에 대한 존중, 그리고 빈번한 외도 속에서 끝까지 지속되었다.

디에고가 샌프란시스코 트레저 아일랜드의 골든게이트 국제박람회를 위해 그린 〈범미연합〉(*Pan-American Unity*)이라는 제목의 벽화에는 프리다가 등장한다. 벽화 속에서 프리다는 멕시코 전통 드레스를 입고 팔레트를 들고 있다. 같은 벽화 속에서 디에고는 폴렛 고더드와 등을 마주하고 손을 잡은 자신의 모습을 묘사했다. 이 작품에서 디에고는 고대와 현대의 교차점을 서로 다른 미국 문화의 만남으로 표현하는 자신의 스타일을 재현했

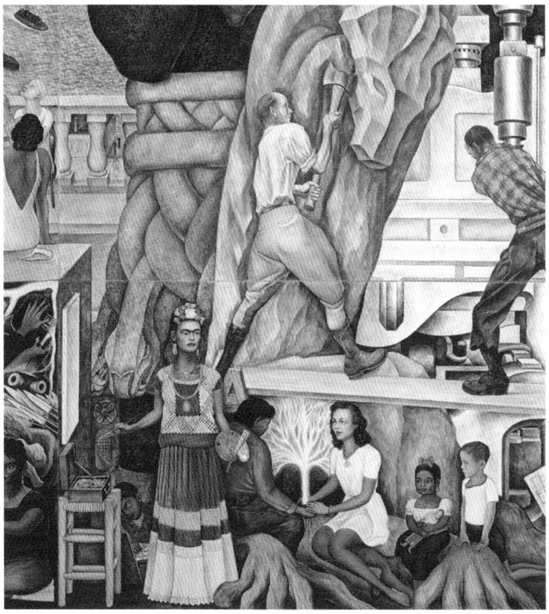

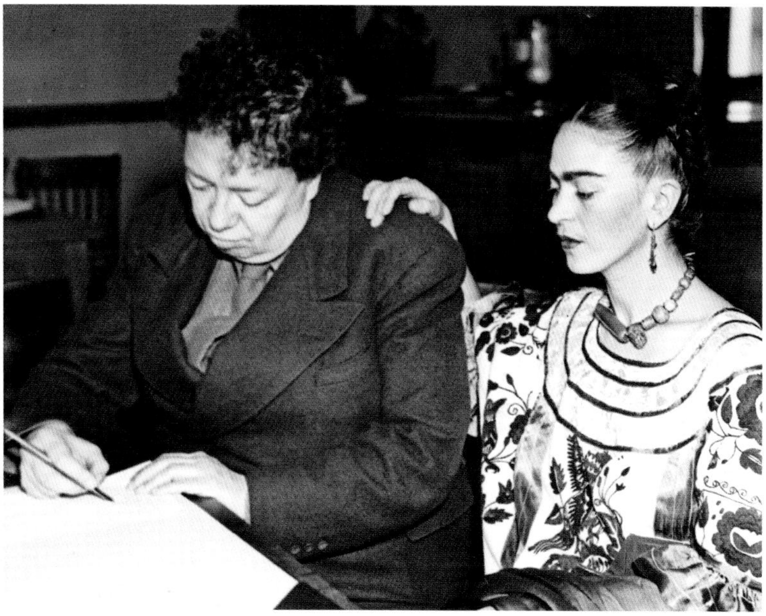

(왼쪽) 디에고 리베라 〈범미연합: 남미의 전통적 수공과 북미의 기계화의 만남으로 융합된 창조력〉 부분 확대, 1940, 10장의 연결된 패널 프레스코화, 샌프란시스코 시립대학, 캘리포니아.

(오른쪽) 1940년 12월, 두 번째 결혼을 하는 프리다와 디에고.

고, 다문화적 예술 표현이 궁극적으로는 통합문화라는 실체로 구현되리라는 그의 믿음을 재확인했다. 이는 확고한 민족주의자인 프리다와는 사뭇 대조되는 관점이다.

프리다는 디에고와 함께 샌프란시스코에서 2주를 보냈고 컨디션을 훨씬 회복하여 멕시코로 돌아왔다. 디에고는 샌프란시스코에 남아서 벽화를 마저 완성하고, 트로츠키의 죽음을 둘러싼 음모가 정리될 때까지 여유를 가지고 돌아오기로 했다. 멕시코에 먼저 돌아온 프리다는 디에고와 그의 보조 작가인 에미 루 패커드(Emmy Lou Packard)를 맞이하기 위해 코요아칸의 푸른 집을 재정비했다. 에미 루는 십대 청소년 시절에 가족과 함께 멕시코를 방문한 적이 있었는데, 당시 프리다와 디에고는 그를 만난 적이 있었다. 에미 루는 남편과 사별하고 어린 아들을 키우고 있었고, 프리다와 디에고는 그런 그에게 인정을 베풀었다. 프리다는 에미 루에게 편지를 보내 디에고가 미국에 있는 동안 그를 잘 돌봐달라고 부탁했다. 그가 의사의 지시를 잘 따르고 잘 먹을 수 있도록 지켜봐주고, 에미 루가 멕시코에서 자신들과 함께 지내기를 바란다는 바람도 전달했다.[13]

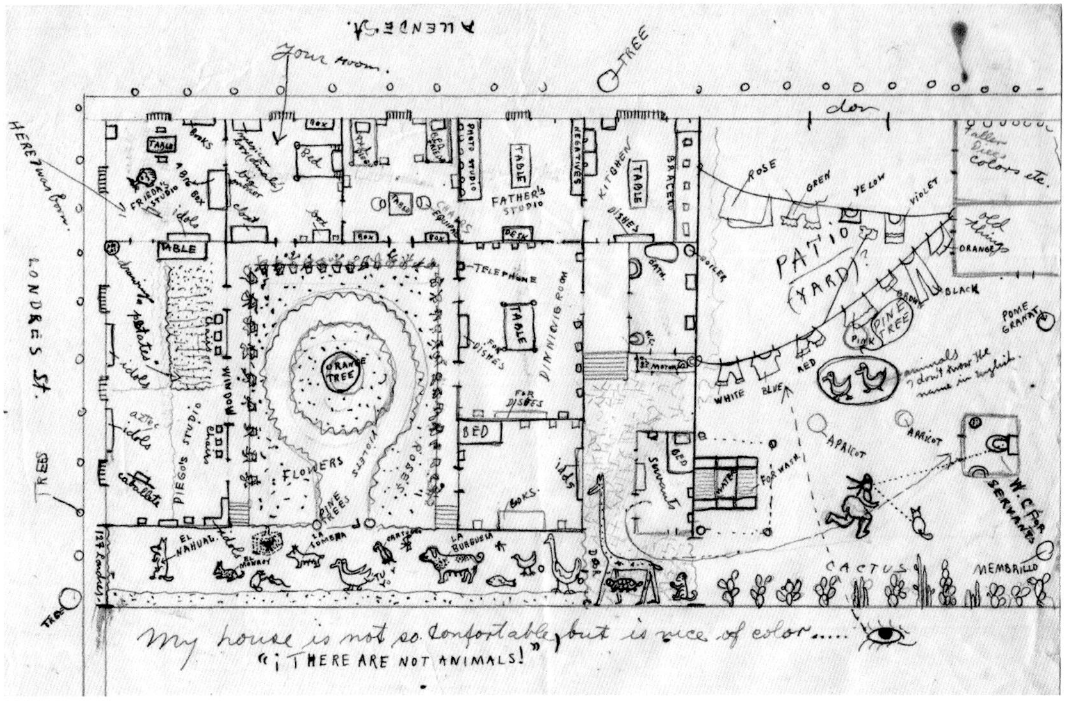

에미 루가 자신이 머무르게 될 장소에 대해 상상할 수 있도록 프리다는 푸른 집의 평면도를 그렸다.[14] 이 기발한 묘사는 프리다가 자신의 집, 정원, 그 안에 사는 사람들에 대해 가졌던 애착을 보여주는 동시에 당시 이 집이 어떻게 사용되고 있었는지에 대해 살펴볼 수 있는 근거자료를 제공한다. 평면도에서 그는 각각의 방과 가구에 이름표를 붙였다. 런드레스 거리를 향한 창문이 있는 길쭉한 방은 디에고의 작업실이었다. 프리다는 디에고의 이젤이 있는 곳, 바닥에 깔린 밀짚 매트, 그가 수집한 '아즈텍 시대의 신들'이 들어있는 선반을 표시했다. 런드레스 거리와 아옌데 거리 모퉁이에 있는 작은 방은 프리다의 작업실이었다. 프리다는 자신의 작업실을 가리키는 화살표와 함께 '여기는 내가 태어난 곳'이라고 메모했다. 각각 '프리다'(Frieda)와 '디에고'라고 표시된 트윈 침대가 있는 방 옆에 자리한 또 다른 침실에는 '당신의 방'이라고 적혀 있다. 이 집이 지어졌던 시기의 평면도에서 욕실, 복도 및 식료품 저장실이 차지했던 공간은 이제 프리다의 아버지를 위한 작업실로 개조된 한편, 식당과 주방은 원래의 위치에 그대로 남아 있었다. 프리다는 정원에 있는 식물과 동물들도 그렸고, 마당에 있는 빨랫줄까지도 그림에 빠뜨리지 않았다. 트로츠키가 머무는 동안 보안을 위해 디에고가 추가로 구입했던 북쪽의 부지를 보면, 아마도 창고로 사용되었을 법한 두 개의 작은 구조물이 있다. 여기에는 '오래된 것'과 '색상 및 기타 등등'이라는 이름표를 붙여놓았다. 오렌지나무는 여전히 내부에 있는 중앙정원 가운데에 자리 잡고 있음을 알 수 있으며 장미, 제비꽃, 소나무뿐만 아니라 살구, 석류, 마르멜로를 포함한 다양한 과일나무 등의 여러 식물들에도 이름표가 붙었다. 프리다는 집 한쪽을 따라 원숭이, 거북이, 물고기, 기린, 개 여러 마리, 새, 고양이가 등장하는 동물 행렬을 그렸다. 사실 프리다는 기린을 키우지는 않았기 때문에, 아마도 그림 속의 기린은 그가 키웠던 새끼 사슴인 그라니초(Granizo)를 표현했던 것 같다. 프리다가 묘사한 모든 동물들은 그에게 있어 가족의 일부였다. 도면 하단에 적힌 메모를 보면 "우리 집은 그렇게 편하지는(원문에는 'confortable'이라고 썼다) 않지만, 색이 예쁩니다"라고 적혀 있다. 그 옆에는 눈이 달린 화살표가 '파란색'이라고 표시된 빨랫줄을 가리키고

(위) 코요아칸의 푸른 집에 관한 프리다의 스케치.

(오른쪽 위) 에미 루 패커드가 촬영한 프리다와 디에고.

(오른쪽 아래) 코요아칸의 푸른 집 정원에 있는 프리다와 에미 루.

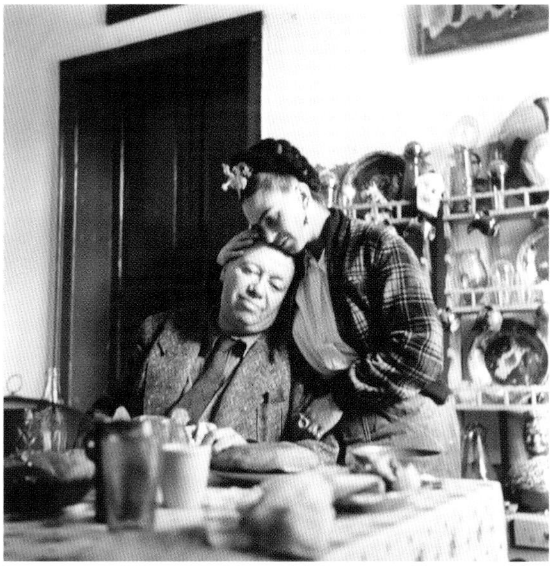

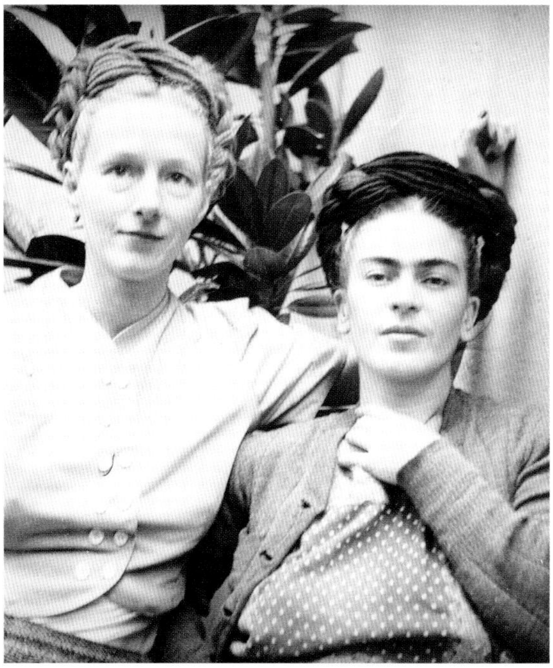

있다. 또박또박한 인쇄체로는 다음과 같이 적혀 있다. "이 집에 동물은 없습니다!"(there are not animals!) 집의 평면도에는 동물원처럼 많은 동물들을 그려 넣었음에도 굳이 이런 문구를 적은 이유는 그저 장난이거나, 혹은 이 동물들이 가족과 다름없다는 의미를 담은 진술일 것이다.

디에고와 프리다가 재혼한 다음해 2월, 디에고는 에미 루와 함께 멕시코에 도착했다. 프리다는 그들을 맞이하기 위해 집을 완벽하게 정리했다. 에미 루는 푸른 집의 첫인상을 이렇게 기록했다. "소나무로 된 바닥은 폴보 데 콩고(polvo de congo, 밝고 옅은 노란색 가루)로 깨끗이 닦고 새로 물들였다. …… 이 가루는 소박한 느낌으로 바닥을 물들이는 데 유용하다. 디에고는 자신과 프리다가 지금껏 모은 수집품으로 채운 둘만의 박물관을 천천히 걸으면서 기쁜 기색을 숨기지 못했다. 그 방에는 각종 멕시코 민속 예술품, 식민지 시대의 다크한 그림들, 제단화들이 있었고, …… 식민지 시대 이전의 조각품, 새하얀 두개골 모양의 장식들, 우뚝 솟은 종이 인형 유다 …… 가 있었다."[15]

디에고는 코요아칸의 집에서 산 앙헬에 있는 자신의 스튜디오로 출근했고, 프리다의 눈을 피해 혼외관계를 이어갔다. 재혼 후 몇 달이 지난 뒤 프리다는 엘로저 박사에게 편지를 썼다. "재혼 생활은 잘 진행되는 것 같아요. 가끔 다투기는 하지만 그보다는 서로에 대한 이해가 훨씬 커진 것 같습니다. 그리고 느닷없이 디에고의 마음을 차지하는, 모르는 여자들을 뒷조사하는 구질구질한 짓이 훨씬 적어졌어요."[16]

푸른 집에서 머물며 함께 식사를 한 후 디에고는 산 앙헬에 있는 작업실로 출근하는 일상은 그들이 공유하는 작은 즐거움이 되었다. 프리다는 오전에는 그림을 그리고 시장을 본 후 점심식사를 준비했다. 프리다는 꽃과 과일, 그리고 도자기 그릇으로 구성된 아름다운 테이블 세팅을 항상 신경을 썼다. 식사 시간에는 종종 동물들도 함께 했다. 케이지에 들어간 다람쥐, 버터가 담긴 접시를 찾느라 테이블 주위를 날아다니는 앵무새 보니토(Bonito) 덕분에 활기찬 시간이 되곤 했다. 프리다는 종종 허리 통증 때문에 식사 중에도 일어서서 돌아다녀야 했다. 돌아다니다가 디에고의 머리를 쓰다듬기도 했는데, 디에고는 그것을 상당히 좋아했다. 에미 루는 그들의 다정한 순간을 사진으로 포착했다.

디에고는 푸른 집의 정원을 더 확장하기로 하고 저택 동쪽에 있는 부지를 구입했다. 그는 인부들이 건물 사이의 벽을 허물고 초가지붕을 덮은 계단식 피라미드를 세우는 것을 감독했다. 이렇게 만들어진 피라미드에는 디에고가 수집한 고대 멕시코의 예술품 컬렉션을 전시했다. 나중에는 아즈텍 신화에 나오는 비의 신, 틀라록의 사원을 연상시키

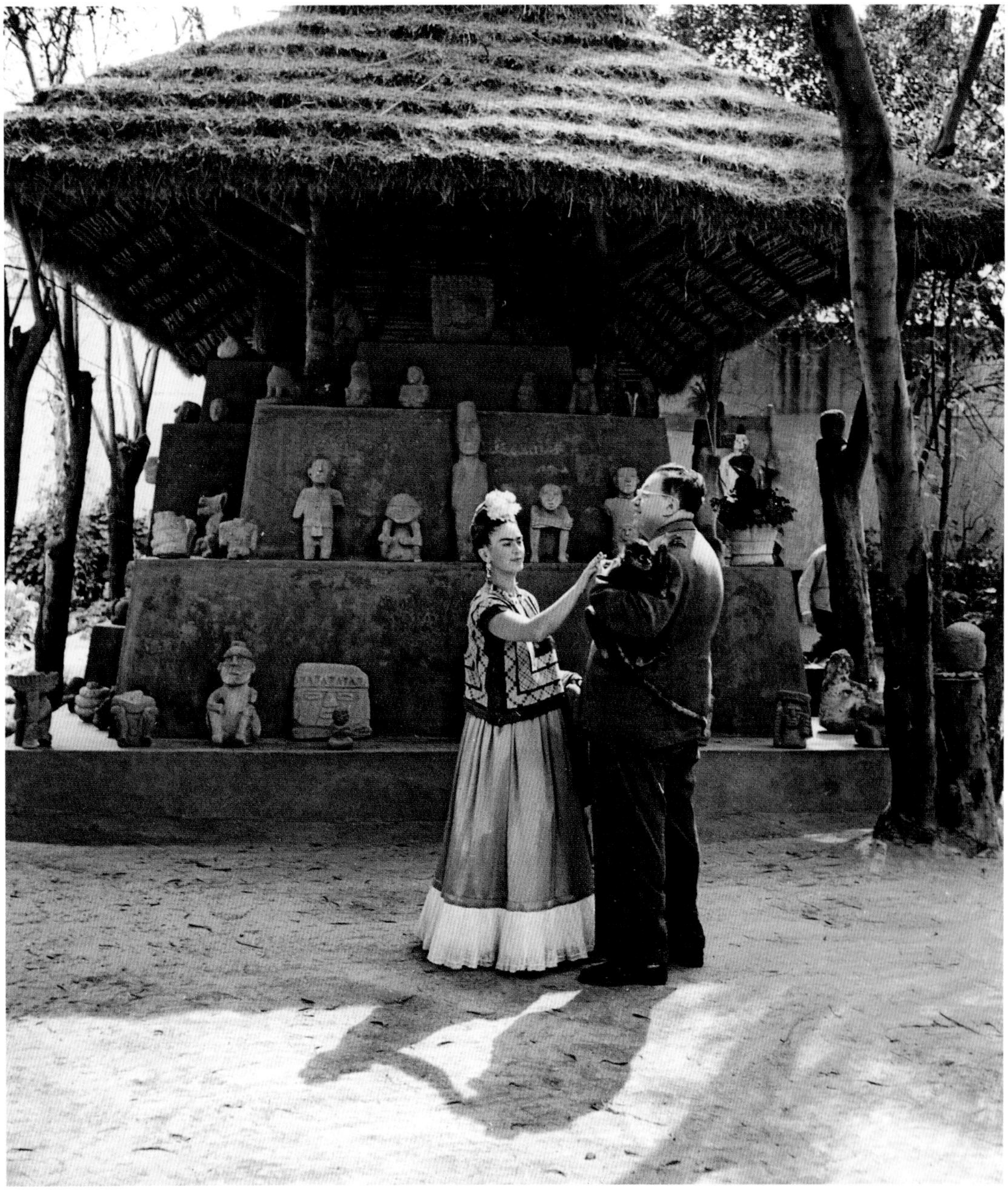

(왼쪽) 코요아칸의 푸른 집 정원. 디에고가 수집한 고대 멕시코 예술품이 전시된 계단식 피라미드 앞에 서 있는 프리다와 디에고.

(아래) 프리다 칼로, 〈가시목걸이를 한 자화상과 벌새〉, 1940, 캔버스에 유채, 63.5×49.5cm, 니콜라스 머레이 소장품, 해리랜섬리서치센터, 텍사스 대학교, 오스틴.

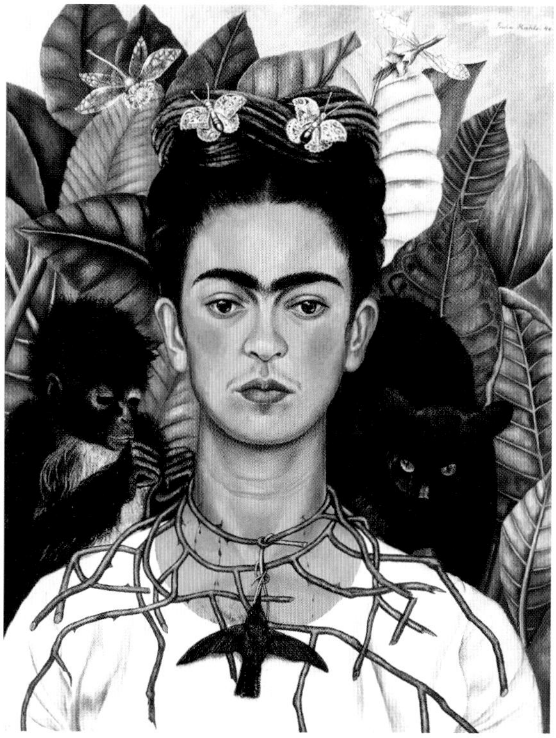

는 작은 건물을 추가하여 더 많은 작품들을 전시했다. 그들은 정원에 고대 석조 조각품이 있는 분수도 만들었으며 분수 옆에는 석조 벤치를 마련해서 사색하기 좋은 쾌적한 장소로 꾸몄다. 푸른 집의 정원은 점차 자연을 즐기기에 이상적인 고요한 녹지 공간으로 변해갔고, 두 사람 모두에게 깊은 애착의 장소가 되었다.

프리다는 일전에 니콜라스 머레이에게 그림을 보내주기로 약속했지만, 막상 그림을 완성한 후에는 경제 사정 때문에 다른 사람에게 팔아야 했던 적이 있었다. 그래서 프리다는 머레이를 위한 그림을 새로 그렸고, 그렇게 해서 프리다의 가장 유명한 자화상 중 하나인 〈가시목걸이를 한 자화상과 벌새〉(*Self-Portrait with Thorn Necklace and Hummingbird*)가 탄생했다. 이 그림 속 프리다의 한쪽 어깨에는 원숭이가, 다른 쪽 어깨에는 검은 고양이가 보인다. 그들 뒤편에는 커다란 잎사귀들이 무성하게 자라나 있다. 프리다는 밋밋한 흰색 블라우스를 입고 있는데, 목과 어깨에는 가시가 얽힌 덩굴이 목걸이처럼 걸려 있다. 원숭이가 가시덩굴을 잡아당기는 바람에 가시가 목을 파고들어 피가 흐른다. 프리다의 눈썹 모양과 닮은 날개를 지닌 죽은 벌새 한 마리가 부적처럼 목 주위 덩굴에 매달려 있다. 머리에는 보라색 리본을 감싸서 왕관처럼 만든 장식이 얹혀 있다. 보라색 리본에는 섬세한 은빛 세공을 한 나비 두 마리가 앉아 있으며 그보다 위쪽에는 은빛 날개를 가진 꽃 두 송이가 날개를 펄럭거리고 있다.

프리다의 다른 많은 자화상과 마찬가지로, 이 자화상에도 기독교 미술에서 볼 수 있는 종교적인 도상학과 고대의 중남미 문화에서 파생된 상징들이 나타난다. 하얀 옷과 붉은 피는 주인공 인물을 마치 기독교의 순교자처럼 보이게 한다. 가시목걸이는 그리스도의 가시면류관을 연상시키며, 나비는 그리스도가 가지는 또 다른 암시인 부활을 의미한다. 한편, 고대 아즈텍에서는 가시가 종교 관습 중 하나인 유혈 의식에 사용되었으며, 나비는 전쟁에서 죽은 전사의 영혼을 상징했다. 벌새는 아즈텍 신화에 나오는 전쟁의 신 위칠로포치틀리(Huitzilopochtli)를 나타내기도 하며, 멕시코의 민속에 따르면 죽은 벌새로 만든 부적은 잃어버린 사랑을 회복시키는 힘이 있다고 한다. 그림 속의 동물들은 서로 대조되는 태도를 보이고 있다. 원숭이는 장난스러운 태도로 목 주위에 있는 덩굴을 잡아당기고 있지만, 고양이는 프리다와 마찬가지로 정면을 주시하며 마치 공격할 준비가 된 것처럼 등을 아치형으로 구부리고 있다. 이런 식의 대조되는 기호들이 프리다의 꼿꼿한 시선 주위를 아우르고 있다.

프리다는 디에고와 별거를 시작한 1934년부터 머물렀던 인수르헨테스의 아파트를

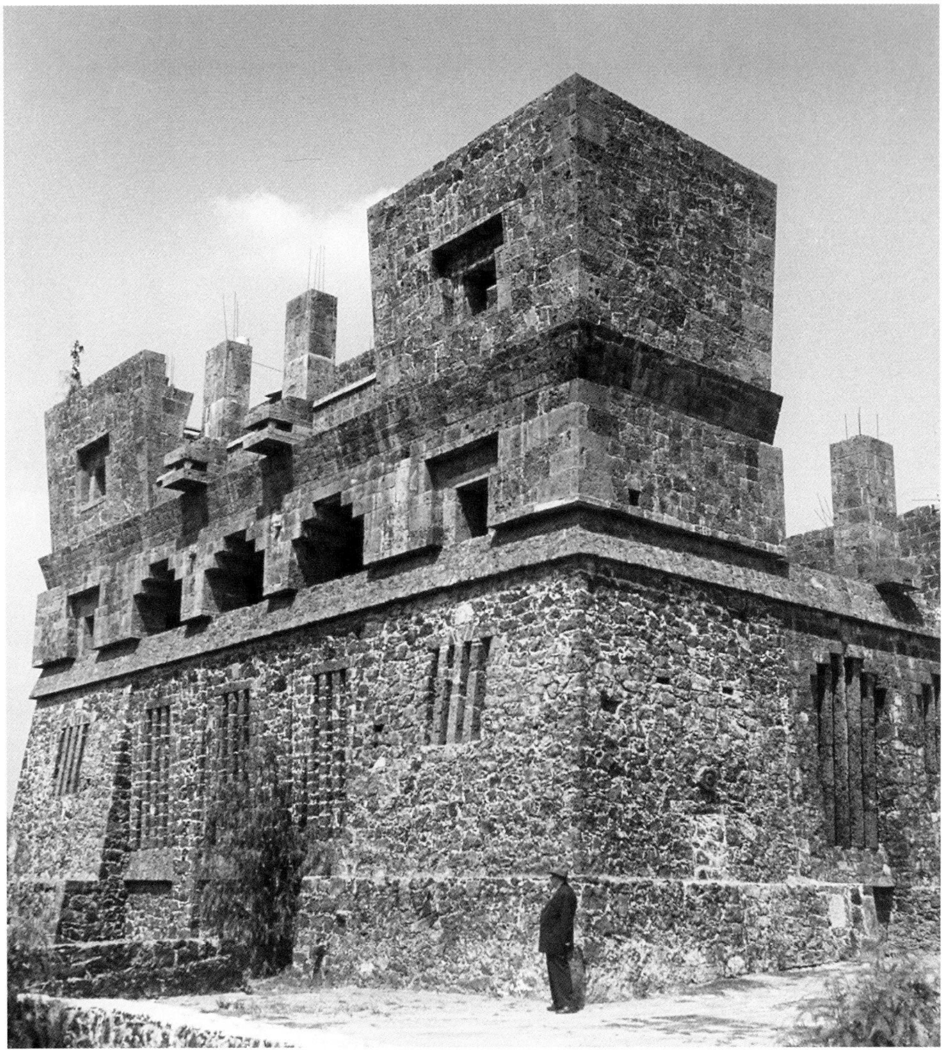

(위) 아나우아칼리에 있는, 자신이 수집해온 식민지 이전 시대 멕시코 예술품 박물관 앞에 있는 디에고 리베라, 1955.

(다음 페이지) 엘 페드레갈의 풍경.

매각하고 그 자금으로 코요아칸에서 남쪽으로 약 5km 떨어진 화산 지대에 있는 산 파블로 테페트라파 마을의 토지를 구입했다. 이곳은 프리다와 디에고 두 사람이 사랑했던 엘 페드레갈 지역이기도 하다. 엘 페드레갈은 70km²에 달하는 광대한 용암 지대인데, 4세기에 고대 도시 쿠이쿠일코를 쓸어버린 시틀레 화산이 폭발하면서 형성된 지형이다. 화산암 틈새에서는 선인장을 비롯한 토종 식물들이 자라났지만, 아무것도 없는 불모지 영역 또한 매우 넓었다. 울퉁불퉁한 지형과 독특한 암석은 프리다의 몇몇 그림에서도 볼 수 있다. 프리다는 엘 페드레갈의 풍경에 항상 매력을 느꼈다. 어린 소녀였을 때부터 이 지역을 걷는 것을 마냥 즐거워했던 것이다.[17] 하지만 프리다는 1940년대에 들어서부터는 시각이 조금 달라졌다. 동시대의 많은 작가들 — 대표적으로는 화가 닥터 아틀(Dr. Atl)과 건축가 루이 바라간(Luis Barragán)이 있다 — 이 그랬듯이, 프리다 또한 엘 페드레갈을 고대 멕시코의 모습을 보여주는 전형적인 자연 풍경이라는 점에서 이 땅을 상상력의 원천으로 재해석했다. 오랫동안 비어 있던 불모의 땅은 가능성으로 가득 찬 새로운 개척지로서 생각의 전환을 불러왔다.

1942년 멕시코는 제2차 세계대전에 참전했고, 프리다와 디에고는 자급자족을 하기로 결정했다. 그들은 엘 페드레갈에 있는 자신들의 사유지에서 작은 농장을 시작했다. 가축을 기르기 위해 축사를 지었으며, 채소를 재배하고 우유와 꿀을 생산할 계획을 세웠다.[18] 그러나 디에고의 진정한 꿈은 농장을 넘어서는 것이었다. 지금까지 수집해온 방대한 고대 유물 컬렉션을 전시할 박물관을 짓는 것이 디에고의 가슴 속 목표였다. 디에고는 박물관을 고대 사원을 연상시키는 스타일로 구상했고 풍경과 조화롭게 어우러지도록 디자인했다. 건물이 자연 지형의 연장선처럼 보이도록, 지역에 흔히 보이는 현무암으로 건축을 설계했다. 디에고는 건축가 프랭크 로이드 라이트(Frank Lloyd Wright)와 연락을 취하여 건축에 대한 몇 가지 아이디어를 나누었으며, 후안 오고먼과도 상담했다. 오고먼은 초기의 건축에서 보여주었던 모던하고 기능주의적인 원칙을 버리고 이제는 멕시코의 유기적 미학을 수용하여 형태, 색상 및 재료와 주변 환경과의 조화를 강조하는 건축가로 성장해 있었다.

디에고는 이 건축 프로젝트를 '멕시코 계곡의 집'이라는 뜻의 '아나우아칼리'(Anahuacalli)라고 이름 붙였다. 그는 이곳을 음악, 무용, 연극을 위한 장소를 통합하는 '예술의 도시'로 야심차게 구상했다. 1층은 박물관이 될 예정이었고 2층은 산 앙헬에 있는 그의 스튜디오처럼 하루 종일 최적의 채광을 가능하게 하는 거대한 북향 창문이 있는 대형 스튜디오로 계획했다. 3층 테라스는 주변 자연 환경을 바라볼 수 있는 탁 트인 전망을 가진 장소였다. 건물 앞에는 넓은 광장이 있어서 모임과 공연을 위해 활용하기 좋았다. 이번 건축 프로젝트에서는 주변 풍경이 매우 중요한 요소였다. 디에고는 생태 공원을 상상했기 때문에 인근의 토지를 계속해서 매입했다. 건물의 뼈대는 철근 콘크리트였지만 그 표면은 주변에서 흔히 볼 수 있는 화산암으로 덮었다. 디에고는 농담처럼 이 건물의 건축 양식은 '아즈텍/마야/리베라' 양식의 세 가지라고 불렀다. 그렇게 말한 이유는 이 건물이 고대 건축 양식에 현대적인 개조를 가했기 때문이었다. 고대 멕시코 건축의 특징을 여러모로 차용했지만, 고대에는 볼 수 없었던 현대적인 넓은 실내 공간이라는 변화를 도입한 것이다. 디에고는 1940년대 들어서 이 프로젝트를 시작했으며, 이 작업의 완수를 여생의 목표 중 하나로 삼았다.

1943년, 프리다는 '라 에스메랄다'(La Esmeralda)로 알려진 교육부 산하의 회화 및 조각 학교에서 교직을 제안받았다. 사실 프리다는 미술을 정식으로 공부한 적이 없었기 때문에 누군가를 가르친다는 것을 매우 부담스러워했다. 그래서 수업 첫날, 프리다는 학생들에게 자신은 가르치기보다는 그들과 함께 배울 것이라고 말했다. 프리다는 학생들이 예술과 세상을 바라보는 시각을 새롭게 할 수 있도록 가르치겠다는 포부로 흥분한 상태였지만, 겉으로는 침착함을 유지했다. 이어서 프리다는 학생들에게 무엇을 그리고 싶은지 물었고, 한 학생이 그를 그리고 싶다고 대답했다. 다른 학생들도 이에 동조했고, 프리다는 기꺼이 모델로서 포즈를 취해주었다. 학생들은 프리다에게 매료되었고 독특한 교수법이 주는 경험들을 즐겁게 받아들였다. 프리다는 학생들을 학교 밖, 멕시코의 시골로 데려갔다. 그들은 이곳저곳을 다니며 스케치하고 그림을 그렸다. 프리다는 모든 스케치 여행을 이벤트와 모험으로 만들고자 했다. 학생들은 프리다와 함께 시장에 가서 음식을 사고 시골로 소풍을 가곤 했다. 프리다와 학생들은 멕시코 고대 도시인 테오티우아칸을 구경했으며, 멕시코시티의 역사적 중심지인

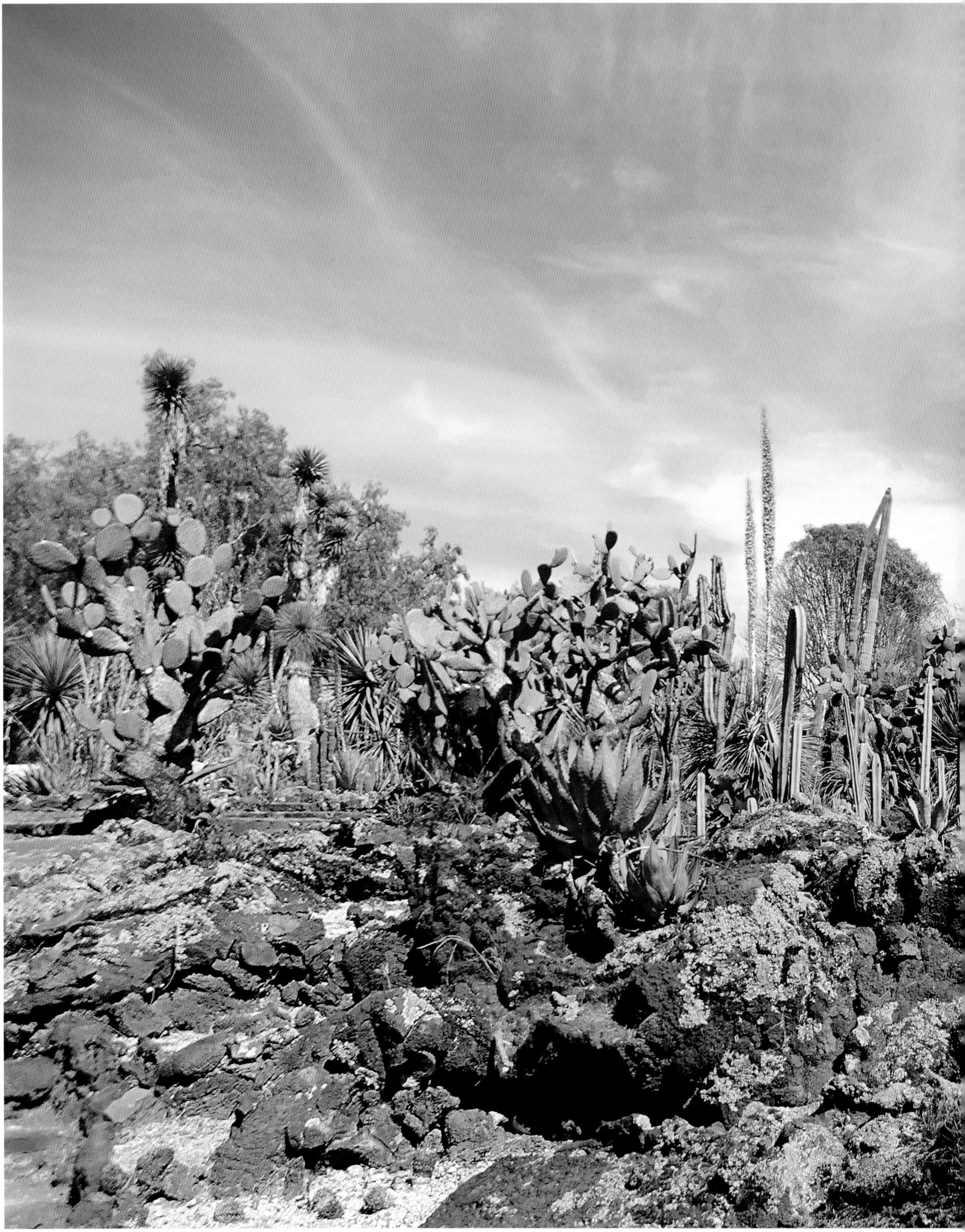

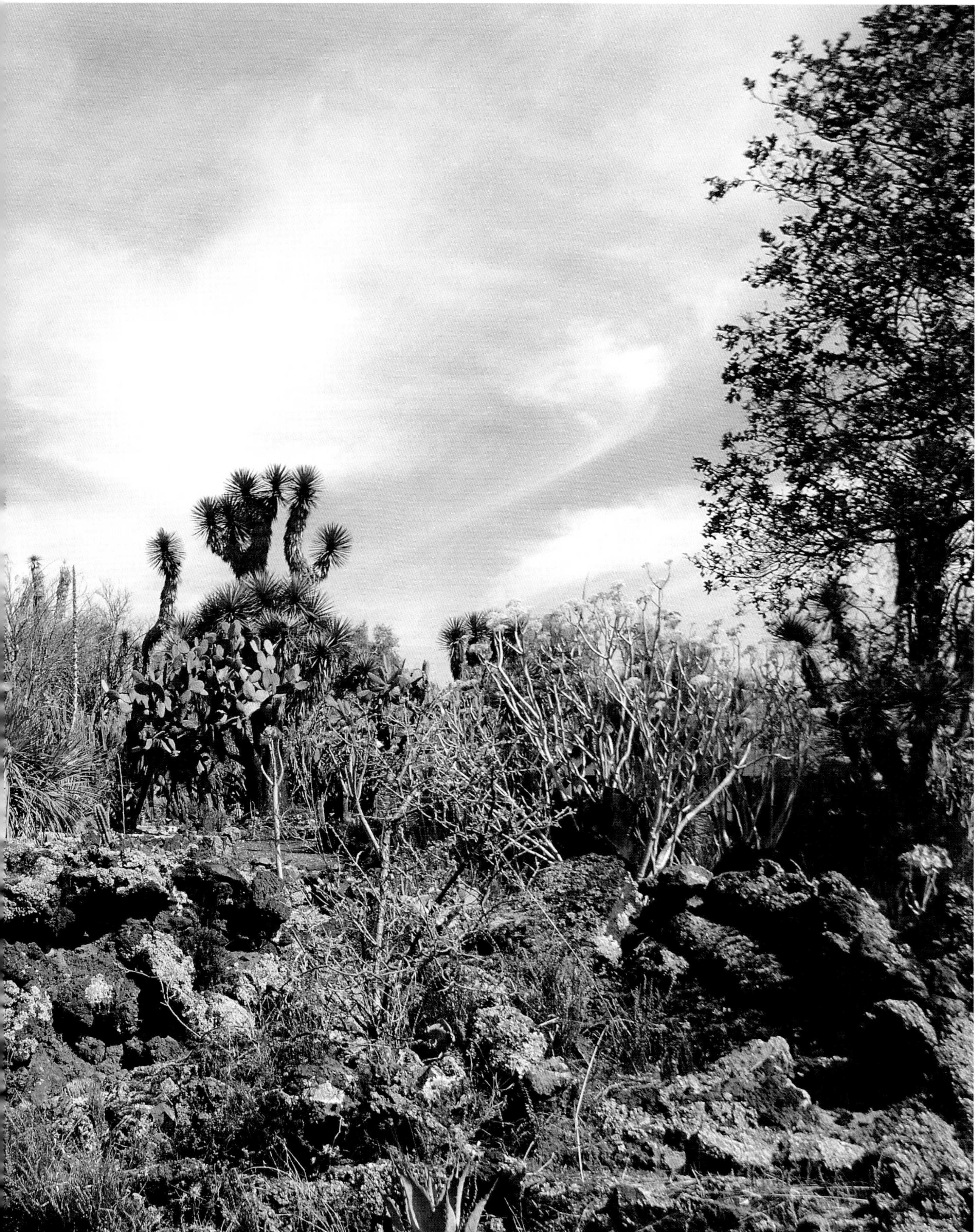

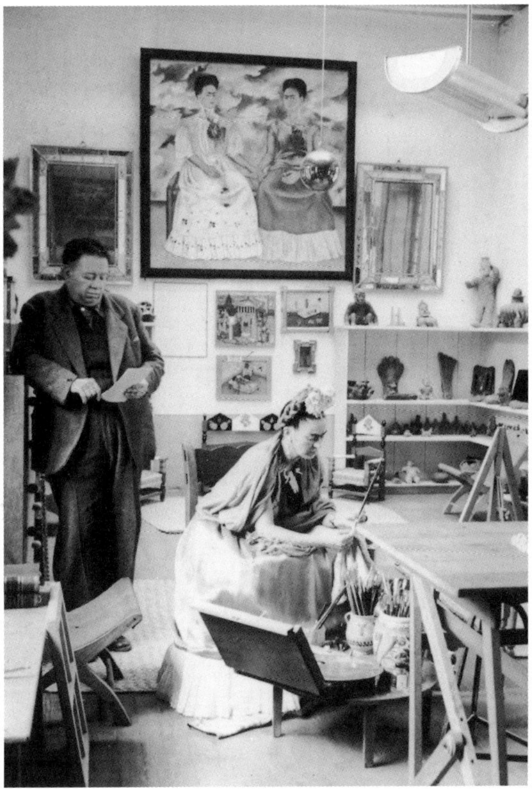

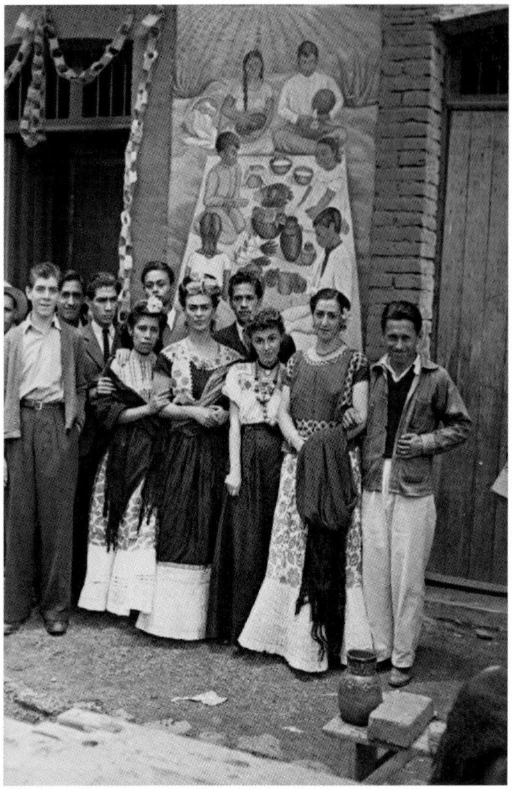

모네다 거리에 위치한 국립 인류학 박물관을 방문했고, 엘 페드레갈도 자주 찾았다. 프리다는 엘 페드레갈에서 학생들이 영감을 얻을 수 있기를 기대했다.

불행하게도 프리다는 다시 건강이 나빠지기 시작하면서 학교로 출근을 하는 것이 힘겨워졌다. 프리다는 학생들을 푸른 집으로 초대하여 그곳에서 수업을 진행했다. 학생 중 한 명인 기예르모 몬로이(Guillermo Monroy)는 처음으로 그 집에 발을 들여놓았을 때의 경험을 이렇게 회상했다. "그것은 내 인생에서 가장 인상적인 경험 중 하나였다. 나는 그렇게 아름다운 집에 들어가 본 적이 없었다. 수많은 화분들, 안뜰 주변의 복도, 마르도니오 마가냐의 조각들, 정원에 있는 피라미드, 이국적인 식물들, 선인장, 나무에 매달린 난초, 물고기가 있는 작은 분수……"[19)]

처음에는 많은 학생들이 푸른 집으로 수업을 들으러 왔지만, 이내 네 명의 학생들로 그 수가 줄어들었다. 그 학생들은 아르투로 가르시아 부스토스(Arturo Garcia Bustos), 파니 라벨(Fanny Rabel), 아르투로 에스트라다(Arturo Estrada), 그리고 기예르모 몬로이였다. 이 네 사람은 몇 년 동안 프리다와 함께 공부했으며 '로스 프리도스'(Los Fridos, 프리다의 제자들)로 알려졌다.

프리다는 거주 공간과 주변 환경을 아름답게 만드는 것을 좋아했으며 학생들에게도 일상의 미학에 대한 의식을 심어주려고 노력했다. 그만의 독특한 교수법 중 하나로는 학생들과 함께 하는 식사가 있었다. 프리다는 언제나처럼 식탁을 아름답게 차려놓고 학생들을 불렀지만, 식사를 시작하기 전에 그들에게 식탁 위의 배치를 잘 살펴보라고 지시했다. 그런 다음 식탁 위의 물건들을 이리저리 옮겨 놓고 학생들에게 시각적으로 보기 좋게 다시 배치해볼 것을 주문했다.[20)] 이처럼 프리다는 학생들이 작업을 위한 기술적 신장에만 몰두하는 것을 바라

(위 왼쪽) 코요아칸의 작업실에서 각자 작업을 하고 책을 읽는 디에고와 프리다, 1945.

(위 오른쪽) 프리다와 제자들.

(오른쪽) 프리다 칼로, 〈뿌리〉, 1943, 금속판에 유채, 30.5×50cm, 개인 소장.

지 않았다. 프리다는 학생들의 예술적 감각을 자극하고, 그들이 기존과는 다른 방식으로 세상을 볼 수 있도록 노력했다. 학생들이 프리다로부터 배운 것은 미술만이 아니라 "삶의 방식, 존재 방식, 기존과는 다른 새로운 사고방식, 예를 들면 국가 및 사회 질서에 대한 관심이나 멕시코 국민과의 연대라는 비전, 그리고 투박한 동시에 세련된 유머 감각"까지 매우 광범위했다고 전해진다.[21]

1943년 프리다는 〈뿌리〉(*Roots*)를 제작했다. 이 작품은 멕시코 전통 드레스를 입은 그가 엘 페드레갈의 화산암 위에 길게 드러누운 모습을 보여준다. 가슴에 있는 큰 구멍으로부터 잎이 무성한 가지를 가진 굵은 뿌리가 나와서 그의 몸과 주변의 땅 위로 퍼지고 있다. 나뭇잎에서는 모세혈관처럼 보이는 것이 나와서 땅속으로 파고들고 있다. 이 작품은 주제 면에서는 프리다의 지난 작업인 〈루터 버뱅크의 초상〉과 놀라울 정도로 유사하지만, 여기에서는 프리다 자신이 인간과 식물의 혼종이 되어 주변의 땅에 생명을 불어넣고 있다는 차이가 있다. 프리다는 무신론자였지만 모든 생물이 서로 연결되어 있다고 굳게 믿었다. 〈뿌리〉의 이미지는 사랑하는 멕시코의 정체성을 보여주는 땅, 그 땅에 에너지를 공급하고 나아가서는 하나가 되고 싶은 프리다의 열망을 분명하게 나타내고 있다.

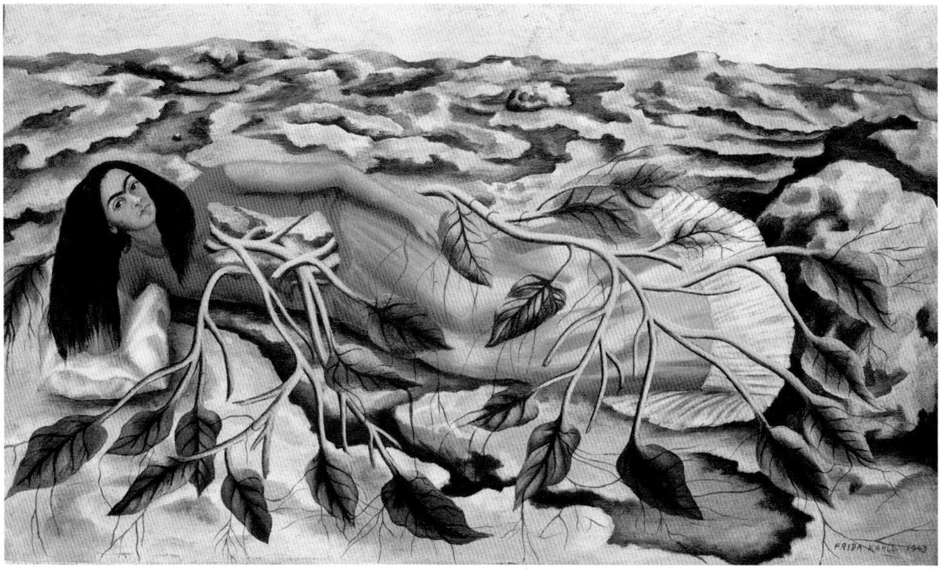

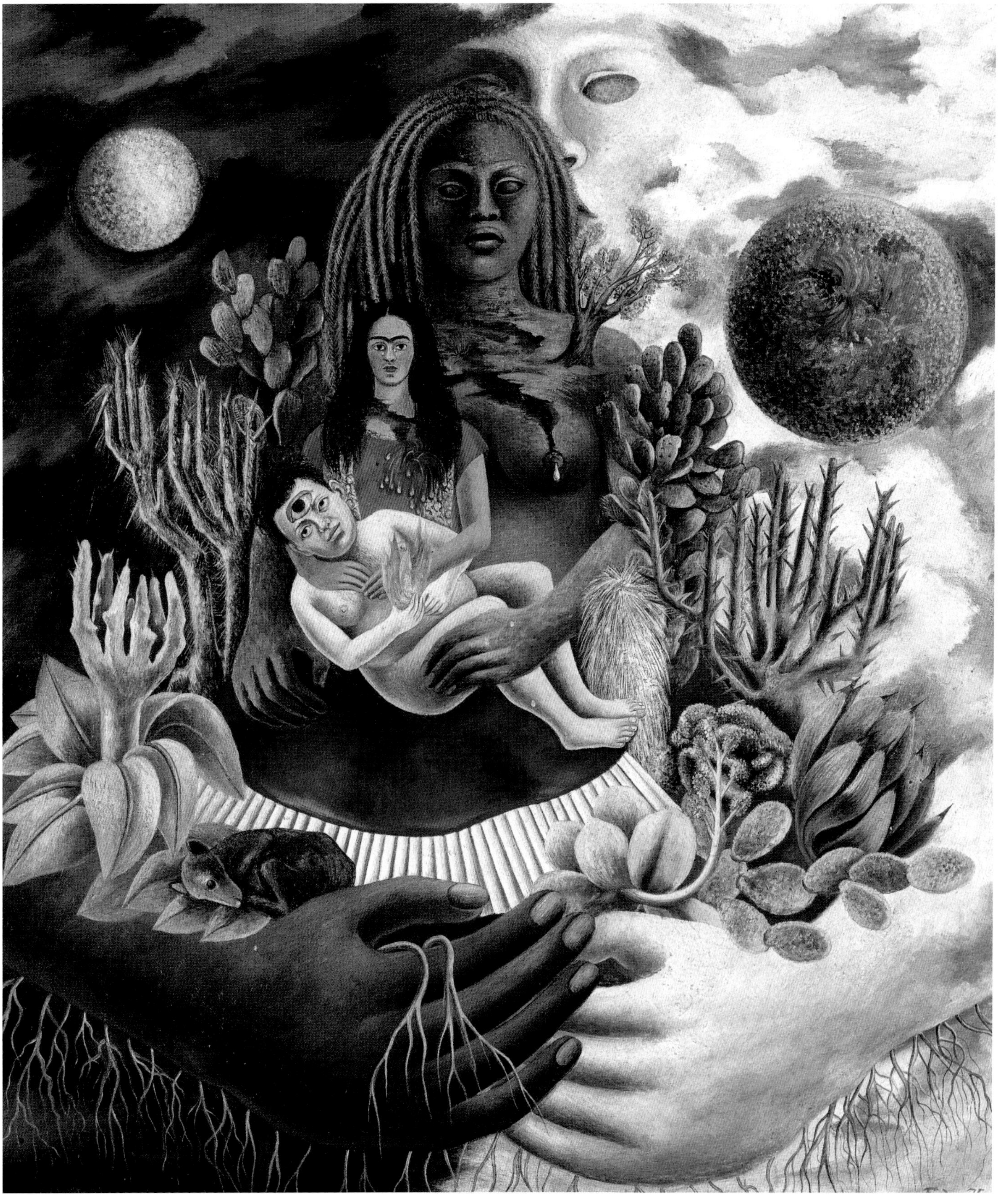

영원한 쉼터, 코요아칸의 푸른 집

프리다 칼로, 〈사랑을 담은 우주의 포옹〉 부분 확대, 1949.

프리다는 코요아칸의 푸른 집에 완전히 정착했다. 어릴 적 추억이 가득하던 집은 이제 그의 손길 아래 하나의 예술 작품으로 변모했다. 푸른 집을 꾸미고 정리하며 이곳을 색채와 생명이 가득한 아름다운 공간으로 만들어 나가는 시간은 프리다에게 큰 기쁨을 주었다. 정원 가득한 식물과 동물들, 프리다와 디에고가 모은 각종 수집품들, 손님을 접대하는 그들의 태도가 한데 어우러져 '푸른 집'이라는 특별하고 독특한 세계를 만들어냈다.

프리다는 푸른 집을 멕시코 민속 예술로 장식했다. 그는 특히 멕시코 전통 가구, 리넨 제품, 접시를 좋아했다. 프리다와 디에고는 민속품 수집을 멈추지 않았고 푸른 집은 멕시코 고유의 수공예품으로 채워졌다. 방의 구석진 곳에는 종이로 만든 거대한 인형인 유다가 서 있었고, 침대를 장식하는 캐노피 위에는 전통적인 칼라베라 해골 양식이 놓였다. 집안 곳곳의 의자와 침대에는 쿠션이 놓였는데 여기에는 '잠든 마음이여 깨어나라'(Despierta corazon dormido) 같은 달콤한 메시지가 수놓아져 있었다. 정원에서 막 꺾어온 싱싱한 꽃은 토분으로 된 화병에 담겨 정원의 색과 향기를 집안에 퍼뜨렸다. 그들은 게레로 주의 특산물인 올리날라 장식용 칠기에 소지품을 보관했다('올리날라'는 게레로 주에 위치한 도시 이름이다). 저택의 벽에는 디에고와 프리다가 존경하는 예술가들의 그림과 그들 각자의 작품들이 걸렸다. 니콜라스 머레이가 촬영한, 마젠타 색깔의 레보조를 걸친 프리다의 사진은 침실 벽을 장식했다. 프리다는 수백 장의 봉헌 그림 컬렉션을 가지고 있었으며, 장난감과 인형도 수집하고는 했다. 친구들이 여행을 갈 때마다 그는 자신의 컬렉션을 위해 인형이나 장난감을 부탁했다. 디에고 또한 식민지 시대 이전의 고대 유물들을 계속해서 수집했고, 정원이나 집안의 빈 공간을 자신의 수집품으로 채워갔다.

푸른 집에서 부엌은 가장 분주한 공간이었다. 프리다는 건강에 문제가 생기기 전까지 부엌에서 가사도우미와 함께 그날의 식사와 일거리에 대한 계획을 세웠다. 부엌은 밝은 노란색 바닥과 흰색 벽, 그리고 벽에 붙은 파란색 웨인스코팅 패널이 조화를 이루는 활기찬 장소였다. 부엌 중앙에 있는 나무 테이블과 의자는 바닥처럼 선명한 노란색이었고, 마찬가지로 노란색으로 칠해진 선반에는 서빙 접시가 가득했다. 전형적인 멕시코 시골 주방에서 볼 수 있는 모든 조리도구들을 예술적으로 전시해둔 부엌이었다. 메타테(metates, 숫돌), 토기로 된 요리용 냄비, 다양한 크기의 접시들은 제각각 섹션을 이루고 있었고 벽에 있는 고리에는 나무 숟가락, 주걱, 거품기 같은 작은 소품들이 걸려 있었다. 그 당시에는 이미 가스레인지가 일반적이었지만, 푸른 집에서는 요리를 할 때 장작불을 사용했다. 전통 방식으로 지은 아궁이는 파란색과 노란색의 탈라베라(Talavera) 타일로 장식되었고, 이 장식 패턴은 벽면으로 이어졌다.

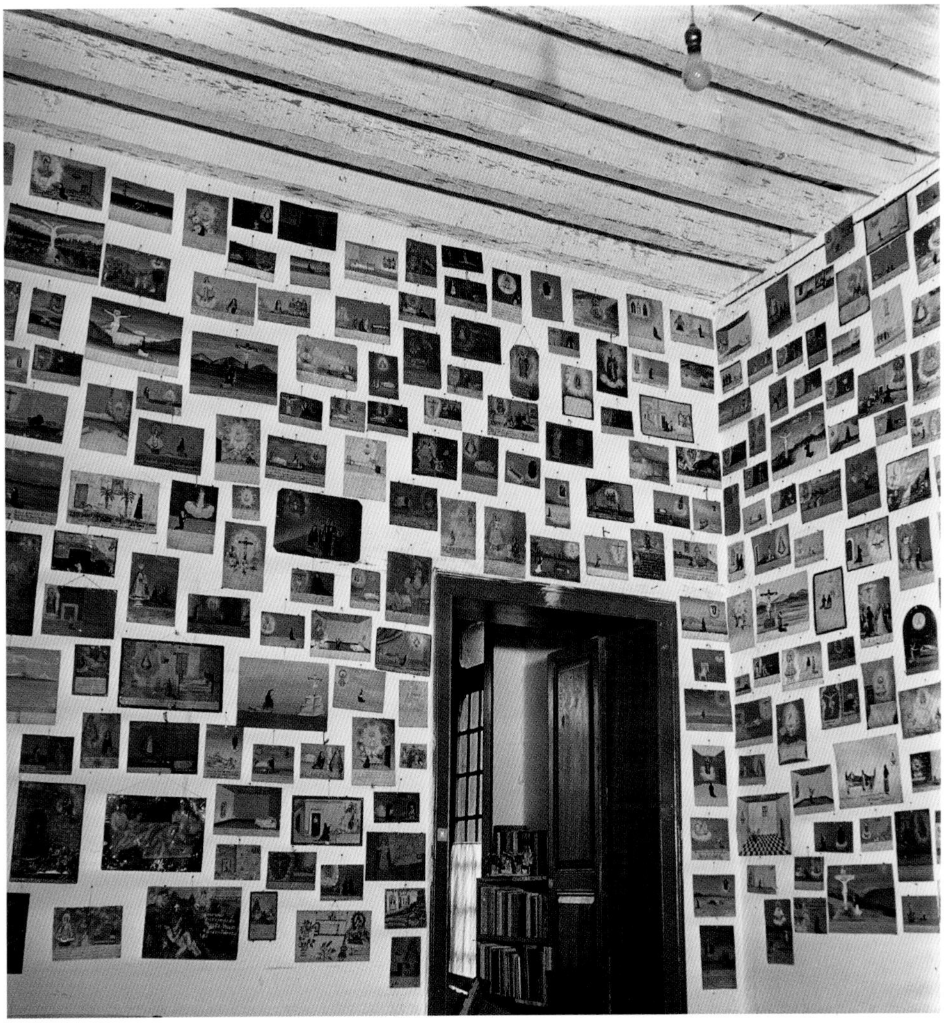

파란색과 노란색의 모티프는 부엌만이 아니라 식사 공간까지 확장되었다. 식당에는 많은 손님들을 접대할 수 있는 커다란 식탁이 있었고, 프리다는 이를 덮기 위한 식탁보를 멕시코 여러 지역에서 구해왔다. 프리다는 복잡한 패턴이나 자수가 수 놓아진 다양한 종류의 식탁보를 여러 장 가지고 있었다. 식당 벽에는 19세기의 다양한 민화를 비롯하여 멕시코 전국 각지에서 온 가면들이 걸려 있었고, 귀퉁이에는 커다란 도자기 화병이 서 있었다. 벽에는 노란색 선반도 있었는데, 여기에는 여러 가지 민속 예술품과 함께 푸에블라에서 사온 세라믹 시계 두 개가 올려져 있었다. 똑같이 생긴 두 개의 시계에 프리다는 이혼과 재혼을 기념하는 각기 다른 문구를 적어넣었다. 그래서 시계 하나에는 '1939년 9월 시간이 깨졌다', 다른 하나에는 '12월 11일 11시 40분'이라고 새겨져 있다.

푸른 집 외부에 있는 넓은 정원에는 풍부한 녹지와 졸졸 흐르는 분수가 있었다. 잎이 무성한 정원은 많은 동물들의 보금자리가 되기도 했다. 푸른 집에서 프리다와 함께 살았던 동물들은 새끼 사슴 그라니조, 거미원숭이 풀랑 창(Fulang Chang)과 카미토 델 과야발(Caimito del Guayabal), 독수리 게르트루디스 카카 블랑카(Gertrudis

(위) 푸른 집의 내부. 프리다가 수집한 봉헌 그림으로 벽을 장식했다.

(오른쪽 위) 푸른 집에서 멕시코 전통 의상 테후아나 복식을 입은 프리다. 1940.

(오른쪽 아래) 푸에블라에서 사온 세라믹 시계. 각각의 시계에는 프리다와 디에고의 이혼 및 재혼을 기념하는 문구가 새겨져 있다.

Caca Blanca), 앵무새 보니토, 그리고 털이 없는 것이 특징인 멕시코 토종견 숄로이츠퀸틀 개 몇 마리가 대표적이다. 여러 마리의 개 중에서 프리다가 가장 아꼈던 개는 세뇨르 솔로틀(Señor Xolotl)이라는 이름으로, 그는 가끔씩 프리다의 침대에서 함께 잠들며 프리다의 발을 따뜻하게 덥혀주었다.

푸른 집은 프리다가 세운 왕국이었고 프리다는 이곳의 친절하고 유머러스한 왕이었다. 그는 푸른 집에 찾아오는 방문객들을 언제나 우아하게 맞이했으며, 그들 대다수는 이 아름다운 집과 매혹적인 예술가를 카메라로 기록하고자 했다. 롤라 알바레스 브라보(Lola Álvarez Bravo), 지젤 프룬드(Gisèle Freund), 그리고 누구보다 가까웠던 니콜라스 머레이 등 유명한 사진작가들이 코요아칸의 푸른 집을 방문했고, 그곳의 프리다를 촬영했다.

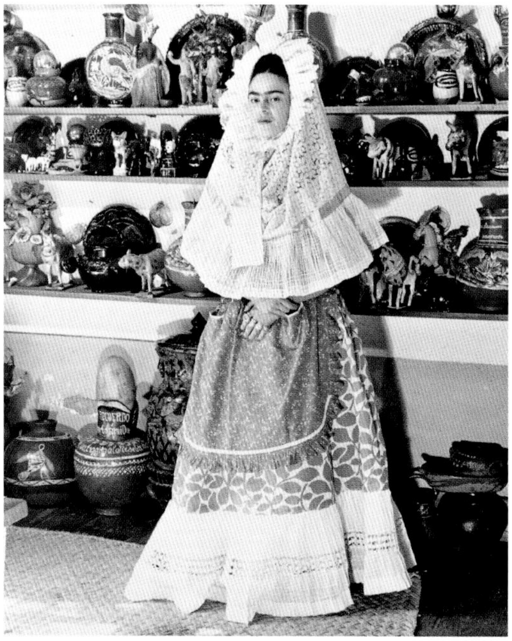

크리스티나는 프리다를 도와서 푸른 집을 함께 관리했으며 크리스티나의 아이들도 이 집에서 많은 시간을 보냈다. 크리스티나의 딸 이솔다는 이모인 프리다와 특히 친밀하게 지냈다. 이솔다는 자신의 회고록에서 프리다의 짓궂은 유머 감각을 회상했다. 프리다는 상대방의 말을 귀담아 듣고 진심 어린 조언을 해주는 어른이었기에 이솔다는 십대 시절 고민이 생길 때마다 프리다에게 달려갔다. 하지만 프리다는 디에고도 함께 이야기하는 것을 좋아했기에 이솔다는 디에고의 부재 여부를 매번 확인해야 했다. 디에고는 한번 이야기를 시작하면 여러 주제를 오가며 말을 멈추지 않는 타입이었던 것이다. 디에고가 장광설을 펼치기 시작하면 프리다는 조용히 그 자리를 떴다. 그리고는 열린 문 뒤로 나가서 디에고의 등 뒤편에 가만히 서 있었다. 계속해서 말을 이어가는 디에고 뒤에 선 프리다는 조카를 향해 웃긴 표정을 지어보였고 이솔다는 웃음을 참기 위해 애를 써야 했다.[1)]

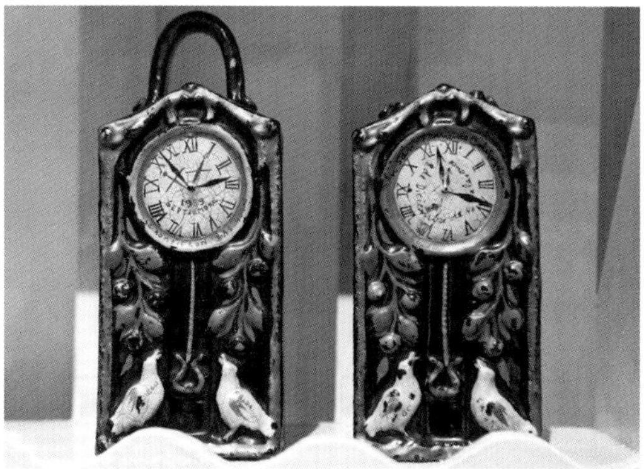

디에고의 딸 과달루페는 프리다와 디에고 두 사람과 함께 2년 동안 푸른 집에서 살았다. 이에 대해 프리다는 친구인 버트럼과 엘라 울프 부부에게 보낸 편지에서 가볍게 투덜거렸다. 따지고 보면 프리다는 디에고와 결혼한 후로 단 한 번도 둘이서만 산 적이 없었던 것이다. 그럼에도 프리다는 과달루페와 사이좋게 잘 지냈다. 당시 법학을 전공하는 대학생이었던 과달루페는 프리다가 시장에서 신선한 농산물을 사고 식탁을 차리는 등 일상적인 일들에 쏟는 정성을 보고 놀랐다고 한다. 과달루페는 푸른 집에 오기 전까지는 다소 과잉보호 속에서 살았는데, 프리다는 과달루페를 데리고 가리발디 광장으로 가서 멕시코 전통 음악 마리아치(mariachis)를 듣게 하고 거리의 축제, 지역의 행사에 함께 참석하는 등 새로운 세계를 소개해주었다.[2)]

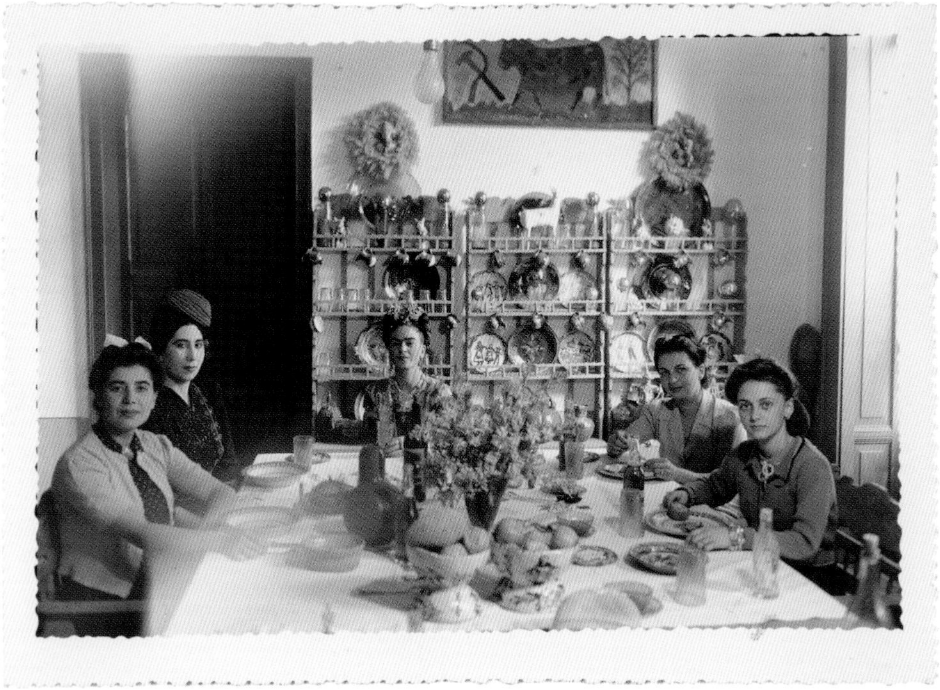

(위) 푸른 집의 식탁에 앉아 있는 과달루페 마린 리베라, 친구, 프리다, 프리다의 여동생 크리스티나, 크리스티나의 딸 이솔다, 1942년경 촬영.

(오른쪽) 푸른 집의 정원에서 강아지들과 한때를 보내는 프리다, 지젤 프룬드 촬영.

푸른 집의 사용인들 대부분은 프리다가 어렸을 때부터 가족과 함께 한 인연이었다. 따라서 이들의 관계는 친근하고 스스럼이 없었다. 프리다는 그중에서도 자신의 젖형제인 추초와 각별한 사이였다. 추초는 키가 크고 강인한 체격을 지녔는데 저택의 방문객 중 한 명은 추초를 '웃는 거인'이라고 묘사했다.[3] 프리다는 추초를 '나노 추초'(Nano Chucho, '나나의 아들'이라는 말장난으로 '나나'는 유모를 뜻한다)라고 불렀고, 추초는 프리다를 '니냐(Niña, 어린) 프리다'라고 불렀다. 추초는 평생을 푸른 집의 사용인으로 일하며 프리다를 돌보았다. 프리다가 쇠약해졌을 때면 특히 정성스레 보살폈고, 계단을 올라가야 할 때면 프리다를 어린아이 대하듯 안아서 방으로 데려다주었다.[4] 푸른 집의 요리사인 크루즈(Cruz)는 '크루시타'(Crucita)라는 애칭으로 불렀고, 운전사 시스토(Sixto)는 '대장'(El General)이라고 했다. 시스토는 오래된 녹색 스테이션 왜건을 운전하며 프리다가 가고자 하는 곳이면 어디든 데려다주었다. 가끔 그가 다른 일정이 있을 때는 크리스티나가 운전대를 잡았다. 프리다도 운전을 배우려고 몇 년 동안 노력했지만, 결국 프리다와 디에고 둘 다 운전은 하지 않았다. 일부 사용인들은 자신의 가족과 함께 푸른 집에서 살았고, 그들의 아이들은 종종 정원의 피라미드 근처에서 놀곤 했다. 푸른 집의 모든 사람들이 프리다의 몸 상태에 신경을 기울였으며, 그가 몸이 좋지 않을 때는 특히나 조심스레 돌보았다.

1940년대 중반부터 프리다의 건강은 더욱 악화되었다. 그는 심한 허리 통증에 시달렸고, 이를 해결하고자 여러 의사들을 만났다. 의사들은 저마다 서로 다른 치료 방법을 추천했고, 그는 코르셋을 비롯한 다양한 장치들의 도움을 받아가며 허리를 곧게 펴고 쇠약해진 몸을 지탱했다. 프리다는 1944년 엘 페드레갈의 화산지대에 서 있는 자신을 묘사한 〈부러진 기둥〉(*The Broken Column*)을 제작했다. 그림 속 프리다의 시선은 담담하지만 얼굴은 온통 눈물로 젖어있다. 하반신에는 흰 천이 드리워져 있고 벌거벗은 상반신에는 의료용 보조기만을 착용하고 있다. 몸통 가운데는 쪼개져 있으며, 원래는 척추뼈가 있어야 할 자리에 금이 간 이오니아식 기둥이 위태롭게 세워져 있다. 여러 개의 못이 얼굴과 몸을 관통하고 있다. 프리다의 다른 작품들 대다수와 마찬가지로,

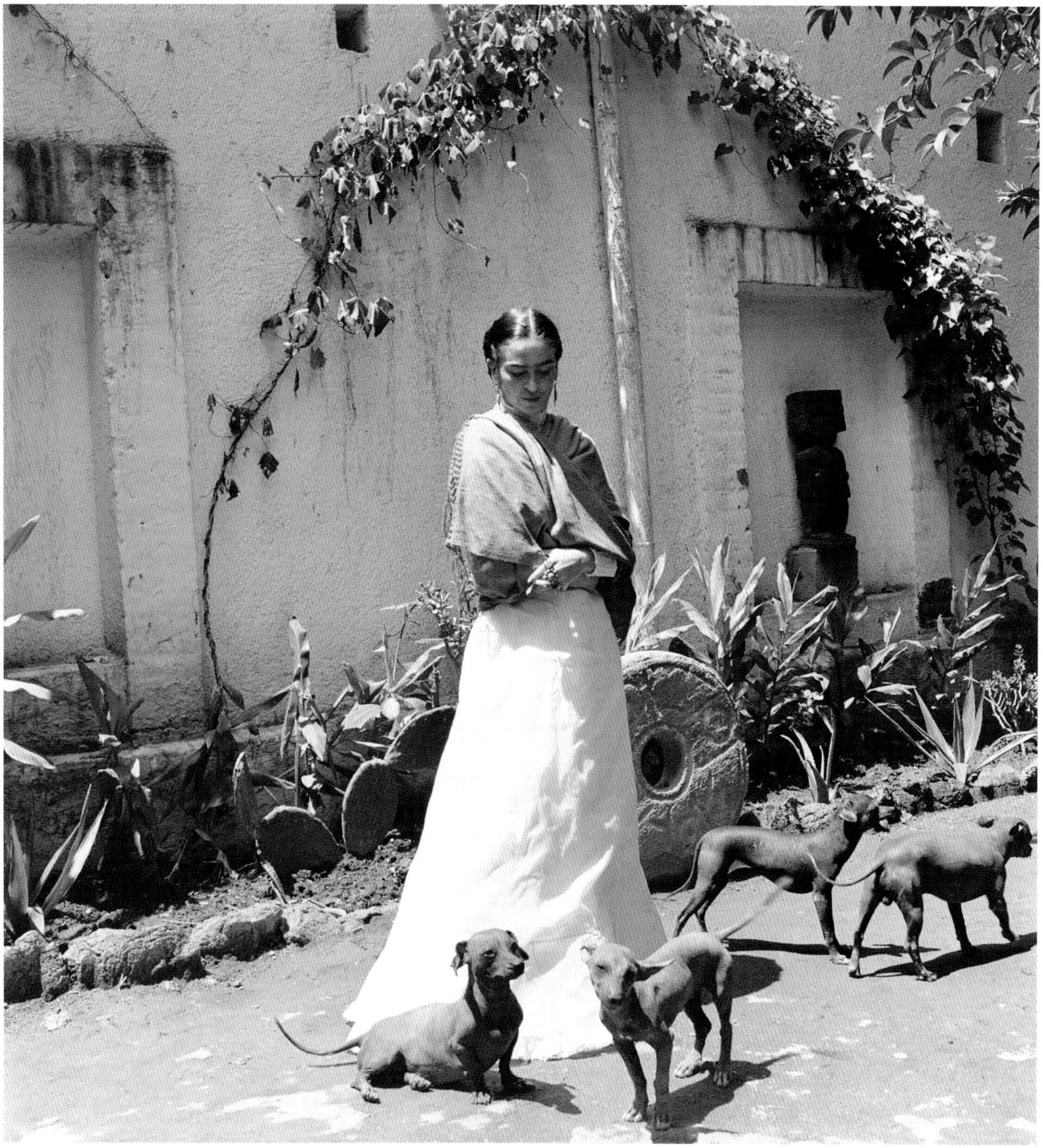

〈부러진 기둥〉 또한 그의 불안한 정서를 보여주고 있다. 노출된 가슴은 관음증적인 분위기를 유도하는 것처럼 보일 수도 있지만, 황폐한 신체와 확연하게 드러난 고통, 그리고 관객을 뚫어져라 바라보는 시선은 관음의 쾌감보다는 당혹스러운 불편감을 느끼게 한다.[5)]

1944년에 프리다가 완성한 또 다른 작품들로는 에두아르도 모릴로 사파(Eduardo Morillo Safa) 가족들의 초상화가 있다. 모릴로 사파는 프리다의 주요한 후원자 중 한 사람으로, 농업기술자이자 외교관이었다. 프리다는 그의 어머니인 도나 로시타 모릴로(Doña Rosita Morillo)의 초상화 〈도나 로시타 모릴로의 초상〉(*Portrait of Doña Rosita Morillo*)을 그렸는데, 매우 사실적인 묘사이면서도 무척이나 부드러운 분위기를 담고 있다. 모릴로 사파는 초상화 주문 제작은 물론, 프리다의 기존 작품들도 여러 장 구매했다. 그는 30점이 넘는 작품들을 수집했는데 이 중에는 〈몇 개의 작은 상처〉, 〈내 유모와 나〉 같은 진지하고 어려운 주제를 담은 작품들도 포함된다.

프리다의 또 다른 후원자로는 호세 도밍고 라빈(José Domingo Lavin)이 있다. 프리다는 수년 전에 그의 아내 마루차(Marucha)의 초상화를 작업한 인연이 있었는데, 이 무렵에 그는 프리다에게 책과 관련된 작업을 의뢰했다. 지그문트 프로이트가 집필한 『모세와 유일신교』(*Moses and Monotheism*)라는, 일신론의 기원에 관한 책의 주제를 모티프로 한 그림을 그려달라고 요청했던 것이다. 그렇게 해서 완성된 작품의 제목은 〈모세〉(*Moses*)이지만 간혹 '영웅의 창조'(*The Birth of a Hero*) 또는 '창조의 핵심'(*The Nucleus of Creation*)이라고 불리기도 한다. 〈모세〉는 프리다의 많은 작품들 중에서도 단연 탁월하다는 평가를 받고 있다. 비록 작품의 크기는 프리다의 여러 작품들과 마찬가지로 그다지 크지 않지만(61×75.5cm에 불과하다), 이 작품의 구성은 마치 벽화를 연상시킨다. 이 그림에서 프리다는 바구니에 담겨서 강을 떠내려가는 아기 모세의 이마에 제3의 눈을 그려 넣었다. 『모세와 유일신교』에서 프로이트가 바구니는 자궁을 상징한다고 언급했기에, 프리다는 바구니에 담긴 아기 모세 위로 출산 직전 단계인 자궁 속 태아를 묘사했다. 자궁 위로는 거대한 태양이 밝게 타오르고, 태양광선의 끝으로는 손이 뻗어져 나온다. 화면 아래에 있는 강기슭에서는 소라가 가리비 껍질에 어떤 액체를 분출하고 있다. 또한 화면 양쪽은 세 개의 층위로 나뉘어 있는데, 맨 위층에는 태양과 관련된 신들이 있다. 맨 위층 왼쪽에는 메소아메리카와 동양의 신들, 오른쪽에는 로마와 이집트의 신들이 있다. 신들의 층위 바로 아래층은 역사적 영웅들의 자리이다. 어기서는 영웅, 위대한

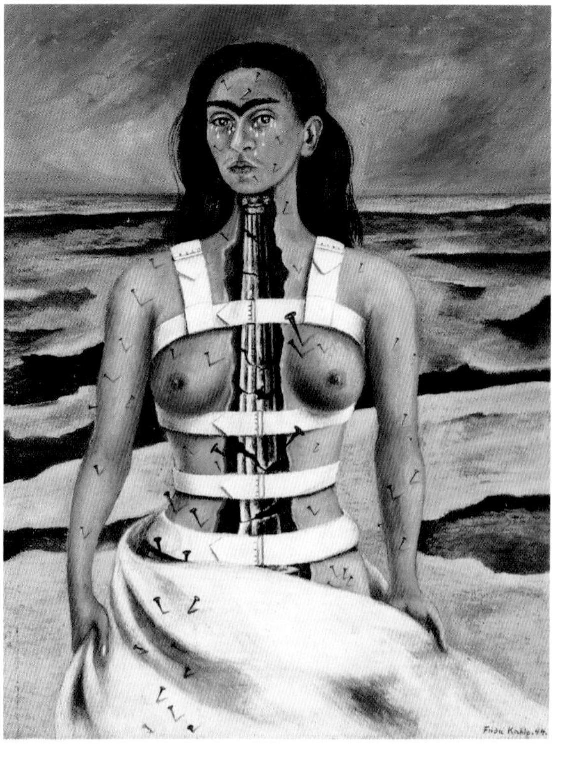

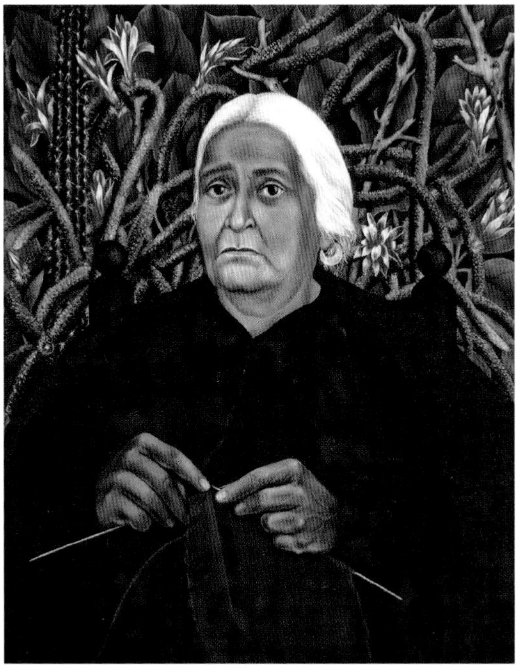

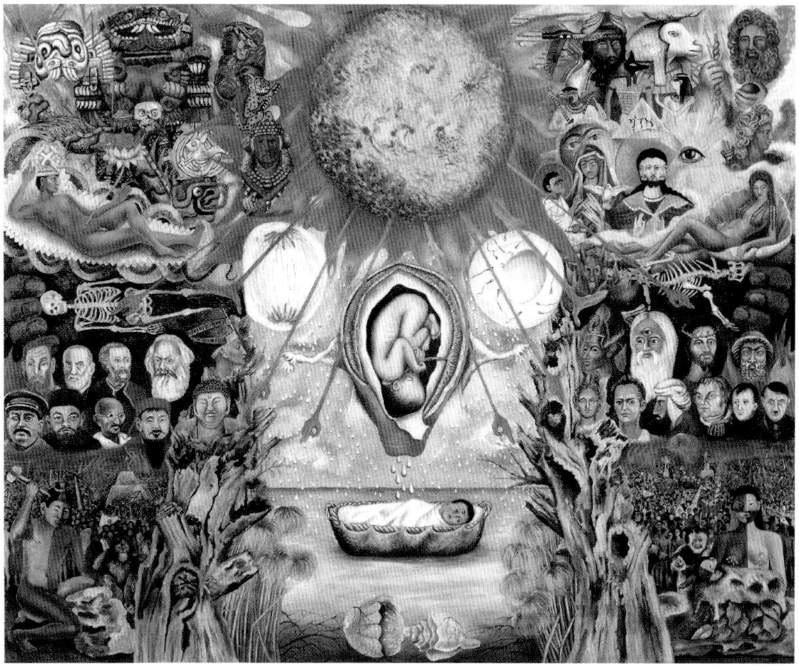

(왼쪽) 프리다 칼로, 〈부러진 기둥〉, 1944, 캔버스에 유채, 40×30.5cm, 돌로레스 올메도 파티노 박물관, 멕시코시티.

(위 왼쪽) 프리다 칼로, 〈도나 로시타 모릴로의 초상〉, 1944, 얇은 판에 유채, 77.5×72cm, 돌로레스 올메도 파티노 박물관, 멕시코시티.

(위 오른쪽) 프리다 칼로, 〈모세〉, 1945, 얇은 판에 유채, 61×75.5cm, 개인 소장.

사상가, 종교의 주창자들을 볼 수 있다. 왼쪽에는 간디, 레닌, 스탈린, 마르크스, 모하메드, 부처가 자리하고 있으며 오른쪽에는 예수 그리스도, 알렉산더 대왕, 카이사르 황제, 모하메드, 나폴레옹 및 '잃어버린 아들' 역할인 히틀러가 있다. 영웅들의 아래층으로는 군중들이 보인다. 왼쪽에는 다른 군중보다 더 크게 그려진 남성이 있는데 그는 창조주를 상징하며 오른쪽에 있는 커다란 여성은 우주적인 어머니를 상징한다.

호세 도밍고 라빈이 프리다에게 그림을 의뢰했던 처음 목적은 일신교의 기원에 대한 프로이트의 메시지를 그림으로 설명하는 것이었지만, 프리다는 이를 자신의 믿음을 표현하는 기회로 사용했다. 이 작품에서 프리다는 마르크스주의를 기반으로 하여 재생, 환생 및 모든 생명체가 상호 연결되어 있다는 자신의 생각들을 대통합하여 보여주고 있다. 이 그림은 또한 디에고의 벽화 〈천지창조〉에 대한 일종의 화답으로도 볼 수 있다. 프리다는 국립예비학교 학생이었을 시절 디에고가 〈천지창조〉를 그리는 장면을 목격한 적이 있었고, 실제로 프리다의 이 작품에는 디에고의 〈천지창조〉를 참조한 장치들이 몇 가지 들어 있기도 하다. 디에고의 작품이 전하는 메시지가 예술을 통한 인간 본성의 고양이라면, 프리다의 〈모세〉가 가지는 메시지는 종교에 의한 인간 본성의 억압이라 할 수 있다. 프리다는 권력자들이 민중의 의지를 억압하기 위해 종교를 만들어냈다고 생각했다. 그는 작가와의 대화에서 다음과 같이 말했다. "…… 사람들이 영웅과 신을 만들어내거나 상상하는 이유는 순수한 두려움 때문입니다. …… 삶에 대한 두려움과 죽음에 대한 두려움 말이죠."[6] 그래서 〈모세〉의 중앙에 있는 패널은 그가 생각하는 대안인 생명, 다산 및 자연 세계에 대한 경외심 등을 표현하고 있다. 1946년 멕시코 교육부는 전국 회화 시상식에서 〈모세〉를 2위로 선정했고 프리다에게 5,000페소의 상금을 수여했다.

프리다는 멕시코의 모든 것을 좋아했지만 멕시코의 의사만은 예외였다. 그래서 친구 아카디 보이틀러(Arcady Boytler)는 허리 수술의 대가인 뉴욕의 윌슨 박사(Dr. Wilson)를 추천했고, 프리다는 뉴욕으로 갔다. 윌슨 박사는 프리다의 골반에서 뼈를 채취하여 척추에 이식시키는 대수술을 집도했다. 그러나 수술로 생긴 절개 부위에 감염이 일어났고, 회복은 예상보다 훨씬 오래 걸렸다. 프리다를 간호하기 위해 크리스티나도 뉴욕으로 갔고, 크리스티나의 아이들은 다른 자매들의 집으로 보내졌다. 프리다가 병원에 입원한 동안 니콜라스 머레이는 종종 병문안을 왔고, 병원 옥상 테라스에서 프리다와 크리스티나의 사진을 찍기도 했다. 이번 수술은 처음에는 성공한 것처럼 보였지만, 몇 달 후에 또다시 통증이 재발했다. 이때부터 프리다의 건강은 더욱 빠르게 악화되었다.

뉴욕에 머무는 동안 프리다는 스페인 난민 출신의 예술가 호세 바르톨리(José Bartoli)를 만나 열렬한 사랑에 빠졌다. 호세 바르톨리는 멕시코로 프리다를 찾아왔고 그들은 몇 년 동안 열정 가득한 편지를 주고받았지만, 프리다의 건강 문제 때문에 둘의 관계가 발전하는 데에는 한계가 있었다.

1940년대 중반 들어서 디에고는 푸른 집을 대대적으로 개조했다. 건축가 후안 오고먼과 머리를 맞대고 고심한 끝에 디에고는 건물 자체를 증축하는 별관을 지어서 프리다를 위한 대형 스튜디오와 새로운 침실, 욕실을 추가하기로 했다. 이에 따른 야외 공간도 설계에 포함되었다. 원래는 사용인들의 숙소였던 공간과 트로츠키가 머무는 동안 구입했던 북쪽 마당으로까지 확장한 것이다.

개조를 마치고 생겨난 새로운 2층 스튜디오는 두 벽이 모두 창문으로 이루어져서 프리다가 작업하기에 충분한 자연광이 들어왔으며 정원도 내려다보였다. 이 스튜디오의 아래층은 벽 없이 기둥으로만 마감해서 주차장으로 활용했다. 새로 지은 별관에서 아래로 내려가는 계단 맨 아래에는 디에고를 상징하는 개구리가 새겨진 분수가 있었다. 그간 남는 땅으로 내버려두었던 마당에는 테라스와 지붕이 생겼고, 테라스의 천장은 도자기 타일로 만든 시계와 공산주의 심벌들로 장식했다. 테라스 중앙에 놓인 석조 식탁과 틈새가 벌어진 벽, 점토로 만든 조각상은 고대 사원의 느낌을 자아냈다. 이 테라스는 주방과 연결되었기 때문에 야외에서 식사할 수 있는 공간으로도 자주 활용되었다.[7]

(아래) 병원의 옥상 테라스에 함께 있는 프리다와 여동생 크리스티나. 니콜라스 머레이 촬영. 뉴욕. 1948.

(다음 페이지) 푸른 집의 정원에 있는 프리다와 디에고. 어거스틴 에스트라다(Agustin Estrada) 촬영.

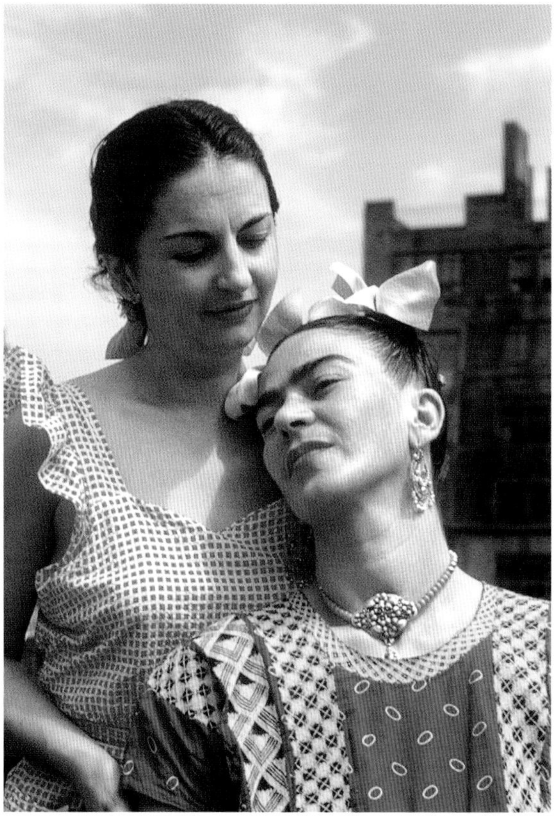

별관의 외벽은 아나우아칼리의 건축물과 마찬가지로 엘 페드레갈의 화산암으로 덮였고, 이는 기존의 벽과 대조를 이루었다. 어두운 색깔의 돌벽에는 간혹 토기 항아리, 소라껍데기, 심지어 고대 조각상까지 박혀 있기도 했다. 건축물의 장식들은 물, 다산, 이중성 및 지하세계라는 주제를 아우르고 있었다.[8] 푸른 집의 별관에 드러난 건축을 보면, 후안 오고먼이 산 앙헬의 주택에서 시도했던 기능주의에서 이제는 전통적인 멕시코 미학으로의 전환이 이루어졌음을 확인할 수 있다.

푸른 집을 새롭게 증축하는 것뿐만 아니라 기존의 오래된 구역에서도 개축 및 보수 작업이 있었다. 중앙정원 주변의 복도를 넓히면서 원래 있던 격자형 벽돌들을 철거했고, 현무암을 재료로 하는 벽난로도 새로 만들었다. 디에고가 직접 디자인한 이 벽난로는 멕시코 고대 사원의 형태로, 이 또한 디에고의 건축 프로젝트 아나우아칼리를 연상시킨다.

1948년 프리다는 공산당에 재입당 신청서를 냈고 이내 받아들여졌다. 반면 디에고의 재입당은 반려되었고, 그는 몇 년을 더 기다려야만 했다. 한편, 프리다의 정치적 신념은 스탈린주의로 변화했는데, 이러한 선택을 이해하기 위해서는 제2차 세계대전이라는 시대적 맥락을 살펴볼 필요가 있다. 나치 독일에 대항하여 스탈린의 소련도 미국, 영국과 연합하여 싸웠기 때문이다. 따라서 스탈린에 대한 비판은 파시즘에 대한 지지로 해석될 수밖에 없었고, 이는 진정한 사회주의를 배신하는 것이었다.

1948년은 디에고와 프리다 사이에서 드라마틱한 갈등들이 일어난 해였다. 디에고는 지난 몇 년 동안 프리다의 건강이 안 좋을 때면 프리다를 대신하여 자신의 에이전트인 엠마 우르타도(Emma Hurtado)를 사교 행사의 파트너로 동반했고 깊은 관계를 맺기도했는데, 프리다 또한 그 관계를 알면서도 묵인했다. 하지만 그해 디에고는 프리다의 반려견 세뇨르 솔로틀을 며칠 동안이나 엠마 우르타도의 집으로 데려가면서 프리다의 분노를 폭발시켰다. 프리다는 디에고에게 화를 내는 것은 물론 그의 정부인 엠마 우르타도를 '도둑년'(la hurtadora)이라고 거칠게 비난했다.[9] 게다가 디에고는 또다른 불륜상대인 여배우 마리아 펠릭스(María Félix)와 결혼하고 싶다며 프리다에게 이혼을 요구하기까지 했다. 프리다는 크게 상심했고, 이전의 결혼과 이혼에서 경험했던 슬픔을 또 한 번 느꼈다. 하지만 디에고와 펠릭스의 관계는 끝을 맞이했고 디에고는 프리다에게로 돌아갔다. 프리다는 디에고를 되찾게 되어 몹시 기뻐했고 나아가서는 펠릭스와 친구가 되었다. 펠릭스는 푸른 집을 자주 방문했다.

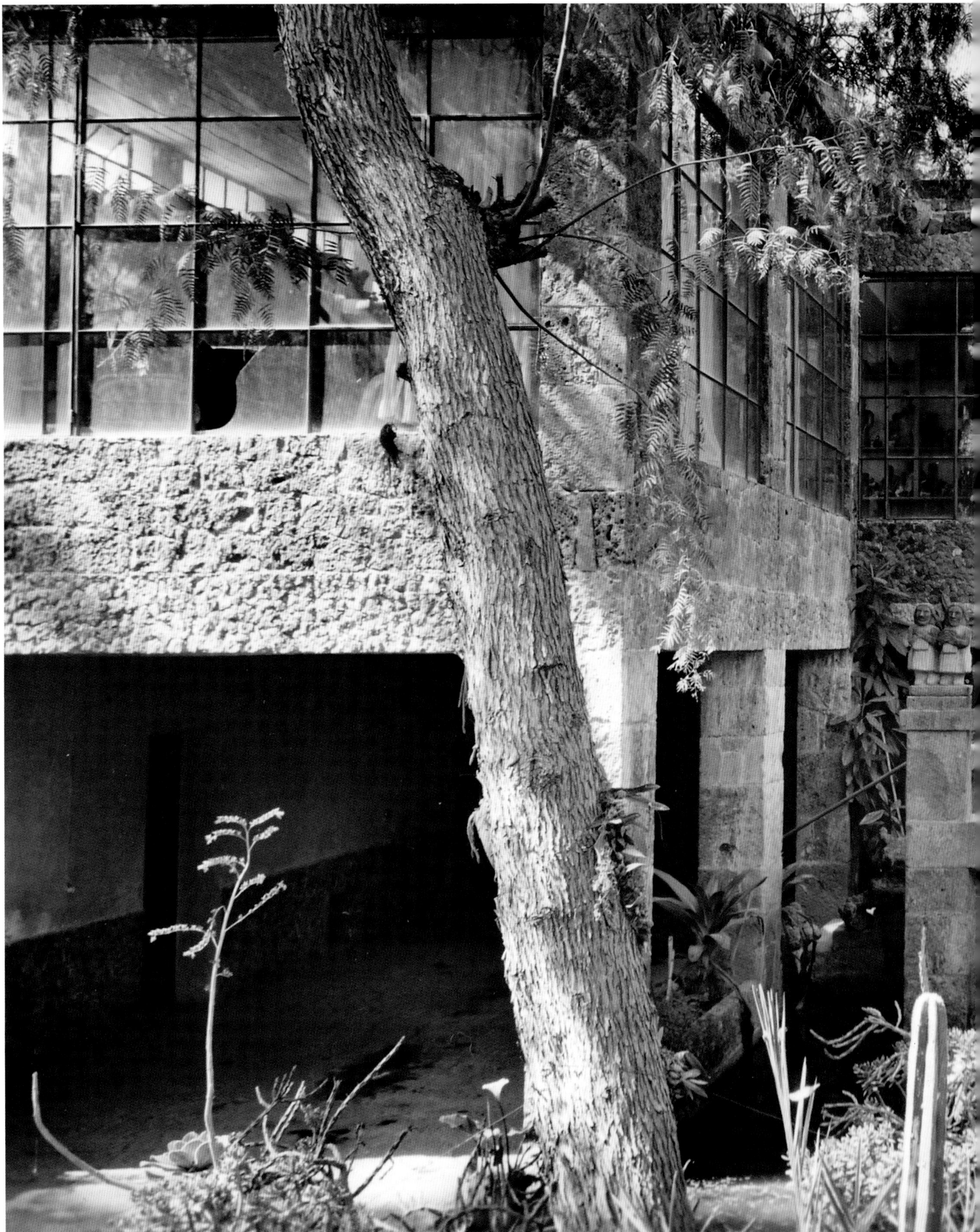

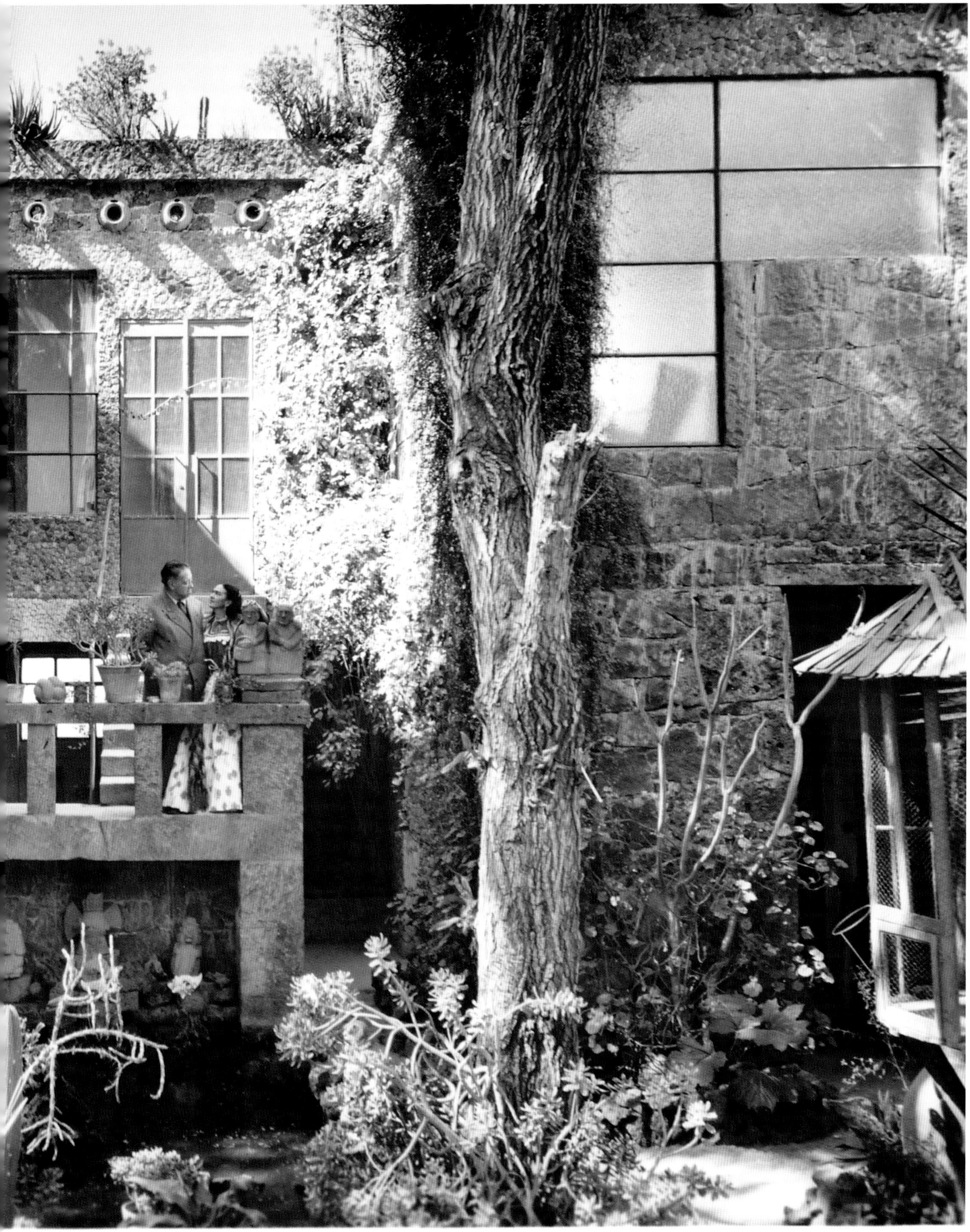

1949년 프리다는 〈사랑을 담은 우주의 포옹〉(*The Love Embrace of the Universe*)이라는 작품을 그렸다. 이 작품 속에서 프리다는 벌거벗은 디에고를 아기처럼 품에 안고 있다. 디에고의 이마에는 제3의 눈이 있고 손에는 불꽃이 들려있다. 한편 프리다는 빨간 테후아나 드레스를 입었으며 목과 가슴에는 피를 뿜는 상처가 나 있다. 프리다는 엘 페드레갈의 갈라진 지표면을 닮은 상처를 가슴에 지닌, 멕시코 여성의 형상을 한 '어머니 지구'에게 안겨있다. 어머니 지구의 헐벗은 가슴에서 한 방울의 젖이 떨어지는 것이 보인다. 프리다와 디에고, 그리고 프리다의 치마폭 아래 웅크리고 있는 반려견 세뇨르 솔로틀 주변으로 수많은 식물들이 싹을 틔우고 있다. 화면은 낮과 밤으로 나뉘어 왼쪽에는 달이 뜬 밤하늘, 오른쪽은 태양이 있는 낮의 하늘을 볼 수 있다. 거대한 우주의 여신은 각각 어두운 피부와 밝은 피부를 가진 두 팔로 모든 형상들을 감싸 안고 있다. 여신의 팔에는 식물의 뿌리들이 매달려 있다.

이 작품을 통해 프리다는 자신의 오랜 주제였던 이중성, 그리고 모든 생명체의 연결성에 대해 다시금 탐구하고 있다. 그림 속의 프리다는 사랑하는 사람을 보호하기 위해 기꺼이 고통을 견디는 모습으로 표현되며, 양육하는 어머니라는 모습으로 의인화된 풍경 속에 뿌리를 내리고 있다. 비록 이 그림 속의 여성들이 함께 보호하고 있는 상대가 창조의 불꽃을 들고 있으며 지혜를 상징하는 제3의 눈을 가진 남성 천재이기는 하지만, 그럼에도 이 작품은 전체적으로 여성성의 신성함을 표현하는 이미지로 읽힌다.

1940년대 후반부터 프리다는 일기를 쓰기 시작했다. 그는 흘러가는 대로 자유롭게 자신의 생각과 아이디어를 표현했으며 자신이 느끼는 고통과 슬픔, 기억을 비롯한 예술적 통찰도 기록으로 남겼다. 갈수록 나빠지는 건강 상태에도 불구하고 프리다는 주변 사람들과의 일상적인 관계 속에서 여전히 활기차고 사려 깊은 태도를 유지했다. 사진작가 지젤 프룬드는 1950년에 처음으로 프리다를 만난 후 그 소감을 이렇게 기록했다. "프리다라는 인물은 생생한 지성과 심오한 인간성, 넘치는 활력의 결정체처럼 빛나고 있었다."[10)]

프리다는 1950년의 대부분을 멕시코시티에 있는 ABC병원에서 보냈고, 그곳에서 척추 관련 수술을 여러 번 받았다. 병실은 푸른 집에 있는 프리다의 방을 옮겨 놓기라도 한 듯 정성스럽게 개조되었고, 드로잉, 소련 국기, 멕시코 전통 해골 장식 등을 볼 수 있었다. 디에고는 병실에서 영화를 상영할 수 있도록 스크린과 영사기까지도 설치했다. 프리다는 누워있는 동안 혹시라도 작품에 관한 영감이 떠오를 때를 대비하여 물감과 붓

(아래) 프리다 칼로, 〈사랑을 담은 우주의 포옹〉, 1949, 캔버스에 유채, 70×60.5cm, 자크와 나타샤 겔만 현대 멕시코 예술 컬렉션.

(오른쪽) 1940년대 후반부터 쓰기 시작한 프리다의 일기장 한 페이지.

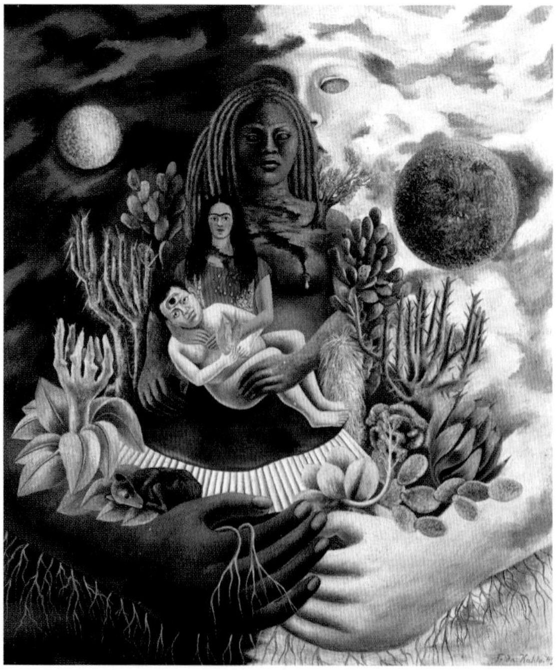

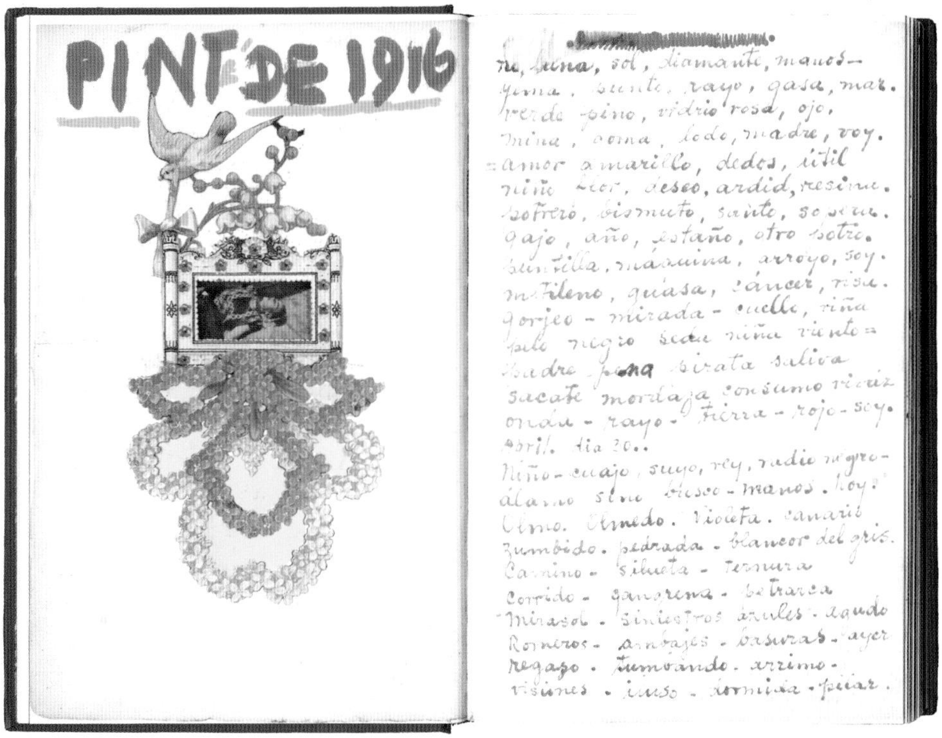

을 항상 가까이에 두었지만, 이 시기에는 주로 일기장에 드로잉을 하고 글을 썼다. 크리스티나와 추초는 병원에 있는 의사, 간호사, 그리고 많은 친구들을 대접하기 위해 매일같이 커다란 바구니에 한가득 음식을 가져왔는데, 정작 프리다는 거의 입을 대지 않았다. 프리다는 주치의인 후안 파릴(Juan Farill) 박사가 자신의 생명을 되찾아주었다는 것에 대한 감사의 의미로 그와 자신이 함께 있는 자화상을 그렸다. 비록 수술 이후에는 대부분의 시간을 휠체어에 의지해야만 했지만, 병원에 입원한 덕분에 프리다는 죽음의 위기를 넘길 수 있었다.

프리다가 퇴원하여 푸른 집으로 돌아온 후, 크리스티나는 항상 프리다의 곁에 머물렀다. 프리다는 더 이상 스스로의 힘으로 몸을 가눌 수 없었기에 크리스티나는 언니를 씻기고 옷을 입히고 머리를 빗어주었으며, 그를 대신하여 집안일을 감독했다. 이제 프리다는 거의 붓을 내려놓았다시피 했다. 퇴원한 이후로 그린 작품이라고는 과일을 그린 정물화 몇 점, 〈마르크스주의가 아픈 사람을 낫게 하리라〉(*Marxism Will Give Health to the Sick*) 같은 정치적인 주제의 그림 몇 점이 전부였다. 작품의 수준은 이전에 비해 퇴보한 것처럼 보였다. 프리다의 섬세하고 정확하던 붓터치는 두껍고 둔탁해졌다.

1953년 4월, 프리다는 멕시코시티의 핫플레이스 지역인 조나 로사의 암베레스 거리에 있는 현대미술 갤러리에서 개인전을 열었다. 이 전시는 멕시코에서 개최된 유일한 프리다 칼로의 개인전이었다. 프리다의 친구인 로라 알바레스 브라보가 이 갤러리의 오너였는데 그는 프리다와 함께할 날이 그리 길지 않다는 것을 감지했고, 친구의 삶이 아직 남아있는 동안 친구를 가장 빛나게 하는 방법으로서 전시회를 택했다. 전시회는 공식 개관 전의 사전 오프닝 행사를 마련했는데, 프리다의 주치의는 건강을 고려하여 불참할 것을 권했다. 하지만 프리

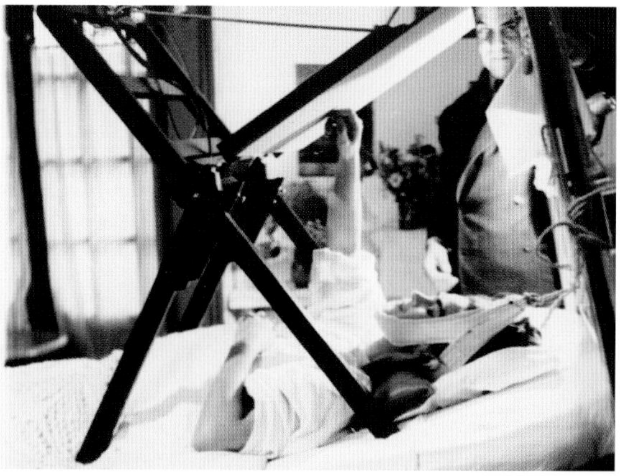

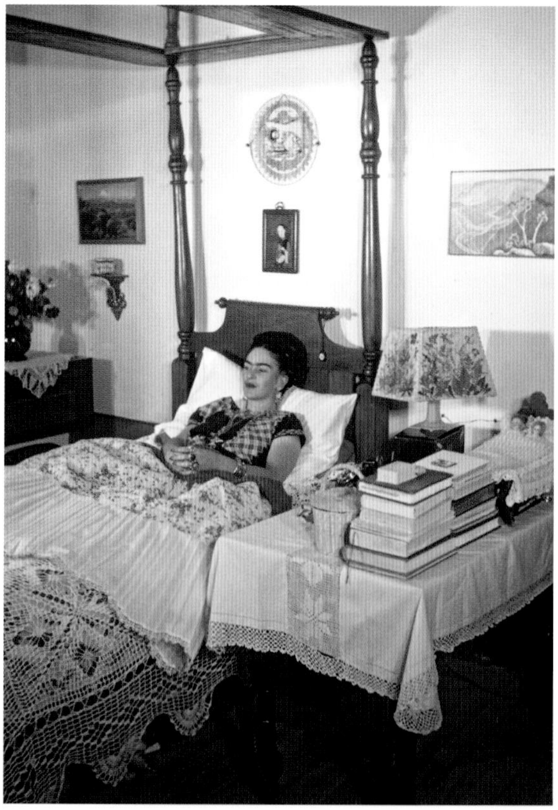

다는 이 개인전을 자신의 커리어에서 매우 의미 있는 것으로 생각했고, 전시의 정점이 될 수 있는 사전 오프닝을 포기하지 않았다. 프리다는 구급차를 타고 갤러리까지 이동했고, 들것에 실려서 갤러리에 입장해 전시장 한가운데 놓인 침대에 누웠다. 침대에 누운 채로 행사에 참여한 프리다는 저녁 내내 조명을 받으며 그 시간을 즐겼다. 전시회는 1953년 4월 13일부터 27일까지 진행되었다.

프리다는 몇 년 전에 수술을 통해 발가락 몇 개를 절단했음에도 오른쪽 발과 다리의 혈액 순환에 지속적인 문제가 있었다. 마침내 1953년 8월, 다리에 괴저가 일어났다. 의사들은 무릎 아래까지 절단해야 한다고 했고, 프리다는 큰 충격을 받았다. 그는 일기에 이렇게 적기도 했다. "나에게 하늘을 날 수 있는 날개가 있다면 발이 필요 없겠지?" 프리다는 겉으로는 씩씩하고자 노력하며 스스로를 안심시키려고 했지만, 실제로는 다리를 잃는다는 두려움에 사로잡혔다. 절단 수술을 실행하기 직전 프리다는 일기에 이렇게 썼다. "나라는 사람은 하나뿐이지만 실은 내가 둘이었으면 좋겠어. 내가 둘이라면 그 중 하나는 결국 잘라내겠지. 잘라낸 하나는 내 몸이 아니니까 죽게 될 거고, 나의 남은 하나는 걸어 다니고! 나는 날개가 많아. 그 날개를 다 잘라버리고 같이 지옥이나 가야지!"[11)]

프리다는 자신을 날개 달린 승리의 여신으로 묘사하기도 했다.[12)] 루브르 박물관에서 보았던 날개 달린 승리의 여신 사모트라케의 니케 조각상처럼, 그는 머리도 팔도 없는 모습으로 자신을 그렸다. 날개 달린 승리의 여신 드로잉에서 프리다는, 척추의 빈 자리를 대신하여 몸을 고정해주는 넓은 벨트를 착용하고 발이 없는 오른쪽 다리는 와이어로 감싼 형태로 자신을 표현했다. 인물의 목이 있어야 할 자리에는 머리 대신 비둘기가 앉아 있다. 프리다는 그림 아래쪽에 민요의 가사에서 가져온 한 문장을 적어두었는데, '비둘기가 틀렸다네'(Se equivocó la paloma)라는 의미이다.

무릎 절단 수술을 한 후 프리다는 무기력해졌고 삶에 대한 의지를 상실한 것처럼 보였다.[13)] 절단 수술을 마친 뒤의 일기장을 보면 몇 페이지가 사라져있고, 이후의 일기는 수술로부터 6개월이 지나서야 작성되었다. 그 일기에서 프리다는 다음과 같이 적었다. "수 세기 동안에 걸쳐 고문을 받는 것 같았다. 때로는 거의 미쳐버릴 뻔했다."[14)]

이제 프리다는 스튜디오에 거의 들어가지도 않았지만, 가족과 사용인들은 프리다가 방에서 2층에 있는 스튜디오를 쉽게 오갈 수 있도록 집안에 경사로를 만들었다. 프리다는 정원으로 연결되는 계단 위쪽의 작은 방으로 침대를 옮겨달라고 했다. 이 작은 방은

(왼쪽 위) 프리다는 갈수록 건강이 악화되면서 여러 번 수술을 받아야 했다. 회복 기간에 그는 침대에서 휴식을 취하면서 종종 그림을 그렸다.

(왼쪽 아래) 침대에 누운 프리다. 지젤 프룬드 촬영, 1951.

(오른쪽) 프리다의 책상, 1951.

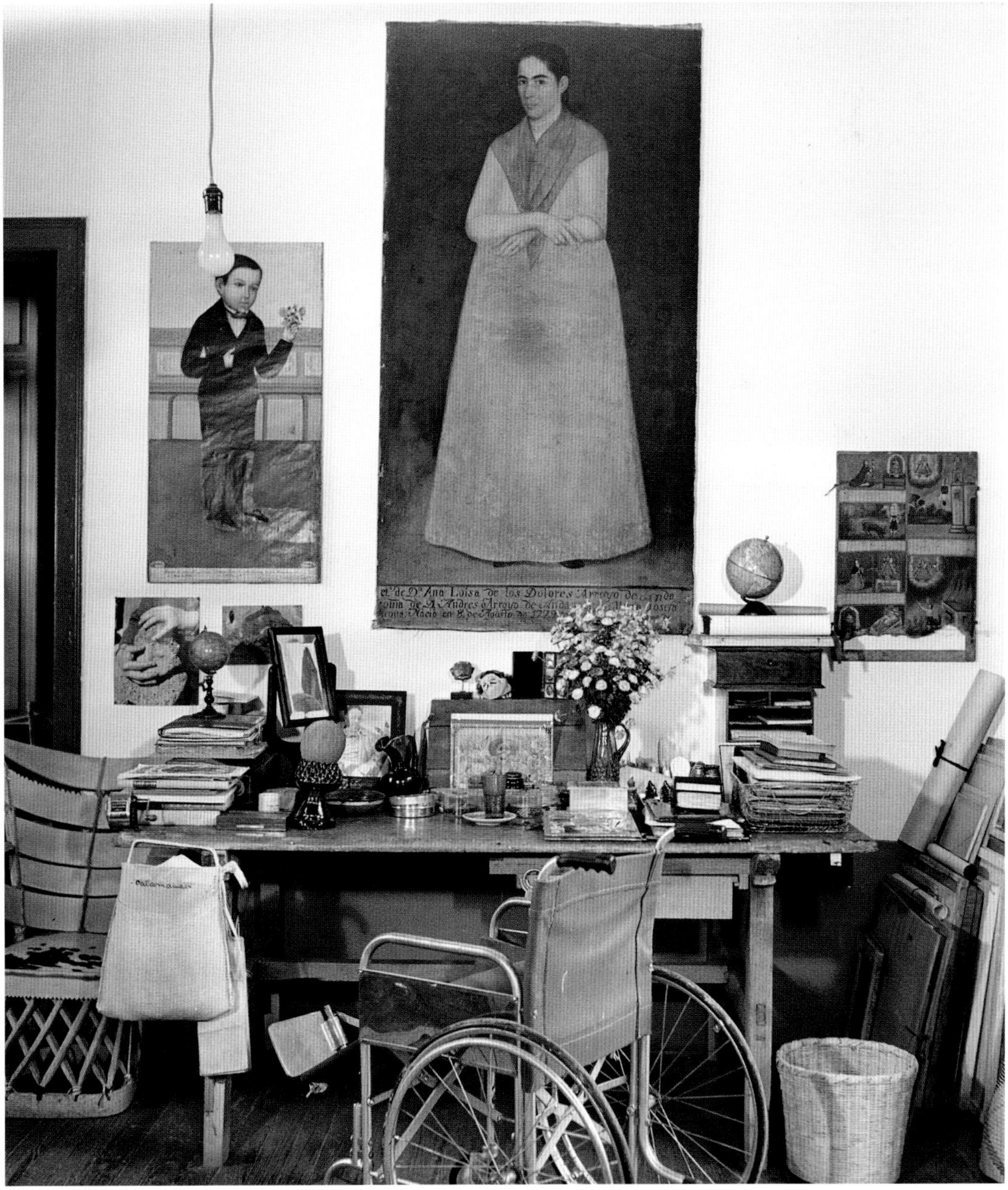

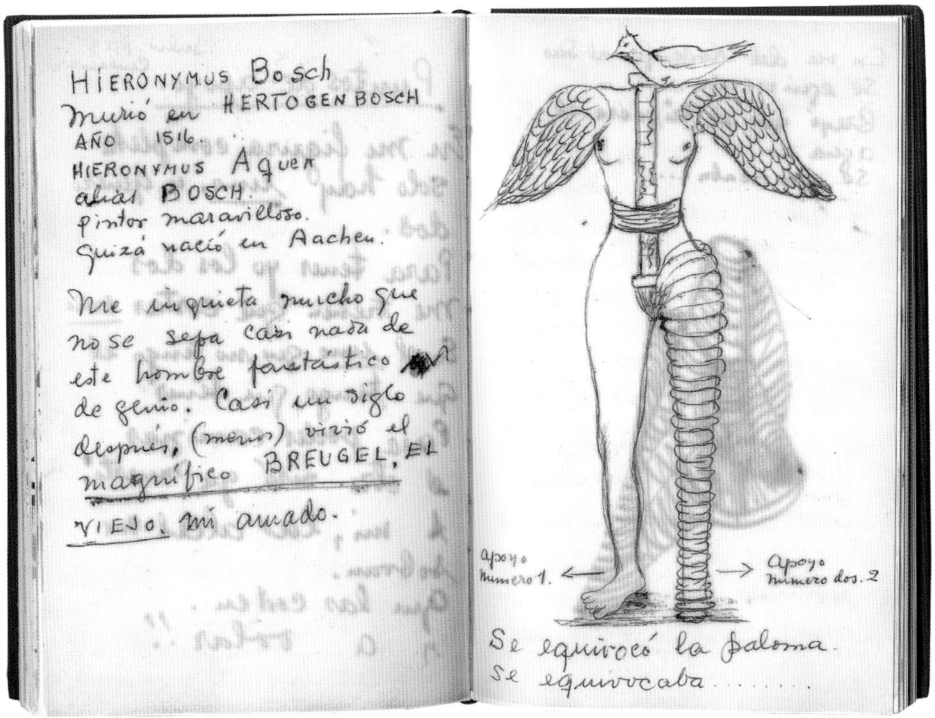
HIERONYMUS Bosch
murió en HERTOGENBOSCH
AÑO 1516.
HIERONYMUS Aquen
alias BOSCH.
pintor maravilloso.
Quizá nació en Aachen.
Me inquieta mucho que
no se sepa casi nada de
este hombre fantástico
de genio. Casi un siglo
después, (menos) vivió el
magnífico BREUGEL, EL
VIEJO, mi amado.
apoyo número 1.
apoyo número dos. 2
Se equivocó la paloma.
Se equivocaba........

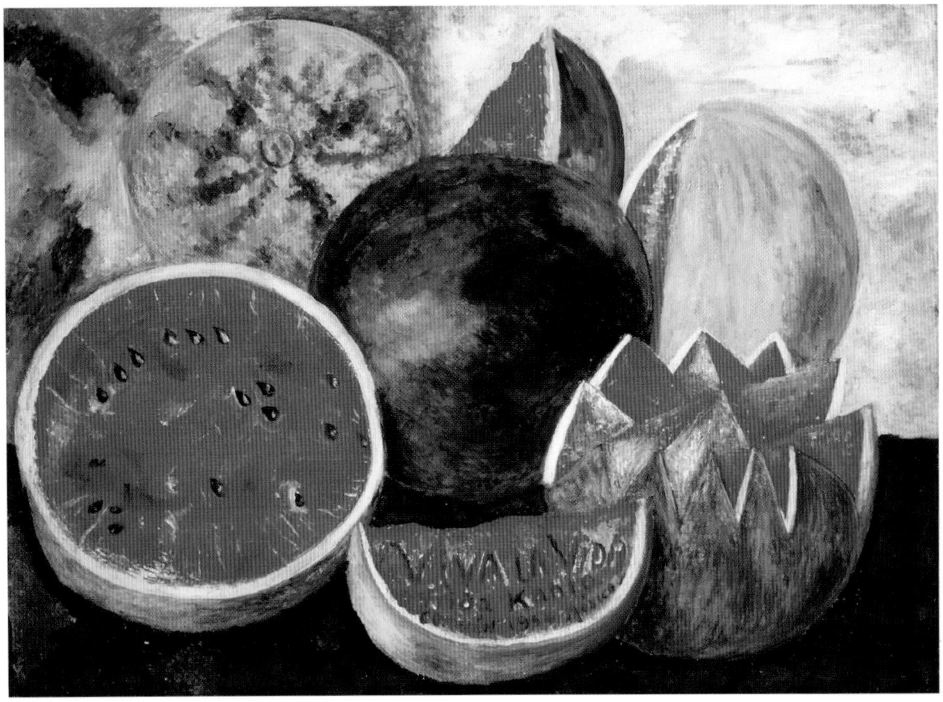
VIVA LA VIDA

(왼쪽 위) 무릎 아래 절단 수술을 하기 직전에 기록한 프리다의 일기장. 스스로를 날개 달린 승리의 여신으로 묘사했다.

(왼쪽 아래) 프리다 칼로, 〈인생이여 영원하라〉(*Viva La Vida*), 1954, 얇은 판에 유채, 52×72cm, 프리다 칼로 박물관, 멕시코시티.

(아래) 과테말라에 대한 미국의 내정간섭을 반대하는 시위에 참여한 프리다와 디에고, 그리고 후안 오고먼, 1954.

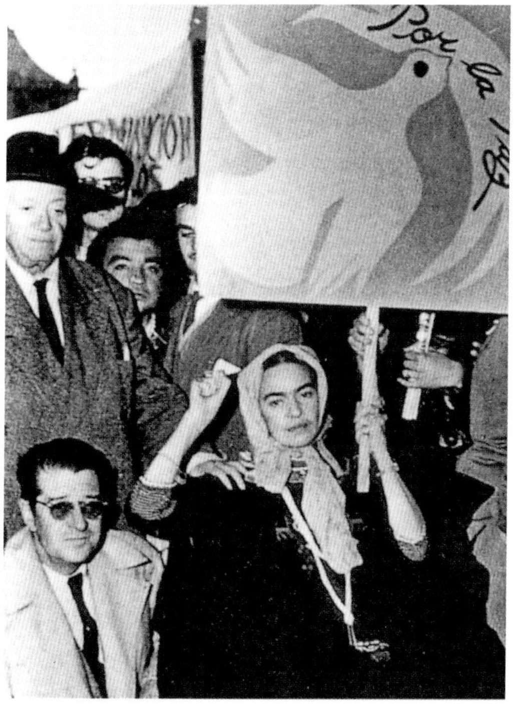

침대에 누워서도 창문을 통해 식물을 볼 수 있고 분수 소리를 들을 수 있었다. 이곳은 곧 프리다의 '낮의 침실'이 되었다.

프리다는 처음에는 의족이 몹시 아팠기 때문에 착용을 꺼렸다. 시간이 지남에 따라 그는 점차 의족을 착용하고 짧은 거리를 걸을 수 있었지만, 결코 의족에 익숙해지지는 못했다. 우울한 상황이었음에도 불구하고 프리다는 여전히 밝고 유머러스한 모습으로 푸른 집의 방문객들을 대했다. 버트럼 울프는 그의 책에 이렇게 썼다. "컨디션이 저조할 때에도 프리다의 주변은 아픔을 잊은 명랑함, 흥겨운 유머, 다정함, 서로에 대한 배려로 가득했다. 고통스러워하며 침대에 누워있을 때에도 그는 자신의 침대를 둘러싼 사람들에게 웃음을 퍼뜨렸다."[15)]

프리다의 일기장 마지막에는 다음과 같이 적혀있다. "이 여행이 즐겁기를 — 그리고 다시는 돌아오지 않게 되기를." 이 문구는 병원에서 퇴원을 기다리는 동안 기록한 것인데, 퇴원한 이후에는 일기를 쓰지 않았기에 이것이 프리다가 남긴 마지막 글이다. 따라서 이 구절은 보통 자신의 죽음을 언급한 것이라고 해석된다.

1954년 7월 2일, 폐렴을 앓고 있던 프리다는 의사의 만류에도 불구하고 미국의 과테말라 내정간섭에 반대하는 시위에 참석했다. 그는 디에고와 함께 산토 도밍고 플라자에서 소칼로 광장까지, 멕시코시티 중심부를 1만 명이 넘는 사람들과 함께 행진했다. 프리다는 평소의 화려한 헤어스타일 대신 스카프를 한 간단한 차림새였으며, 디에고가 프리다가 탄 휠체어를 밀었다. 사진 속 두 사람은 다소 초췌해 보이지만 혁명의 대의를 지지하는 프리다의 의지는 여전함을 알 수 있다.

시위로부터 닷새가 지나고, 프리다는 44세 생일 — 실제로는 47세였지만 — 을 맞이했다. 그는 많은 손님들을 초대하여 성대한 파티를 열었다. 저녁 8시가 되어 프리다는 침실로 쉬러 갔지만 몇몇 손님들은 그 시간에도 그를 만나러 왔고 대화를 나누었다. 파티가 완전히 정리될 즈음 프리다는 그들의 결혼 25주년(첫 번째 결혼 기준)을 기념하는 빈티지 금반지를 디에고에게 선물했다.

그 무렵 프리다는 수박이 있는 정물화를 그렸는데, 이 그림에 붉은 글씨로 "인생이여 영원하라(Viva La Vida), 프리다 칼로, 코요아칸 1954 멕시코"라고 적었다. 그리고 1954년 7월 13일 이른 아침, 프리다는 푸른 집에 있는 자신의 방 침대 위에서 숨을 거두었다. 공식적인 사인은 폐색전증이지만 많은 사람들은 스스로 목숨을 끊었으리라고 추측하고 있다.

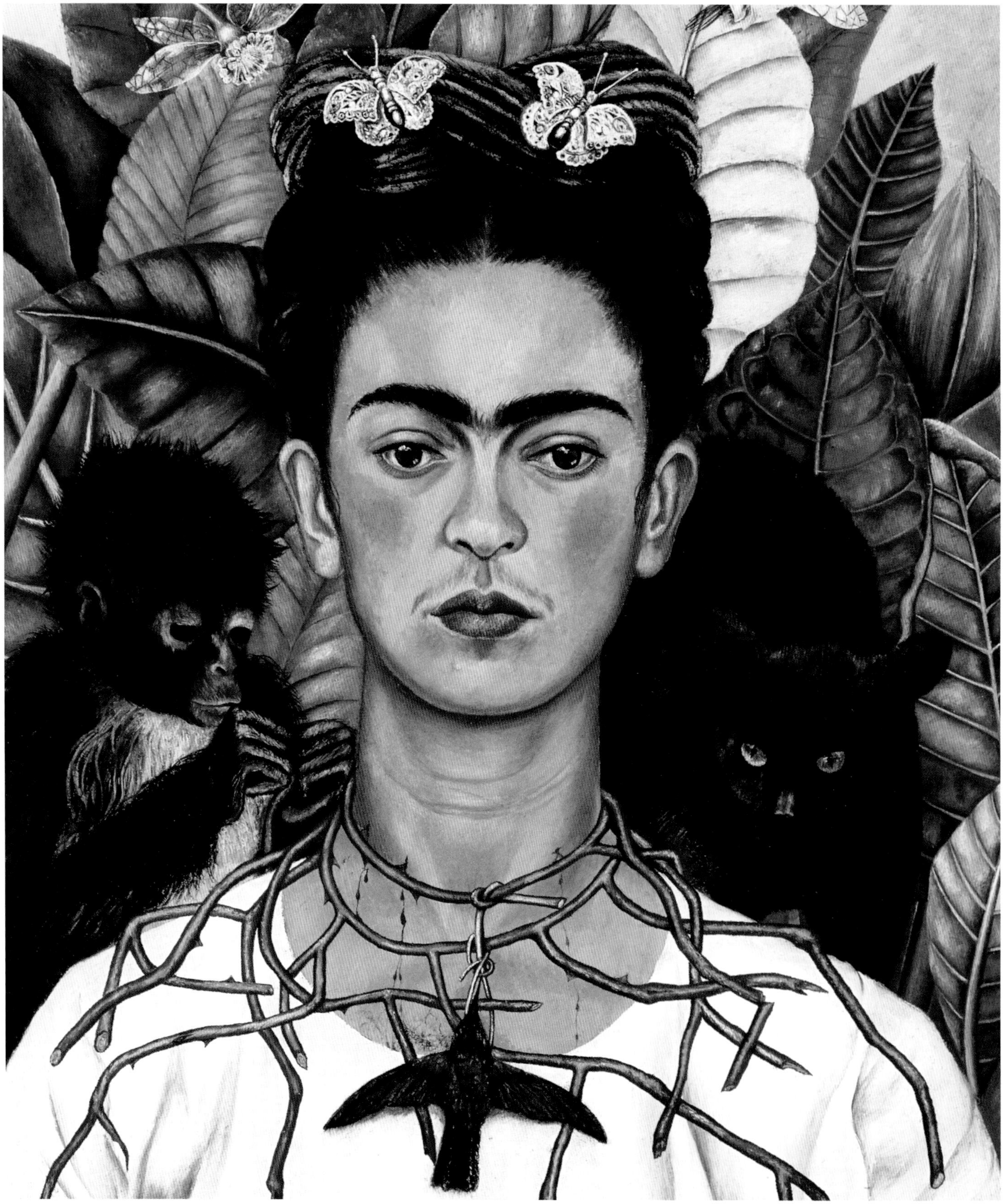

프리다 칼로가 우리에게 남긴 유산

프리다 칼로, 〈가시목걸이를 한 자화상과 벌새〉 부분 확대, 1940.

프리다가 육체적으로나 정신적으로 수년간 계속해서 쇠락하고 있었다는 사실을 누구도 모르지는 않았지만, 그럼에도 불구하고 죽음은 그를 사랑하는 사람들에게 큰 충격을 안겼다. 특히 디에고는 프리다를 영원히 잃고 나서야 자신에게 프리다가 얼마나 중요한 존재였는지를 절실히 깨달았다. 프리다의 사망 소식을 듣고 푸른 집에 찾아온 한 친구의 말에 따르면, 디에고는 순식간에 노인처럼 늙어버렸다고 한다. 디에고는 프리다의 죽음에 관련하여 언론에 아무런 논평도 내놓지 않았다. 이는 화려한 언변을 구사해왔던 디에고에게는 있을 수 없는 일이었다.

미술연구소(Fine Arts Institute)의 소장 안드레스 이두아르테(Andrés Iduarte)는 프리다가 국립예비학교를 다니던 시절의 동기였다. 이두아르테는 장례를 앞둔 프리다의 시신을 멕시코 미술 궁전에 안치하기로 했다. 여기에는 이를 정치적으로 이용하지 않겠다는 조건이 따라 붙었다. 프리다의 시신이 미술 궁전에 안치되자, 멕시코 전직 대통령인 라사로 카르데나스와 에밀리오 포르테스 힐을 비롯한 수많은 사람들이 프리다에게 작별인사를 하러 몰려들었다. 그 와중에 프리다가 아끼는 제자였던 아르투로 가르시아 부스토스가 관 위에 공산주의 깃발을 드리우는 사건이 발생하여 언론에 대서특필되었다. 이두아르테는 이에 대한 책임을 지고 자리에서 물러났다.

작별인사를 마친 프리다의 시신은 다음 날 정오, 수많은 군중에 에워싸여 돌로레스 공동묘지로 이동했다. 프리다의 유언에 따라 시신은 화장되었다. 프리다는 자신이 화장되기를 원하는 이유로 "나는 너무 많은 시간을 누워서 보냈다"고 말했다. 화장을 마친 유골은 개구리 모양을 한 고대 멕시코 양식의 항아리에 안장되었다. 프리다의 유골함은 지금도 코요아칸의 푸른 집 침실 화장대 위에 놓여 있다.

프리다가 세상을 떠나고 1년 후 디에고는 오래된 애인 중 한 명인 엠마 우르타도와 결혼했다. 이제 그는 재정적으로 별로 여유가 없었고 암 선고까지 받은 상황이었지만, 그럼에도 자신과 프리다의 유산을 지키려는 의지만은 강했다. 디에고는 멕시코 은행을 통해 신탁을 개설했고 푸른 집과 아나우아칼리, 그리고 그곳의 소장품들을 멕시코 국민에게 위탁했다. 신탁 이사로는 자신의 오랜 친구 돌로레스 올메도(Dolores Olmedo)를 지명했다. 올메도는 성공적인 사업가이며 동시에 예술 후원자였다.

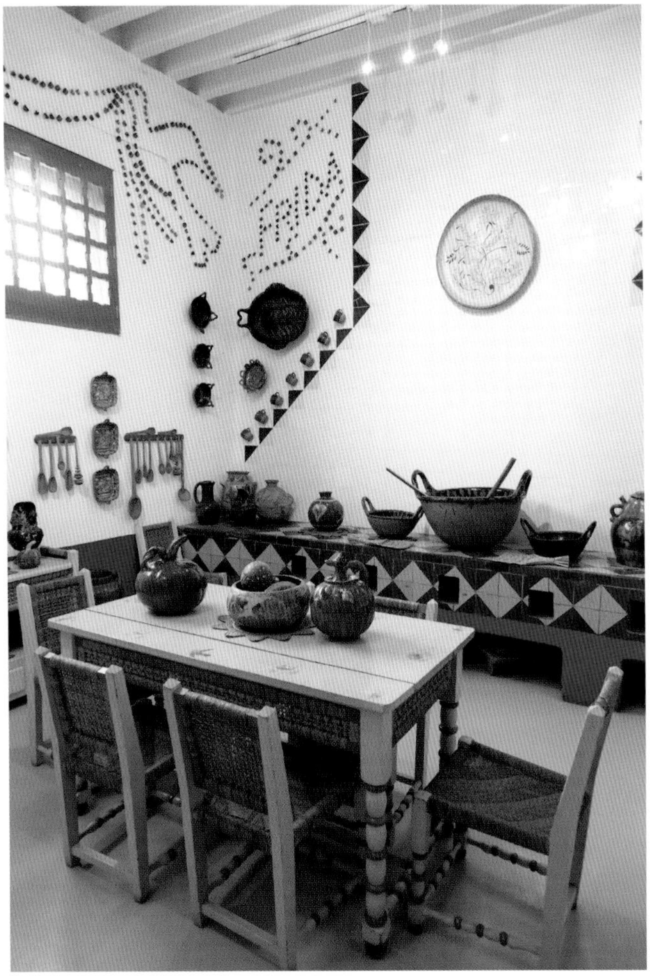
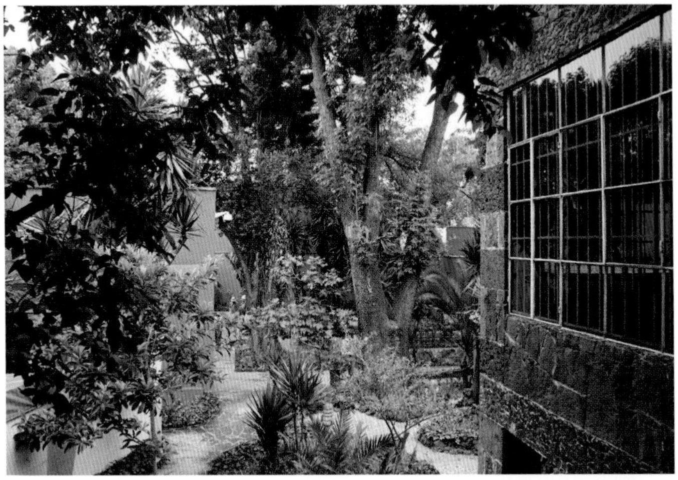
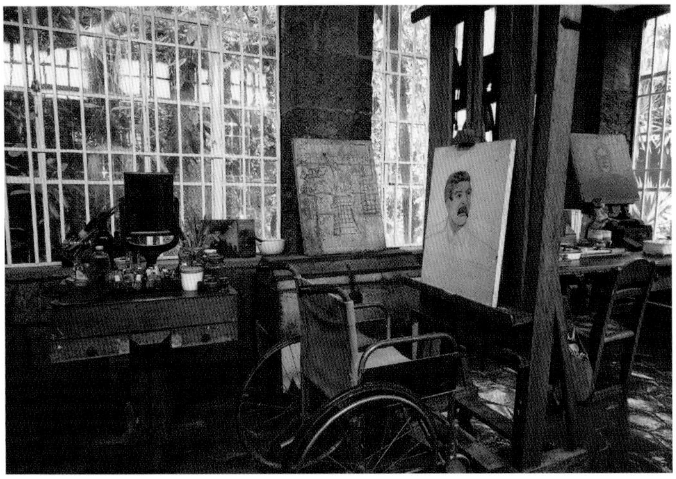

올메도는 어릴 적부터 디에고의 모델을 여러 번 섰던 사이였고 프리다와도 학창 시절의 인연이 있었다. 알레한드로, 즉 프리다의 학창시절 남자친구에게 호감이 있었기 때문에 프리다와 일종의 라이벌이었던 것이다. 올메도는 디에고의 작품을 대거 수집하여 상당한 규모의 디에고 컬렉션을 가지고 있었는데, 디에고의 요청에 따라 프리다의 작품도 몇 점 구입했다. 하지만 올메도가 프리다나 프리다의 작품에 공개적으로 관심을 드러낸 적은 없었다.[1] 아울러 디에고는 자신이 사망한 후 15년 동안은 침실 옆에 있는 욕실 및 창고를 포함한 푸른 집 일부 공간을 폐쇄해달라고 요청했다.

디에고는 1957년 11월 24일 산 앙헬의 스튜디오에서 생을 마감했다. 디에고는 유언장에 자신을 화장하여 프리다의 유골함에 섞어달라고 적었다.[2] 그러나 그 소원은 이루어지지 않았다. 당시 멕시코 대통령인 아돌포 루이스 코르티네스(Adolfo Ruiz Cortinez)는 디에고의 시신을 유명 인사들이 묻히는 돌로레스 공동묘지의 원형 홀[3]에 보낼 것을 제안했고, 가족들도 이에 동의했던 것이다.

1958년 7월 12일, 코요아칸의 푸른 집은 프리다 칼로 박물관이 되었다. 박물관의 초대 관장 겸 큐레이터는 프리다의 절친한 친구인 멕시코 시인 카를로스 펠리서(Carlos Pellicer)였다. 푸른 집을 박물관으로 바꿀 수 있었

(위) 왼쪽부터 시계방향으로 푸른 집의 부엌, 정원, 그리고 프리다의 작업실.

(오른쪽) 프리다의 침실.

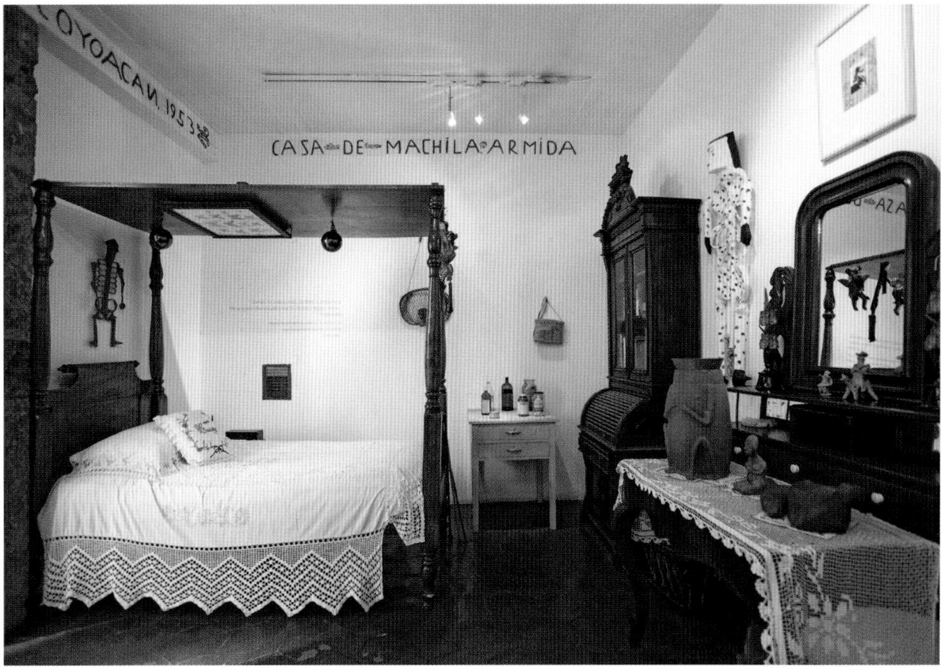

던 것은 펠리서의 힘이었다. 관람객들은 푸른 집에 들어서는 순간 이곳이 프리다와 디에고가 있던 그 시간에 멈춘 듯한 인상을 받게 되지만, 사실 펠리서는 이 집의 모든 것들을 필요에 따라 계산적으로 재배치했다. 그는 내용물을 보호하기 위해 선반을 유리로 덮었고, 벽에는 특정한 예술 작품들을 전시했으며, 프리다의 물감과 붓을 비롯해 개인 소지품들을 보기 좋게 정리했다.

푸른 집의 외벽으로 난 창문들은 트로츠키 부부가 이 집에 머무르던 순간부터 보안을 위해 폐쇄된 상태였다. 하지만 펠리서는 추가적으로 더 많은 창문과 방문을 폐쇄했는데, 이는 박물관의 보안을 강화하고 관람객의 동선을 효과적으로 관리하기 위해서였다. 모든 개조 작업을 마친 후 펠리서는 프리다에게 보내는 편지를 썼다. "어제 집 정리를 마쳤습니다. 언젠가 당신이 돌아온다면 이걸 본 당신은 어떻게 반응할까요. 혹시라도 화를 내지는 않을까 궁금합니다. 당신이 작업실로 쓰던 방, 당신이 그토록 놀라운 것들을 그려냈던 그 방에 당신의 작품을 몇 점 걸었습니다……"[4] 이 편지에 펠리서는 자신이 한 일을 설명하고 프리다가 동의해주기를 바라는 마음을 담았다.

1953년에 한동안 프리다의 푸른 집에 머물렀던 라켈 티볼(Raquel Tibol)은 펠리서가 만든 프리다 칼로 박물관에 대한 소감을 다음과 같이 적었다. "대부분은 이전의 상태 그대로 놓여 있는 것 같다. 하지만 자세히 살펴보면 모든 것은 한때 이 집의 주인이던 프리다가 아니라 관람객의 시각에 맞추어져 있음을 알 수 있다. …… 일상생활에서 볼 수 있는 자유분방함은 사라지고, 견고하고 경직된 전시장이 된 것이다. 보여주고 싶은 것, 강조하고 싶은 의미를 위하여 진실이 왜곡되었다."[5] 티볼은 펠리서가 간과했던 부분을 예리하게 짚어냈다. 펠리서는 기예르모 칼로의 사진을 박물관에서 완전히 배제해버렸다.[6] 그러나 기예르모 칼로는 푸른 집의 첫 번째 주인이며 프리다에게 큰 영향을 끼친 중요한 예술가였고, 따라서 그의 작품들은 푸른 집에 남겨져 박물관의 일부가 되어야 하는 충분한 가치가 있었다.

아나우아칼리의 공사는 디에고가 사망할 때까지 약 1/3 정도 진행된 상태였다. 디에고의 사후에도 이 작업은 후안 오고먼, 그리고 건축가로 활동하던 디에고의 딸 루스의 책임 아래 계속되었다. 마침내 1964년 아나우아칼리는 박물관으로 개관했다. 조형적으로 뛰어난 건물과 그 안에 소장된 방대한 규모의 고대 멕시코 조각품 컬렉션, 건물 주변으로 6,000m²가 넘는 야생의 생태보호구역이 어우러진 아나우아칼리는 엘 페드레갈의 풍경과 그곳을 사랑하는 예술가를 경험할 수 있는 명소로 자리 잡았다.

생전의 프리다는 미술계 외부의 일반대중들에게는 그다지 유명한 인물이 아니었다. 사람들은 프리다를 디에고 리베라의 아내로만 인식했다. 그 누구도, 심지어 프리다 본인조차도, 그가 이렇게까지 국제적으로 유명해지리라는 것을 예측하지 못했다. 그리고 프리다가 사망한 지 12년이 흐른 후, 샌프란시스코 국제영화제에서 〈프리다의 삶과 죽음〉(The Life and Death of Frida Kahlo as told to David and Karen Crommie)이라는 저예산 다큐멘터리가 발표되었다.

다큐멘터리는 프리다의 삶과 메시지에 열려 있는 관객들을 위한 좋은 입문서였다. 프리다는 페미니스트, 치카노(Chicano, 미국 내 멕시칸) 예술가들에게 특히 인기를 얻었다. 그들은 프리다를 여성의 힘과 회복력의 상징으로 받아들였고, 프리다의 이러한 이미지들은 점차 다른 예술가들의 작품에서도 레퍼런스로 등장하기 시작했다. 1983년, 작가 헤이든 헤레라(Hayden Herrera)는 프리다에 대해 진지하게 기록한 『프리다 칼로의 일대기』(*A Biography of Frida Kahlo*)를 출판했다. 프리다에 대한 대중적 인지도는 점점 더 높아져 갔다.

1985년, 멕시코 정부는 프리다의 모든 작품이 '의심할 여지가 없는 미적 가치 및 예술적으로 탁월한 성취'를 가진 예술적 기념물이므로 프리다의 작품 매매에 제한을 둔다는 법안을 통과시켰다. 이에 따라 전시를 목적으로 멕시코 국립미술연구소의 특별 허가를 받은 경우를 제외하고는 프리다의 작품을 멕시코 밖으로 유출하는 행위는 엄격하게 금지되었다.

프리다에 대한 사람들의 열광을 보여주는 사례 중 하나로 팝스타 마돈나의 경우가 있다. 마돈나는 프리다의 작품에 빠져들었고, 〈나의 탄생〉과 〈원숭이가 있는 자화상〉(*Self-Portrait with Monkey*, 1940)을 소장했다. 1990년 『베니티 페어』 잡지와의 인터뷰에서 마돈나는 새로운 친구를 사귈 때면 〈나의 탄생〉을 보여주고 그에 대한 반응을 일종의 리트머스 테스트처럼 사용한다고 밝혔다. "그 그림을 좋아하지 않는 사람이라면 내 친구가 될 수 없을 거예요"라고 말한 것이다. 또한 마돈나는 프리다의 일생을 담은 전기 영화를 제작하고 싶다는 의사도 내비쳤다. 그러나 마돈나보다 셀마 헤이엑이 빨랐다. 멕시코 출신의 배우이자 제작자인 셀마 헤이엑은 2002년 줄리 테이머가 감독한 영화 〈프리다〉(Frida)에서 제작 및 주연을 맡았다. 이 영화를 계기로 프리다라는 이름은 한층 더 유명해졌다.

최근 수십 년 동안 프리다 칼로는 세계적으로 유명한 예술가로 확고히 자리 잡았고, 그 명성은 예술계를 넘어 대중문화의 영역에까지 확장되었다. 프리다 칼로의 이미지는 성모 마리아만큼이나 보편적인 상징이 되었다. 티셔츠, 달력, 머그잔, 냉장고 자석, 심지어 휴대폰 케이스에서도 프리다 칼로의 얼굴을 볼 수 있다. 2000년도에 발행된 미국 우표에서도 프리다 칼로가 등장한다. 또한 2010년 멕시코 정부는 새로운 500페소 지폐를 발행하며 지폐의 앞면에는 디에고, 뒷면에는 프리다를 새겨넣었다. 그가 얼마나 대단한 사람인지 잘 모르는 대중들조차도 프리다 칼로의 이름 혹은 얼굴을 익숙하게 받아들이게 된 것이다.

돌로레스 올메도는 2002년 사망할 때까지 프리다 칼로와 디에고 리베라 신탁의 이사직을 유지했다. 그는 디에고가 생전에 요청했던 대로 침실 옆 욕실과 창고를 폐쇄한 채로 내버려두었다. 이후 2004년 프리다 칼로 박물관 측에서는 마침내 그 공간을 개방했다. 오랫동안 닫혀 있던 옷장과 트렁크 안에는 수백 건의 문서, 사진, 예술 작품, 그리고 300여 점에 달하는 프리다와 디에고의 옷과 개인 물품이 들어있었다. 이 새로운 유품들은 프리다와 디에고의 인간적인 면모와 그들의 삶에 대한 새로운 정보와 통찰력을 제공해주었다.

2007년, 프리다 탄생 100주년을 기념하여 멕시코에서는 그를 위한 국가적 헌정 행사가 열렸다. 6월 14일부터 8월 19일까지, 사상 최대 규모의 프리다 칼로 작품 전시가 멕시코시티의 미술 궁전에서 개최된 것이다. 이 자리에서는 전 세계의 개인 컬렉터들로부터 대여해온 작품들, 지금까지 한 번도 공개된 적이 없는 사진과 서신들을 볼 수 있었다. 총 36만 명 이상의 기록적인 수의 관람객들이 전시장을 다녀갔다. 그 이후로도 프리다라는 이름을 내거는 전시회는 세계 어디서든 전례 없는 인파를 불러 모으곤 했다.

프리다의 삶은 멕시코의 격변기를 관통하며 흘러갔다. 포르피리오 디아스 정부의 가부장적 통치에서부터 멕시코 혁명, 멕시코의 문화와 전통에 대한 재평가를 촉발한 '멕시코 르네상스', 그리고 정부와 제도의 개혁을 목표로 하는 시위와 싸움까지, 프리다는 모두 삶 속에서 직접 경험했던 것이다. 프리다의 삶은 이러한 사건들에 깊게 영향을 받았으며, 그와 동시에 스스로도 사회의 변화에 적극적으로 참여하는 일원이었다. 비록 프리다가 사망하기 1년 전까지만 해도 멕시코는 여성참정권이 없었지만, 프리다의 삶은 정치 활동을 빼놓고는 말할 수 없다. 처음으로 시위에 참가했던 1929년부터 프리다는 적극적으로 정치에 개입했으며, 세상을 떠나기 11일 전에도 미국의 과테말라 내정 간섭에 반대하는 시위에 직접 참여하는 등 사회를 변화시키는 데 있어 누구보다도 적극적이었다.

프리다의 삶에서 빼놓을 수 없는 또 다른 요소로는 디에고가 있다. 그들의 관계는 늘 파도처럼 요동쳤지만 어떤 상황에서도 프리다는 그에게 헌신을 다했다. 강인하고 독특한 두 사람의 파격적인 결혼은 예술과 멕시코, 혁명에 대한 사랑이라는 공감대를 바탕으로 한 결합이었다. 살아있는 동안에 디에고와 프리다가 펼쳤던 격동적이고 열정적인 사랑은 그 자체로 대중의 상상력을 매혹시켰다. 비록 자신의 유골이 프리다의 유골과 섞여서 하나가 되기를 바랐던 디에고의 소망은 이루어지지 않았지만, 대중의 마음속에서 두 사람은 영원히 연결되어 있을 것이다.

프리다는 평생 약 200점의 작품을 제작했다. 초상화, 봉헌 그림, 정물화 같은 그의 작품들은 대부분 멕시코

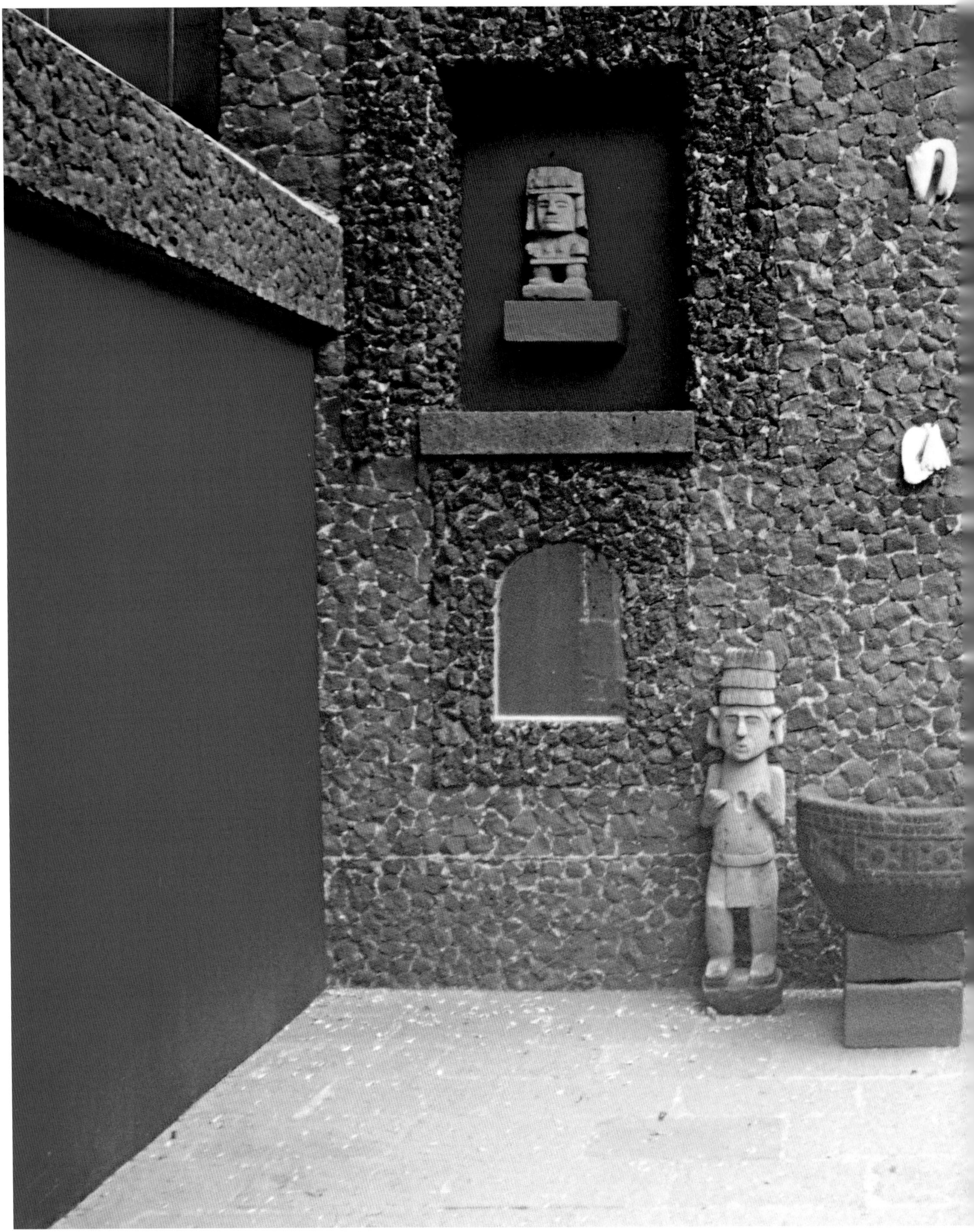

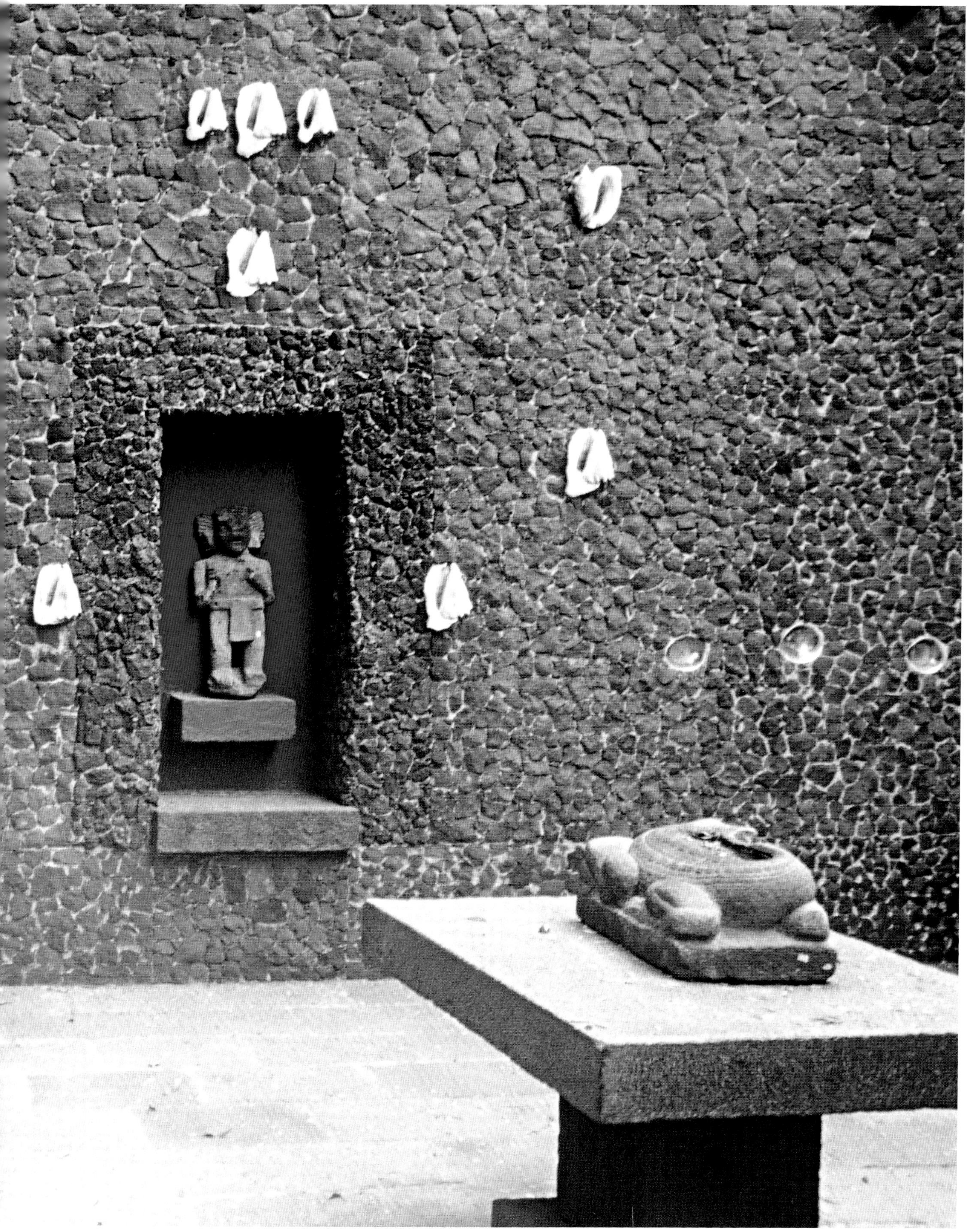

민속화의 형태를 취했다. 그래서 프리다는 캔버스보다는 주석으로 된 시트를 많이 사용했으며 작품의 사이즈도 그다지 크지 않았다. 자화상은 프리다의 작품 중에서 약 1/3의 비중을 차지한다. 프리다는 종교적 상징, 식민지 시대 이전 고대 멕시코의 기호, 혹은 대중예술의 심볼을 사용하며 스스로를 반복해서 그렸는데, 이를 통해 자신을 종교를 초월한 성인처럼 표현했다.

프리다는 자신의 삶을 마치 신화처럼 창조해냈다. 여러 가지 상징과 토템으로 자신을 에워싸고, 자신이 바라보는 진실을 전하기 위해 현실의 조각들을 적절히 차용했다. 신화를 적극적으로 받아들이는 과정에서 스스로를 한층 더 숨김없이 드러냈다. 프리다가 만들어낸 이미지와 그의 이데올로기는 오늘날 다양한 개인들, 혹은 그룹들이 자신들의 메시지를 전달하는 데 활용되고 있다. 페미니스트, 장애인, 동성애자, 젠더 규정에 반대하는 다양한 그룹들은 자신들을 대변하는 아이콘으로 프리다를 내세우고 있다.

프리다를 포함한 그 누구도 그가 이렇게까지 대중문화에 많은 영향을 미치리라는 것을 예견하지는 못했을 것이다. 하지만 프리다가 반복해서 자신을 그렸던 자화상 작업은 후일 그가 가지게 되는 미래의 명성에 상당 부분 기여했다고 할 수 있다. 프리다의 작업은 놀라울 정도로 오늘날의 트렌드와 맞닿아 있다. 특히나 셀카와 사진 공유가 만연한 이 시대에 프리다의 수많은 자화상들은 지금 여기의 감각으로도 충분히 가치 있는 콘텐츠이다. 프리다는 자화상을 통해 내밀한 사생활과 자신이 처한 고통, 가혹하고 생생한 현실을 묘사했으며, 보통 사람이라면 숨기려고 하는 부분들을 오히려 적나라하게 표현함으로써 금기에 저항했다.

프리다가 활동하던 시기, 멕시코의 상류층에서는 프리다를 조잡하고 천박하다고 보는 의견이 대다수였다. 지금도 여전히 프리다는 과대평가되었다거나 나르시스트라거나 혹은 재능이 부족하다는 비난을 받는다. 프리다에게 집중된 스포트라이트 때문에 다른 중요한 멕시코 예술가들이 소외된다는 비판도 있다. 이런 반발은 프리다가 현재 누리고 있는 전무후무한 인기를 생각하면 어느 정도 불가피한 면도 있다. 확실한 것은 제아무리 비판과 비난이 있다고 할지라도 프리다가 가진 영향력은 변하지 않는다는 사실이다. 프리다의 작품이 가진 매력은 시간이 지나도 여전히 굳건하며, 프리다의 독창적인 개성은 많은 사람들을 계속해서 그의 세계로 끌어들이고 있다.

푸른 집은 멕시코시티에서 관광객이 가장 많이 찾는 장소 중 하나이다. 산 앙헬과 아나우아칼리도 관광객으로 북적이기는 하지만 가장 유명한 곳은 역시 푸른 집, 프리다 칼로 박물관이다. 오늘날 이곳은 삶과 세계에 대한 프리다의 통찰력을 얻고, 잠시라도 프리다와 연결되는 느낌을 받고 싶은 사람들의 발길로 붐빈다. 프리다가 태어나고 죽은 곳, 일상을 살아내며 그 안에서 고통과 사랑과 기쁨을 겪었던 공간인 이 푸른 집은 프리다의 예술을 사랑하고 삶에서 영감을 얻는 사람들에게는 일종의 성지와도 같다. 이 특별한 공간에 머물다보면 프리다가 의미를 두었던 것들이 무엇인지를 생각하게 되고, 프리다와 교감하는 듯한 감각을 느끼게 된다. 푸른 집에서는 지금도 여전히, 프리다의 흔적을 느낄 수 있다.

(이전 페이지) 현재는 프리다 칼로 박물관이 된 푸른 집의 안뜰.

(오른쪽) 푸른 집의 정원에 있는 프리다. 지젤 프룬드 촬영, 1951.

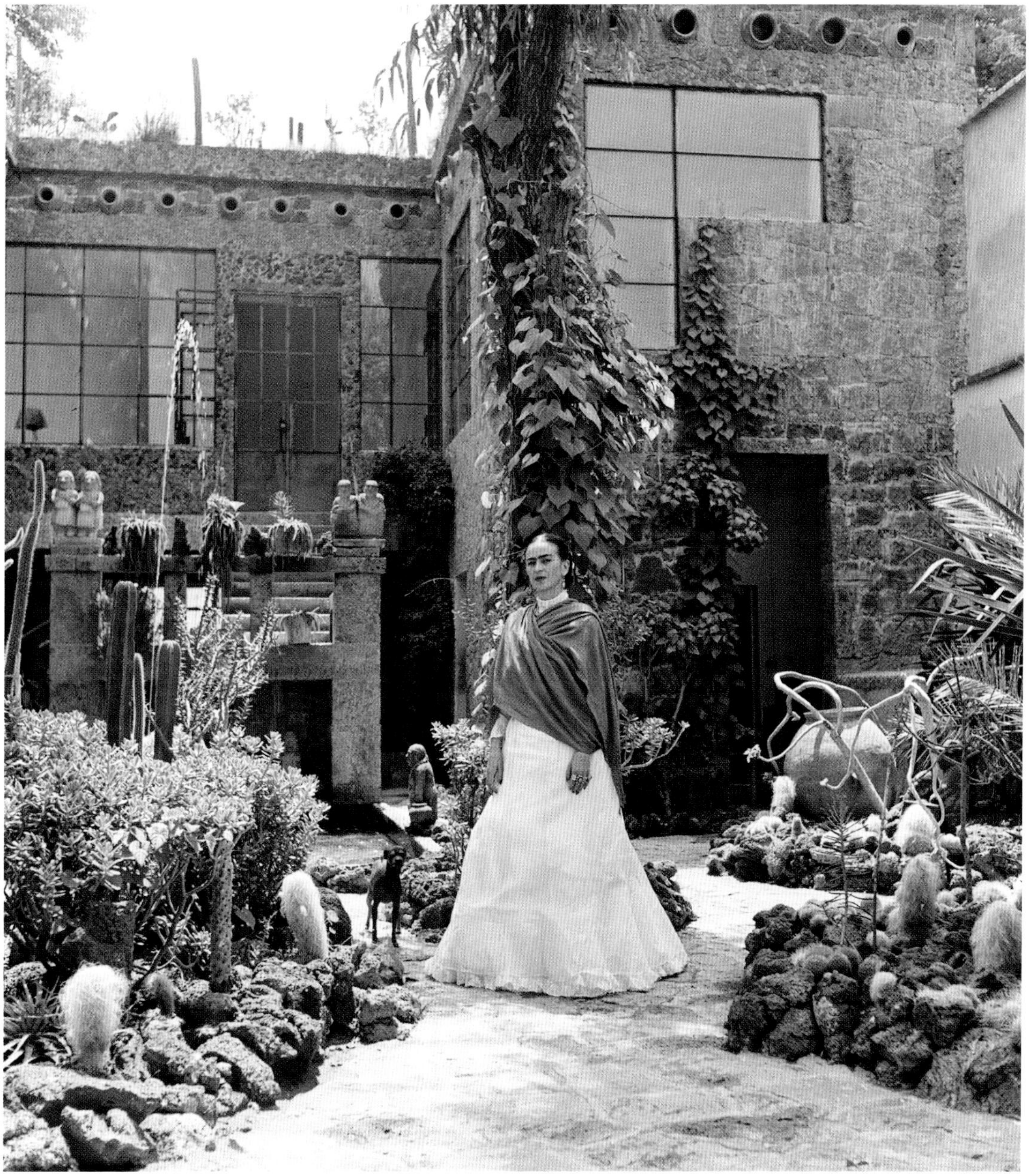

미주

프리다 칼로의 시작, 코요아칸

1) 기예르모와 마틸다의 혼인증명서는 Luis-Martín Lozano, *Frida Kahlo El Círculo de los Afectos*, *Cangrejo Editores*, 2007, p.36에서 볼 수 있는데, 이에 따르면 마틸다의 아버지 안토니오 칼데론이 이들의 결혼식 시점에 병으로 사망했음이 명시되어 있다.
2) Herrera Hayden, *Frida: A Biography of Frida Kahlo*, Perennial, 2002, p.7에서 확인.
3) Cody, Jefrey W., *Exporting American Architecture 1870~2000*, Routledge, 2003, p.16의 내용 참조.
4) 이 부분은 Safa Barraza Patricia, *Vecinos y Vecindarios en la Ciudad de Mexico*, *Centro de Investigaciones y Estudios Superiores en Antropología Social*, Universidad Autónoma Metropolitana-Iztapalapa, 1998, p.85 참조.
5) Everaert Dubernard, Luis, 'The Coyoacán of Frida Kahlo' in *La Casa Azul de Frida*, Banco de Mexico, 2007 참조.
6) 멕시코 역사학자 베아트리스 탐(Beatriz Scharrer Tamm)은 이 집의 초창기에 촬영된 흑백사진의 톤이 알려진 코발트 블루보다 훨씬 밝다는 사실을 지적했다. 그는 이 집의 벽면이 처음에는 '흰색 혹은 파스텔톤'이었을 것이라고 보았고 테두리 장식은 붉은 황토색이나 세피아 톤일 것이라고 추측했다. 위의 책 *La Casa Azul de Frida*, p.161.
7) Grimberg Salomon, *Frida Kahlo: Song of Herself*, Merrell, 2008, p.58 참조.
8) Fuentes Carlos, *The Diary of Frida Kahlo: An Intimate Self-Portrait*, Abrams, 2005, 삽화 153, 154.
9) Tibol Raquel, *Frida Kahlo: An Open Life*, UNM Press, 1993, p.31 참조.
10) Grimberg, *Frida Kahlo: Song of Herself*, p.64.
11) 일부 연구자들에 따르면, 프리다 칼로가 선천적으로 척추 이분증과 소아마비를 가지고 태어났을 거라는 견해도 있다. Budrys Valmantas, 'Neurological Deficits in the Life and Works of Frida Kahlo', *European Neurology*, Vol.55, No.1, 2006.
12) 아델리나 젠데하스(Adelina Zendejas)가 Tibol Raquel, *Frida by Frida*, Editorial RM, 2006 p.15에서 인용한 메모. 그러나 정확한 날짜는 전해지지 않는다.
13) Tibol, *Frida Kahlo: An Open Life*, p.39.
14) 기예르모 칼로를 비롯한 프리다의 부계 혈통에 대한 신화의 대부분은 *Fridas Vater: Der Fotograf Guillermo Kahlo*, 2005에 수록된 가비 프랑게르와 레이너 훌(Gaby Franger and Rainer Huhle)의 연구를 통해 사실 여부 확인과 정정이 이루어졌다.
15) 기예르모 칼로는 1930년대 중반부터 건강이 나빠지기 시작해 1941년에 세상을 떠났으니, 설령 의지가 있었다 해도 히틀러와 대립할 컨디션이 아니었을 것이다. 심지어 Isolda Kahlo, *Frida Íntima*, *Dipon*, 2004를 보면 기예르모는 정치에 무관심했던 것으로 보인다. 레온 트로츠키에게 정치에 개입하지 말라고 충고했다는 기록마저 전해진다.
16) 이 편지는 'Nelleke Nix and Marianne Huber Collection: Frida Kahlo Papers', Special Collections, Library and Reserch Center에 소장되어 있다. Annette B. Ramírez de Arellano and Servando Ortoll, *'Dearest Frieducha!': The Letters of Guillermo Kahlo to His Daughter Frida*에서도 인용한 바 있다.
17) Juan Rafael Coronel Rivera, *Frida Kahlo: The Metamorphosis of the Image*, Editorial RM, 2005, p.67.

학창시절을 보낸 멕시코시티

1) Diego Rivera Frida Kahlo Archive, Banco de México.
2) Tibol, *Frida By Frida*, p.15.
3) Diego Rivera Frida Kahlo Archive, Banco de México.
4) Marnham, Patrick, *Dreaming with his Eyes Open: A Life of Diego Rivera*, University of California Press, 2000, p.117.
5) Grimberg, *Frida Kahlo: Song of Herself*, p.75.
6) Rivera, Diego and Gladys March, [My Art, My Life], Dover Publications, 1992, p. 74
7) Tibol, *Frida By Frida*, p.51.
8) Diego Rivera and Gladys March, *My Art, My Life*, p.76.
9) Carranza, Luis E., *Architecture As Revolution: Episodes in the History of Modern Mexico*, University of Texas Press, 2010, p.47.
10) 프리다 칼로 미술관에 전시된 페르난도 페르난데스의 편지.
11) Herrera, *Frida: A Biography of Frida Kahlo*, p.49.
12) Tibol, *Frida By Frida*, p.41.
13) 위의 책, p.53.
14) 위의 책, p.50.
15) 위의 책, p.70.
16) 위의 책, p.76.
17) 위의 책, p.77.
18) Oles, James, 'At the Café de los Cachuchas: Frida Kahlo in the 1920s', *Hispanic Research Journal 2007*; 8(5), 467~489.
19) 앞의 글, p.468.

낯설고 이상한 결합, 결혼

1) 프리다의 반복되는 신체적 질병은 선천적인 기형에 기인한다(이분척추, 척추측만증). 그리고 사고의 결과로 생긴 외상 후 스트레스 장애도 포함한다.
2) Rivera, *My Art, My Life*, p.102.
3) Grimberg, *Frida Kahlo: Song of Herself*, p.74.
4) 혹자는 이 젊은 여성이 프리다 자신을 묘사한 것이라고 이야기하지만, 이 자화상에 나타나는 이어진 눈썹과는 달리 약간 모자라다. 프리다의 조카 이졸다는 이 인물이 자신의 어머니인 크리스티나라고 주장했다.
5) *La Prensa*, Mexico City, August 23, 1929.
6) Bertram Wolfe, *Diego Rivera: His Life and Times*, p.275.
7) Rivera Marín, Guadalupe and Marie-Pierre Colle, *Frida's Fiestas*, Clarkson Potter, 1994, p.32.
8) Wolfe, 위의 책, p.249.
9) Herrera, *Frida: A Biography of Frida Kahlo*, p.101.
10) Bambi 'Frida Kahlo es Una Mitad'; Herrera, 위의 책, p.101에서 인용.
11) Diego Rivera Frida Kahlo Archives, Banco de Mexico.
12) 디에고 리베라가 1939년 1월 27일에 프리다에게 보낸 편지, Diego Rivera Frida Kahlo Archives, Banco de Mexico.
13) Folgarait, Leonard, 'Tina Modotti and the Image of Mexican Communism in 1928: *La técnica' Crónicas*', Instituto de Investigaciones Estéticas, Universidad Nacional Autónoma de México, no.10~11, March 2002~February 2003, pp.41~52.
14) Herrera, p.106.
15) Marnham, *Dreaming with his Eyes Open: A Life of Diego Rivera*, p.228.
16) Marta Turok, 'Mirrors of the Soul: Textiles and Identity in Frida Kahlo', *Frida's Blue House*, Chapa Editions, 2007.

미국에서의 시간들

1) Juan Rafael Coronel Rivera, 'April 23, 1932'; *Diego Rivera and Frida Kahlo in Detroit*, p.124에서 인용.
2) 에드워드 웨스턴(Edward Weston)이 쓴 1930년 12월 14일의 일기 도입부; Gannit Ankori, *Frida Kahlo*, Reaktion Books, 2013, p.10에서 인용.
3) 루터 버뱅크 저택의 추모 명판에서 발췌.
4) Diego Rivera Frida Kahlo Archive, Banco de Mexico.
5) Rivera, *My Art, My Life*, p.107.
6) Herrera, *Frida: A Biography of Frida Kahlo*, p.118에서

인용.
7) Grimberg, *Frida Kahlo: Song of Herself*, p.116.
8) Salomon Grimberg, *I Will Never Forget You*, Schirmer/Mosel, 2004, p.14.
9) Tibol, *Frida By Frida*, p.111.
10) 위의 책, p.105.
11) 위의 책, p.107.
12) 엘라 울프에게 보낸 1934년 3월 11일자 편지에서, 프리다는 오키프를 다시 만났지만 오키프의 건강이 좋지 않았기 때문에 두 사람은 사랑을 나누지 않았다고 언급했다. Tibol, *Frida by Frida*, p.129.
13) Sharon E. Friedler and Susan B. Glazer, *Dancing Female*, Harwood Academic Publishers, 1997, pp.25, 26.
14) Tibol, *Frida By Frida*, pp.113, 114.
15) Mark Rosenthal, 'Diego and Frida: High Drama in Detroit' in *Diego Rivera and Frida Kahlo in Detroit*, p.51.
16) 위의 책, p.53.
17) 엘로저 박사에게 보내는 1932년 5월 26일자 편지; *Querido Doctorcito Frida Kahlo y Leo Eloesser Correspondencia*, p.26 수록.
18) Lucienne Bloch, Bloch/Crommie interview; Salomon Grimberg, 'The Lost Desire', *Diego Rivera and Frida Kahlo in Detroit*, p.151.
19) 디에고 리베라가 보낸 편지; Juan Rafael Coronel Rivera, 'April 21, 1932', *Diego Rivera and Frida Kahlo in Detroit*, p.141.
20) 디에고 리베라가 1932년 10월 1일에 보낸 편지, Diego Rivera Frida Kahlo Archive, Banco de Mexico.
21) Grimberg, 'The Lost Desire', *Diego Rivera and Frida Kahlo in Detroit*, p.154.
22) Ankori, *Frida Kahlo*, p.74.
23) 일간지 『디트로이트 뉴스』에 실린 플로렌스 데이비스(Florence Davies)의 기사.
24) 루시엔느 블로흐의 일기장; Herrera, *Frida: A Biography of Frida Kahlo*, p.170.

따로 또 같이 지내는 삶, 산 앙헬

1) Luis E. Carranza and Fernando Luiz Lara, *Modern Architecture in Latin America: Art, Technology and Utopia*, University of Texas Press, 2015, pp.71, 72.
2) Ernestina Osorio, 'Unequal Union: La Casa Estudio de San Ángel Inn c. 1929–1932', *Negotiating Domesticity. Spatial Productions of Gender in Modern Architecture*, Hilde Heynen, Gülsüm Baydar eds., Routledge, 2005, p.225.
3) 의료 기록(Begún); *Frida Kahlo: Song of Herself*, p.116에서 인용.
4) 엘로저 박사에게 1934년 11월 26일에 보낸 편지.
5) Hayden Herrera, *Frida Kahlo: The Paintings*, Harper Perennial, 2002, p.111.
6) Margaret A. Lindauer, *Devouring Frida: The Art History and Popular Celebrity of Frida Kahlo*, Wesleyan University Press, 1999, p.31.
7) 1935년 7월 23일자 편지; Wolfe, *Diego Rivera: His Life and Times*, p.357에서 인용.
8) Wolfe, *Diego Rivera: His Life and Times*, p.358.
9) Herrera, Frida: *A Biography of Frida Kahlo*, p.200.
10) 위의 책, p.306.

초현실주의자라는 명성을 얻다

1) Adriana Zavala, *Frida Kahlo's Garden*, Prestel, 2015, p.29.
2) Bertrand M. Patenaude, Trotsky: *Downfall of a Revolutionary*, Harper Collins, 2009, p.57.
3) Jean van Heijenoort, *With Trotsky in Exile: from Prinkipo to Coyoacán*, Harvard University Press, 1978 p.114.
4) Patenaude, *Trotsky: Downfall of a Revolutionary*, p.102.
5) Lindauer, *Devouring Frida: The Art History and Popular Celebrity of Frida Kahlo*, p.39.
6) John Zarobel, 'The Hybrid Sources of Frida Kahlo', *Berkeley Review of Latin American Studies*, UC Berkeley, Fall 2008, p.29.
7) André Breton, *Manifestoes of Surrealism*, University of Michigan Press, 1969, p.26.
8) Tibol, *Frida By Frida*, p.275.
9) 1952년 안토니오 로드리게스(Antonio Rodriguez)에게 보내는 편지; Janice Helland, 'Aztec Imagery in Frida Kahlo's Paintings: Indigenity and Political Commitment', *Woman's Art Journal*, Vol.11, No.2 (Autumn 1990~Winter 1991), p.12.
10) Wolfe, *Diego Rivera: His Life and Times*, p.360.
11) 위의 책, p.359.
12) 디에고에게 보내는 1939년 1월 28일자 편지.
13) 프리다가 1939년 2월 27일에 보내는 편지; Archives of American Art, Nickolas Muray papers.
14) Herrera, *Frida: A Biography of Frida Kahlo*, p.251에서 인용.
15) 프리다가 1939년 2월 16일에 보내는 편지; Archives of American Art.

다시, 코요아칸의 푸른 집으로

1) *El Universal*, 1939년 10월 19일; Herrera, Frida: A Biography of Frida Kahlo, p.274에서 인용.
2) Rivera, *My Art, My Life*, p.139.
3) 1940년 1월에 닉 머레이에게 보낸 편지; Grimberg, *I Will Never Forget You*, p.35에서 발췌.
4) *Hoy* 편집자 알폰소 맨리케에게 보낸 1939년 10월 25일자 편지, 작가의 번역.
5) Baddeley, Oriana, 'Engendering New Worlds: Allegories of rape and reconciliation', *The Visual Culture Reader*, Routledge, 1998, p.586.
6) 프리다 칼로에게 보내는 닉 머레이의 편지; Grimberg, *I Will Never Forget You*, p.26.
7) Baddeley, Oriana, 'Defrocking the Kahlo Cult', *Oxford Art Journal*, Vol.14, No.1(1991), p.14.
8) 지그문트 파이어스톤(Sigmund Firestone)에게 보내는 프리다의 1940년 2월 15일자 편지; Tibol, *Frida by Frida*, p.223.
9) 디에고에게 1940년 6월 11일에 보낸 프리다의 편지; Tibol, *Frida by Frida*, p.237.
10) 디에고에게 1940년 7월 10일에 보낸 프리다의 편지; Diego Rivera Frida Kahlo Archives, Banco de México.
11) 위의 편지.
12) 위의 편지.
13) 에미 루 패커드에게 프리다가 보낸 편지; Herrera, *Frida: A Biography of Frida Kahlo*, p.303.
14) Zavala, Adriana, 'Frida Kahlo: Art, Garden, Life', *Frida Kahlo's Garden*, p.32.
15) Emmy Lou Packard papers, Archives of American Art; Zavala, *Frida Kahlo's Garden*, p.35에서 인용.
16) 엘로저 박사에게 1941년 7월 18일에 보낸 편지; Lindauer, *Devouring Frida: The Art History and Popular Celebrity of Frida Kahlo*, p.49.
17) Grimberg, *Frida Kahlo: Song of Herself*, p.67.
18) Rivera, *My Art, My Life*, p.155.
19) Guillermo Monroy in Frida Maestra, Luisa Riley/Canal 22 (Producer), 2005, Documentary.
20) Nancy Deffebach, *María Izquierdo and Frida Kahlo: Challenging Visions in Modern Mexican Art*, University of Texas Press, 2015, p.136.
21) Tibol, *Frida Kahlo: An Open Life*, p.178.

영원한 쉼터, 코요아칸의 푸른 집

1) Kahlo, *Frida Íntima*, p.115.
2) Rivera Marín, *Frida's Fiestas*, p.24.
3) Grimberg, *Frida Kahlo: Song of Herself*, p.37.
4) 위의 책.
5) Lindauer, *Devouring Frida: The Art History and Popular Celebrity of Frida Kahlo*, p.58.
6) Martha Zamora, *The Letters of Frida Kahlo: Cartas Apasionadas*, Chronicle Books, 1995, p.121에서 인용.
7) 샤러 탐(Scharrer Tamm)에 따르면, 이 집이 박물관으로 만들어졌을 때는 테라스와 부엌을 연결하는 문이 막혀 있었다.
8) Scharrer Tamm, 'La Casa Azul' in La Casa Azul de Frida.
9) Kahlo, *Frida Íntima*, p.166.
10) Gisèle Freund, *Frida Kahlo: The Gisèle Freund Photographs*, Harry N. Abrams, 2015, p.27.
11) Fuentes, *The Diary of Frida Kahlo: An Intimate Self-Portrait*, p.274.
12) 위의 책, 삽화 141.
13) Rivera, *My Art, My Life*, p.177.
14) Fuentes, *The Diary of Frida Kahlo: An Intimate Self-Portrait*, p.278.
15) Bertram Wolfe, *The Fabulous Life of Diego Rivera*, Cooper Square Press, 2000, p.399.

프리다 칼로가 우리에게 남긴 유산

1) Jonathan Kandell, 'Dolores Olmedo, a Patron to Diego Rivera, Dies at 88', *New York Times*, 2022년 8월 2일.
2) Wolfe, *The Fabulous Life of Diego Rivera*, p.413.
3) 이곳의 명칭은 2003년에 로툰다(Rotunda of Illustrious Persons)로 변경되었다.
4) 카를로스 펠리서가 1958년 7월 프리다를 기리며 쓴 편지; Porfirio Hernández 'La Casa Azul', *Milenio*, June 22, 2015에서 작가가 번역하여 인용.
5) Tibol, *Frida Kahlo: An Open Life*, p.174.
6) 위의 책, p.175.

참고문헌

Ankori, Gannit, *Frida Kahlo*, Reaktion Books, 2013.

Baddeley, Oriana, '"Her Dress Hangs Here": De-Frocking the Kahlo Cult.' *Oxford Art Journal* 14, no. 1 (1991): 10~17.

Baddeley, Oriana, 'Engendering New Worlds: Allegories of rape and reconciliation' in *The Visual Culture Reader*, Nicholas Mirzoeff, ed., Routledge, 1998.

Carranza, Luis E., *Architecture As Revolution: Episodes in the History of Modern Mexico*, University of Texas Press, 2010.

Carranza, Luis E. and Fernando Luiz Lara, *Modern Architecture in Latin America: Art, Technology and Utopia*, University of Texas Press, 2015.

Casanova, Rosa, *Guillermo Kahlo: Luz, Piedra y Rostro*, Cangrejo Editores, 2012.

Castro-Sethness, María A., 'Frida Kahlo's Spiritual World: The Influence of Mexican Retablo and Ex-voto Paintings on Her Art', *Woman's Art Journal* 25, no. 2 (2004): 21~24.

Chapa, Arturo, et al., *Frida Kahlo's Blue House*, Chapa Ediciones, Banco de Mexico, 2007.

Coronel Rivera, Juan Rafael and Nadia Ugalde Gomez, *Frida Kahlo: The Metamorphosis of the Image*, Editorial RM, 2005.

Craven, David, *Art and Revolution in Latin America, 1910-1990*, Yale University Press, 2006.

Deffebach, Nancy, *María Izquierdo and Frida Kahlo: Challenging Visions in Modern Mexican Art*, University of Texas Press, 2015.

Fraser, Valerie, *Building the New World: Studies in the Modern Architecture of Latin America 1930-1960*, Verso, 2001.

Freund, Gisèle, *Frida Kahlo: The Gisèle Freund Photographs*, Harry N. Abrams, 2015.

Fuentes, Carlos, *The Diary of Frida Kahlo: An Intimate Self-Portrait*, Abrams, 2005.

Fuentes, Carlos et al., *Frida Kahlo: National Homage 1907-2007*, Editorial RM, 2008.

Giese, Lucretia Hoover, 'A Rare Crossing: Frida Kahlo and Luther Burbank', *American Art* 15, no. 1 (2001): 53~73.

Glass, Daniel, 'Once Upon a Time in Mexico: Frida Kahlo's Garden at La Casa Azul, Coyoacán', *Garden History* 39, No. 2 (2011): 239~248.

Grimberg, Salomon, *Frida Kahlo: Song of Herself*, Merrell, 2008.

Grimberg Salomon, *I Will Never Forget You: Frida Kahlo and Nickolas Muray*, Chronicle Books, 2006.

Helland, Janice, 'Aztec Imagery in Frida Kahlo's Paintings: Indigenity and Political Commitment', *Woman's Art Journal* 11, No. 2 (1990-1991): 8~13.

Herrera, Hayden, Frida: *A Biography of Frida Kahlo*, Harper Perennial, 2002.

Herrera, Hayden, *Frida Kahlo: The Paintings*, Harper Perennial, 2002.

Kahlo, Isolda P., *Frida Íntima: Frida Kahlo 1907-1954*, Dipon, 2004.

Lindauer, Margaret A., *Devouring Frida: The Art History and Popular Celebrity of Frida Kahlo*, Wesleyan, 1999.

Lozano, Luis Martín, *Frida Kahlo: El Círculo de los Afectos*, Cangrejo Editores, 2007.

Marnham, Patrick, *Dreaming with His Eyes Open: A Life of Diego Rivera*, University of California Press, 1998.

Oles, James, 'At the Café de los Cachuchas: Frida Kahlo in the 1920s', *Hispanic Research Journal* 8, No. 5 (2007): 467~489.

Ortiz Monasterio, Pablo, ed., *Frida Kahlo: Her Photos*, Ediciones RM, 2010.

Osorio, Ernestina, 'Unequal Union: La Casa Estudio de San Ángel Inn c. 1929-1932' in *Negotiating Domesticity: Spatial Productions of Gender in Modern Architecture*, Hilde Heynen and Gülsüm Baydar, eds., Routledge, 2005.

Patenaude, Bertrand, Trotsky: *Downfall of a Revolutionary*, Harper Collins, 2009.

Rivera, Diego and Gladys March, *My Art, My Life: An Autobiography*, Dover Publications, 1992.

Rivera, Guadalupe and Marie-Pierre Colle, *Frida's Fiestas: Recipes and Reminiscences of Life with Frida Kahl*, Clarkson Potter, 1994.

Rosenthal, Mark, et al., *Diego Rivera and Frida Kahlo in Detroit*, Detroit Institute of Arts, 2015.

Tibol, Raquel, *Frida by Frida*, Editorial RM, 2007.

Tibol, Raquel, *Frida Kahlo: An Open Life*, UNM Press, 1993.

van Heijenoort, Jean, *With Trotsky in Exile: from Prinkipo to Coyoacán*, Harvard University Press, 1978.

Wolfe, Bertram, *Diego Rivera: His Life and Times*, Robert Hale, 1939.

Wolfe, Bertram, *The Fabulous Life of Diego Rivera*, Cooper Square Press, 2000.

Zamora, Martha, *The Letters of Frida Kahlo: Cartas Apasionadas*, Chronicle Books, 1995.

Zarobel, John, 'The Hybrid Sources of Frida Kahlo', *Berkeley Review of Latin American Studies*, UC Berkeley (Fall 2008): 22~29.

Zavala, Adriana, et al., *Frida Kahlo's Garden*, Prestel, 2015.

찾아보기

페이지 번호가 ***이탤릭체***로 적혀있으면 일러스트에 해당한다.

[ㅈ]

[ㅊ]

[ㅋ]

이미지 출처

The publishers would like to thank all those listed below for permission to reproduce artworks and for supplying photographs. Every care has been taken to trace copyright holders. Any copyright holders we have been unable to reach are invited to contact the publishers so that a full acknowledgement may be given in subsequent editions.

All artwork by Frida Kahlo and Diego Rivera © Banco de México Diego Rivera Frida Kahlo Museums Trust, Mexico, D.F./DACS

In addition, the following acknowledgements are due:

akg-images: 72 right, 118, 137

Alamy Stock Photographs: 14~15 (Wendy Connett); 18 (World History Archive); 29 (The Print Collector); 59, 107 top right, 115 top (Heritage Image Partnership Ltd); 72 left (Granger, NYC/ Photograph by Lucienne Bloch); 107 bottom (© Prisma Bildagentur AG); 122~123 (© National Geographic Creative); 158 left (© Paul Gordon); 158 top right (© John Warburton-Lee Photography); 158 bottom right (© The Art Archive); 162~163 (© John Mitchell)

Archives of American Art, Smithsonian Institution, Emmy Lou Packard papers, 1900~1990: 129 top (Emmy Lou Packard photographer); 129 bottom (Diego Rivera photographer)

© Archivo Diego Rivera y Frida Kahlo, Banco de México, Fiduciario en el Fideicomiso relativo a los Museos Diego Rivera y Frida Kahlo: 10 top left, top right, bottom, 13 left, right, 16, 17, 20, 21 top, bottom, 29 top left, top right, 47, 53, 66, 114, 128, 141 bottom, 148~149, 152 top

Suzanne Barbezat: Back cover, 6~7, 134~135

Bridgeman Art Library: 26, 38 right (Private Collection/Photograph Jorge Contreras Chacel); 50 (Galerie Bilderwelt); 62, 84 (Private Collection/ Photograph © Christie's Images); 87 (Detroit Institute of Arts, USA); 90, 97 (Photograph © Christie's Images); 104, 108 (Christie's Images/ Photograph © Christie's Images); 110 top (Photograph © PVDE); 127 left (Photograph © 1985 The Detroit Institute of Arts)

© Museo Casa Estudio Diego Rivera y Frida Kahlo: 92, 94

Courtesy of the Detroit Historical Society: 75

Courtesy of Detroit Public Library, USA: 86

Courtesy of Fototeca, Hemeroteca y Bilbioteca Mario Vázquez Raña/organización editorial mexicana s. a. de c. v.: 52

© Javier García Moreno Elizondo, www.javiergmphotography.com: 30

Getty Images: Cover (Bettman); 33 (ullstein bild); 64 (General Photographic Agency); 71 (MCNY/ Gottscho-Schleisner); 74 (Bettmann/CORBIS); 78-9 (Photograph by Time Life Pictures/Mansell/ The LIFE Picture Collection); 98 (Alejandra Matiz/ Leo Matiz Foundation Mexico); 102 (© Underwood Archives); 127 right (Paul Popper/Popperfoto); 130 (Graphic House); 132 (Jacqueline Paul); 136 left (Hulton Archive); 159 (Miguel Tovar/STF)

Courtesy of Laure van Heijenoort: 110 bottom

Photographs © IMEC, Fonds MCC, Dist. RMN-Grand Palais/Gisèle Freund: 140, 143, 152, 153, 165

© Nickolas Muray Photo Archives, photographs by Nickolas Muray: 115 bottom, 147

Courtesy Old Stage Studios: 81, 88 (photographs by Lucienne Bloch 1909~1990, www.luciennebloch.com); 89 (photograph by Stephen Pope Dimitroff)

Courtesy Pointed Leaf Press, first published in Frida Kahlo: Photographs of Myself and Others: 5, 103 (photograph by Carlos Dávila); 46 (photograph by Guillermo Kahlo © Guillermo Kahlo Estate); 95, 142 (© Vicente Wolf collection)

Photo © Centre Pompidou, MNAM-CCI, Dist. RMN-Grand Palais/Jean-Claude Planchet: 117

Scala Archives, Florence: 8, 23 (Digital image © The Museum of Modern Art, New York); 93 (Photograph by Guillermo Kahlo/Digital image © The Museum of Modern Art, New York)

© secretaria de cultura. inah.sinafo.fn.mx: 136 right (498388)

Shutterstock: Cover quarter binding, 4 (anafotomx); 56~57 (Noradoa)

Courtesy Throckmorton Fine Art, New York: 43, 85, 141 top

Courtesy of Villasana-Torres Collection, photographs by Guillermo Kahlo © Guillermo Kahlo Estate: 12 top, bottom, 25

감사의 글

이 책의 연구와 집필에 도움을 주신 많은 분들, 그리고 사진 사용을 허락해주신 분들께 진심으로 감사를 드립니다.

프리다 칼로 박물관과 아나우아칼리 박물관의 카를로스 필립 올메도와 힐다 트루히요 소토, 두 분 덕분에 디에고 리베라 프리다 칼로 아카이브를 열람할 수 있었고, 프리다와 디에고의 서신을 인용하고 사진을 사용할 수 있었습니다. 디에고 리베라와 프리다 칼로 스튜디오의 알프레도 오르테가 케사의 친절한 도움으로 다양한 출처의 이미지를 찾고 사용 허락을 받을 수 있었습니다. 프리다와 디에고의 루터 버뱅크 생가 방문에 관한 질문에 대하여, 루터 버뱅크 홈&가든의 레베카 베이커가 보내준 상냥한 답변도 잊지 못할 것입니다. 기예르모 칼로에 관한 독일어 저술을 살펴볼 때면 안드레아 라이코 히메네즈의 번역이 큰 도움이 되었습니다.

얀 요르겐센, 킴 루이스, 다니엘 콘테를 포함한 친구들은 이 책을 다각적으로 읽고 통찰력 있는 의견을 전해주었습니다. 책을 집필하는 과정에서 마주쳤던 몇 가지 장애물을 극복할 수 있도록 도움을 준 세레나 마코프스키, 당신의 교정 실력은 최고입니다.

프랜시스링컨 출판사와 계약할 수 있어서 정말 행운이었습니다. 출판사의 모든 분들과 함께 일하면서 즐거웠습니다. 특히 담당 편집자인 니키 데이비스는 이 책에 대하여 놀라운 시각을 가지고 있었고, 작업의 모든 단계에서 함께 협력할 수 있어서 기뻤습니다. 안나 왓슨은 사진의 출처를 찾고 허가를 구하는 내내 굉장한 인내심과 즐거운 유머로 한순간도 지친 기색을 내보이지 않았습니다.

나에게 우정과 격려를 아낌없이 보내주는 글쓰기 모임 '라스 크리에이티바스'의 여성들, 멀리서 나를 믿고 응원해준 부모님과 가족들에게도 깊은 감사를 드립니다. 나의 어머니 앤 프라이스는 내가 가장 필요한 순간에 책과 기타 물품을 보내주셨습니다. 무엇보다도 이 프로젝트에 내가 많은 시간과 관심을 들일 수 있도록 지속적인 지원과 인내심을 보여준 베니토, 자스민, 제로니모에게 마음 깊이 감사를 전합니다.

지은이 **수잔 바르브자(Suzanne Barbezat)**

멕시코 여행과 문화, 음식에 특히 흥미를 가진 작가. 선생님과 투어가이드도 병행하고 있다. 몬트리올의 맥길대학교에서 인류학을 공부했다.

옮긴이 **박성진**

고등학교와 대학에서 미술을, 대학과 대학원에서 문학을 전공했으며 픽션과 논픽션, 과정과 결과에 이르는 다양한 글을 쓰고 있다. 옮긴 책으로는 예술가의 생애를 인포그래픽으로 정리한 '인포그래픽 시리즈' 등이 있다.

First Frances Lincoln edition 2016.

A catalogue record for this book is available from the British Library.

Frida Kahlo
프리다 칼로

초판 1쇄 2023년 4월 5일

지은이 수잔 바르브자
옮긴이 박성진

편집 이동은, 김주현, 성스레
미술 강현희, 정세라
마케팅 사공성, 강승덕, 한은영
제작 박장혁

발행처 북커스
발행인 정의선
이사 전수현

출판등록 2018년 5월 16일 제406-2018-000054호
주소 서울시 종로구 평창30길 10
전화 02-394-5981~2(편집) 031-955-6980(마케팅)

ISBN 979-11-90118-51-4 (03600)

- 북커스(BOOKERS)는 (주)음악세계의 임프린트입니다.